AF305218

Quando si interpreta,
quando si guarda il mondo
coi propri occhi.
C'è arte quando l'oggetto
che viene visto si mescola
all'interiorità della persona
che lo vede.
Se ne risulta un modo nuovo
ed entusiasmante
di vedere un vecchio oggetto,
beh, è interessante, non vi pare?
Là comincia l'arte seria.
Ecco, adesso vi mostro
che cosa intendo.

*When someone interprets,
when someone sees the world
through his own eyes.
Art happens when what is seen
becomes mixed with the inside
of the person who is seeing it.
If an exciting new way of seeing
an old object results, well,
that's interesting, isn't it?
That's the beginning
of serious art.
Here, let me show you
what I mean.*

Chaim Potok
Il dono di Asher Lev / The Gift of Asher Lev

Cento lumi *per* Casale Monferrato

Lampade di Chanukkah:
una collezione tra storia, arte e design

A hundred lights for Casale Monferrato

Hanukkah lamps:
a collection of history, art and design

SKIRA

In copertina / Cover
Elio Carmi, 1990

Progetto grafico / Design
Carmi e Ubertis

Coordinamento redazionale / Editorial Coordination
Emma Cavazzini

Redazione / Editing
Cristina Mancini

Traduzione / Translation
in collaborazione con / in collaboration with
Alltrad, Torino

A cura di / Edited by
Elio Carmi e / and *Maria Luisa Caffarelli*

Testi di / Contributors
Maria Luisa Caffarelli
Elio Carmi
Isa Corinaldi De Benedetti
Claudia De Benedetti
Moreno Gentili
Giuseppe Laras
Giorgio Ottolenghi
Stefano Piantini
Arturo Schwarz

First published in Italy in 2010 by
Skira Editore S.p.A.
Palazzo Casati Stampa
via Torino 61
20123 Milano
Italy

Printed and bound in Italy. First edition

ISBN: 978-88-572-0593-9

Distributed in North America by Rizzoli
International Publications, Inc., 300 Park
Avenue South, New York, NY 10010.
Distributed elsewhere in the world by Thames
and Hudson Ltd., 181A High Holborn, London
WC1V 7QX, United Kingdom.

Finito di stampare nel mese di luglio 2010
a cura di Skira, Ginevra-Milano
Printed in Italy

www.skira.net

Referenze fotografiche / Photographic references
Loris Barbano
Dario Canova
Albert e Verzone
The Jewish Museum, New York
The Nahon Museum, Yerushalayim

In collaborazione con / In collaboration with

Claudia Calcagno
Myriam Ottolenghi
Marcello Tedeschi

Si ringraziano / We wish to thank

Regione Piemonte
Provincia di Alessandria
Comune di Casale Monferrato
Soprintendenza per i Beni Storici, Artistici
ed Etnoantropologici del Piemonte
Camera di Commercio di Alessandria
Fondazione Cassa di Risparmio di Torino
Fondazione Cassa di Risparmio di Alessandria

Un ringraziamento particolare agli Artigiani
che con maestria e sapienza hanno contribuito
alla realizzazione delle opere.
We are especially grateful to the Artisans who have
contributed with their skill and expertise to the
realization of the works.

Acquafer di Gianmario Albiati, Balzola (Al)
Bussetti & Mazza, Alessandria
Ceramica Gatti, Faenza (Ra)
Ceramiche Il Tondo, Celle Ligure (Sv)
Falegnameria Artigiana, Alessandria
Fonderia Fondart, Valbrembo (Bg)
Fusioni d'arte 3v di Walter Vaghi, Origgio (Va)
Laboratorio Christofle, Yainville
Laboratorio Giovanni Tamburelli, Saluggia (Vc)
Laboratorio Terra e Fuoco di Roggero, Ottiglio (Al)
Neon Volta, Casale Monferrato (Al)
Olfi, Cologno Monzese (Mi)
Vetreria Duccio di Segna, Colle di Val d'Elsa (Si)

Si ringraziano tutti gli Artisti
la cui generosità ha reso possibile
l'esistenza del Museo dei Lumi.
We thank all the Artists whose generosity
has made the Museo dei Lumi possible.

Clara Abramovici	*Giosetta Fioroni*	*Massimo Orsi*
Valerio Anceschi	*Sergio Floriani*	*Mimmo Paladino*
Angelo Raffaele Antelmi	*Camillo Francia*	*Urano Palma*
Arman	*Tiziana Fusari*	*Piergiorgio Panelli*
Paolo Baratella	*Jessica Gabbai*	*Carlo Pasini*
Enrico Bargero	*Maurizio Galimberti*	*Marco Porta*
Roberto Barni	*Moreno Gentili*	*Efrem Raimondi*
Luciano Bobba	*Franco Gervasio*	*Max Ramezzana*
Renata Boero	*Luigi Giachero*	*Gian Luca Ranno*
Ariela Böhm	*Eugenio Gili*	*Tobia Ravà*
Giovanni Bonaldi	*Salvatore Greco*	*Antonio Recalcati*
Giovanni Bonardi	*Kimberley Gundle*	*Livia Redino*
Corrado Bonomi	*Riccardo Gusmaroli*	*Raphael Reizel*
Marie Brandolini	*Alì Hassoun*	*Paul Renner*
Dario Brevi	*Emilio Isgrò*	*Tamara Repetto*
Lucia Caprioglio	*Georges Jeanclos*	*Stefania Ricci*
Beatrice Caracciolo	*Claude Lalanne*	*Armando Riva*
Elio Carmi	*Riccardo Levi*	*Piero Roggero*
Eugenio Carmi	*Vesna Levi Bujic*	*Ornella Rossi*
Roberto Carpani	*Gabriele Levy*	*Teresa Lucia Rossi*
Jessica R. Carroll	*Marco Lodola*	*Giovanni Sabatini*
Robert Carroll	*Sylvia Loew*	*Joseph Sasson*
Giorgio Cavallone	*Emanuele Luzzati*	*Daniel Schreiber*
Gianni Cella	*Dante Maffei*	*Marco Silombria*
Fred Charap	*Vincent Maillard*	*Bruno Simon*
Enrico Colombotto Rosso	*Luigi Mainolfi*	*Giovanni Stefanutto*
Flavio Costantini	*Silvio Manzotti*	*Danièle Sulewic*
Carla Crosio	*Umberto Mariani*	*Giovanni Tamburelli*
Maria Grazia Dapuzzo	*Daniele Milanesi*	*Adam Tihany*
Guy De Rougemont	*Aldo Mondino*	*Roland Topor*
Luigi Del Monte	*Giancarlo Montebello*	*Rosario Tornatore*
Lucio Del Pezzo	*Renato Morganti*	*Silvio Vigliaturo*
Stefano Della Porta	*Paolo Moroni*	*Johanan Vitta*
Mario Fallini	*Ugo Nespolo*	*Silvio Wolf*
Silla Ferradini	*Davide Nido*	*William Xerra*
Davide Ferro	*Paolo Novelli*	

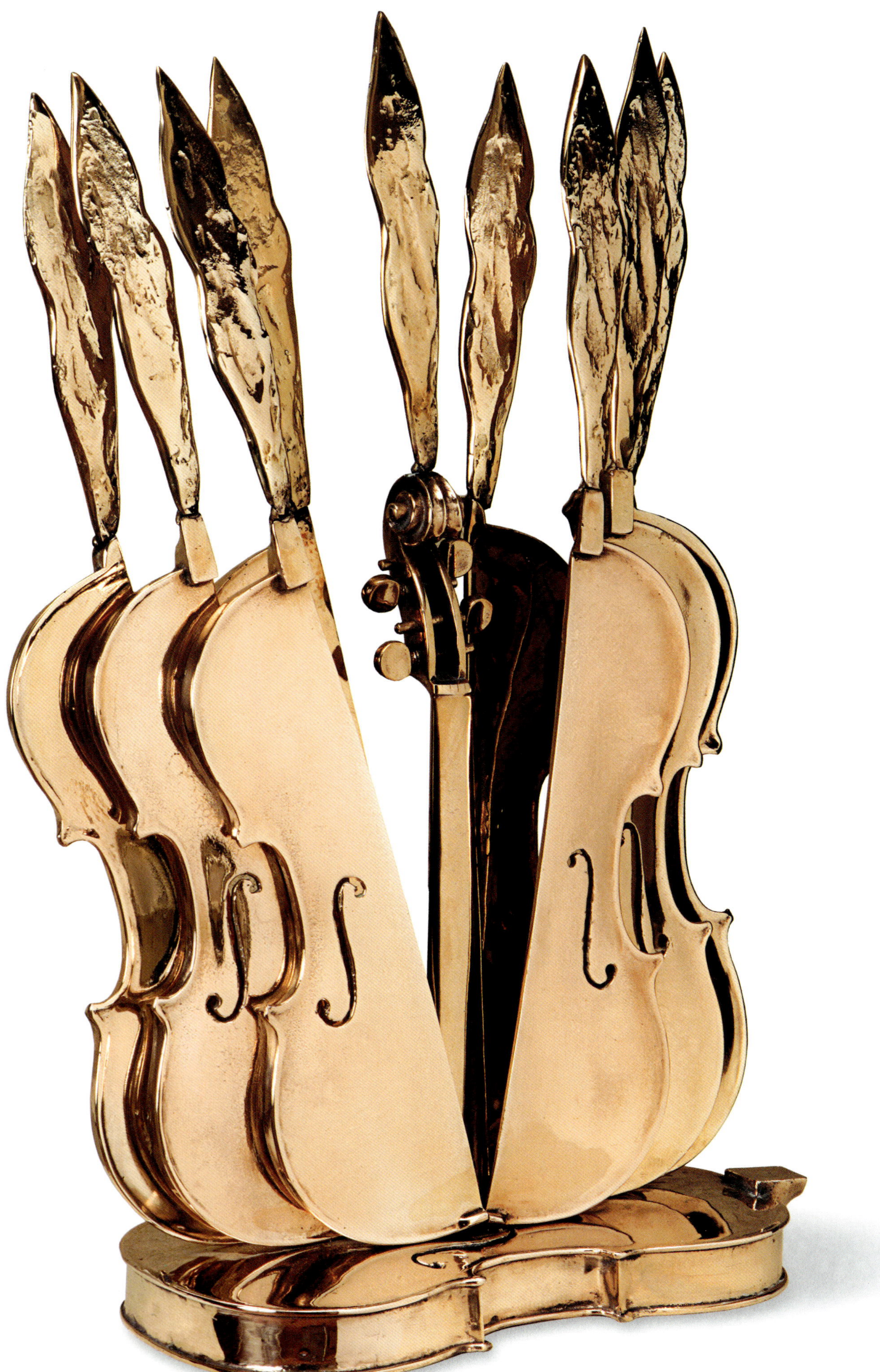
ARMAN 1997

Stefano Piantini, Skira editore

*La festa delle Luci, l'olio puro che bastava
per un giorno solo ai lumi del Santuario e che
dura miracolosamente otto giorni. Per qualche
misteriosa via mentale* Chanukkah *mi rammenta
la leggenda che accompagna la nascita del
gioco degli scacchi. Il Principe annoiato che
promette di donare qualsiasi cosa a chi trovi
il modo di rendere la sua vita di nuovo
piacevole. Il Saggio che crea il gioco e chiede,
quale ricompensa, tutto il grano che si sarebbe
ottenuto ponendo un chicco di grano sulla
prima casella della scacchiera, due sulla
seconda, quattro sulla terza, otto sulla quarta
e così via, raddoppiando fino alla
sessantaquattresima casella. In apparenza
una ben misera ricompensa; ma i granai del
Regno si svuotano, il numero finale dei chicchi
è 18.446.744.073.709.551.615.
Forse il fascino dei numeri e la* Ghematria,
*forse la moltiplicazione inattesa e arcana.
Il Museo dei Lumi: più di cento* chanukkiot
*d'artista, un oggetto già pieno di fascino
rivisitato con gli occhi dell'arte: belle, geniali
e fantasiose. Una collezione unica al mondo in
continuo sviluppo, non si arresta mai, creata
grazie alla passione della Comunità Ebraica di
Casale Monferrato. Ingiusto soffermarsi su un
pezzo, tutte meritano attenzione assoluta, e
questo libro nasce con questa idea, ma una mi
ha colpito per il suo duplice e sottile* mood
*ebraico, un solo lume ne crea otto, fantastico.
E sono ancora Numero e Parola.
Buona ricerca e buona lettura.*

The Festival of Lights, the pure oil that was
only enough to fuel the flame in the Holy
Temple for one day and which miraculously
burned for eight days. By some strange thought
process, *Hanukkah* reminds me of the legend
about the origins of chess. The prince who was
bored and promised to give anything to the
person who could find a way of bringing
pleasure into his life again. The wise man who
invented the game and, when asked what he
wanted in return, replied that he wanted one
grain of wheat for the first square of the board,
two for the second, four for the third, eight for
the fourth, and so on to the sixty-fourth square.
A seemingly insignificant request, but
the total amounted to a staggering
18,446,744,073,709,551,615 — more than all
the grain in the royal granaries. It could be my
fascination for numbers and *Gematria*, that
multiplication, so unexpected and mysterious.
The Museum of Lights: over one hundred
artists' *hanukkiot*, fascinating objects in their
own right, interpreted through the eyes of art:
beautiful, ingenious, imaginative.
The only collection of its kind in the world,
continuously expanding, never standing still,
built on the dedication of Casale Monferrato's
Jewish Community. It would be wrong to dwell
on any one item in particular. All are worthy of
undivided attention, and that is the purpose of
this book. Nonetheless, one did strike me for its
twofold and subtly Jewish mood, a single light
that generates eight more. Fantastic. There they
are again, Number and Word. I hope you find
this book to be a rewarding experience.

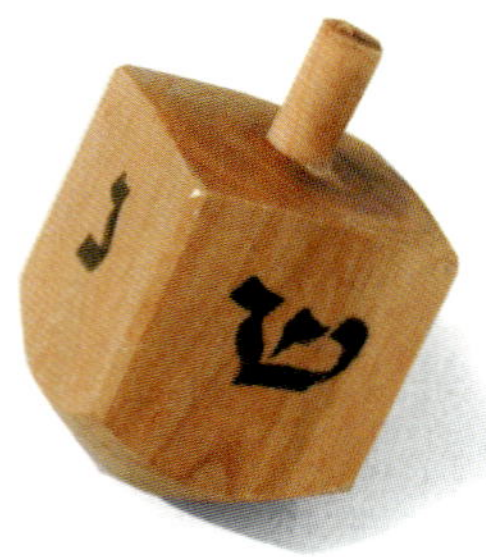

Sevivon, la tradizionale trottola della festa di *Chanukkah*.

Sevivon, the traditional spinning-top played with during the Jewish holiday of Hanukkah.

SOMMARIO
CONTENTS

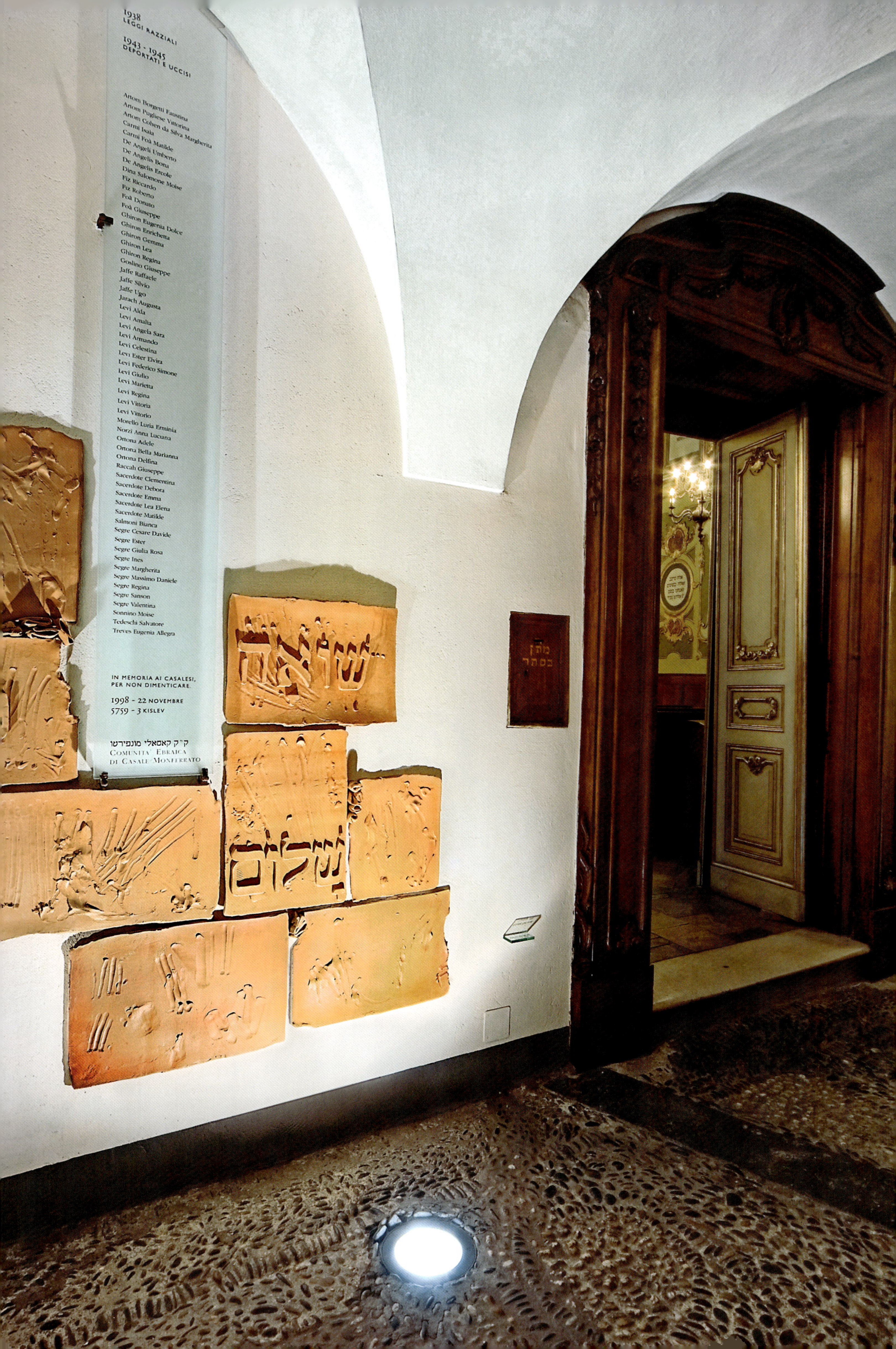

1938
LEGGI RAZZIALI
1943 - 1945
DEPORTATI E UCCISI

Artom Borgetti Faustina
Artom Pugliese Vittorina
Artom Cohen da Silva Margherita
Carmi Isaia
Carmi Foà Matilde
De Angeli Umberto
De Angelis Bona
De Angelis Ercole
Dina Salomone Moise
Fiz Riccardo
Fiz Roberto
Foà Donato
Foà Giuseppe
Ghiron Eugenia Dolce
Ghiron Enrichetta
Ghiron Gemma
Ghiron Lea
Ghiron Regina
Goslino Giuseppe
Jaffe Raffaele
Jaffe Silvio
Jaffe Ugo
Jarach Augusta
Levi Alda
Levi Amalia
Levi Angela Sara
Levi Armando
Levi Celestina
Levi Ester Elvira
Levi Federico Simone
Levi Giulio
Levi Marietta
Levi Regina
Levi Vittoria
Levi Vittorio
Morello Luria Erminia
Norzi Anna Luciana
Ortona Adele
Ortona Bella Marianna
Ortona Delfina
Raccah Giuseppe
Sacerdote Clementina
Sacerdote Debora
Sacerdote Emma
Sacerdote Lea Elena
Sacerdote Matilde
Salmoni Bianca
Segre Cesare Davide
Segre Ester
Segre Giulia Rosa
Segre Ines
Segre Margherita
Segre Massimo Daniele
Segre Regina
Segre Sanson
Segre Valentina
Sonnino Moise
Tedeschi Salvatore
Treves Eugenia Allegra

IN MEMORIA AI CASALESI,
PER NON DIMENTICARE.

1998 - 22 NOVEMBRE
5759 - 3 KISLEV

ק"ק קאסאלי מונפירטו
COMUNITA' EBRAICA
DI CASALE MONFERRATO

מתן בסתר

LA SINAGOGA DEGLI ARGENTI

Claudia De Benedetti

Un'antica e ininterrotta presenza

Mi dor le dor, "di generazione in generazione":
questa citazione, tratta da *Isaia* (34,10), potrebbe
riassumere uno degli ideali dell'ebraismo che da
sempre ha contraddistinto le famiglie appartenenti
alle comunità sparse ai quattro angoli della Terra.
Fin dagli anni successivi alla cacciata dalla Spagna,
gli ebrei si stanziarono a Casale, destinata a essere
per secoli importante punto di riferimento per
l'ebraismo italiano. Mentre in gran parte del
Piemonte i Savoia imponevano il loro volere,
nel Monferrato i Paleologi prima e i Gonzaga
poi furono più tolleranti, ma ciononostante gli ebrei
consideravano la loro posizione sempre in bilico
tra la condizione di straniero e quella di suddito,
con sbilanciamenti da una parte o dall'altra,
a seconda delle epoche e dei regnanti.
Per continuare a vivere in città talvolta dovevano
versare ai sovrani ingenti tributi a sostegno delle
spedizioni militari. La condizione più pesante
riguardava il divieto di transitare per alcune
strade cittadine durante la Settimana Santa
e in concomitanza con le processioni.

Le vie del ghetto

Vittorio Amedeo II dal 1724 impose l'obbligo
di trasferimento della popolazione ebraica
all'interno dei ghetti. Nell'ampio quartiere che
abbracciava a Casale Monferrato la Contrada degli
ebrei, oggi via d'Azeglio, via Balbo, via Roma, vicolo
Castagna e piazza San Francesco, risiedevano già
molte famiglie e nel suo centro fu edificata la
Sinagoga. Secondo il censimento generale
commissionato in Piemonte dai Savoia, nel 1761
nel ghetto casalese vivevano 136 nuclei familiari
per un totale di 673 persone.

A sinistra: la porta di ingresso alla Sinagoga,
affiancata dall'opera in ceramica di Antonio Recalcati.

Nella pagina seguente: vista interna dall'ingresso
della Sinagoga, di eccellente fattura tardobarocca
piemontese. Sulla parete di fondo la splendida
Arón ha-Kodesh.

*On the left: the door of the Synagogue and, next to it, the
ceramic work by Antonio Recalcati.*

*On the next page: a view of the inside of the Synagogue,
a fine example of Piedmontese late Baroque architecture.
The splendid Aron HaKodesh is on the rear wall.*

An ancient, uninterrupted presence

Mi dor le dor, *"from generation to generation".
This quote from* Isaiah *(34:10) can be said
to summarise an ideal of Judaism held dear by
Jewish families belonging to the communities
scattered across the four corners of the Earth.
Shortly after their expulsion from Spain, Jews
settled in Casale and formed what was for
centuries one of the major Jewish communities
in Italy. While in much of Piedmont the Savoys
imposed their rule, in the Monferrato district
the Paleologi family and later the Gonzagas
were more tolerant, but the Jews still saw their
status fluctuate between foreigner and subject
depending on the era and the sovereign in
power. In exchange for permission to stay in
the city, they sometimes had to pay enormous
taxes to support military expeditions. The most
serious restriction was the ban on travelling
along certain city streets during Holy Week or
religious processions.*

Streets of the ghetto

*In 1724, Vittorio Amedeo II ordered the Jewish
population into ghettos. Many families already
lived in the large neighbourhood denoted
as the* Contrada degli Ebrei *(now via d'Azeglio,
via Balbo, via Roma, vicolo Castagna and
piazza San Francesco), and the Synagogue was
built at its centre. According to the general
census carried out in Piedmont by the Savoys,
in 1761 there were 136 families, for a total
of 673 people, living in the Jewish ghetto
of Casale Monferrato. The French Revolution
and occupation by Napoleon's armies led to a
brief period of equality; the gates of the ghettos
were torn down, but were then reinstated*

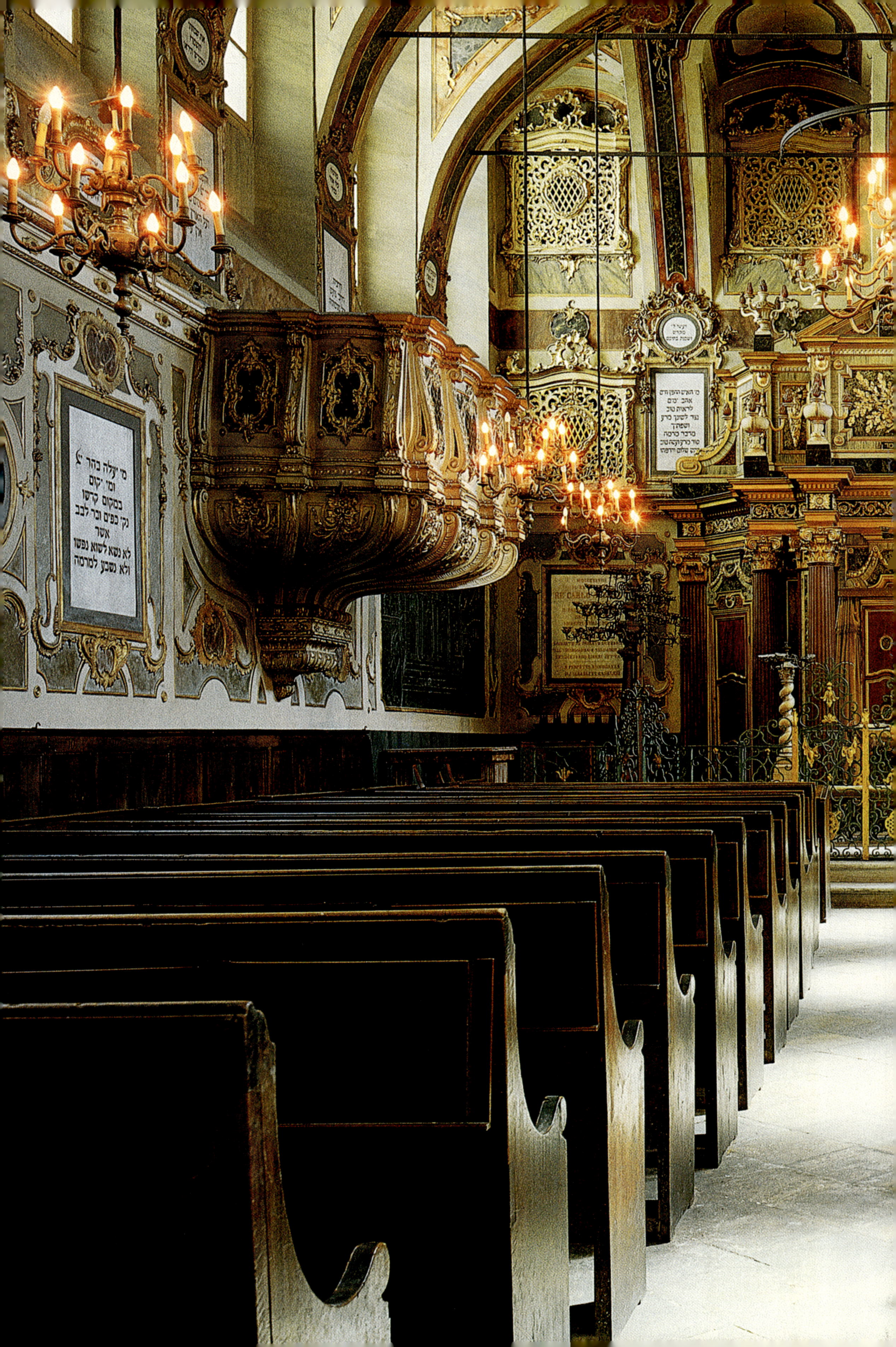

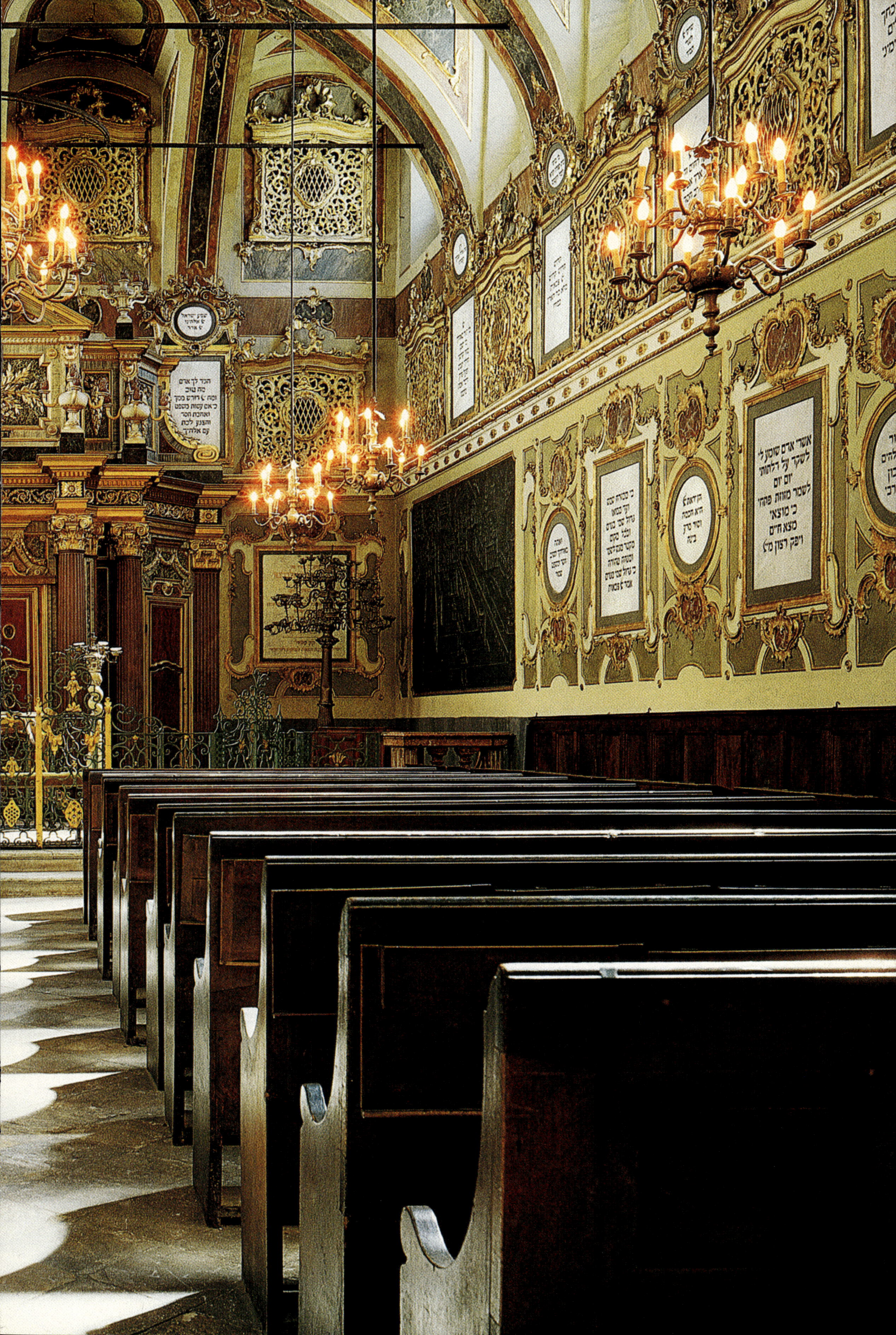

La Rivoluzione Francese e l'occupazione napoleonica portarono a una momentanea uguaglianza e le porte dei ghetti furono eliminate, per essere poi ripristinate con la Restaurazione. La comunità di Casale conobbe il momento di massimo splendore intorno alla metà del XIX secolo, quando vi risiedevano circa 850 persone, che praticavano il prestito su pegno e commerciavano in frumento, gioielli, pizzi e spezie. Durante il Congresso Agrario, tenutosi a Casale nel 1847, si era parlato di libertà e di uguaglianza. Gli ebrei avevano trovato nel canonico Giuseppe Gatti un propugnatore, la cui speciale qualità conferiva un titolo maggiore alla sua difesa; in un opuscolo intitolato *La rigenerazione politica degli Israeliti in Italia* proclamava il dovere di considerare gli ebrei fratelli e di ritenerli uguali agli altri cittadini. Nella piazza Maggiore (secondo quanto riferisce Giuseppe Levi nel suo volumetto *Le iscrizioni del Sacro Tempio Israelitico,* ristampato nel 1994 in occasione della celebrazione per i 400 anni della costruzione della Sinagoga), inoltre, sul finire del 1847, Pier Luigi Pinelli parlava in favore degli ebrei e scambiava, fra la generale commozione, il bacio di fratellanza con G. Jacob Levi.

Finalmente emancipati

La comunità di Casale deliberò di ricordare in perpetuo l'emancipazione ottenuta nel 1848 e di incaricare il rabbino Levi Gattinara di comporre un'iscrizione in ebraico e italiano da murare nel Tempio. In Italia non esiste nessun altro luogo di culto in cui gli ebrei abbiano voluto tributare una così profonda riconoscenza

during the Restoration. The Jewish community of Casale reached its peak about halfway through the nineteenth century, when roughly 850 people lived there as pawnbrokers and merchants of wheat, jewellery, lace and spices. Freedom and equality had been discussed during the Agricultural Conference in Casale in 1847. The Jews had found an ally in canon Giuseppe Gatti, whose status lent extra weight to his defence; in a pamphlet entitled La rigenerazione politica degli Israeliti in Italia *he proclaimed it a duty to consider the Jews as brothers and the equals of all other citizens. According to Giuseppe Levi in his booklet* Le Iscrizioni del Sacro Tempio Israelitico, *reprinted in 1994 for celebrations marking the 400th anniversary of the Synagogue, late in 1847 Pier Luigi Pinelli stood in the main square to speak in favour of the Jews and, amidst the general commotion, exchanged a kiss of brotherhood with G. Jacob Levi himself.*

Finally free

Emancipated in 1848, the Casale community decided to have Rabbi Levi Gattinara write an inscription in Hebrew and Italian to engrave on the Temple wall as a permanent commemoration of the event. There is no other place of worship in Italy where the Jews have paid this kind of tribute to the sovereign who set them free. Along with several passages from the Book of Psalms, *the inscription of the Sinagoga degli Argenti, framed by gilded stucco work, attests to the history of the Jews in Casale. It translates as follows: "29 March 1848 / King Carlo Alberto and the national*

al sovrano che li ha affrancati.

Accanto a numerosi passi tratti dal *Libro dei Salmi*, la storia ebraica casalese è così testimoniata dall'iscrizione della Sinagoga degli Argenti, incorniciata da stucchi dorati. Ecco il testo della lapide così significativa: "1848 il 29 marzo / Re Carlo Alberto e il 19 giugno il parlamento nazionale decretavano / i diritti civili e politici agli israeliti subalpini / acciocché scordate le passate interdizioni / nell'uguaglianza e nell'amor patrio crescessero liberi cittadini / a perpetua ricordanza gli Israeliti Casalesi". Quando morì Carlo Alberto, nel 1852, gli ebrei di Casale listarono a lutto la Sinagoga, dipingendo sui muri delle fasce nere sotto le grate dei matronei. Tra i biografi della comunità Leone Ottolenghi, nel suo saggio *Brevi cenni sugli Israeliti casalesi e sul loro sacro Oratorio* pubblicato nel 1866, racconta la situazione della comunità casalese quando ancor forte in lui è l'emozione per l'emancipazione: spigolando tra le righe, leggiamo: "Chi può descrivere l'entusiasmo con cui questa notizia fu accolta? Tutta la Comunità era in moto. Era un andare, un venire, uno stringersi, un rallegrarsi", e poco più avanti: "I nostri fratelli cattolici presero viva parte alla nostra esultanza ed era invero commovente lo scambio di affetti e di generose idee che in allora si ammiravano". Ottolenghi loda poi le iniziative intraprese per integrare la Comunità ebraica con il resto della cittadinanza: dalla creazione di una Società di Incoraggiamento alle Arti e Mestieri, alla riforma dell'Opera di Beneficenza per aiutare i malati, fino all'ipotesi di costruzione di un ospedale per malati ebrei.

Parliament have decreed / the civil and political rights of subalpine Jews / in order that, with past interdictions forgotten, they flourish in equality and love of country as free citizens / in eternal memory of the Israelites of Casale". When Carlo Alberto died in 1852, the Casale Jews edged the Synagogue in black, painting mourning-bands on the walls beneath the screens of the women's galleries. Leone Ottolenghi, in his essay published in 1866 Brevi cenni sugli Israeliti casalesi e sul loro sacro Oratorio, *writes about the atmosphere in the Casale community while still invigorated by the emancipation: "Who can describe the enthusiasm with which this news was received? The whole community was in motion. There was much coming and going, hugging and rejoicing". A little further down he continues: "Our Catholic brothers joined our exultation, and the exchange of affection and generous ideas was truly moving". Ottolenghi also celebrates the efforts made to integrate the Jewish community with the rest of the town: the creation of a Society for the Encouragement of Arts and Professions, the reform of the charity to help the sick, and the notion of building a Jewish hospital.
On 25 December 1862, the Casale Jews learnt of the death of Marquis Roberto d'Azeglio, "our valiant defender and mighty champion of our downtrodden rights". They held a special service in his honour which included the* Psalm *of David, the Rabbi's funeral address and the requiem prayer, the* ashkava.

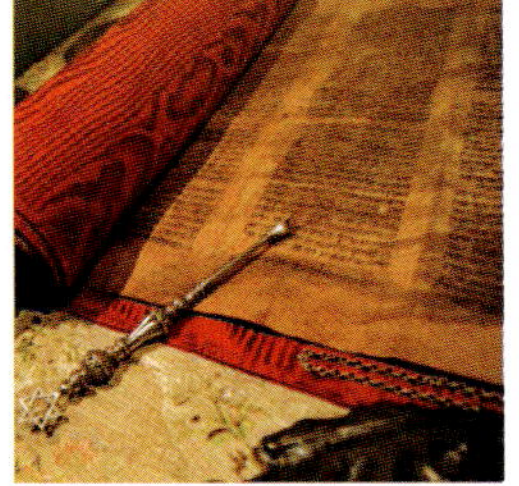

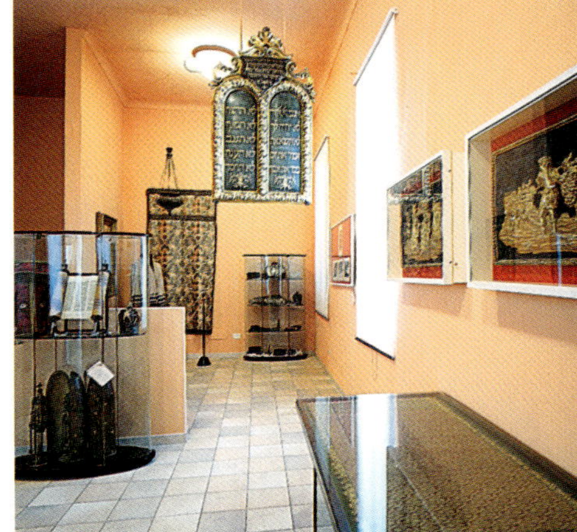

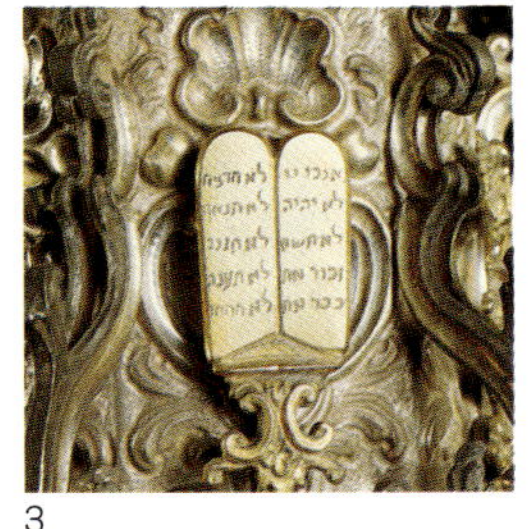

¹ Dettaglio di un *Sèfer Torah,* in calligrafia sefardita, XVI secolo.
² Sala di ingresso al Museo degli Argenti.
³ Dettaglio di *Atarah* (corona), XIX secolo.

¹ Detail of a sixteenth-century Sefer Torah, *in Sephardic handwriting.*
² Entrance hall of the Museo degli Argenti.
³ Detail of a nineteenth-century Atarah *(crown).*

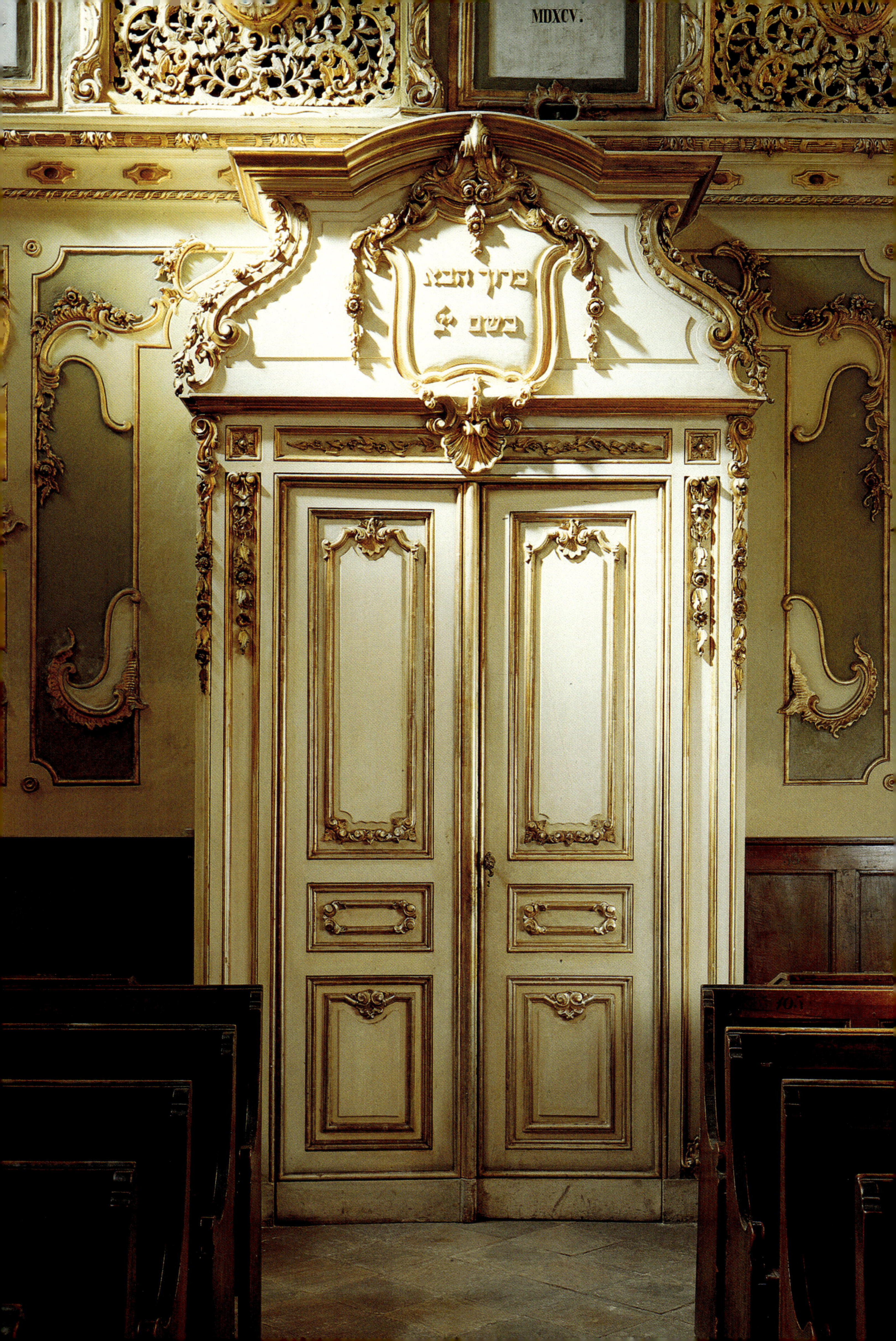

MDXCV.
מזרח מכאן
בשם 🏵

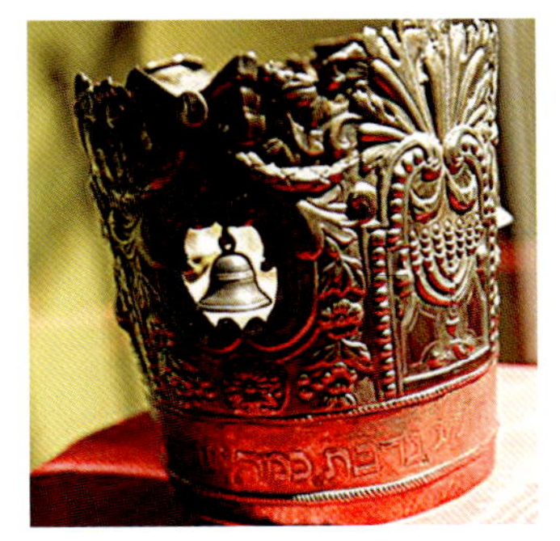

Il 25 dicembre 1862 gli ebrei casalesi appresero
la notizia della scomparsa del marchese Roberto
d'Azeglio, "valente nostro difensore e fortissimo
propugnatore dei conculcati nostri diritti".
A lui venne dedicato un Uffizio Propiziatorio
straordinario, comprendente la recita di *Salmi
di Davide*, il discorso funebre del rabbino
e la preghiera di requiem, *ashkava*.

La splendida Sinagoga nascosta:
un capolavoro del barocco piemontese

Nel cuore del vecchio ghetto si accede
a un gioiello di architettura tardobarocca
piemontese, dichiarato monumento nazionale.
Le prime notizie riguardanti l'aula di preghiera
della Comunità Ebraica di Casale risalgono
al 1590. La Sinagoga, inaugurata nel 1595,
nel corso dei secoli ha subito successive
modifiche e ampliamenti.
L'edificio occupa un lato dell'attuale vicolo
Salomone Olper e ha mantenuto, fin dall'origine,
un aspetto anonimo con una facciata
analoga alle case del quartiere e un ingresso
decisamente piccolo.
Dalla strada si passa in un vasto atrio
che prosegue con un armonioso porticato che
forma il chiostro insieme a un piccolo giardino.
La sala di preghiera, di forma rettangolare, oggi
splendidamente restaurata, è per tre lati circondata
dalle gallerie che ospitano i matronei e riceve luce
da quattordici ampie finestre.
Grandi lampadari dorati pendono dal soffitto,
costituito da una volta a botte con pitture e stucchi

The magnificent hidden Synagogue:
a masterpiece of Piedmontese Baroque

*In the heart of the old ghetto is a jewel
of Piedmontese late Baroque architecture that
has been declared a national monument.
The first records of a Jewish prayer hall in
Casale date back to 1590. The Synagogue,
inaugurated in 1595, has been altered and
extended over the centuries.
It occupies one side of what is now vicolo
Salomone Olper, and has maintained its
original anonymous appearance, with a façade
just like that of the other buildings in the
neighbourhood and a small, unimposing door.
From the street one enters a vast foyer, which
leads into a lovely colonnaded cloister and
small garden. The rectangular prayer room,
now wonderfully restored, is surrounded on
three sides by the women's galleries and lit by
fourteen large windows.
Big gilded chandeliers hang from the vaulted
ceiling, its gold-tone paintings and stucco work
standing out against a blue-green background.
The gold decoration of the vault is a Hebrew
phrase signifying "This is the door to Heaven".
The white, cobalt and gold walls are adorned
with Hebrew inscriptions framed by gilded
stucco work, and the two women's galleries are
concealed by carved wooden screens. From
1848 to 1866, as the Casale Jews grew
accustomed to their newfound freedom, the
Synagogue was extended, restored and
decorated on the initiative of Rabbi Salomone
Olper. In Jewish liturgy there is no such thing
as a pulpit, since prayer is ideally intended as
a communal act of devotion rather than a rite
to be performed by an officiant.*

A sinistra: la porta lignea di ingresso
alla Sinagoga, in stile barocco rococò, XIX secolo.

In alto a destra: *Atarah* in argento sbalzato,
XVIII secolo.

*On the left: the nineteenth-century wooden
door of the Synagogue, in the Baroque Rococo
style.*

Top right: eighteenth-century Atarah
in embossed silver.

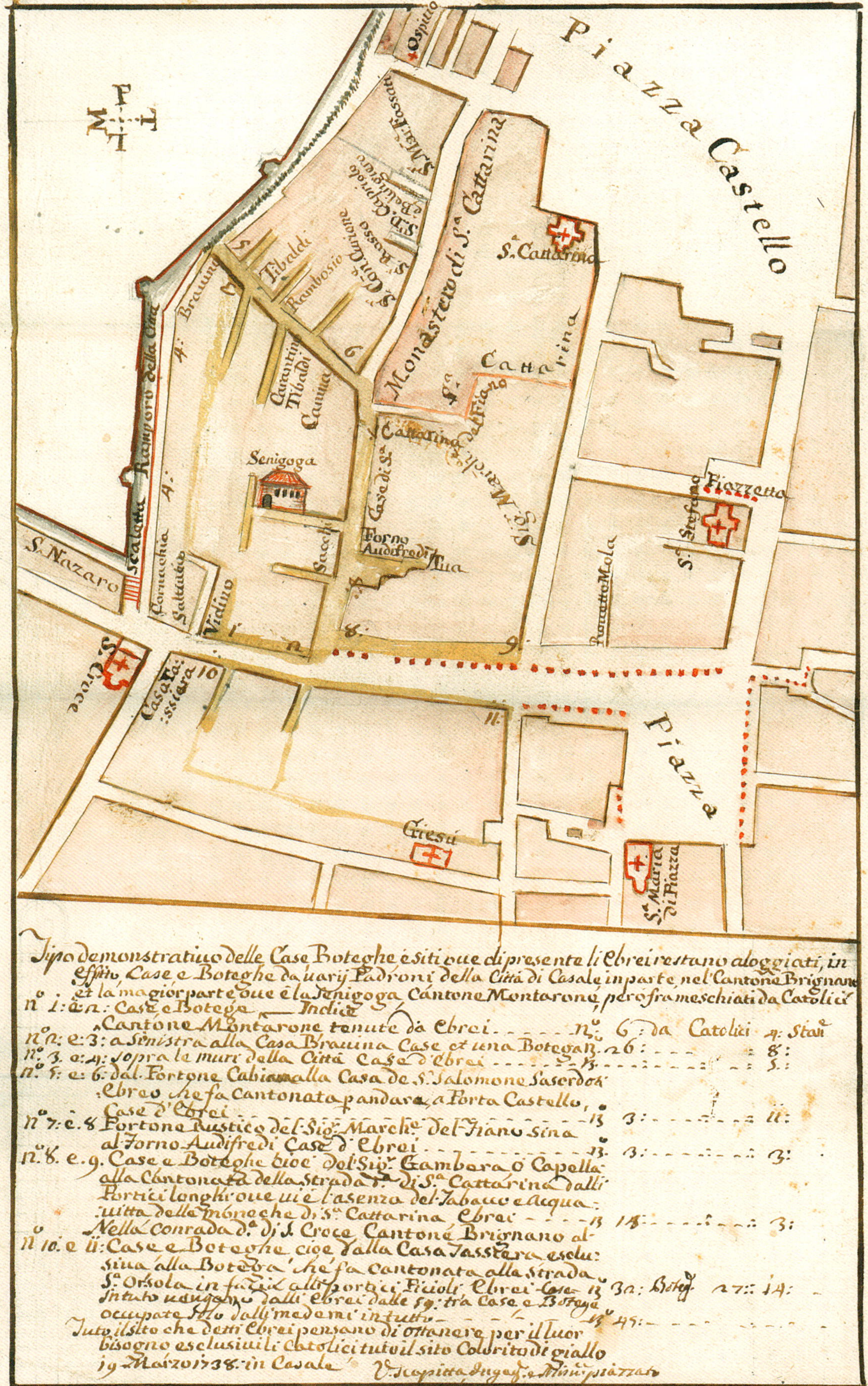

Tipo demonstratiuo delle Case Boteghe é siti oue di presente li Ebrei restano aloggiati, in effetto, Case e Boteghe da uarij Padroni della Città di Casale in parte, nel Cantone Brignano et la magior parte e oue é la Senigoga Cantone Montarone, pero fra meschiati da Catolici

n.º 1: é: 2: Case e Botega ——— Indica

Cantone Montarone tenute dà Ebrei .... n.º 6: da Catolici 4: Stan

n.º 2: e: 3: a Sinistra alla Casa Brauina Case et una Botega 26: 8:

n.º 3: e: 4: sopra le muri della Città Case d'Ebrei ...... 13: 5:

n.º 5: e: 6: dal Portone Cabiaualla Casa de S.º Salomone Saserdot Ebreo che fa Cantonata p andare a Porta Castello, Case d'Ebrei ...... 13: 3: 11:

n.º 7: é: 8 Portone Rustico del Sig. March.º del Fiano sina al Forno Audifredi Case d'Ebrei ...... 13: 3: 3:

n.º 8: e: 9. Case e Boteghe cioé del Sig. Gambara ò Capella alla Cantonata della strada d. di S.ª Cattarina dalli Portici longhi oue ui é l'asenza del Tabaco e Acqua uitta delle moneche di S.ª Cattarina Ebrei ...... 13: 18: 3:

n.º 10. e 11: Case e Boteghe cioe dalla Casa Tassera esclu: sina alla Botega che fa Cantonata alla strada S.ª Orsola in facia alli portici Picioli Ebrei Case 13: 3a: Boteg 17: 14: in tuto uengano dalli Ebrei dalle 59: tra Case e Botega occupate solo dalli medemi in tutto 13: 49:

Tuto il sito che detti Ebrei pensano di ottenere per il luor bisogno esclusiuili Catolici tuto il sito Colorito di giallo 19 Marzo 1738. in Casale V. Scapitta Ingeg. e Minis piazza.

dorati che spiccano su fondo verde-azzurro. La decorazione
in oro della volta è formata da una scritta ebraica
il cui significato è "Questa è la porta del cielo". Le pareti bianche,
blu cobalto e oro sono ricoperte di iscrizioni in ebraico incorniciate
con stucchi dorati che costituiscono un prezioso elemento
decorativo, insieme alle grate in legno scolpito che celano
i due matronei.
Negli anni compresi tra il 1848 e il 1866 gli ebrei casalesi prendono
coscienza della loro nuova condizione di libertà, la Sinagoga viene
ampliata, restaurata e impreziosita su interessamento
dell'allora rabbino Salomone Olper. La liturgia ebraica non prevede
in alcun modo l'esistenza del pulpito, in quanto la preghiera nasce
come momento di devozione e raccoglimento corale e non è affidata,
se non per comodità, a un officiante.
L'emancipazione segna, tuttavia, a Casale come altrove, l'imporsi dei
pulpiti a imitazione delle chiese cristiane. I banchi vengono perciò
allineati in direzione dell'area di preghiera, dove si trova la *Tevah*,
(pulpito), chiusa da un cancello in ferro battuto, dipinto in verde.
L'*Arón*, l'armadio che custodisce i Rotoli della Legge, risale al 1765.
È in stile neoclassico con un corpo centrale sormontato da un
timpano sorretto da monumentali colonne in legno; i capitelli corinzi
e la decorazione di rami di foglie e quercia sul timpano sono dorati.
Tra le tante iscrizioni presenti all'interno della Sinagoga, nella terza
fila superiore si legge una frase dal tono ecumenico: *"Ki beitì bet
tefilah ikareh lekol amim"* ("Poiché è il mio Tempio, si chiamerà casa
di Orazione per tutti i popoli", *Isaia* 56,7).

Il Museo ebraico: un ricco patrimonio di oggetti e tessuti

Inaugurato nel 1969, il Museo occupa i due piani del matroneo
e alcune sale attigue. È articolato in varie sezioni: la sala della
preghiera e del Sabato, le sale didattiche delle feste e del ciclo della
vita, le sale degli argenti e dei tessuti. Vi è esposto tutto il patrimonio
artistico della comunità ebraica, costituito da donazioni e prestiti:

*In Casale as elsewhere, however, emancipation led to the
building of pulpits in imitation of Christian churches.
The benches are thus aligned in the direction of the prayer area,
where the Tevah (pulpit) is separated by a wrought-iron gate
painted green. The ark, the cabinet where the Torah scrolls
are kept, dates back to 1765. It is in the Neoclassical style with
a central body topped by a gable supported by monumental
wooden columns. The Corinthian capitals and oak-leaf
decorations on the gable are in gilt. Of the many inscriptions
found in the Synagogue, in the third upper row is a phrase
of ecumenical grace from Isaiah (56:7): "Ki beiti beit tefilah
ikareh lekol amim", "For my house shall be called a house
of prayer for all peoples".*

The Jewish Museum: a wealth of artifacts and fabrics

*Inaugurated in 1969, the Jewish Museum occupies the two floors
of the women's gallery and some adjacent rooms.
Sections include the prayer room, the learning rooms with
materials on Jewish holidays and the life cycle, and the silver
and fabric rooms. On display is the entire artistic heritage
of the Jewish community, received through donations and loans,
ranging from religious accoutrements to items of everyday use
and study. The Torah scrolls are sumptuously embossed,
engraved and filigreed, all by local artisans working from copies
or original designs. Many of the well-preserved fabrics bear
the embroidered name of the maker or the donating family.*

Le case in uso agli ebrei di Casale
e la Sinagoga riportate da Scapitta
su pergamena, datata 19 marzo 1738.

*The houses for use by Casale Jews
and the Synagogue recorded on parchment
by Scapitta, dated 19 March 1738.*

THE SINAGOGA DEGLI ARGENTI

dagli arredi di culto agli oggetti di vita quotidiana e
di studio. Numerosi e di notevole pregio sono
gli ornamenti dei Rotoli della Legge, sbalzati
o cesellati o in filigrana, tutti eseguiti da artigiani
locali su copia o su disegno. I tessuti, in ottimo
stato di conservazione, recano spesso ricamato
il nome di chi ha eseguito il lavoro o della
famiglia donatrice.

Un salto nel passato: l'archivio

Nel 1989 è stata avviata la riorganizzazione
dell'Archivio Storico, ora situato nell'ala sud-ovest
dell'edificio comunitario in due grandi locali
dedicati alla memoria di Livia Pavia Wollemborg.
Accanto ai documenti si trova una raccolta di
manoscritti e testi liturgici nonché tutto il materiale
della comunità di Moncalvo, estinta prima della
seconda guerra mondiale.
Recentemente è stata completata anche
l'informatizzazione dell'intero catalogo, che può
essere così accessibile e consultabile con facilità
dagli studiosi.

A journey back in time: the Archives
In 1989 the Archives were reorganised
and are now housed in the southwest wing
of the building, in two large rooms dedicated
to the memory of Livia Pavia Wollemborg.
Along with the documents is a collection
of manuscripts and liturgical texts, as well as
all surviving artefacts of the Moncalvo
community, which died out before World War II.
The entire catalogue was recently
computerised, and can therefore easily
be consulted by scholars.

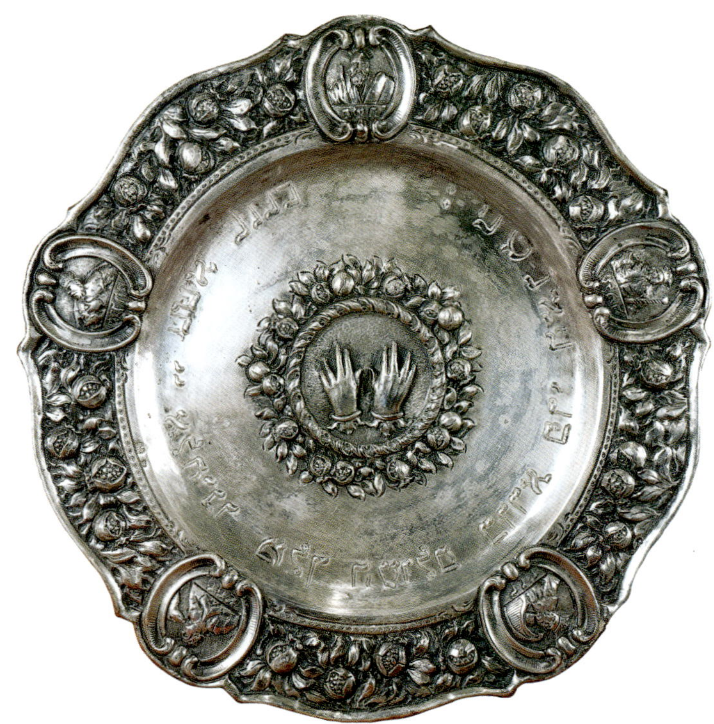

A sinistra: piatto d'argento sbalzato
e cesellato, XIX secolo.

Nella pagina a destra: dettaglio
dei fastosi capitelli e del timpano
che sovrastano l'*Arón ha-Kodesh*.

On the left: embossed and chiselled
nineteenth-century silver plate.

On the page to the right: detail of the
magnificent capitals and gable atop
the Aron HaKodesh.

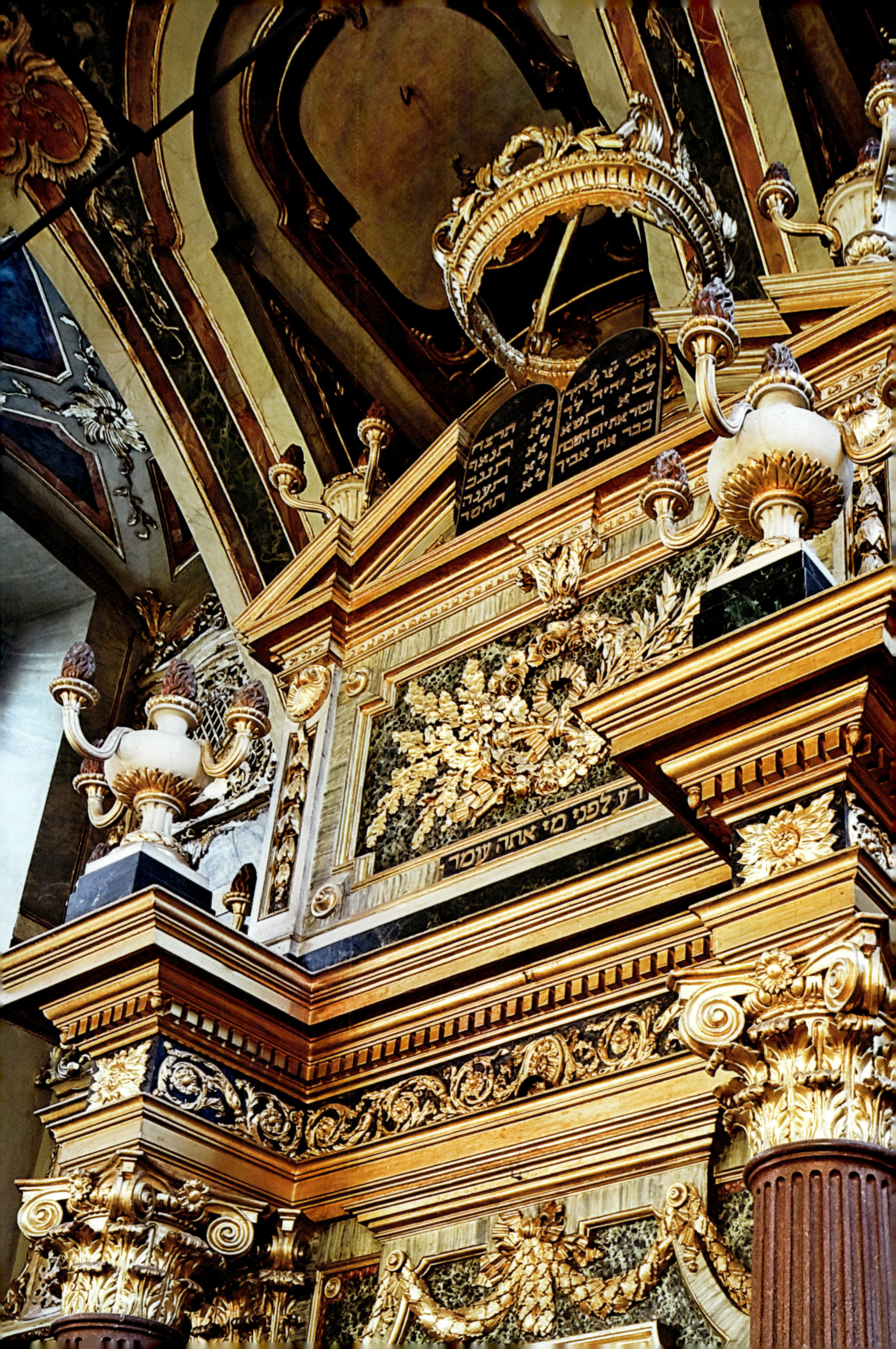

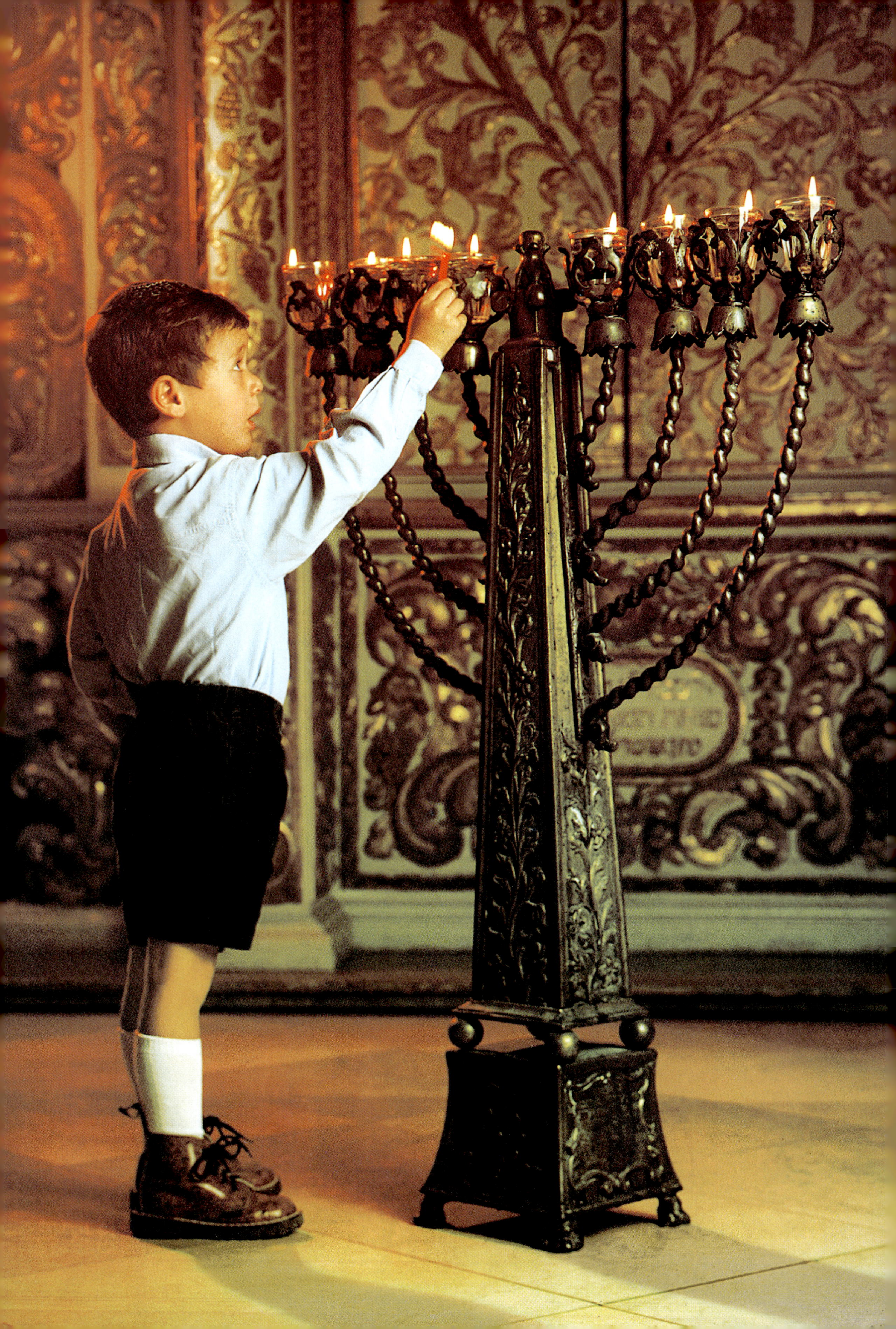

Elio Carmi

Si avvicina e accende il lume. Non ci arriva quasi,
lui è così piccolo e la festa così grande.

Succedeva prima e prima ancora.
Poi di colpo non successe più: come era già
stato cento e mille anni fa, ora una nuova forza
distruttiva voleva scientificamente chiudere
le porte del Tempio, per condizionare il futuro
di tutti i futuri. Era una guerra, la più grande
e disastrosa che l'uomo abbia mai concepito
e condotto. Un male enorme aveva occupato
l'Europa e coinvolto l'universo. Poi i nuovi
Maccabei liberarono il Tempio e di nuovo il lume
di *Chanukkah*, formidabile e straordinario
oggetto, bello grande solido ritrovò il suo posto.
Ma non c'erano i bambini che lo potessero
illuminare e non c'era nessuna certezza. I giorni
appena passati erano estremamente presenti;
accompagnavano, suo malgrado, chi non aveva
neppure la forza di aprir bocca, per raccontare
il non raccontabile. Ma bisognava comunque
onorare la vita, guardare oltre e superare ciò
che ancora oggi non è stato superato.
Non rimuovere la *Shoah*, ma ricordarla perché
è così che si costruiscono i futuri. Il dovere
di ricordare è un atto necessario; gli oggetti
in questo senso ci aiutano da sempre, forse
sono nati per questo, contengono nella loro
essenza la memoria dei gesti e dei valori
simbolici e materiali che nel loro farsi,
raccontano le nostre storie, la storia dell'umanità.
Si era dunque riunito il Consiglio. Ritrovarsi
insieme per tornare a sé stessi.

Lampada di *Chanukkah*, 1830,
ottone, fusioni e incisioni,
Gerusalemme, The U. Nahon Museum
of Italian Jewish Art.

Hanukkiah 1830,
brass, cast and engraved,
Jerusalem, The U. Nahon Museum
of Italian Jewish Art.

*He walks up to the lamp and lights it. He can
hardly reach, he's so small and the Festival
so grand.*

*It used to happen before, and before that.
Then, all of a sudden, it stopped happening, just
as it had a hundred and a thousand years ago,
as a new destructive force set out to scientifically
close the doors of the Temple and manipulate
the future of all futures. It was a war, the biggest
and most disastrous man has ever conceived
or fought. A massive evil force had occupied
Europe and the entire universe had become
involved. Then the new Maccabees freed
the Temple and the* hanukkiah, *that wonderful
and extraordinary object, so beautiful, great
and solid, regained its rightful place.
But there weren't any children to light it, nothing
was certain any more. Recollections of recent
events were still too vivid in everyone's mind,
unremittingly accompanying these people who
had been left without the strength to speak, to
talk about the unspeakable. But life must be
honoured, it was important to move on and try to
overcome something that we have still not put
behind us even to this day.
The* Holocaust *was not to be ignored. It was to
be remembered, because that is how futures are
built. It is our duty to remember, something we
must do, and in that respect objects have always
been helpful. Perhaps that explains their
existence; in their essence they hold the memory
of the gestures and symbolic and material values
that, as they have evolved, recount our history,
the history of mankind. And so the council met
and set about its business. That of deciding what
to do with the things that were left for the few
remaining people in Casale. The Synagogue was*

Per decidere come e cosa fare di ciò che era
rimasto per le poche persone che erano
ancora lì a Casale. Lì c'era la Sinagoga,
e dall'altra parte del mare esisteva l'unico posto
al mondo dove un ebreo può sentirsi protetto,
o quanto meno lo può sperare. È questo posto
che va sostenuto, aiutato, costruito.
Ecco che parlandone per strada, camminando
e attraversando le porte di casa e del Tempio,
si formò l'idea. Si propose di rimontare pezzo
per pezzo la lampada di bronzo, quella che aveva
visto molte volte bambini avvicinarsi e tentare
goffamente di farsi accendere la lampada che
tutti quelli del Tempio avevano ammirato; vedendo
la luce che si avvicinava verso di loro e li
scaldava con un'energia pervasiva di sostanza
e di forma, di bellezza e potenza.
Accompagnando da sempre la narrazione del
miracolo e della vittoria che le mamme e i padri
raccontavano nel recitare le brevi e semplici
preghiere. Ma la proposta era di non ricostruirla lì,
era invece di portarla là; dove un giorno, se qui

*here, but the only place in the world where Jews
knew they were protected, or at least felt they
were, lay across the sea. That was the place to
be supported, helped, built.
People discussed it in the streets, while out
walking, in their homes and at the Synagogue,
and the idea gradually began to take shape.
They would rebuild the bronze lamp, piece by
piece, the lamp that so many children had
walked up to and clumsily tried to kindle, the
lamp that everyone at the Synagogue had
admired as they watched the light move towards
them, warming them with an all-pervasive
energy of substance and form, beauty and power,
the lamp that had always accompanied the story
of the miracle and of the victory, recited by
mothers and fathers in the short, simple prayers.
But the lamp would not be rebuilt in Casale.
They would take it over there, where one day, if
there was no-one left here, no more children,
someone would rekindle the lights of the children
of Casale, the ones who had been taken away for*

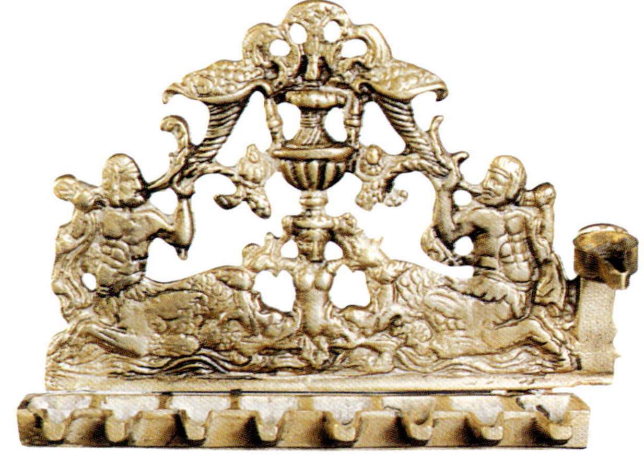

Lampada di *Chanukkah*, XVIII secolo,
fusione in bronzo: al centro del manufatto
un'anfora contornata da figure mitologiche,
Casale Monferrato, Museo ebraico.

*Hanukkiah, eighteenth century,
bronze casting: in the centre is an
amphora surrounded by mythological figures,
Casale Monferrato, Museo ebraico.*

non ci fosse stato nessuno, più nessun bambino,
là qualcuno ci sarebbe stato e avrebbe ridato
luce ai lumi dei bambini di Casale, quelli portati
via per cose e casi di cui nessuno voleva parlare,
perché ricordare era così doloroso che era
meglio rinunciare alla parola. E così nel 1946
la lampada prese la strada di una nuova casa,
andò in Israele, entrò nei muri della Sinagoga
Italiana, dove da allora fa mostra di sé a chi
va a trovarla. Lì aspetta che ogni anno
il miracolo della luce si riproponga perché
è in quel momento e senza che nessuno
lo sappia, che lei vede negli occhi dei bambini
il riflesso degli antichi muri barocchi che prima
della guerra per cento anni l'avevano
amorevolmente circondata. È opportuno tra
di noi considerare che la sua non è nostalgia,
la nostra lampada è consapevole di aver
partecipato alla storia, quella ebraica, di Casale,
del Monferrato e nel suo piccolo dell'Umanità.
Lei è fisicamente in Gerusalemme, lì vive
e svolge il suo lavoro. Ma per noi la sua essenza
è qua, e nel Museo dei Lumi c'è la sua storia
che continua, antica e moderna; come il Mondo.

*things and reasons nobody wanted to talk about,
because remembering was so painful it was
better not to speak. And so it was that in 1946
the lamp set out on the journey to its new home,
in the Italian Synagogue in Israel, where it can
still be admired today. There, each year, it
awaits the miracle of the light when, unknown to
all, reflected in the children's eyes, it sees the old
Baroque walls that had so lovingly cared for it
for a hundred years, before the war. This is not
nostalgia. Our lamp knows it has a place in
history; the history of Judaism, of Casale, of the
Monferrato district and, in its own small way, of
mankind. Although physically in Jerusalem,
where it lives and does its job, we know its
essence is here, its history is in the Museo dei
Lumi, where it continues, ancient and modern;
just like the World.*

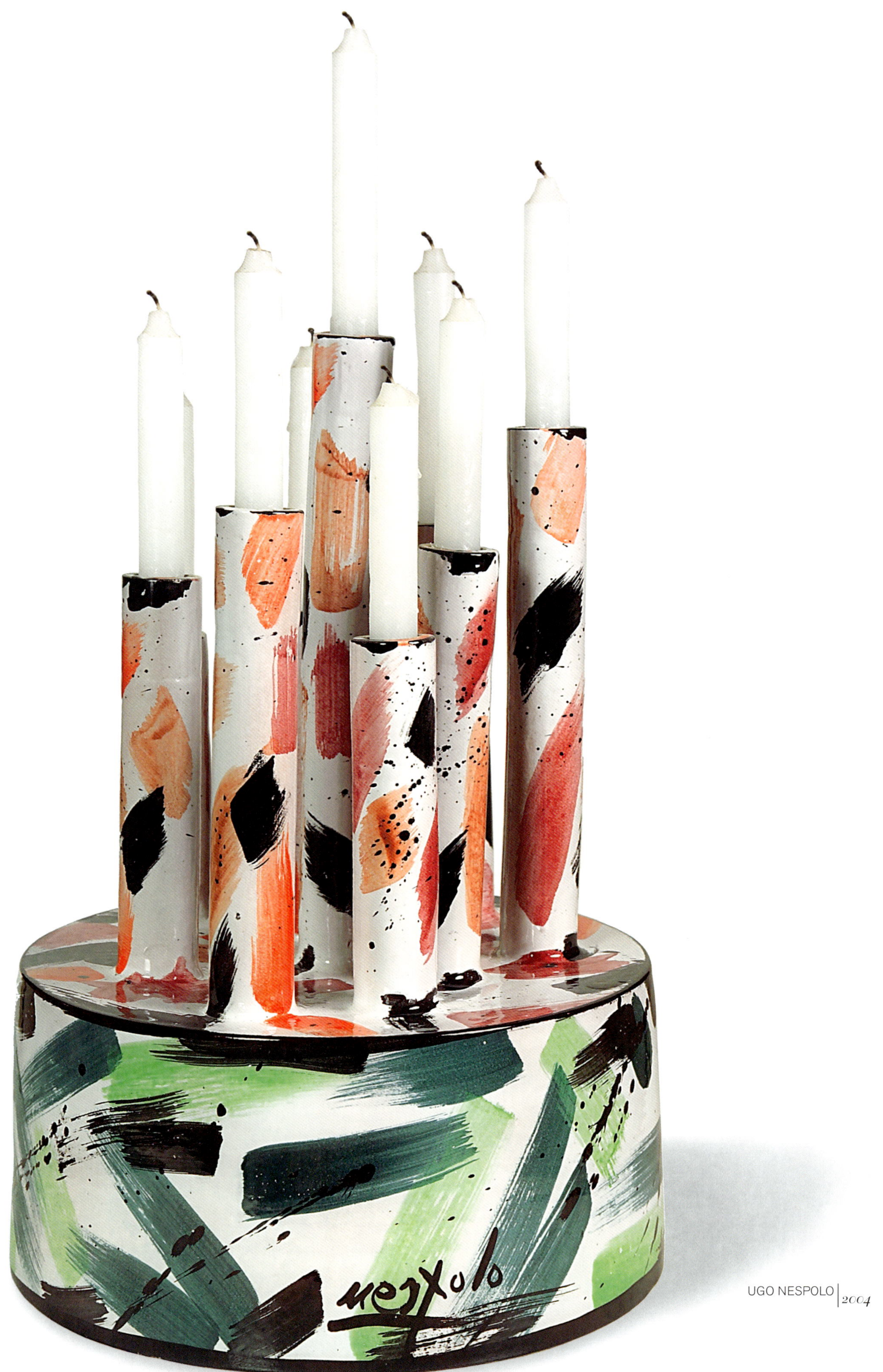

UGO NESPOLO | 2004

Giorgio Ottolenghi, Isa Corinaldi De Benedetti

Una sinagoga storica, una grande comunità, anni di vissuto collettivo. A Casale dopo il 1945 tutto quanto poteva volatilizzarsi. Il Tempio aveva subito danni enormi, i libri erano sparsi, l'archivio abbandonato dal 1938, gli ebrei casalesi dimezzati, anziani, indeboliti, privi di identità e di dignità umana. E poi tacevano, tutti tacevano. Oggi c'è una comunità attiva, un Tempio ammirato da tutto il mondo, un archivio ricostruito e consultabile, c'è l'orgoglio e non il nascondimento. *Dayenu*[1] (Ci sarebbe bastato), ma proprio grazie alla forza di pochi, ciò che non era più visibile, oggi è disponibile per la collettività. C'è ancora di più: non uno ma due musei. Il primo è il Museo degli Argenti, quello artistico e storico, ricco di un percorso didattico, costruito in occasione del primo restauro come museo temporaneo, e di fatto mai chiuso, a disattendere l'intenzione e soprattutto l'idea di essere lì ancora per poco, "temporaneamente".

An historic Synagogue, an important community, years of shared experiences. All this could have vanished from Casale after 1945. The Synagogue had suffered severe damage, the books had been scattered, the archives abandoned since 1938. Casale's Jewish population had been halved, it had aged, been weakened, lost its identity and dignity. And it had gone quiet, everyone was silent. Today there is an active community, a Synagogue admired by the whole world, the archives have been reorganised and can be consulted. There is pride instead of a desire to hide. Dayenu[1] (It would have been enough for us), but thanks to the strength of a few people, what was no longer visible then is now there for all to see. Not in one museum, but two. The first is the Museo degli Argenti, which hosts collections of Jewish art and history and provides a valuable educational resource. It was originally created as a temporary museum, installed as part of the initial restoration project. However, contrary to the initial plan and with disregard for the idea of a short-term installation, the "temporary" museum was never actually closed.

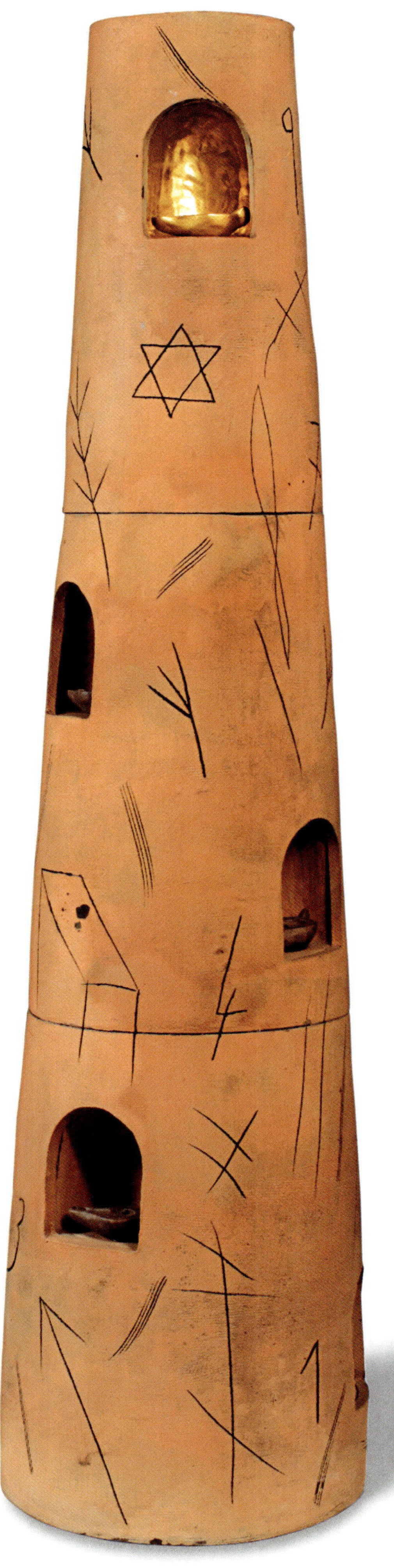

MIMMO PALADINO | *1999*

Il secondo è il Museo dei Lumi, ed è l'argomento di cui si tratta, si documenta in questo libro. Essere, esserci, e confermare la propria presenza. Conservare e costruire intorno e sulla storia di un'identità locale, nazionale, internazionale e distinta, ma integrata; è per noi motivo di orgoglio. Auspichiamo che lo sia non solo per la Comunità di Casale, ma per tutti: le autorità, gli amici, i visitatori che in questi anni hanno sostenuto i nostri progetti.

The second is the Museo dei Lumi, the subject of this book. To be there, to be present and to prove that we exist.
We have built around and upon history to preserve our unique yet integrated local, national and international identity, an achievement we are proud of. We hope this feeling is shared, not only by members of the Casale community, but by everyone: the authorities, friends and visitors who have supported our projects over the years.

[1] Durante la festività di **Pesach** (Pasqua ebraica) si canta il **Dayenu** (Ci sarebbe bastato). L'officiante enumera, di strofa in strofa, le gesta in favore del popolo, e i commensali rispondono ogni volta **dayenu**. "Di quanti prodigi ci ha ricolmati Idd-o [In ottemperanza al comandamento non si usa scrivere il nome completo "invano", n.d.r.] Se ci avesse tratti dall'Egitto senza giudicare gli egiziani… **dayenu**! Se avesse sommerso i nostri nemici senza provvedere per quarant'anni al nostro sostentamento nel deserto… **dayenu**! Se ci avesse concesso il riposo del Sabato senza condurci ai piedi del monte Sinai… **dayenu**! Se ci avesse condotto ai piedi del monte Sinai senza darci la Legge… **dayenu**! Se ci avesse dato la Legge senza introdurci nel paese d'Israele… **dayenu**! Se ci avesse introdotto nel paese d'Israele senza erigere per noi il Santuario… **dayenu**! Come dobbiamo dunque rendere grazie a D-o per i tanti favori che ci ha elargiti **dayenu**."

[1] *During* Pesach *(the Jewish festival of Passover) the song called* Dayenu *(It would have been enough for us) is sung.*
The leader recites the blessings given to the Jewish people and the guests respond Dayenu *after each verse. "How manifold are the favours which G-d [editor's note: in fulfilment of the commandment, the full name is never written "in vain"] has conferred upon us! Had He brought us out from Egypt and not executed judgment against the Egyptians… Dayenu! Had He drowned our oppressors and not sustained us in the wilderness for forty years… Dayenu! Had He given us the Shabbat and not brought us to mount Sinai… Dayenu! Had He brought us to Mount Sinai, and not given us the* Torah… *Dayenu! Had he given us the* Torah *and not brought us into the land of Israel… Dayenu! Had He brought us into the Land of Israel and not built the Temple for us… Dayenu! How much more should we be grateful to G-d for all the wonderful deeds He has done; Dayenu."*

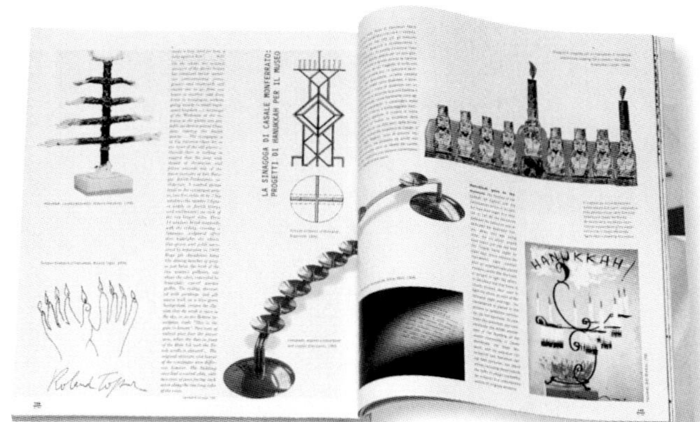

Progetti di *chanukkiot* per il Tempio, in "Abitare", n. 353, 1996, pp. 148-149.

Designs of hanukkiot *for the Synagogue, Abitare, No. 353, 1996, pp. 148-149.*

Claudia De Benedetti

Con gioia in questo volume rappresento l'Unione delle Comunità Ebraiche Italiane poiché avverto il fascino di una pubblicazione che rende omaggio all'instancabile impegno della piccola Comunità di Casale Monferrato, cui ho l'onore di appartenere.

La festa di *Chanukkah* è stata scelta come simbolo della prorompente vitalità del nucleo ebraico monferrino: da molti anni accogliamo nel Cortile delle Api i rappresentanti delle religioni monoteistiche e tanti amici per ricordare avvenimenti lontani e per sussurrare che è possibile credere nei miracoli.

Fin dai tempi antichi la vita ebraica è sempre stata segnata dalla lontananza; testimoniata perfino nel nome: *ivrì*, ebreo, secondo l'etimologia più diffusa, è colui che passa, attraversa fiumi, frontiere, difficoltà, persecuzioni, generazioni. Essa ha due aspetti. Da un lato è esilio, *galut*, lontananza dolorosa e luttuosa, dipendenza da potenze ostili, pericolo, impossibilità di vera autonomia. Dall'altro è incontro, scambio, missione.

I am delighted to represent the Union of Italian Jewish Communities in this volume, a fascinating publication that pays tribute to the tireless dedication of the small Jewish Community in Casale Monferrato, of which I have the honour of being part.

The Festival of Hanukkah has been chosen to symbolise the irrepressible vitality of the Monferrato Jews: representatives of monotheistic religions and numerous friends have been coming to the Cortile delle Api for many years, to join with us in commemorating the events of the past and whisper that it is possible to believe in miracles.

Separation has always been a distinctive feature of Jewish life, ever since ancient times. It is even in the name: according to popular etymology, ivrì, Hebrew, means one who passes over, who crosses rivers and frontiers, goes through adversity, persecution, generations.

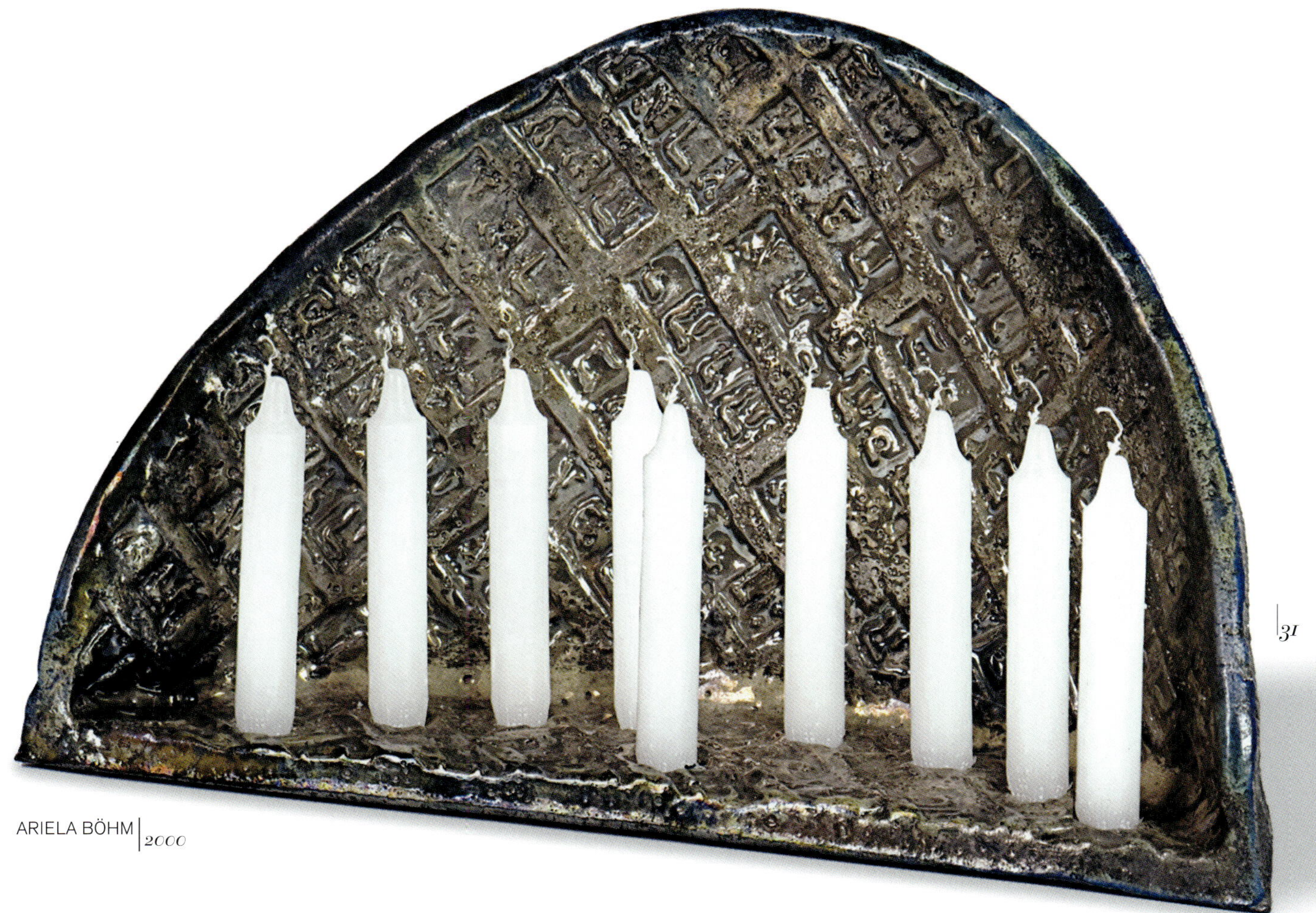

ARIELA BÖHM | *2000*

Israele non ha velleità di convertire gli altri popoli, già
nella Bibbia si sente investito di una missione sacerdotale,
sa di dover lavorare per la diffusione universale del monoteismo:
un giorno, si recita nelle preghiere quotidiane, tutti riconosceranno
l'unità di D-o, perfino il suo nome sarà uno. La cultura ebraica,
parimenti, da un lato è stata una costruzione *interna* ricca
e complessa, con i suoi maestri e le sue scuole, le sue fasi
e le sue discussioni; per quantità e qualità è pari a quella
della grande tradizione europea, colma com'è di riflessione
teorica e poesia, di legislazione e costumi quotidiani,
non necessariamente segreta o esoterica, solo appartenente
a un certo popolo ed espressa nella sua lingua, forse l'unico
esempio al mondo di una civiltà senza territorio, custodita
nei cuori e nei gesti, non da confini ed eserciti.

*This separation has two facets. On the one hand exile, galut,
painful, sorrowful separation, coming under hostile rule,
exposure to danger, the impossibility of independence. On the
other, meeting, dialogue, mission.*
*Israel has no ambitions to convert others. In the Bible it was
invested with a priestly mission, which it knows must be
accomplished by advocating universal monotheism: as we recite
in our daily prayers, on that day, the Lord will be One and His
Name will be One. In the same way, Jewish culture is the result
of a rich, complex inner construction process, with its own
teachers and schools, phases and discussions. Quantitatively
and qualitatively it is on a par with the rich traditions of
European culture, with its wealth of theoretical reflections and
poetry, laws and customs, which are not necessarily secret or
esoteric, they simply belong to a certain people and are
expressed in their language. This is perhaps the only example in
the world of a society with no territorial borders, whose culture
is guarded within its people's hearts and actions, not by
frontiers and armies.*

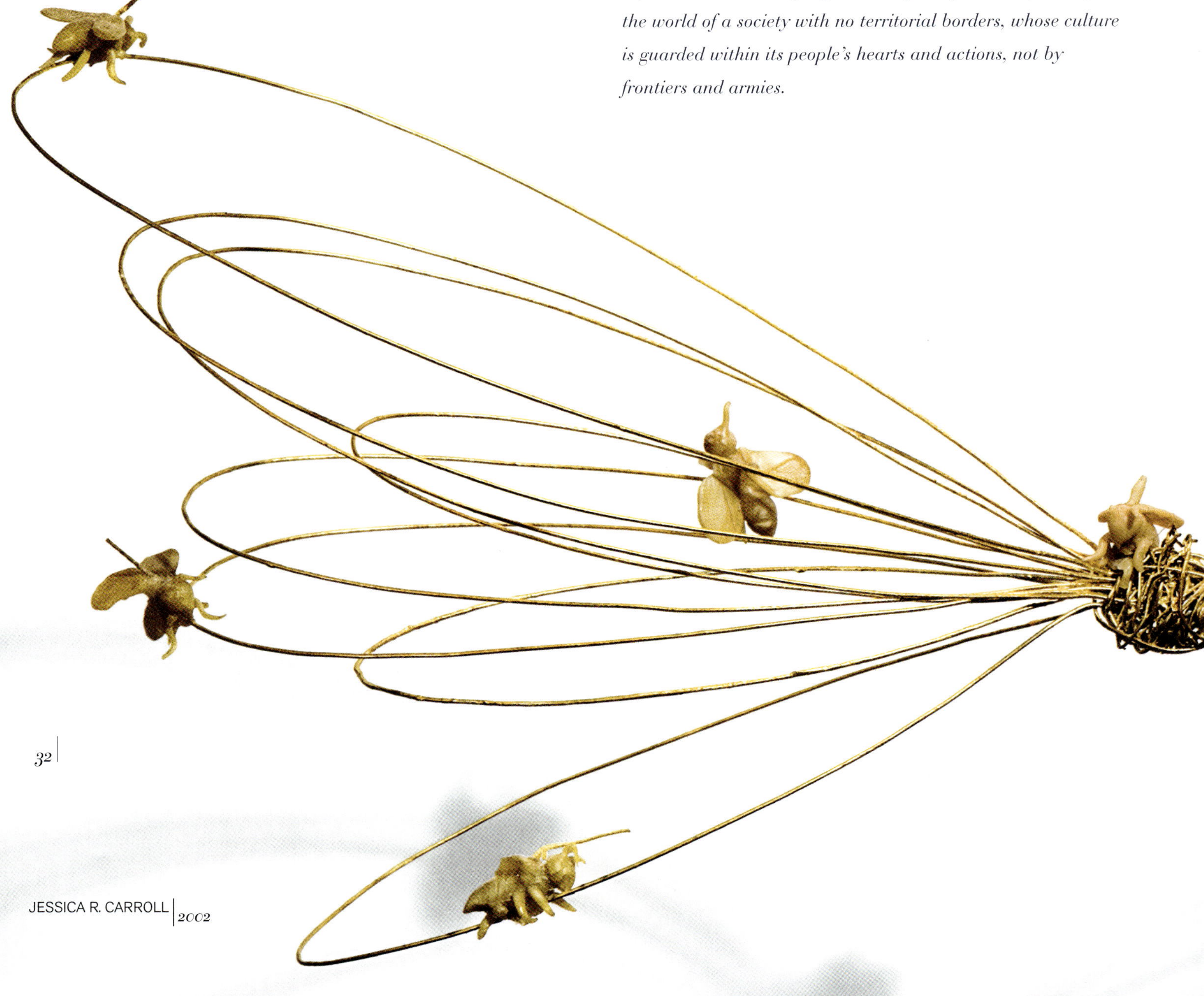

JESSICA R. CARROLL | *2002*

Accanto a essa vi è una cultura *esterna*, frutto di incontri
e scambi, attiva, di cui è componente essenziale, senza in alcun
modo sostituire o ibridare quella *interna*. Il Monferrato è stato
fin dall'antichità un ponte tra culture, una terra ospitale
e aperta alla diaspora ebraica. Con questo libro abbiamo
voluto esprimere la nostra gratitudine a Casale Monferrato,
agli iscritti della comunità, a tutti gli artisti che hanno
donato con entusiasmo le loro opere.
Grazie per come siamo cresciuti tutti insieme,
grazie per il posto che occupiamo nel vostro animo.
Grazie per i dubbi, le certezze e il sostegno.
Grazie per essere il nostro futuro.
Auguro dal profondo del cuore a noi tutti di continuare ad
accendere insieme i lumi di *Chanukkah. Mi dor le dor*, per
generazioni e generazioni.

*Then there is an outer culture, the result of meetings and
dialogue, an active, essential component that can never in any
way replace or hybridise the inner one. Ever since ancient times
the Monferrato district has provided a bridge between cultures,
offering hospitality and welcoming Diaspora Jews.
This book is a token of our gratitude to Casale Monferrato, to
the members of the community and to all the artists who have so
enthusiastically donated their works.
Thank you for how we have all grown up together, thank you for
the place we have in your hearts.
Thank you for your doubts, certainties and support.
Thank you for being our future.
I hope, from the bottom of my heart, that we will all continue
to kindle the Hanukkah lights together. Mi dor le dor, from
generation to generation.*

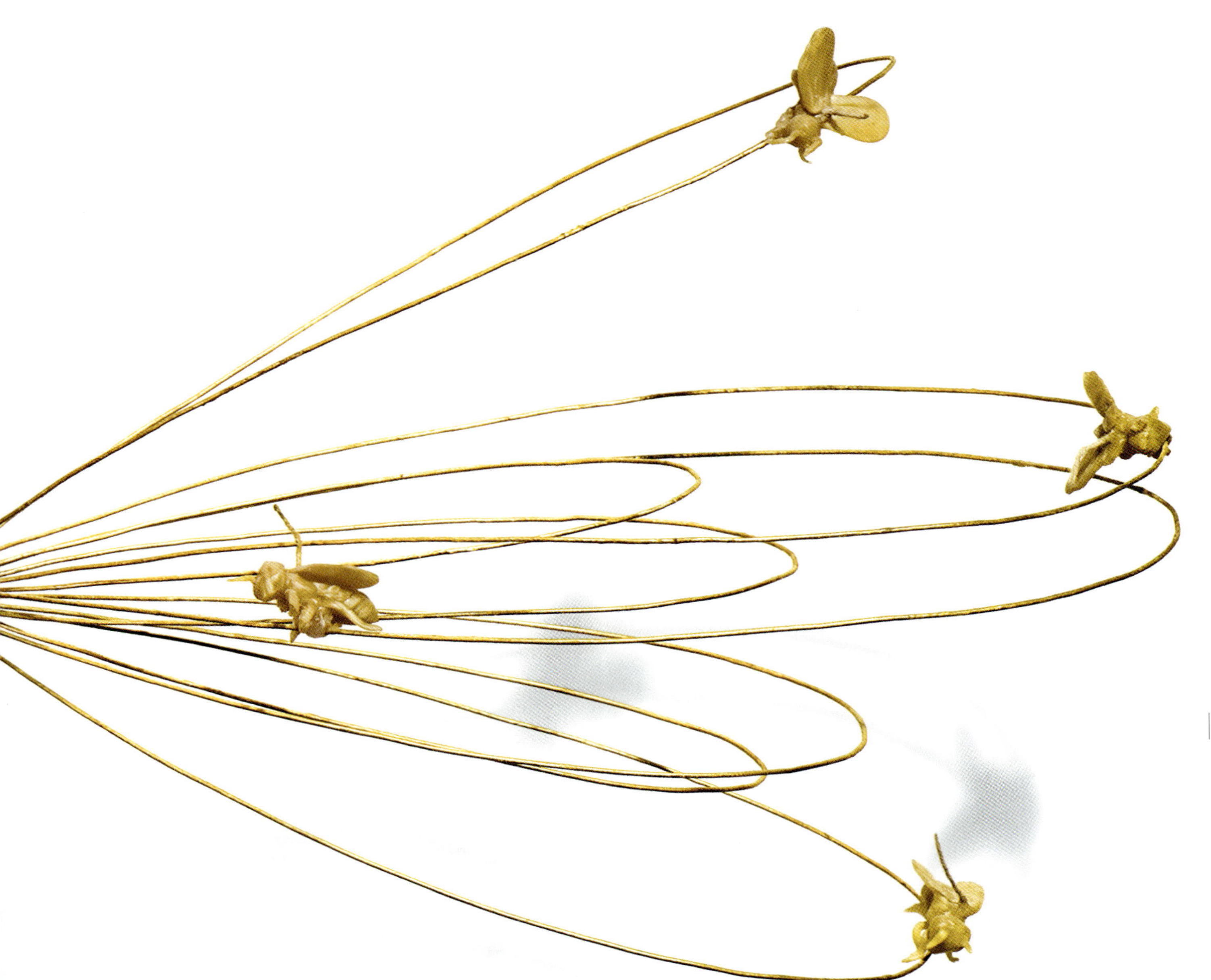

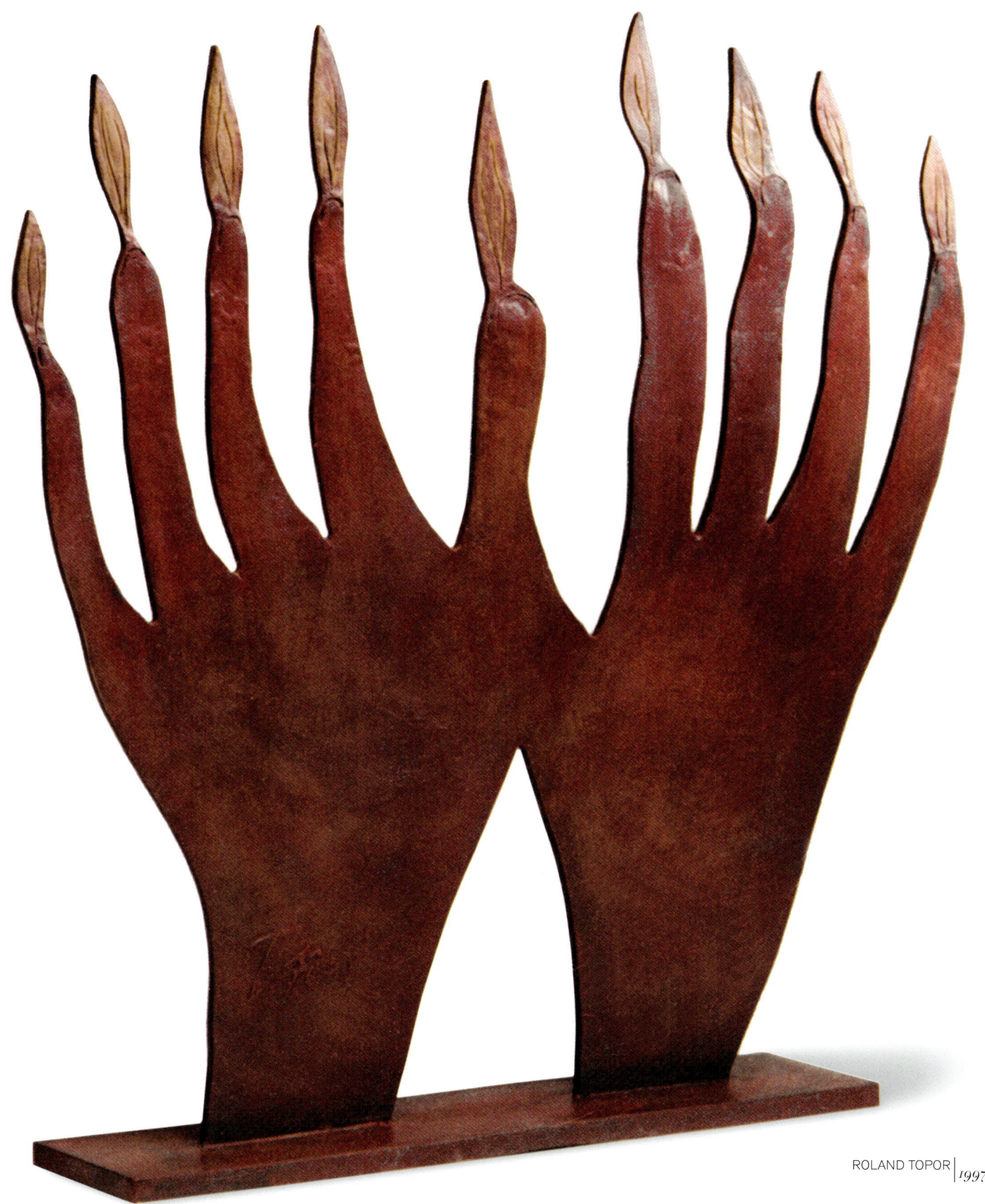

ROLAND TOPOR | 1997

Giuseppe Laras

La ricorrenza di *Chanukkah* (Inaugurazione), nota anche come *Chag ha-Orot* (festa delle Luci) cade nella stagione invernale, il 25 del mese di *Kislev*, e dura otto giorni. Essa rievoca il periodo altamente drammatico della storia del popolo ebraico, allorché, nel II secolo avanti Era Volgare, gli abitanti della Giudea, politicamente assoggettati al regime seleucide della Siria, ne subivano ancor più la forzata assimilazione alla cultura ellenistica dominante.

La precettistica religiosa era stata drasticamente limitata, la circoncisione e l'alimentazione rituale (*kasherut*), in particolare, severamente vietate, il Santuario di Gerusalemme profanato, il popolo sconvolto e demoralizzato. È in questo contesto di disperazione che inizia a manifestarsi una reazione di riscatto, inizialmente attivata dai membri di una famiglia sacerdotale di *Modi'in*: il padre Mattatia e i suoi cinque figli. Costoro, noti come Asmonei e, più tardi, anche come Maccabei, sotto la guida del Yehudah, condurranno il popolo ebraico alla vittoria sui suoi oppressori e, quindi, alla liberazione materiale e spirituale del paese. Due sono i principali elementi istitutivi della festa di *Chanukkah*: il miracolo dell'olio, avvenuto nel Santuario, con la sua riconsacrazione al culto; il miracolo della vittoria "dei pochi sui molti, dei deboli sui forti, dei giusti sui malvagi". Il primo, evidente come tale per la sua umana imprevedibilità, consistette nel fatto che un piccolo quantitativo di olio, trovato nei locali del Tempio, che avrebbe potuto alimentare

Hanukkah *(Inauguration), also known as* Chag ha-Orot *(Festival of Lights), falls in winter, on the 25th day of the Hebrew month of* Kislev, *and lasts eight days. It commemorates a tumultuous period in Jewish history, when, in the 2nd century BCE, the inhabitants of Judea, which was then part of the Seleucid Empire of Syria, faced increasing hostility if they refused to assimilate into the prevailing Hellenistic culture.*

*Observances of Judaism were severely restricted, circumcision and dietary laws (*kashrut)*, in particular, were outlawed. The Temple in Jerusalem was defiled, the population shaken and disheartened. Against this background of desperation, the first signs of rebellion started to appear. The revolt was led by Mattathias, a Jewish priest from a village called* Modi'in, *and his five sons. The rebels were initially known as the Hasmoneans and then later took the name of Maccabees. Led by Judah, they triumphed over their oppressors and liberated the country, materially and spiritually. The Festival of* Hanukkah *celebrates two events: the miracle of the oil, which took place in the Temple when it was restored to the worship of G-d, and the miraculous victory "of the few over the many, the weak over the strong, the righteous over the wicked".*

*The first was an overt miracle in that it was totally unexpected. A tiny amount of oil that was found in the Temple would only have been enough to burn for a single day in the seven-branch candelabrum (*menorah)* symbolising the eternal light.*

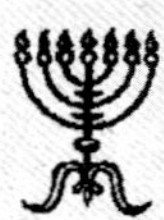

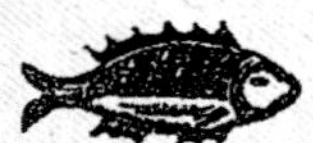
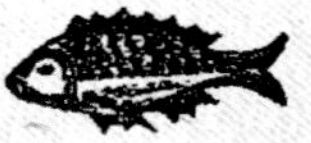

כי נר מצוה ותורה אור
כי עמך מקור חיים באורך נראה אור :

נקמני מאי' ירוש' כלאים ודף מרדף פ' ד' שמשנ' פא' חכם ע'וד ירושלמי כמוהר"ר מרדכי סי'ד רמי כמכוכ כמסמן ויהי מקן וכו' :

ויהי מקן שנתים ימים ופרעה חלם והנה עמד על היאר : לם ויהי : וכאשר יומן השסיד ענים : מקץ · סבית · קרשנו צונו · שנתים · שמדליק נרות המנא' ימים · יגיחפה מצד ימין מהוצא' · ופריעה · וכאשר פתחיו רבים על האדר · חלם · מיב · להדליק משאיפכת · ונעת · וכאשר השלמה נמעת הרגל · עמד · עברת מצת רליקתו · על · עליו להדליק · מאור הגל יחד ענשים רואים :

Quando Giovanni sconfisse i Greci e il scacciò dal nostro Sacro Tempio, ci venne ordinato di accendere dei lumi per otto giorni. Verrà posta la lumiera presso la porta, dalla parte destra di quello che esce di casa, e quando essa casa abbia più porte, verrà posta secondo l'ordine dichiarato dal rito. È obbligo d'accenderla da quando è notte; ma scorsa l'ora in cui ciascuno ordinariamente suole ritirarsi in casa, è passato il tempo del dovere d'accenderla. È obbligo di tutti gli uomini di vederla accendere.

אמרו רבותינו ז"ל בעת שנצחו בני חשמונאי את בני היונים ובאו להחזיר בית אלהינו להדליק המנורה לא מצאו שמן בטהרה מדבר הרק פך אחד קטן שהיה מצאוהו חתום בחותמו של כהן גדול ולא היה בו שמן רק כדי להדליק לילה אחד ונעשה כו נס שהדליקו ממנו שמנה ימים עכ"ל · ולכן אנחנו מדליקין שמנה ימים אלו זכר לאותו הנס · ואנו ליה · וקיה עינינו נעשה עמנו נסים ונפלאות · ויקרב לנו קץ הפלאות · בעגלא וקמן קריב אמן כן יהי רצון :

Dissero i nostri dottori che gli Asmonei, vinti i nemici, entrarono nel Tempio per accendere il lampadario, ma non trovarono altro che un piccolo recipiente d'olio suggellato colla marca del Sommo Sacerdote, contenente la quantità sufficiente appena a mantener acceso detto lampadario per una notte. Fu acceso e per miracolo durò otto giorni. Egli è perciò che noi teniamo dei lumi accesi per otto giorni in memoria di quel miracolo. I nostri occhi sono a Dio rivolti, pregandolo che ci faccia sempre miracoli, e che avvicini l'epoca della nostra redenzione, il più presto possibile. Così sia.

אור ליום כ"ה לחרש כסלו מדליקין נר חנוכה : יניח החנוכה מתוך לטוות וחבית הנכנס משמאל לבית כנגד המזוחה ותהיה גבוהה מן הארץ פחות מעשרה טפחים : בערב שבת ידליק נר חנוכה ואחרי כך נר של שבת · ובמוצאי שבת מדליקין אותו אחר ההבדלה :

La sera del 25 Chislev si deve accendere il lume di Hanucà. Si deve porre la Hanucà vicino allo stipite a sinistra di chi entra in casa di fronte alla Mezzuzà e deve essere alta da terra meno di dieci pollici. La sera di Venerdì devesi accendere prima il lume di Hanucà, e dopo quello del Sabbato, e la sera di Sabbato devesi accendere la Hanucà dopo l'Abdalà.

קודם סכרכת יאמר פסוק ויהי נעס וכו'

בָּרוּךְ אַתָּה יְהֹוָה אֱלֹהֵינוּ מֶלֶךְ הָעוֹלָם אֲשֶׁר קִדְּשָׁנוּ בְּמִצְוֹתָיו וְצִוָּנוּ לְהַדְלִיק נֵר חֲנֻכָּה :
בָּרוּךְ אַתָּה יְהֹוָה אֱלֹהֵינוּ מֶלֶךְ הָעוֹלָם שֶׁעָשָׂה נִסִּים לַאֲבוֹתֵינוּ בַּיָּמִים הָהֵם בַּזְּמַן הַזֶּה :

בלילה הראשונה בלבד אומר שהחיינו

La sola prima sera dicesi la benedizione seguente.

בָּרוּךְ אַתָּה יְהֹוָה אֱלֹהֵינוּ מֶלֶךְ הָעוֹלָם שֶׁהֶחֱיָנוּ וְקִיְּמָנוּ וְהִגִּיעָנוּ לַזְּמַן הַזֶּה :

הַנֵּרוֹת הַלָּלוּ אָנוּ מַדְלִיקִין · עַל הַנִּסִּים · וְעַל הַפֻּרְקָן · וְעַל הַגְּבוּרוֹת · וְעַל הַתְּשׁוּעוֹת · וְעַל הַנִּפְלָאוֹת · וְעַל הַנֶּחָמוֹת · שֶׁעָשִׂיתָ לַאֲבוֹתֵינוּ בַּיָּמִים הָהֵם בַּזְּמַן הַזֶּה עַל יְדֵי כֹּהֲנֶיךָ הַקְּדוֹשִׁים · וְכָל שְׁמוֹנַת יְמֵי חֲנֻכָּה הַנֵּרוֹת הַלָּלוּ קֹדֶשׁ הֵם וְאֵין לָנוּ רְשׁוּת לְהִשְׁתַּמֵּשׁ בָּהֶם אֶלָּא לִרְאוֹתָם בִּלְבַד · כְּדֵי לְהוֹדוֹת לִשְׁמָךְ עַל נִסֶּיךָ וְעַל נִפְלְאוֹתֶיךָ וְעַל יְשׁוּעוֹתֶיךָ :

מִזְמוֹר שִׁיר חֲנֻכַּת הַבַּיִת לְדָוִד : אֲרוֹמִמְךָ יְהֹוָה כִּי דִלִּיתָנִי וְלֹא שִׂמַּחְתָּ אֹיְבַי לִי : יְהֹוָה אֱלֹהָי שִׁוַּעְתִּי אֵלֶיךָ וַתִּרְפָּאֵנִי : יְהֹוָה הֶעֱלִיתָ מִן שְׁאוֹל נַפְשִׁי חִיִּיתַנִי מִיָּרְדִי בוֹר : זַמְּרוּ לַיהֹוָה חֲסִידָיו וְהוֹדוּ לְזֵכֶר קָדְשׁוֹ : כִּי רֶגַע בְּאַפּוֹ חַיִּים בִּרְצוֹנוֹ בָּעֶרֶב יָלִין בֶּכִי וְלַבֹּקֶר רִנָּה : וַאֲנִי אָמַרְתִּי בְשַׁלְוִי בַּל אֶמּוֹט לְעוֹלָם : יְהֹוָה בִּרְצוֹנְךָ הֶעֱמַדְתָּה לְהַרְרִי עֹז הִסְתַּרְתָּ פָנֶיךָ הָיִיתִי נִבְהָל : אֵלֶיךָ יְהֹוָה אֶקְרָא וְאֶל יְהֹוָה אֶתְחַנָּן : מַה בֶּצַע בְּדָמִי בְּרִדְתִּי אֶל שַׁחַת הֲיוֹדְךָ עָפָר הֲיַגִּיד אֲמִתֶּךָ : שְׁמַע יְהֹוָה וְחָנֵּנִי יְהֹוָה הֱיֵה עֹזֵר לִי : הָפַכְתָּ מִסְפְּדִי לְמָחוֹל לִי פִּתַּחְתָּ שַׂקִּי וַתְּאַזְּרֵנִי שִׂמְחָה : לְמַעַן יְזַמֶּרְךָ כָבוֹד וְלֹא יִדֹּם יְהֹוָה אֱלֹהַי לְעוֹלָם אוֹדֶךָּ :

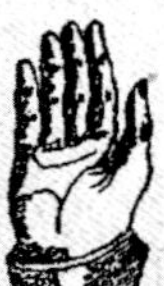
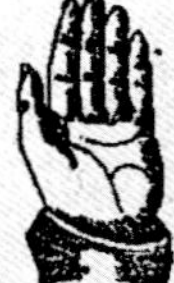

ע"ה שלום זבולון ס"ט

סא"ו וכרכתיה יחדה לנדים לפ"ק
בליוורנו
ברשיון החכם כמהר"ר ישראל קושטא הי"ו

ויתן לך את ברכת אברהם לך ולזרעך אתך לרשתך את ארץ מגרך אשר נתן אלהים לאברהם :

la lampada perpetua a sette bracci (*menorah*) solo per un giorno, ne durò invece otto, il tempo, cioè, necessario ai sacerdoti per prepararne del nuovo, in stato di purità. Il secondo miracolo di per sé non si apparenta come tale, ma, in un'ottica umana, altrettanto straordinario e inatteso, consistette nell'esito favorevole agli ebrei dello scontro armato con le soverchianti forze nemiche.

Per ricordare questo duplice ordine di miracoli e per tramandarli alla posterità, venne istituito, dai Maestri dell'epoca, un rituale particolare: l'accensione per otto giorni consecutivi di una speciale lampada a otto becchi chiamata *chanukkià* o *hanukijah* o *hannukkah*.

Questa lampada viene accesa, durante la festa, in ogni casa ebraica dopo il tramonto, negli otto giorni seguenti il giorno corrispondente al 25 di *Kislev*, con la seguente modalità: un lume la prima sera, due lumi la seconda e così via sino all'ottava sera, allorché la *chanukkiah* apparirà accesa con tutti i suoi lumi. È prassi che la *chanukkiah* venga accesa ovviamente dopo il tramonto, preferibilmente nell'ora in cui tutta la famiglia è riunita. Nella liturgia del periodo, oltreché la lettura di appositi brani della *Torah*, la Bibbia ebraica, è prescritta la recitazione, nell'ambito della *'Amidah*, una delle preghiere fondamentali dell'ebraismo e, privatamente, della preghiera di ringraziamento dopo i pasti, del passo iniziante con le parole "Per i miracoli, per gli atti di valore, per le vittorie… " e dopo la *'Amidah* segue l'*Hallel*, preghiera contenente inni e lodi al Signore che viene recitata nei giorni festivi. È altresì prescritto che, durante l'accensione dei lumi, non ci si possa "servire" della loro luce, ma esclusivamente contemplarli, meditando con ciò sulla presenza salvifica di D-o nella vita del Suo popolo.

Instead it lasted eight days, the time required for the priests to prepare a new batch of pure oil. The second was the military success of the Jews in the battle against their oppressors. Although this was not so overtly a miracle, it was equally extraordinary and unexpected from a human perspective.

The ancient sages created a special ritual to celebrate this two-fold miracle that has been handed down to posterity: the lighting of a special eight-branch candelabrum, called the Hanukkah *lamp or* Hanukkah Menorah *or* hanukkiah, *for eight consecutive days.*

Starting from the 25th day of the Jewish month of Kislev *Jewish families light this lamp after sundown on each of the eight days of* Hanukkah. *One light is kindled on the first evening, two on the second, and so on up to the eighth evening, when all the lights of the* hanukkiah *are lit. The* hanukkiah *must be lit after sundown, preferably when the whole family is gathered. During this period, in addition to special readings from the* Torah, *the Jewish Bible, a special paragraph is inserted into the* 'Amidah, *one of the central silent prayers of Hebrew liturgy, and into Grace after meals, starting with the words "We thank You for the miracles, for the mighty deeds and triumphs…". The* 'Amidah *is followed by the* Hallel, *a sequence of psalms and praise recited on Jewish holidays. While they are burning, one must not "benefit" from the light of the* Hanukkah *candles but only admire them and meditate upon G-d's redemption of His people.*

Testi liturgici di *Chanukkah*, stampa su seta, fine del XIX secolo, collezione privata.

Hanukkah *liturgy, printed on silk, late nineteenth century, private collection.*

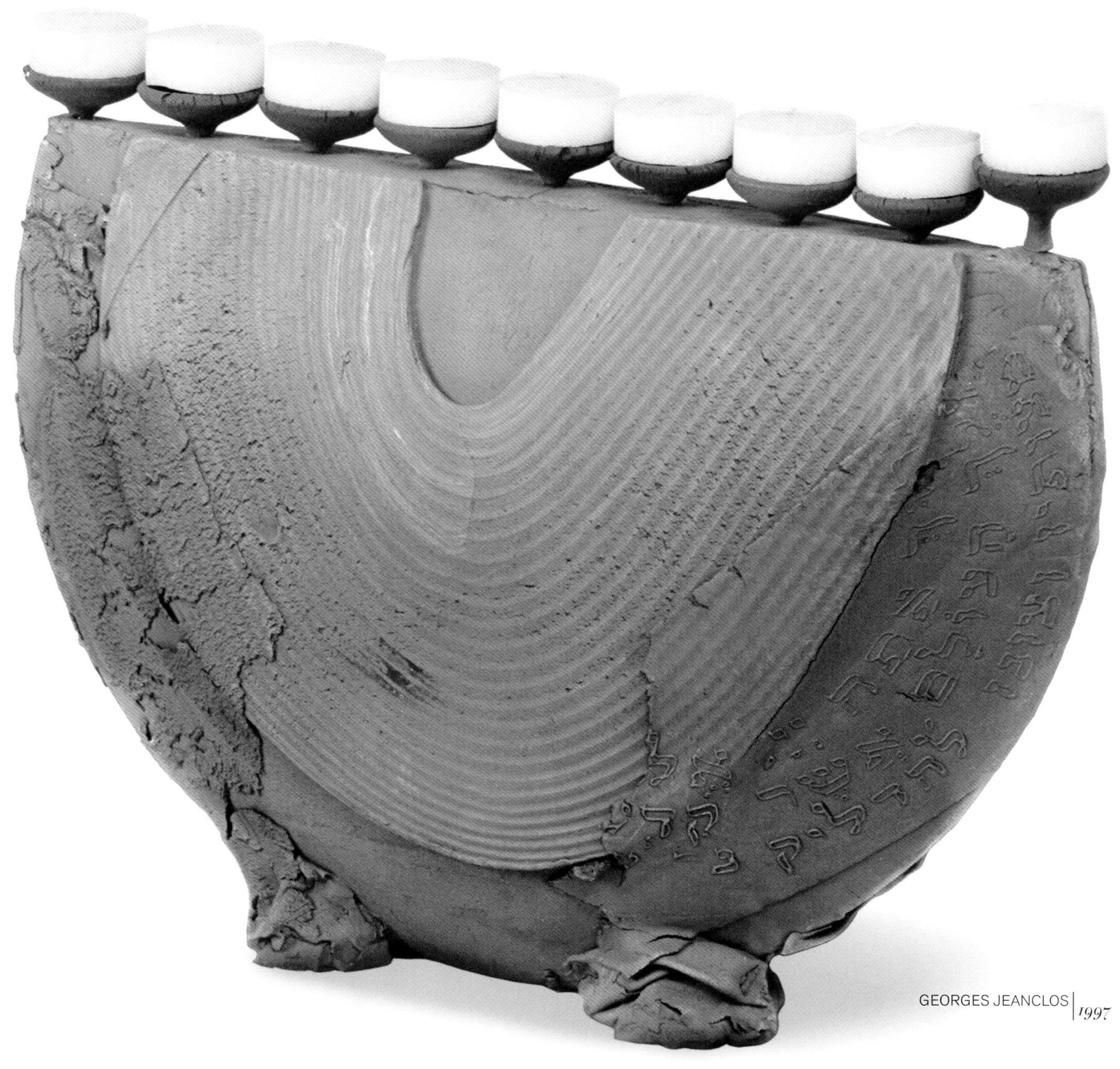

GEORGES JEANCLOS | 1997

Arturo Schwarz

Iniziamo con un breve riepilogo storico. Nel 167 a.E.V., Antioco profanò il Tempio di Gerusalemme costruendovi un altare consacrato a Zeus. Mattatia, un Cohen, con i suoi cinque figli Giovanni, Simone, Giuda, Elazar e Gionata, guidò la ribellione contro il tiranno. Giuda divenne noto come Giuda Maccabeo (in ebraico: Giuda il martello). Nel 166 a.E.V., Mattatia muore lasciando la guida al figlio Giuda. Nel 165 la rivolta ebraica contro la monarchia seleucide giunge a successo. Il Tempio di Gerusalemme è liberato e riconsacrato. Il miracolo di *Chanukkah* è narrato nel *Talmud*, ma non nel libro dei Maccabei. La festa celebra la sconfitta, per mano di Giuda Maccabeo, dei Seleucidi e la successiva riconsacrazione del Tempio con la ricostruzione dell'altare (lo stesso termine *Chanukkah* sta per "dedicato all'altare" o anche "festa dell'altare"). La festività, che inizia il 25 del mese di *Kislev* (in inverno, generalmente in dicembre), dura otto giorni, ed è caratterizzata dall'accensione dei lumi di un particolare candelabro a otto bracci chiamato *chanukkiah*, usanza istituita proprio da Giuda Maccabeo e dai suoi fratelli per celebrare la vittoria (*Maccabei* I, 4:59). Per questa ragione, la festa viene spesso indicata con il nome di festa delle Luci (*Chag ha-Orot*). Così, quando la luce venne riaccesa sul candelabro, la riconsacrazione dell'altare venne celebrata per otto giorni con sacrifici e canti (*Maccabei* I, 4:36). La storia, riportata nel *Talmud*, racconta che dopo la riconquista del Tempio i Maccabei lo spogliarono di tutte le statue pagane e lo sistemarono secondo gli usi ebraici. Scoprirono, inoltre, che la gran parte degli oggetti rituali era stata profanata. Secondo il rituale, la *menorah* del Tempio doveva essere illuminata in permanenza con olio di oliva puro. Nel Tempio però trovarono olio sufficiente solamente per una sola giornata. La accesero comunque mentre si apprestavano a produrne dell'altro. Miracolosamente, quel poco olio durò otto giorni, il tempo necessario per produrre l'olio puro. Per questo motivo gli ebrei accendono ogni giorno della festa una candela in più rispetto al giorno precedente. Un certo numero di storici ritiene che il motivo per gli otto giorni di durata della festa sia da riferirsi a un tardivo festeggiamento di *Sukkot*, che durante la guerra gli ebrei non furono in condizioni di celebrare come prescritto.

Let us start with a brief historic summary. In the year 167 BCE Antiochus profaned the Temple in Jerusalem and built an altar dedicated to Zeus. Mattathias, who was a Cohen, along with his five sons, John, Simon, Judah, Eleazar and Jonathan, led the rebellion against the tyrant. Judah became known as Judah Maccabee (in Hebrew: Judah the Hammer). When Mattathias died in 166 BCE, his son Judah took over as leader. The Jewish people finally succeeded in their revolt against the Seleucid monarchy in 165 BCE, when they liberated and reconsecrated the Temple in Jerusalem. The miracle of Hanukkah *is recounted in the* Talmud, *but not in the book of Maccabees. The festivity celebrates the success of the Israelites, led by Judah Maccabee, over the Seleucids and the subsequent restoration of the Temple and rebuilding of the altar (the word* Hanukkah *means "dedicated to the altar" or also "festival of the altar"). The celebrations, which start on the 25th day of the Jewish month of* Kislev *(in winter, usually in December), continue for eight days. The custom of kindling lights on a special eight-branch candelabrum called a* hanukkiah *was introduced by Judah Maccabee and his brothers, to celebrate their victory (*Maccabees I, 4:59*). For this reason it is often called the Festival of Lights (*Chag ha-Orot*). When the lights of the candelabrum were rekindled, the reconsecration of the altar was celebrated for eight days, with songs and sacrifices (*Maccabees I, 4:36*). The story, told in the* Talmud *relates that when the occupiers had been driven out, the Maccabees took down all the pagan statues and restored the Temple. They also discovered that many of the ritual items had been profaned. According to Jewish ritual, the Temple* menorah *should have burned permanently, fuelled by pure olive oil. But they found only enough oil for a single day. They lit it, and then went about purifying new oil. Miraculously, that tiny amount of oil burned until new oil could be produced, eight days. That is why Jewish people light one more candle each night of the holiday.*

Anche *Sukkot* dura otto giorni ed è una festività nella quale l'uso delle luci − accese anche nelle abitazioni − ebbe un ruolo preminente durante l'era del Secondo Tempio. Prima del XX secolo *Chanukkah* veniva considerata una festa minore. Con la crescente popolarità del Natale come maggiore festività del mondo occidentale e l'istituzione delle accensioni pubbliche della *chanukkiah*, questa festività cominciò a commemorare la rinascita del popolo ebraico, e a rappresentare sia la volontà di sopravvivenza del popolo ebraico, sia la vittoria della luce sull'oscurità. Cosa che acquista un significato particolare all'inizio dell'inverno, quando le giornate diventano più corte. Al giorno d'oggi, durante le sere di *Chanukkah*, vige l'uso, promosso dal movimento *Chabad*, di celebrare presso molte comunità l'accensione delle candele in pubblico. Numerose persone si ritrovano in una piazza centrale della città dove è stata installata una grande *chanukkiah*. Il presidente della comunità o il rabbino capo tengono un breve discorso, recitano la *beracha* (benedizione) sulle candele e inaugurano la festa. Solitamente, i presenti intonano inni gioiosi ed eseguono tipici balli ebraici. Il dolce tipico della festa è una sorta di bombolone chiamato *sufgagnà* che, essendo fritto nell'olio, vuole ricordare l'olio consacrato che tenne in vita la luce del Tempio. Nel *Talmud* sono citati due pareri. L'uno indica che il primo giorno si accendano tutte le otto luci della *chanukkiah* e ogni giorno successivo se ne spenga una. L'altro parere, al contrario, prescrive di accendere solo la prima candela nel primo giorno e di aumentare di una candela ogni giorno seguente. I seguaci di *Shammai* seguono il primo parere, quelli di *Hillel* il secondo (*Talmud*, *Trattato dello Shabbat* 21b). Giuseppe ritenne che le luci fossero simbolo della libertà ottenuta dal popolo ebraico nei giorni che *Chanukkah* commemora. Vorrei soffermarmi per un attimo sul significato anche allegorico di *Chanukkah* e più particolarmente sulla valenza simbolica della luce − elemento fondamentale in questa occorrenza. Un'indagine di questo tipo non solo convalida l'interpretazione ora citata di Giuseppe, ma la completa e l'arricchisce. La *Genesi* racconta che il primo giorno del processo creativo "le tenebre erano sulla faccia della terra" (1:2); allora "D-o disse 'Sia luce'. E luce fu."

According to some historians this festival continues for eight days because the first Hanukkah *celebrations were a delayed* Sukkot. *During the war the Jews were unable to celebrate* Sukkot *properly.* Sukkot *is also celebrated for eight days, and candles — also used to illuminate homes — played an important role in the era of the Second Temple.* Hanukkah *was considered a minor festivity up until the twentieth century. With the growing popularity of Christmas as the most important festivity in the Western world, and as people began to organise public lightings of the* hanukkiah, *this holiday started to commemorate the rebirth of the Jewish people and their will to survive, as well as the triumph of light over darkness. All of which acquires particular significance at the beginning of winter, as the days grow shorter and the nights draw in.*

Nowadays, many communities celebrate Hanukkah *with public menorah lightings, a custom promoted by the* Chabad *movement. Large* hanukkiot *are put up in town squares, where people gather in large numbers. The president of the community, or the rabbi, makes a short speech, recites the* berakhah *(blessing) over the candles and opens the celebrations. The crowd usually sing joyful songs and perform typical Jewish dances.*

At Hanukkah *Jewish people traditionally eat* sufganiyot, *a sort of doughnut fried in oil to commemorate the consecrated oil that kept the light burning in the Temple. In the* Talmud *we read that there were two schools of thought regarding the lighting of the candles. The* House of Shammai *was of the opinion that all eight candles of the* hanukkiah *should be lit on the first day and one less each night afterwards. The* House of Hillel *held that one light should be lit on the first night and one more each succeeding night (*Talmud, Shabbat *21b). According to Josephus, the lights symbolised the freedom that shone upon the Jewish people during the days that are celebrated at* Hanukkah.

Let us now consider for a moment the allegorical significance of Hanukkah, *and more specifically the symbolism of light — which is central to this holiday. Any analysis from this perspective not only supports the view of Josephus, but also completes and*

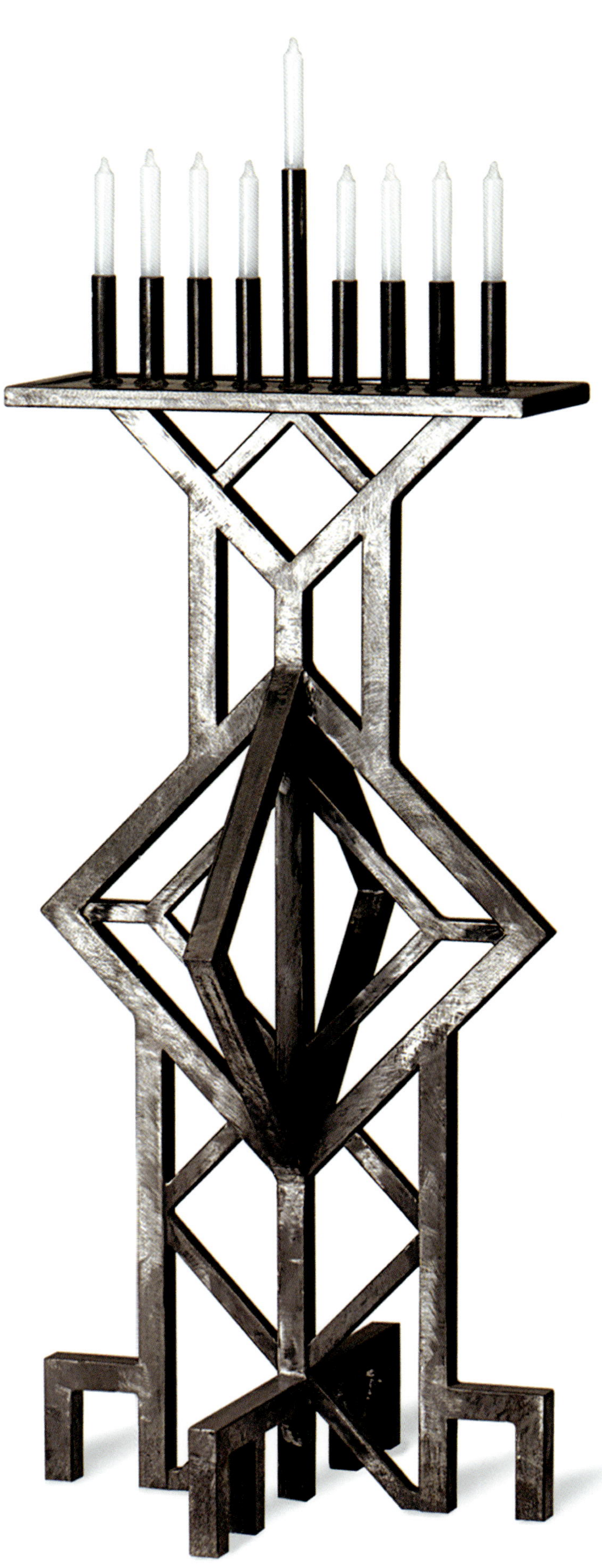

GUY DE ROUGEMONT | *1997*

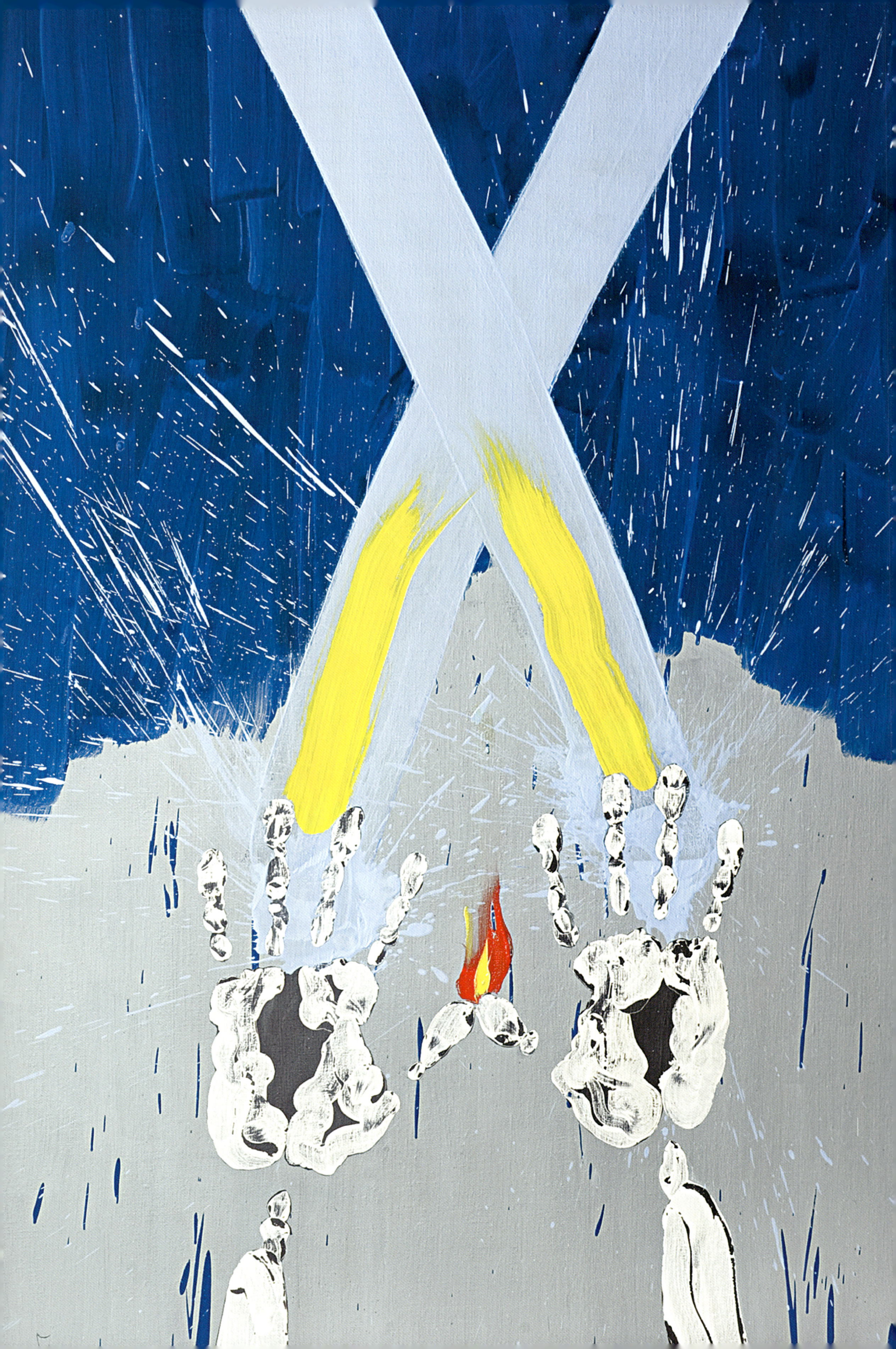

D-o vide che la luce era cosa buona e separò la luce dalle tenebre"
(1:3,4). Cosa rivelano questi tre brevi versi? In primo luogo, che
la valenza numinosa della luce ha un carattere archetipico.
Questa caratteristica, che emerge dall'inconscio collettivo
del redattore biblico, lo induce a separare il primo valore subliminale
della luce – equiparato a quello della conoscenza – dalla sua causa
fisica, il sole. Infatti, secondo il testo, il fulgore è indipendente
dall'astro diurno, dato che questi viene creato solo il quarto giorno,
cioè dopo che già il cielo, la terra e la vegetazione sono stati creati.
Questa realtà trova abbondante riscontro nel *Tanakh*, dove i due
vocaboli, luce e conoscenza, sono liberamente intercambiabili, per
esempio nel versetto dei *Salmi*: "La Tua parola è come un lume
per me quando cammino e come una luce per la mia strada"
(*Sal.* 119:105). Anzi, la complessa costellazione simbolica della
luce – che sta anche per vita, felicità, giustizia, liberazione e che,
addirittura, è vista come generatrice del cosmo – spunta
frequentemente nella letteratura biblica. Mi limito a segnalare
un solo esempio per ciascun caso. Sempre nei *Salmi* leggiamo:
"Perché presso di Te è la sorgente della vita, e nella Tua luce
noi vediamo luce" (*Sal.* 36:10). Questa valenza vitalistica è radicata
persino a livello semantico, dove il termine per luce del sole (*zerach*)
è la radice del vocabolo che denota il seme della vita, lo sperma
(*zera*). Sono altrettanto numerosi i passi dove la luce è assimilata
alla felicità (*Sal.* 1:1), alla giustizia (*id.* 15:2) e alla liberazione
(*id.* 23:4). Infine, l'interpretazione cabalistica del processo creativo
(lo *Zimzum*) sentenzia che, a generare l'universo, sia stato
l'irraggiamento della luce (*Aor*) che sorge dal punto infinitesimale
dove D-o si ritrae per farvi posto. Le tenebre, invece, sono
generalmente, ma non sempre, come vedremo tra breve, associate
all'ignoranza e alla morte (*Isaia* 47:5, *Sal.* 143:3, *Giobbe* 17:13).
La stessa *Shekhinà*, identificata con la luce e la sapienza, non
è vista come l'aspetto femminile della divinità, ma piuttosto come
una personificazione e un'ipostasi della presenza divina nel mondo[1].
Il terzo termine dell'equazione luce = sapienza, vale a dire la donna,
viene inserito solo più tardi, nel *corpus* dei testi cabalistici.

enriches it. The Book of Genesis *tells us that on the first day of
creation "darkness was upon the face of the deep" (1:2); and "G-d
said, Let there be light: and there was light. And G-d saw the
light, that it was good: and G-d divided the light from the
darkness" (1:3,4). What do these three short verses tell us? First,
that light has an archetypal numinousness. This quality, which
emerges from the collective unconscious of the writer of the Bible,
led him to separate the main subliminal significance of light, which
is paralleled to knowledge, from its physical cause, the sun.
According to this text, there was light without the sun, which was
not created until the fourth day, when the sky, the earth and the
vegetation had already been created.
There are plenty of references to this circumstance in the* Tanakh,
*where the two words, light and knowledge are freely
interchangeable, for example in the verse of the* Psalms:
*"Thy word is a lamp unto my feet, and a light unto my path"
(*Psalm *119:105). Indeed, there are frequent references in biblical
literature to the complex symbolic constellation of light, which also
stands for life, happiness, justice and freedom, and is even
regarded as the generator of the universe.
I will quote just one example for each case. In the* Psalms *we also
read: "For with Thee is the fountain of life; in Thy light do we see
light" (*Psalm *36:10). This vitalistic concept is deeply-rooted even
at the semantic level, as the word for sunlight (*zerach*) is the root
of the name of the seed of life, sperm (*zera*). There are just as many
passages where light is likened to happiness (*Psalm *1:1), to justice
(*Psalm *15:2) and to freedom (*Psalm *23:4). Lastly, the Kabbalistic
account of creation (*Zimzum*) holds that the universe was created
by the rays of light (*Aor*) rising from the infinitesimal point into
which G-d withdrew. Darkness, on the contrary, is generally
associated with ignorance and death, although this is not always
the case, as discussed below (*Isaiah *47:5, Psalm *143:3,
*Job *17:13).
The* Shekhinah, *which represents light and understanding, is not
seen as the feminine aspect of divinity, but rather as a*

Tornando alle tenebre, anche queste, come ogni simbolo archetipico, hanno un valore simbolico ambivalente: possono pure essere una modalità della conoscenza. Infatti, i testi ebraici, sia canonici sia esoterici, insistono spesso sugli aspetti complementari delle modalità percettive maschili e femminili. Così, il *Talmud* rileva che l'uomo rappresenta la sapienza (*hokhmà*) e la donna rappresenta l'intelligenza (*binà*)[2]. Mentre lo *Zohar* afferma che luce e tenebre sono i due aspetti della stessa sapienza trascendente e che, poiché "non c'è giorno senza notte né notte senza giorno, i due non possono essere separati"[3]. Secondo questo testo fondamentale della *Qabbalah*, D-o stesso, avendo separato la luce dalle tenebre, "unì poi la luce [sapienza maschile] all'oscurità [intelligenza femminile], ma quella luce continuò a emanare dalla radiosità superna"[4]. In altre pagine dello *Zohar* è anche detto che "soltanto la Madre suprema aveva un nome che riuniva in sé luce e oscurità"[5]. Altrove, è sempre lo *Zohar* a precisare che la luce della conoscenza è perfetta solo quando la luce nera del basso (femminile) si unisce con la luce bianca dell'alto (maschile)[6]. Ma la luce è anche quella dell'amore, dato che l'amore è, per antonomasia, lo strumento eccelso di conoscenza. Infatti, solo l'amore permette di immedesimarsi con l'essere amato e scoprire così il polo sessuale contrario che alberga nel nostro Io più profondo. Siamo tutti androgini al livello della psiche, e Jung può ben affermare che nell'inconscio della donna alberga l'*animus*, vale a dire l'aspetto maschile della nostra personalità; così come l'inconscio maschile custodisce l'*anima* – la nostra componente femminile. Un testo di un anonimo cabalista spagnolo del XIII secolo, l'*Iggeret ha-qodesh* (*Lettera sulla santità*), chiarisce la valenza iniziatica dell'amore: "Il rapporto sessuale fra l'uomo e la sua donna è cosa santa e pulita quando avviene nel modo giusto [...] perché il rapporto sessuale corretto si chiama 'conoscenza' [*daat*]"[7]. Lo stesso capitolo sottolinea gli aspetti complementari della sapienza maschile e dell'intelligenza femminile, condizione necessaria all'unione che li metterà in grado di arrivare alla conoscenza trascendente: "Sappi che il maschio è il segreto della sapienza, e la femmina è il segreto dell'intelligenza; e il rapporto sessuale puro è il segreto della conoscenza"[8].

personification and hypostasis of the divine presence in the world[1]. The third term of the equation light = knowledge, namely woman, was only included later in the corpus of the texts of the Kabbalistic doctrine. Back now to darkness which, like all archetypal symbols, is symbolically ambivalent and can even be a form of knowledge. Hebrew writings, whether canonical or esoteric, often dwell on the complementary aspects of male and female perception. The Talmud states that man represents wisdom (Hokmah) and woman represents intelligence (Binah)[2]. According to the Zohar, light and darkness are two facets of the same transcendental wisdom and "there is no day without night, and no night without day and therefore they are not to be separated"[3]. According to this text, a foundational work of the Kabbalah, after G-d divided the light from darkness, "subsequently the light [male wisdom] was joined together with darkness [female understanding], but that light continued to emanate from the supernal radiance"[4]. On other pages of the Zohar we read that: "Only the supernal Mother had a name combining light and darkness"[5]. Elsewhere the Zohar states that the light of knowledge is only perfect when the lower shaded light (feminine) is united with the upper white light (masculine)[6]. But light is also the light of love, since love is the best instrument of knowledge. It is only through love that we can become united with the person we love and thus explore the opposite sexual polarity hidden in our deepest self. We are all androgynous within our soul and, as Jung rightly states, the animus is the masculine side of a woman's personal unconscious, just as every man has an analogous anima, a set of unconscious feminine attributes, within his psyche. The esoteric value of love is explained in the Iggeret ha-qodesh (Epistle on Holiness) written by an anonymous thirteenth-century Spanish Kabbalist: "The act of sexual union between man and woman, when it is right, is holy and pure [...] the right kind of union is called 'knowledge'. [daat]"[7]. In the same chapter the author emphasises the complementary aspects of male wisdom and female understanding, which are both necessary in order to achieve transcendental knowledge: "Know that man is the secret of wisdom, woman is the secret of understanding; and pure sexual

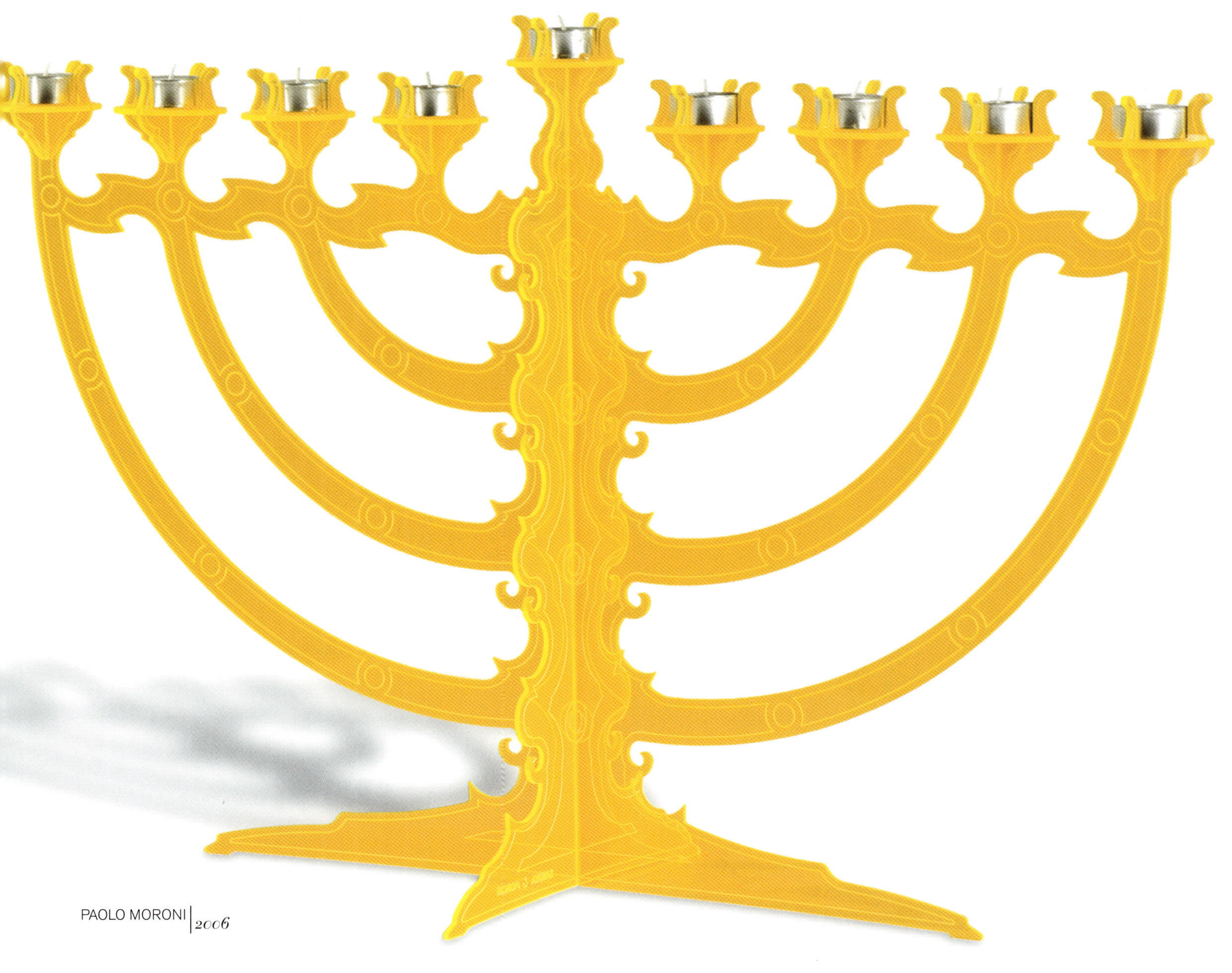

PAOLO MORONI | 2006

Anche Judah Abravanel, riprendendo un'idea cabalistica ampiamente diffusa, sosteneva che l'amore eleva all'apice della sapienza, e arrivava a pensare che fosse l'amore a sostenere tutte le parti del cosmo, dalla sfera più esterna alla roccia che è dentro la terra[9]: "[…] e siccome niuna cosa non fa unire l'universo con tutte le sue diverse cose se non l'amore, séguita che esso amore è la causa de l'essere del mondo e di tutte le sue cose"[10]. Giova ricordare che l'equazione donna -> luce -> amore -> conoscenza ha un carattere archetipale[11]; un esempio tra tanti: la letteratura esoterica cinese attribuisce alla luce – assimilata alla conoscenza – un carattere *ming*, che denota la sintesi della luce solare e lunare – in altre parole, l'unione del principio maschile e femminile. L'ombra (*Zel*), come le tenebre, ha anch'essa un carattere ambivalente; se da un lato è una metafora per la morte, dall'altro può essere positiva nel suo offrire protezione dal calore del sole. Nell'ebraismo, infatti, denota, tra altri significati, anche la protezione divina; per esempio, leggiamo questa frase nel canto del salmista, ovvero che questi, mentre riposa sulla nuda terra, sentendosi protetto (*kheseh*) all'ombra delle ali di D-o (*be-zel k'nafekha*), canterà in Suo onore (*Sal.* 63:8). Mentre la terra – nutrice e matrice della vita – è assimilata al Principio femminile; così come la luce lunare è un'emanazione del femminile, come rivela la letteratura cabalistica. Tiriamo i remi in barca; se *Chanukkah* è diventata una festività talmente importante non è, a mio parere, per un mero fatto mimetico in quanto solo un riflesso del Natale. La sua rilevanza è dovuta invece a una serie di fattori subliminali. Da questa indagine preliminare sul significato più profondo della simbologia della luce si può tentare di delineare una sequenza logica di eventi che derivano l'uno dall'altro. Si è detto che, in primo luogo, *Chanukkah* celebra una vittoria: è una festa di liberazione. Non è accidentale che questa festività sia nota come *Chag ha-Orot* (festa delle Luci). La liberazione implica il riconoscimento della propria identità – la conoscenza. La luce della conoscenza porta con sé, l'abbiamo ricordato poco fa, felicità e giustizia. Non solo, ma molto di più, la luce – si è visto – è addirittura, considerata generatrice del cosmo. Ma se la conoscenza è anche frutto dell'amore – ricordiamo la *Lettera sulla santità* citata prima – allora *Chanukkah*, che riunisce non solamente i membri della famiglia ma anche l'estraneo di passaggio, si colloca sotto il segno dell'amore – fonte della vita e della felicità.

union is the secret of knowing"[8]. Judah Abravanel, following a widely accepted Kabbalistic doctrine, held that through love we attain to the highest knowledge. He went as far as thinking that love sustained the whole universe, from its outermost sphere to its innermost rocks[9]: "[…], and as nothing but love creates a union between the universe and all its different parts, love must be the reason for the world and everything in it.[10]" Note the archetypal nature of the formula woman -> light -> love -> knowing.[11] I have chosen one example, although the choice is vast: Chinese esoteric literature attributes the ideograph ming *to light — which is assimilated to knowing — to represent the synthesis of sunlight and moonlight, in other words, the union of the male and female principles.*

The shadow (Zel), like darkness, is also ambivalent; a metaphor for death yet positive too, offering protection against the heat of the sun. Among its various meanings in Judaism, it also denotes the divine protection. Consider, for example, this sentence by the psalmist who, while resting on the bare earth, feeling protected (kheseh) in the shade of the wings of G-d (be-zel k'nafekha), sings in His honour (Psalm 63:8). The earth — that nurtures and generates life — is assimilated to the feminine Principle; just as moonlight is the emanation of the feminine, as upheld by the Kabbalists.

So, in conclusion, I do not believe Hanukkah has become such an important holiday simply to copy or counterbalance Christmas. Its significance is due to a series of subliminal factors. This preliminary analysis of the deepest meaning of the symbolism of light offers a basis from which we can attempt to define a logical sequence of events that derive one from the other. As we have seen, Hanukkah is above all the celebration of a victory: it is a festival of deliverance. The fact that it is also known as Chag ha-Orot (Festival of Lights) is not simply a coincidence. Deliverance implies recognising one's identity — knowledge. And, as we were reminded a short while ago, the light of knowing brings with it joy and justice. Moreover, as we have seen, light is even regarded as the generator of the universe. But if knowledge is also the fruit of love, as stated in the Epistle on Holiness *cited above, then* Hanukkah, *which brings together not only family-members but passers-by as well, falls under the sign of love — the source of life and happiness.*

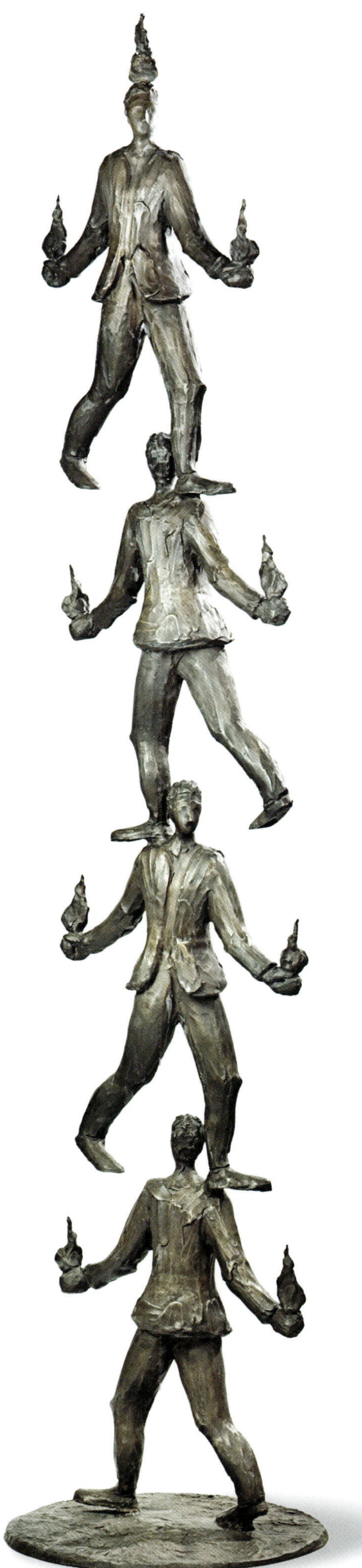

ROBERTO BARNI | *1997*

1   Ephraim E. Urbach, *The Sages: Their Concepts and Belief*, 1975, Harvard University Press, Cambridge, MA, 1994, pp. 40, 65.

2   *bNiddà* 45b.

3   *Zohar* I, 46a.

4   *Idem.*

5   *Idem*, I, 22b.

6   *Idem*, 83b: 419.

7   *Iggeret ha-qodesh* 2; ed. Princeps: Yishaq ben 'Immanuel'el de Lattes, Binyamin ben Yosef e Antonio Blado, Roma 1546; traduzione italiana *Lettera sulla santità*, in *Mistica Ebraica*, a cura di Giulio Busi ed Elena Loewenthal, Einaudi, Torino 1995, pp. 415-444, 421.

8   *Ibidem*, p. 423.

9   Hiram Peri, "Abravanel, Judah", ad vocem in *Encyclopaedia Judaica*, vol. 2, Keter Pub. House, Yerushalayim 1972, p. 110.

10   Judah Abravanel, *Dialoghi d'amore*, Dialogo 2, p. 165.

11   Si veda, per esempio, Arturo Schwarz, *La luce dell'amore*, Edizioni Tema Celeste, Milano 1994, e *La Donna e l'amore al tempo dei miti*, Garzanti, Milano 2007.

1   *Ephraim E. Urbach*, The Sages: Their Concepts and Belief, *1975, Cambridge, MA: Harvard University Press, 1994, pp. 40, 65.*

2   bNiddà *45b.*

3   Zohar *I, 46a.*

4   Idem.

5   Idem, *I, 22b.*

6   Idem, *83b: 419.*

7   Iggeret ha-qodesh *2; ed. Princeps: Yishaq ben 'Immanuel'el de Lattes, Binyamin ben Yosef and Antonio Blado, Rome 1546; Italian translation* Lettera sulla santità, in Mistica Ebraica, *edited by Giulio Busi and Elena Loewenthal, Turin: Einaudi, 1995, pp. 415-444, 421.*

8   *Ibid., p. 423.*

9   *Hiram Peri, "Abravanel, Judah", ad vocem in* Encyclopaedia Judaica, *vol. 2, Yerushalayim: Keter Pub. House, 1972, p. 110.*

10   *Judah Abravanel,* Dialoghi d'amore, *Dialogo 2, p. 165.*

11   *See, for example, Arturo Schwarz,* La luce dell'amore, *Edizioni Tema Celeste, Milan, 1994, and* La Donna e l'amore al tempo dei miti, *Milan: Garzanti, 2007.*

lbe, Kosher, Simone Weil, San Saba, Hannah Arendt
Shavu'oth, Corpas, Pesach, Shofar,
neidloch, Kleis, Anna Frank, Varenika
Zimmes, Auschwitz, Moni Ovadia,
eorge Gershwin, Martin Buber,
cke de Leon, Yehudah Ha Levi, Yechida, Torah, Franz Rosenzweig,
ikkun, Tishri, Berit, Pardes, Aravà, Kashem, Mazal tov, Ocheleh
, Pentateuco, Esodo, Moses Me
k, Chokhmà, Lucien Freu
ge Segal, Deut
, Camille Piss
gata Dombrowski, Rita Montagnana, Toref, Remez, Talmud, Isaac
el, Max Brod, Magen David, Gòlem, Challà, Yessòd, Tefillin, Alfred Stieglitz, Bené Chorin, Mikrò, Sidney
mi, Phulden, Kaddish, Middot, Joel Coen, Ethan Coen, Meghillà, Ha-Shomer ha-Tza'ir, Simon Wiesenthal,
sh, Hakhsharà, Amos Oz, Jaques Penczyna, Nazir, Sefardita, Se
ssòd, Binà, Mishna, Tiferet, Sechel, Keter, Idan Raichel, Tif
ndy Sherman, Oy-Oy-Oy, Shalom Ra
Li ssitsky, Chemdàth Jamim, Robert
ashim, Gad Lerner, Burichitas, Tzitziyoth, Aron naqqodesh, Katayitt, Karpielach, Fartel, Parochet,
hasadim, Tafina, Yitzhak Rabin, Amos Luzzatto, Baishanut Borit, Shanà peshutà, Shana me'ubberereth, Talleh, Bima, Primo Levi,
ravoth, Golà Beth hammiqdash, Mark Rothko, Amidà, Ba'lath habbayth, Gentili Giusti, Adloyadà Ishai Kinderman, Aaron Siskind,
assani, Beth Ham midrash
gghid, Mitnagal Motzi, Chalutzim, Elie Wiesel, Abraham Yehoshua Stefan Zweig, Maus, Amora, Hamin, Frisensal,
en G ri mon, Alfred Dreyfus, Theodor Herzl, Bund, Cholent, Chutzpah, Bet ah-kevaroth, Yonah, Moses Cordov
ein, Umberto Saba, Saul Be ein, Falasha, Maoz tzur, Masada, Ruth, Sion, Mary Berg, Zix, Albert Einstein, Emanuele Ar
Monferrato, Dani K ravan, Ma' oz Tzur, Lodz, Sophie Scholl, Hans S
sman, Ol Chadash, William Klein

Moreno Gentili

Nella storia *bandiere* e *vessilli* sono sempre importanti, soprattutto quando si connotano con l'identità di una nazione rappresentata grazie a segni, colori e parole. Questo però non basterebbe a tanto compito se non considerassimo la fondamentale importanza che alcuni oggetti riescono poi a comunicare nel tempo proprio in termini di umanità, di *popolo* insomma. Oggetti semplici, comuni, figli di riti e tradizioni, ma anche di invenzioni, in grado di entrare così in profondità nell'immaginario collettivo da diventarne rappresentanti a tutti gli effetti. Oggetti per esempio come la *falce* e il *martello*, in grado di esprimere l'identità internazionale di una visione ideologica se sovrapposti uno all'altro come nella celebre fotografia di Tina Modotti, oppure come il LEM da cui è sbarcato Armstrong per mettere piede sulla Luna e che rappresenta una conquista imprescindibile nella storia dell'umanità. E cosa dire del *cubo di Rubik* che apre un'era di *entertainment* globale, ma ancora di tipo "analogico", poco prima di internet? E come non ammettere oggi in questa *gallery* di oggetti l'iPhone, strumento di culto "digitale" che rinnova tutte le metodologie di relazione in rete? Oggetti dunque presenti nel cuore dell'uomo, nel suo sapere e nella sua storia e che elevano la sua riconoscibilità grazie al fatto di essere divenuti icone universali nello scorrere del tempo. Oggetti che fluttuano plurigenerazionalmente nell'intera specie umana, simboli che non tramontano mai e che permangono nella nostra identità grazie a una forza prodigiosa che insegna la cultura del divenire di noi stessi da ieri a oggi e da *oggi* a domani. *Bandiere, vessilli e oggetti* dunque, che non solo si conoscono o si riconoscono, ma che da sé, senza sforzo alcuno, rispecchiano nella loro immediatezza rappresentativa, priva di qualunque possibile fraintendimento, ciò che siamo stati, che siamo e che saremo. E parliamo qui ovviamente di oggetti del *Bene*, poiché anche il *Male* – e la storicità ebraica ne sa qualcosa – possiede simboli che al solo vederli inducono allo scoramento. Ma a noi, in questo caso, interessa l'*oggetto/simbolo* inteso come libertà ideale e quindi, per una volta, qualcosa che possa irradiare di una luce interiore notti buie e orribili, oggi più lontane di ieri proprio grazie al perdurare *spirituale* di alcuni, imprescindibili, oggetti che hanno percorso indenni intere ere di combattività.

MORENO GENTILI | *2009*

In history flags and banners are always important, especially when associated with a nation's identity, which they represent through the use of symbols, colours and words. They alone would not suffice though for such an important task, without considering the fundamental human values, the values of a people, that certain objects are able to transmit over time. Simple, ordinary objects, children of rituals and traditions, but also the fruits of inventions, which become so deeply ingrained in the population's collective imagination that they actually represent it. Objects such as the hammer and sickle, *capable of expressing the international identity of an ideological vision when arranged one on the other as in the famous photograph by Tina Modotti, or the LEM that Neil Armstrong landed on the moon in and is the symbol of a memorable achievement in the history of mankind. And what about the* Rubik's cube, *which paved the way for an era of global, though still "analogic" entertainment, not long before the arrival of internet? This gallery of objects would not, of course, be complete without the iPhone, a "digital" cult item that has revolutionised networking. Objects that have found a place in man's heart, culture and history and that, with the passing of time, have become universal icons and enhanced our basic identity. Objects that flow from generation to generation through all of mankind, timeless symbols that continue to be part of our identity, driven by a prodigious force that guides the culture of our becoming from yesterday to today and from today to tomorrow.*

Not only are these flags, banners and objects known or recognised, they also have the natural ability to unequivocally reflect in their representational immediacy what we were, what we are and what we will be. We are, of course, talking about objects of Good. Evil *too has symbols, that induce disheartenment simply by looking at them, as we know only too well from Jewish history. But here we are concerned with* objects/symbols *in the sense of ideal freedom and so, for once, things that are capable of radiating an inner light to illuminate the dark, awful nights, now more distant than before thanks to the spiritual persistence of some indispensable objects that have survived entire eras of conflict unscathed.*

Suggestioni? Induzioni? Sublimazioni? Se però alcuni oggetti parlano da soli è perché hanno cambiato il corso della storia e non è poco. Se portano poi qualcuno a riconoscersi in essi, vuole dire che ne rappresentano in qualche modo la memoria e anche questo è importante. Ma se oltre a tutto ciò indicano anche – e legittimano di fatto – il percorso dell'intera esistenza di una comunità, quindi di una responsabilità collettiva densa di aspettative e conquiste, forse questi oggetti possiedono davvero un valore arcaico che oggi potrebbe non avere prezzo. Quale? Il vero e unico (pertanto non riproducibile da qualsiasi meccanismo l'uomo sia in grado di creare) *segreto del tempo*. E anche questo non è poco. E a proposito di *Tempo*, quello arcaico che ci accompagna, quale migliore occasione di questa esperienza artistica per *chanukkiah* potrebbe darci modo di riflettere intorno a uno di quegli oggetti magici che anche nel buio più profondo della storia non hanno mai smesso di tracciare una via di luce per chiunque ne avesse veramente bisogno? Nel *Talmud* la questione a proposito di *chanukkiah* è chiara, anzi, trattandosi di Luci, è *illuminante* in quanto ne è coinvolto il mitico Tempio di Gerusalemme e quindi la stessa storia di un popolo.
Un gesto di fede assoluta, ma anche di speranza verso un futuro pieno di incognite.
E immaginiamoci gli eventi accaduti in questo luogo, dove tra pietre forse ancora insanguinate, qualcuno osserva che non vi è più alcuna goccia di olio di oliva per riaccendere quella lampada che rappresenta l'identità di un popolo, di una nazione così come di una *unicità* spirituale.

Suggestion? Induction? Sublimation? But if certain objects speak for themselves, it is because they have changed the course of history, which is quite an accomplishment. If people are able to identify with them it means they somehow represent their past, and that too is important. But if, besides all this, they also trace, and essentially justify the path of the entire life of a community, and thus of a collective responsibility full of hopes and achievements, then perhaps these objects have a real antique value that is altogether priceless. Namely? The true and only secret of time *(not reproducible using any man-made means). And that is not something to be overlooked either. On the subject of* Time, *ancient time that accompanies us, what better opportunity than this artistic collection of* hanukkiot *to reflect on one of those magical objects that even in the darkest moments of history never ceased to shine a path of light for anyone really in need? The* Talmud *speaks clearly on the matter of* hanukkiot, *or perhaps, since we are on the subject of lights, it would be more appropriate to say illuminatingly as it involves the glorious Temple in Jerusalem and thus the history of a people. An act of absolute faith, but also one of hope for a future full of unknown challenges. We can imagine the scene, set in that place where the stones were perhaps still stained with blood.*

L'olio è finito, ve ne è per un solo giorno!,
urla qualcuno trascinandosi stancamente da
un lato all'altro dell'edificio appena riconquistato.
Lo diluiremo per accendere una luce al giorno,
fino a che non avremo del nuovo olio puro,
risponde una voce autorevole dal fondo del
Tempio, forse la stessa di Mattatia Cohen, l'autore
della rivolta contro i profanatori guidati da Antioco.
E così fu per otto giorni, otto esperienze di luce
illuminante più una, quella della possibilità
di continuare a rappresentare l'ebraismo come
identità di un popolo. Ed è così che *chanukkiah*,
in quanto *oggetto/simbolo,* ha ripreso a vivere
illuminando fino a oggi un percorso che non
smette di tingersi di modernità ricorrente,
di visibilità continua, di *identità* appunto.
Qui ne vediamo cento visioni d'artista, un insieme
di operatività creativa capace di dimostrare
che alcuni oggetti vivano poi di una propria
democrazia illuminante.
Oggetti che seppure trasformati da mille azioni,
non smettono per un solo istante di apparire
in quanto tali e di essere per quello che sono:
i veri maestri del *segreto del tempo*, appunto.

Someone noticed there was no olive oil left to
rekindle the lamp that represented the identity
of a people, a nation, a spiritual uniqueness.
The oil's finished, there's only enough for a
single day!, *someone shouted, dragging himself*
wearily from one side to the other of the newly-
recaptured building.
We'll dilute it and light one candle each day,
until we can press new pure oil, *replied an*
authoritative voice from the back of the Temple,
perhaps that of Mattathias Cohen himself, the
man who led the rebellion against the profaners
and their leader, Antiochus. And so it was for
eight days, eight experiences of illuminating light
plus one, that of the possibility to continue to
represent Judaism as a people. The hanukkiah
as an object/symbol *was thus brought back to*
life and still to this very day illuminates a path
incessantly tinged with recurrent modernity,
continuous visibility, identity.
Here we have a hundred artists' visions, a
collection of creative works that demonstrate how
certain objects thrive on their own illuminating
democracy. Objects that have been transformed
by a thousand actions but never for one moment
cease to appear or to be what they really are: the
true masters of the secret of time.

FAI CHE FARLO

DO IT (Fai che farlo)

Elio Carmi

Fai che farlo, è un modo di dire locale, di origine dialettale, è un intercalare che sprona, suggerisce di non stare lì ad aspettare che le cose si facciano, ovvero: datti da fare e non aspettare che le cose accadano da sole. Se poi ciò che stai cercando di fare non capita, poco male, comunque ci hai provato, quello che hai tentato di fare è lì, poi magari capita, che qualcosa succeda anche senza di te; ma qualcosa avevi fatto, il seme lo avevi gettato.

C'era una volta, come da tempo si usa dire all'inizio di una storia, una cosa da dentro, che spingeva *per fasi fà* (farsi fare). Era lì mentre cercavo di disegnare interni, arredi, marchi, libri, manifesti, facevo insomma il mio mestiere, ed era la voglia di progettare un oggetto in metallo splendente, per la festa più luminosa del mondo, per dar luce alla luce. Ma era dentro e non usciva ancora, era lì lì per costituirsi come idea, come volontà, come cosa da fare, ma mancava il pretesto, il contesto, l'azione. Poi, alla fine degli anni ottanta, un laboratorio di argenteria di Alessandria mi chiese di disegnare un vassoio, poi una scatola per biscotti, poi di pensare ad una penna; insomma di fare cose per loro. Mi sono messo a *farle* con la determinazione di chi vuole inventare, trovare, risolvere, mettersi in gioco, ma mentre ne pensavo una, ne veniva fuori un'altra. Ero lì che ragionavo sulla geometria del centro tavola, e spuntava una *menorah*; definivo la decorazione di un bordo, e ne veniva fuori un calice per

Fai che farlo is an idiomatic expression that comes from the local dialect and means "do it". It is a pet phrase that is used to incite someone, to advise them not to hang around expecting things to get done on their own. It means: do something, don't just wait for it to happen. If what you are trying to do doesn't happen, don't worry, at least you made the effort, what you tried to do is still there, and something might happen even without you; but at least you will have done something, you will have sown the seed.

Once upon a time, to use the classic opening words of a fairy tale, there was something within that was pushing to be done. It was there while I was working on design projects for interior spaces, furnishings, brands, books, playbills, generally going about my business, and it was the desire to design a shiny metal object for the most radiant festival in the world, to illuminate the light. But it was within and not ready to come out. It was on the verge of becoming an idea, a desire, something to do, but the opportunity, the context, the action were missing. Then, towards the end of the 1980s, I was commissioned to design some objects for a silverware workshop in Alessandria; first a tray, then a biscuit box, then a pen. I set about the task

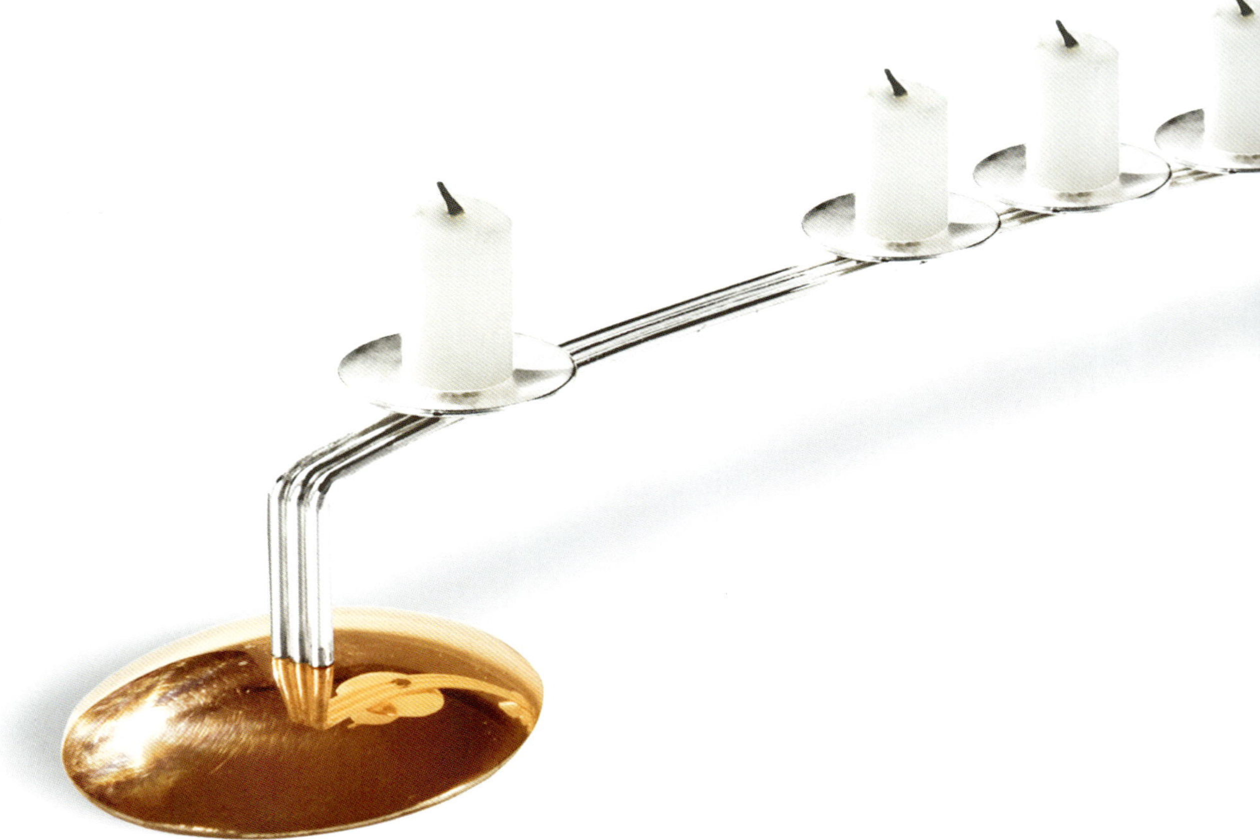

ELIO CARMI | *1990*

il *kiddush*; mettevo le quote del porta bon-bon, e si tracciava
il disegno di una *chanukkiah*. Io andavo di lì e le cose andavano
di là. Cosicché mentre i prototipi si materializzavano, le mani
dell'artigiano si sdoppiavano dedicandosi anche alla costruzione
di una lampada a olio. Una forma strana con una luce di qui e otto
di là. Così, cammin facendo, un paio di quelle cose che da dentro
spingevano per uscire, ce l'avevano fatta a *farsi fare*. Ero
consapevole e presente, ma mi sentivo anche un po' spettatore,
un po' committente, un po' lì per caso, non per essere quello che
a l'ava fatch (aveva fatto) qualcosa. Perché magari è per caso
che le cose succedono – anche se il dottor Sigmund Freud dice
ben altro –, poi non è per caso che se ne cercano le origini,
il senso – su questo Sigmund sarebbe d'accordo –, si guarda
dentro per scoprirne la causa. Ma il bello era che adesso c'era una
prima forma in prototipo di argenteria ebraica, disegnata da uno
un po' così, che di cose ebraiche a quel tempo non se ne
occupava quasi. E quasi quasi non ne era interessato. Ma c'era
anche la signora Carla, e lei sì che ne era interessata, mi chiese
subito di moltiplicare i prototipi, di farne un paio per la sua famiglia,
e ho *fatto che farne* qualche copia, per lei qualcuna e cualcun'altra
anche per la mia famiglia. Ma, come dicevo prima, uno le cose

*with all the resoluteness of someone intent on inventing,
discovering, finding the solution, putting himself to the test, but
whenever I had an idea, another one also appeared of its own
accord. I would be considering the geometry of a centre-piece,
when a* menorah *sprang to my mind; I would be defining a
border decoration, when a* kiddush *cup emerged; I would be
calculating the dimensions of a bon-bon box when the outline
of a* hanukkiah *materialised. It was like being pulled in two
directions. As the prototypes gradually took shape, I felt my
hands seemingly multiply as they began to concentrate on
making an oil lamp as well. It had a strange shape, with one
light on one side and eight on the other. While I was working, a
couple of those things from within that had been pushing to get
out had in fact been done. I was aware and present, but also felt
slightly like an onlooker, a bit like a customer, as if I was there
almost by chance, not as the person who had done something.
It may be that things occur by chance — although Dr. Sigmund
Freud would not agree with that. However, one does not seek
the origin or the meaning by chance — which he would have
agreed with. One finds the reason within oneself. Anyhow, the
good thing was that I now had a first prototype model of an*

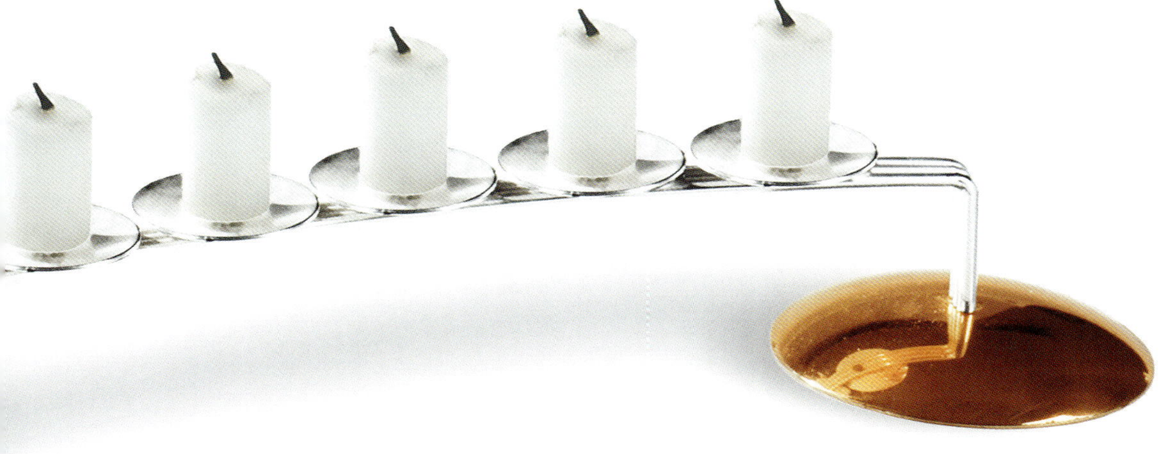

le fa, e poi le cose, un po' per magia, un po' perché il senso
si stava svelando, le cose *fanno fare* altre cose. Così, mentre con
il contributo illustrativo di Emanuele Luzzati stavo disegnando
un manifesto per il Teatro di Alessandria, a lui ho raccontato che
proprio ad Alessandria avevo prodotto qualche cosa che aveva
a che fare con il mondo ebraico. Per me era qualcosa che aveva
un sapore diverso dal solito, ma non per Lui: per il Maestro era
un sentire tutt'altro che nuovo, lui di cose ebraiche ne aveva fatte
e continuava a farle. Così *fece che fare* una nuova lampada
di *chanukkah*, con la sua materia plastica, la ceramica, quella
di Albisola che aveva frequentato e continuava a frequentare,
mettendo le mani in pasta nel laboratorio di Michele, quello storico,
detto *Il Tondo*. E la regalò con mia grande gioia e con la
previsione che qualcosa di buono ne avrei fatto. Era una lampada
bella, così bella che da sola non poteva stare. Se ne accorse per
primo Antonio Recalcati, che intorno al progetto di una collezione
di nuove lampade di *Chanukkah*, decise di *fare* e di *far fare*. Grazie
alla sua amicizia, e al suo impegno e al suo personale e diretto
coinvolgimento, furono raccolte le prime importanti lampade.
Barni, Mondino, Paladino, Topor, Rougemont e molti altri suoi amici
costituirono il primo fondamentale e importantissimo nucleo
di opere. È con il loro sostanziale aiuto, che il *fai che farlo*
si è proprio fatto. La forza di Antonio fu sostanziale, la sua
presenza fece da motore e avviò tutto ciò che in seguito si poté
concretizzare. Grazie a questa generosità è cominciata la raccolta,
la collezione, la mostra che è oggi il Museo dei Lumi.
Grazie a tutti gli Artisti, agli Artigiani, agli Amici che hanno fatto,
alle collaborazioni che nel tempo si sono fatte, oggi il museo c'è,
è *di fatto* il primo e unico museo al mondo di *chanukkiot*
contemporanee. Non lo trovate né a Gerusalemme, né a New York,
ma a Casale, nel Monferrato, tra le colline che ricordano l'uva
di Rav Rashi, un museo e un luogo di eccellenza che, anche solo
in onore di ermeneuti come lui, merita di esistere. Perché oltre
al fare c'è il capire, e ci vuole chi vada a cercare dentro il fatto,
il costruito, il realizzato, il creato. Bisogna capire ciò che l'ha
generato, questo nostro bistrattato mondo. Ed è da tempo che
il pensiero ebraico cerca di capire, ancora oggi facendo del *fare*
un atto sostanziale, più che del parlare, ma mai dimenticando che
con le parole si *fanno le cose*. Da sempre. Anche oggi.

*item of Jewish silverware, designed by someone like me who, at
that time, had little to do with Jewish things. Nor was I
particularly interested. But there was Signora Carla too, and
she was interested. She immediately asked me to reproduce the
prototypes, and to make a pair for her family, which I did.
I made a few pairs for her and some more for my own family.
And as I was saying, you do things and then those things lead
on to other things, almost as if by magic, but also because the
meaning gradually becomes clear. And so it was that, while I
was working with illustrator Emanuele Luzzati to design a
playbill for the theatre in Alessandria, I told him that I had
designed some Judaica for a customer in Alessandria. For me it
was something quite unusual, but not for him: he had already
produced Jewish works and was continuing to do so, it was not
a novelty for him. So he set about making a new* hanukkiah
*using the same materials he used for his models, ceramics from
the Italian town of Albisola, a place he used to visit and still did,
and he set to work in Michele's famous* Il Tondo *workshop.
He gave the lamp away to my immense joy and foresaw
something good for its future. It was a beautiful lamp, too
beautiful to remain alone. The first person to realise that was
Antonio Recalcati. He had the idea of building a collection of
new* hanukkiot — *of doing and of getting things done. It was
thanks to his friendship, commitment and personal and direct
involvement that the first lamps were collected. Barni, Mondino,
Paladino, Topor, Rougemont and many more of his friends
adhered to the initiative and created the first fundamental and
extremely important nucleus of the collection.
Their practical contribution got things done. Antonio's energy
fired the project, his presence was the driving force and gave a
powerful impetus to all that has been achieved. His generosity
lies at the heart of this collection of works, the exhibition that is
now the Museo dei Lumi.
Thanks to the work of all the artists, artisans and friends who
have contributed to the project and the numerous partnerships
that have been established over the years, we now have the first
and only museum of contemporary* hanukkiot *in the world. Not
in Jerusalem, or in New York, but in Casale, in the Monferrato*

district, amidst hills that bring to mind the grapes of Rav Rashi, a museum and a place of excellence that deserves to exist, even simply to honour hermeneuts like him. Because what is done also needs understanding. There has to be someone willing to explore what has been done, built, made and created, from within. We need to understand the origins of this ill-treated world of ours. Jews have dedicated a great deal of time to studying this, still today regarding doing *as a fundamental action, more so than speaking, but never forgetting that words get things* done. *They always have. They still do.*

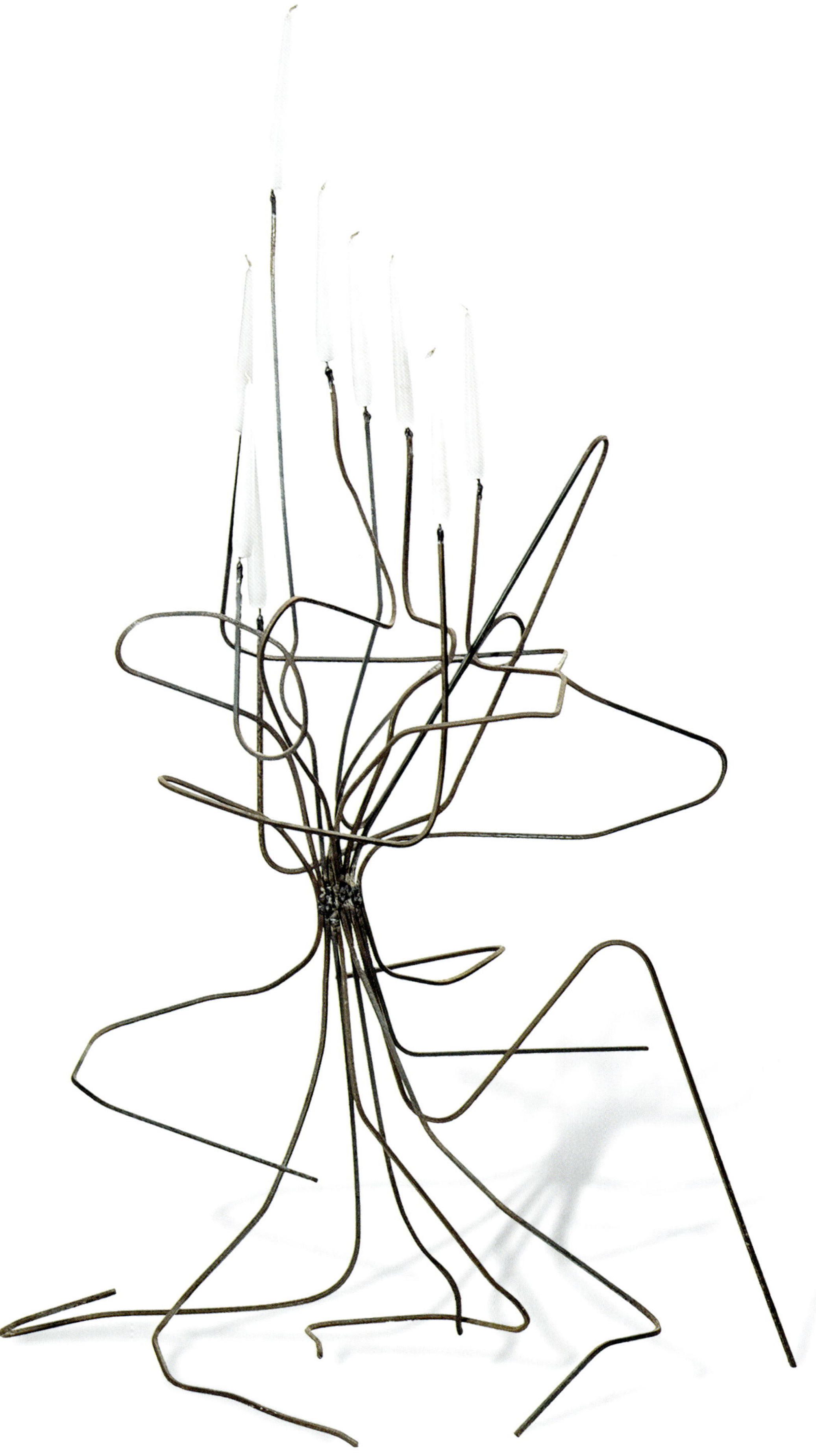

VALERIO ANCESCHI | *2005*

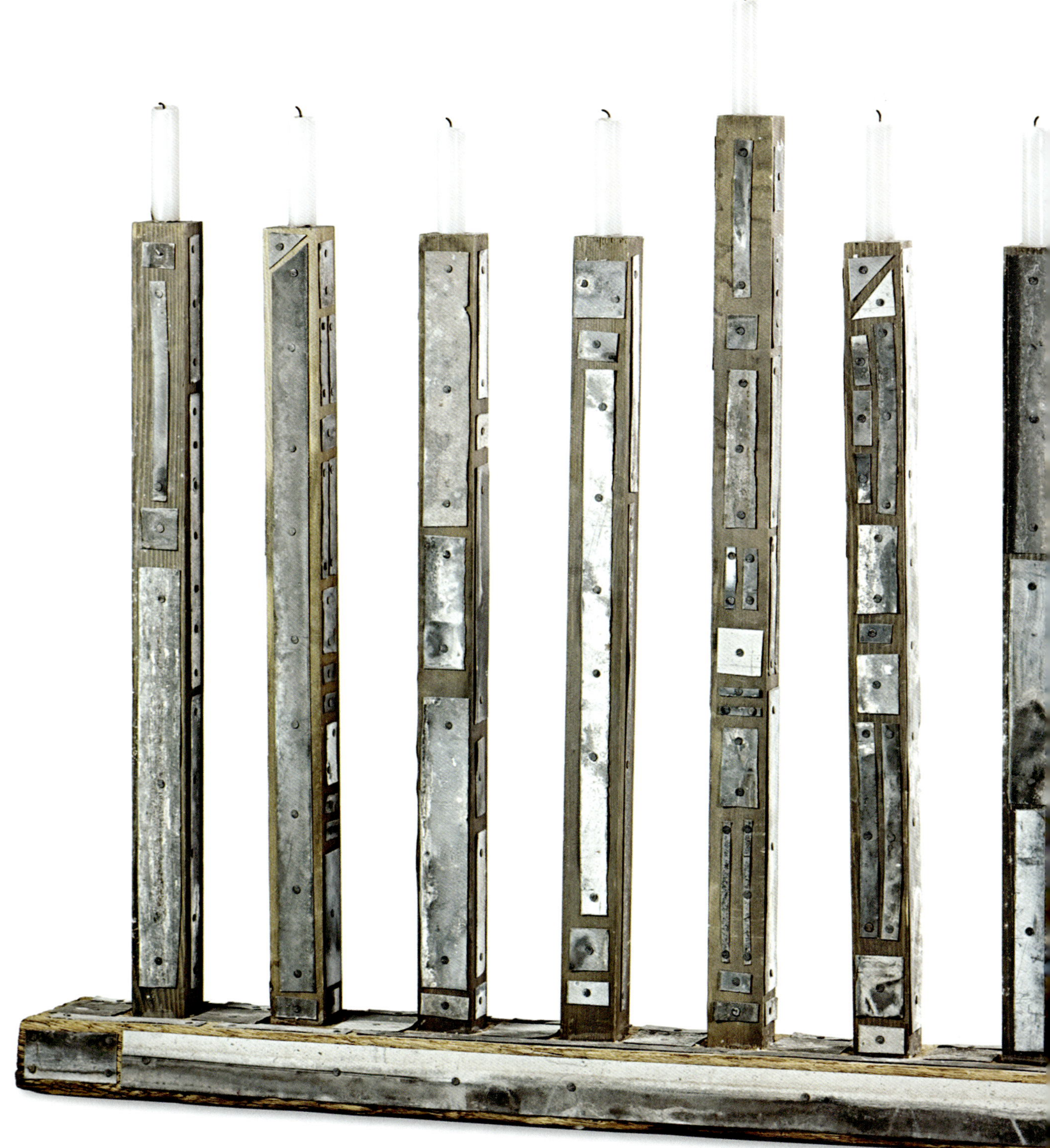

BEATRICE CARACCIOLO | 2008

Maria Luisa Caffarelli

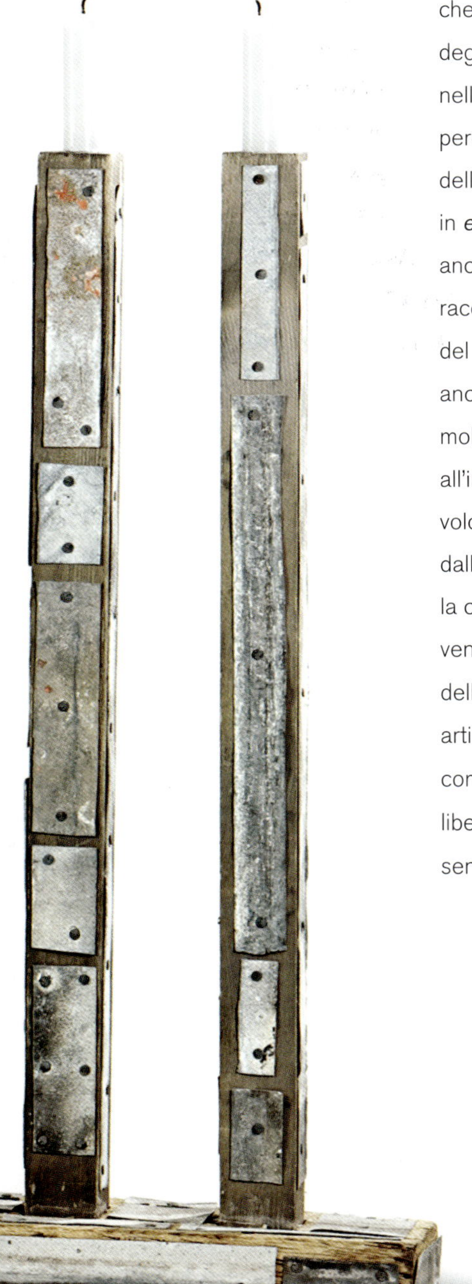

Le *chanukkiot* del Museo
dei Lumi di Casale sono 115.
Più una. La prima. Che non c'è.
Perché è stata inviata in Israele
dove ancora oggi viene accesa
con le altre nella Sinagoga
italiana di Gerusalemme.
Di quel manufatto prezioso,
frutto della sapienza artigiana
di un cesellatore del XIX secolo
(si veda l'immagine a p. 24),
resta però intatta la memoria
che si è moltiplicata nel lavoro
degli artisti. Questa *assenza*,
nell'affollarsi dei simboli che
percorrono la storia
dell'ebraismo, si traduce
in *essenza* e ha un valore
ancora più grande perché
racconta di un tempo in cui
del museo non c'era neppure
ancora l'ombra. Il museo è nato
molto tempo dopo, grazie
all'intersecarsi delle vite e delle
volontà di alcuni uomini uniti
dall'amore per l'arte e per
la cultura, e nei suoi primi
vent'anni di vita si è arricchito
delle donazioni degli amici
artisti, molti invitati dalla
comunità, altri arrivati per loro
libera scelta. Che hanno tutti
sentito l'impulso a mettersi alla

*There are 115 hanukkiot in
the Museo dei Lumi in Casale.
Plus one. The first. Which is
not here. It was sent to Israel,
where it continues to be
kindled alongside the others in
the Italian Synagogue in
Jerusalem. However, the
memory of that precious
artefact, expertly crafted by a
nineteenth-century engraver
(see photo on p. 24), lives on
and is enhanced in these
works of art. In the midst of all
the symbols that recount the
history of Judaism, this
absence can be interpreted as
essence and is even more
significant because it bears
witness to a time when nobody
had even thought about
setting up a museum. The
museum was only born much
later, on a project developed
by a number of people who
shared a love of art and
culture. During its first twenty
years it has been enriched
with works donated by artist
friends, many at the invitation
of the Community, others on
their own initiative. All felt the*

prova, a farsi venire un'idea per inventare una forma per quell'oggetto che una forma già ce l'ha. Ed è la sua sostanza. Un oggetto così pregnante e carico di contenuti, simbolo del legame tra il popolo ebraico e la luce; un oggetto dal design millenario così identificante da essere tutt'uno con il suo significato religioso e da imporre precisi vincoli formali e funzionali. *Chanukkiah* è per definizione il candelabro con otto bracci più lo *shammash*, il servitore, che non deve essere uguale agli altri, ma più alto, o più basso, e comunque fuori allineamento; la tradizione prevede per di più l'uso di lumini a olio di oliva con stoppino di cotone purissimo non colorato, accetta l'uso delle candele, ma non di fiamme a gas o elettriche; per fare un lume con luci elettriche sarebbe necessaria un'apposita dispensa, assai comune da alcuni anni a questa parte, da quando in molte piazze del mondo è in uso accendere una *chanukkiah* per condividere la festa. Artisti, architetti e designer, soprattutto dopo la *Shoah*, quasi a cogliervi il valore universale di una rinascita nella luce, hanno creato una loro *chanukkiah*, per esempio Richard Meier, Rod Baer, Matthew McCaslin, Karim Rashid[1], attratti da questo oggetto dalla carica emozionale grandissima, ma anche duttile e "aperto": liturgico perché destinato al rito, ma anche domestico perché si accende

desire to put themselves to the test, to invent a new shape for an object that already had a shape of its own. That shape being its very essence.

An object so charged with meaning and rich in content, the symbol of the relationship between the Jewish people and the light; an object with an age-old design that is so unique it is one and the same with its religious significance and is associated with specific formal and functional requirements.

A hanukkiah is a candelabrum with eight branches plus the shamash, *the servant light, which must never be the same as the others, but always placed higher or lower, or in an otherwise misaligned position. Traditionally, the lighting of the* hanukkiah *is done with pure olive oil and undyed cotton wicks. Candles are also acceptable, but not gas or electric lamps. Special permission should be obtained to use electric lamps, which have become fairly common nowadays as many towns and cities around the world organise public lightings to celebrate the holiday. After the* Holocaust *various artists, architects and designers began to create their own* hanukkiot, *as if to capture the universal significance of the rebirth of Judaism into the light. Some examples are Richard Meier, Rod Baer, Matthew McCaslin*

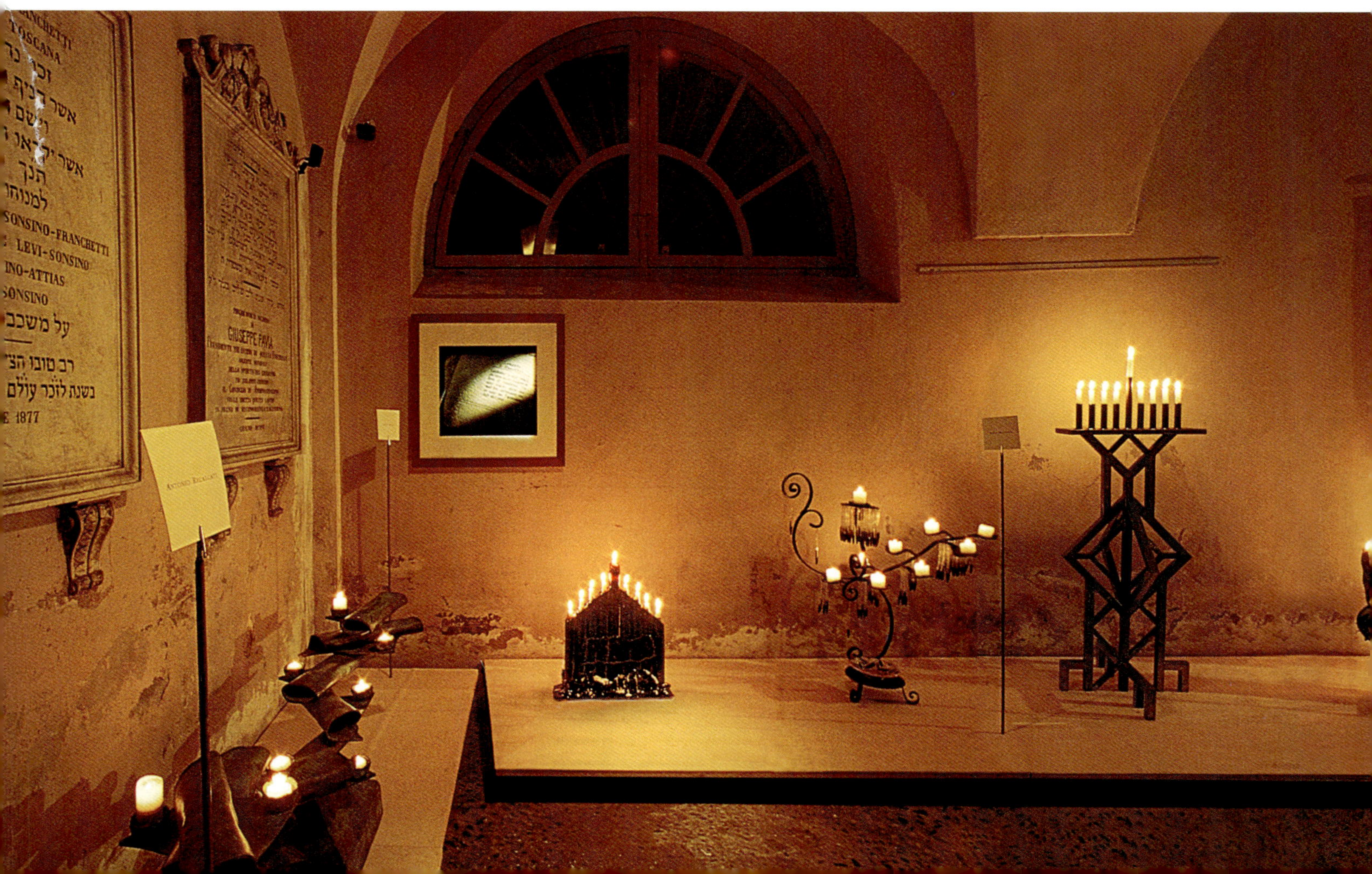

anche in casa e "lucifero" perché fa luce. Deve fare luce. È per questo che nasce e serve. E mentre fa luce racconta una storia. Che possono diventare cento, mille storie nelle mani di chi lo reinventa. E proprio come ogni racconto, che di bocca in bocca diventa un altro racconto, così il lume ha assunto le 115 forme che noi oggi possiamo ammirare. Roberta Smith, critico del "New York Times", commentando la mostra **"Design Is Not Art"** tenutasi nel 2004 allo Smithsonian Cooper-Hewitt National Design Museum di New York, ha scritto "non conosci la sensibilità vera di un artista fino a quando questi non accetta di mettere a punto un progetto di design"[2]. In un momento in cui il confine tra i due ambiti della creatività si è fatto sempre più labile è in questo senso interessante leggere la raccolta delle opere del Museo dei Lumi anche all'interno del dibattito sul rapporto tra arte e design. Si può anzi dire che la raccolta casalese – proprio in virtù del fatto che è cresciuta all'insegna della libertà di realizzare un oggetto funzionale, o solo evocativo – è un'occasione unica per vedere i diversi modi in cui tanti artisti abbiano affrontato i problemi legati al progetto formale di un oggetto d'uso. Alcuni, come Luigi Del Monte, calandosi perfettamente nel ruolo del designer e producendo pezzi di alta funzionalità e riproducibili

and Karim Rashid[1], all of whom were attracted by this object that has such a huge emotional potential, but is also so malleable and "open": liturgical because it is part of a religious ritual, but a household object too, because it is also kindled by families at home, and a "bringer of light". It must give light. That is why it was created, that is its purpose. And as it sheds its light it tells a story. A story that can become a hundred, a thousand stories in the hands of the narrator. And just as all stories that are passed down by word of mouth gradually become different stories, so the lamp has assumed the 115 different designs we can admire today. In her review of the Design Is Not Art *exhibition held in 2004 at the Smithsonian Cooper-Hewitt National Design Museum in New York, the* New York Times *critic Roberta Smith wrote: "You don't know an artist's true sensibility until he or she takes on a design project."[2] As the boundaries between these two creative disciplines become much less evident, it is also interesting to view the collection of artefacts on show at the Museo dei Lumi from the perspective of the debate on the relationship between art and design.*

A characteristic of this collection is the fact that the artists were

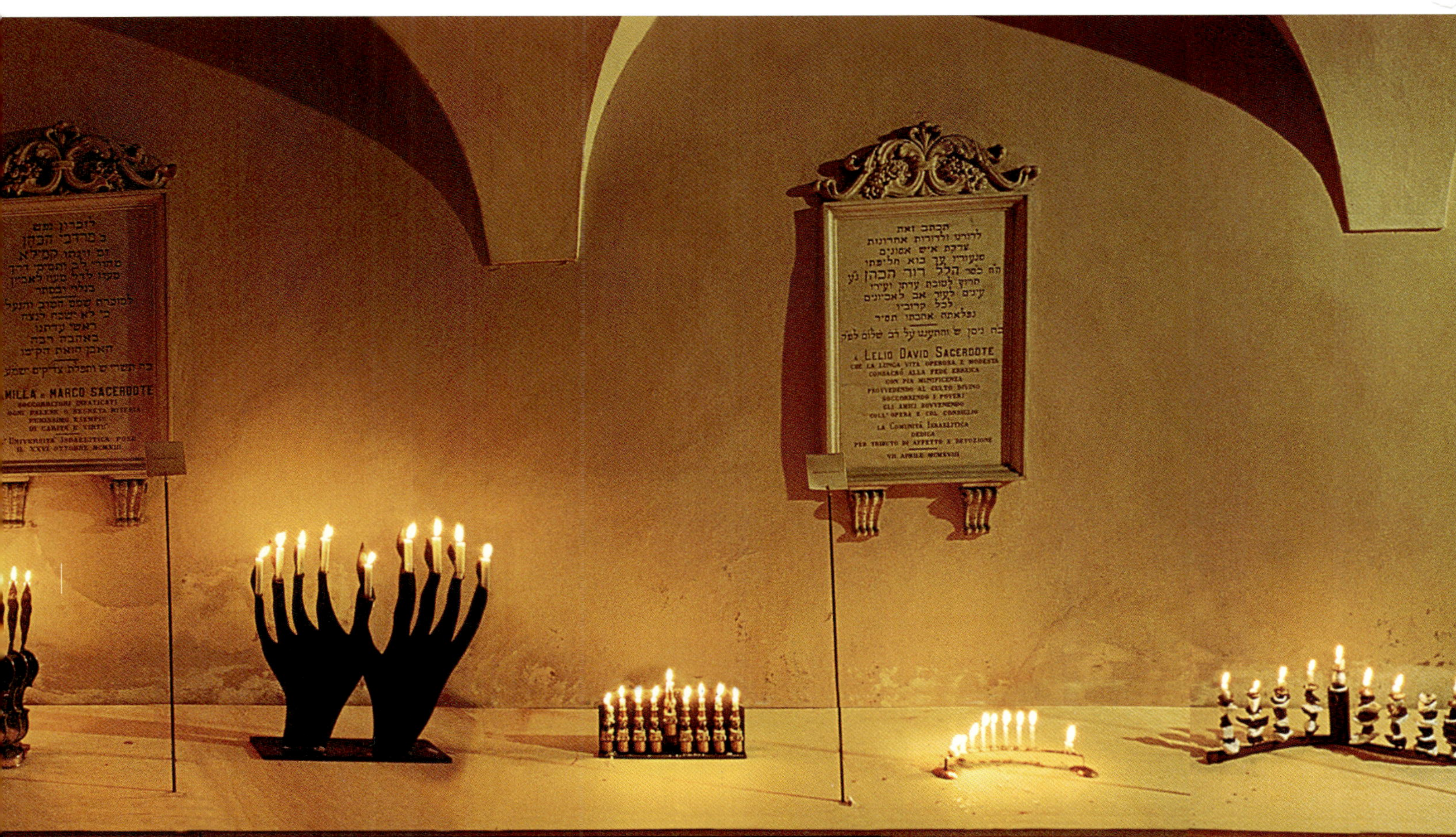

industrialmente, altri – i più – spesso avvalendosi
della maestria di grandi artigiani (del ferro, della
ceramica, del vetro e del legno) e realizzando
opere d'arte uniche, che sono più propriamente
sculture o installazioni. Ma non è tutto: la porta
del museo si è aperta anche ad artisti che hanno
colto il senso della storia al di là del livello
religioso, partendo dalla sua origine,
ma interpretandola anche non religiosamente.
Così si sono moltiplicate le interpretazioni
eterodosse e se da un lato sono stati prodotti
lumi a volte neppure utilizzabili in quanto tali,
sia per i materiali impiegati, sia per essere stati
risolti come raffigurazioni pittoriche o grafiche
o fotografiche, in alcuni casi sono state
consapevolmente disattese le indicazione
di aniconicità propria della religione ebraica:
tra questi primo fra tutti Lele Luzzati con
i suoi ieratici rabbini, ma anche Roberto Barni,
Raphael Reizel, Marco Lodola. Perché l'artista,
con la libertà anarchica che gli è propria, non
ha vissuto la sacralità dell'oggetto come
un limite ma l'ha sentito come un trampolino
per andare oltre, creando qualcosa che, se
modifica i principi identitari di *chanukkiah*,
sempre ne rilancia il messaggio e lo arricchisce.

Mae Shafter Rockland, *Chanukkiah,* 1974,
tecnica mista, legno e riproduzioni della
Statua della Libertà, New York,
The Jewish Museum.

Mae Shafter Rockland, Hanukkiah, 1974,
mixed media, wood and reproductions of the
Statue of Liberty, New York, The Jewish
Museum.

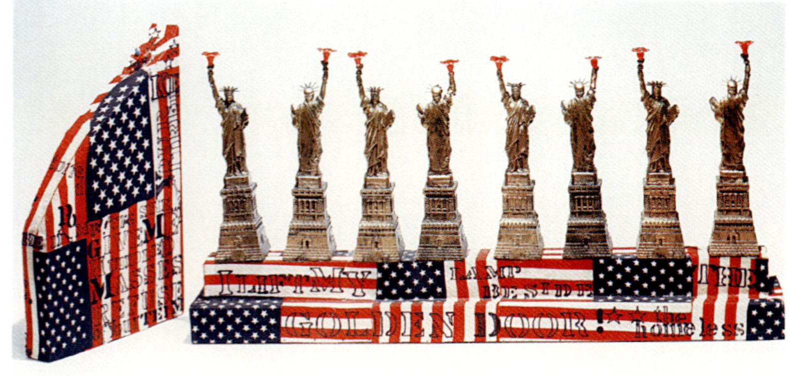

A leggere le testimonianze di Aldo Mondino, Antonio Recalcati, Tobia Ravà, Giosetta Fioroni, Alì Hassoun, Marco Porta, Lucio Del Pezzo, Emilio Isgrò, Davide Nido, William Xerra, Paul Renner si coglie sempre la precisa intenzione di partire dalla storia antica, per trovarvi nuovi significati, senza mai piegarli o manipolarli, ma intersecandoli ai valori del proprio credo – religioso e artistico – e ampliandoli a comprendere valori universali di pace e poesia. Molto spesso cercando nelle pieghe del proprio linguaggio quei codici espressivi in grado di servire meglio allo scopo, senza limitarsi a trasferire il proprio segno anzi spesso inventandosene uno nuovo. Certo, a osservarle nel loro insieme, le *chanukkiot* del museo mostrano "in controluce" una traccia riconoscibile della storia dell'arte e degli artisti di questi ultimi decenni, e compongono un museo tanto difficile da catalogare quanto impossibile da dimenticare.

the beyond and allows them to create something that, while altering the characteristics of the hanukkiah, *can nonetheless relaunch and enrich the message. Aldo Mondino, Antonio Recalcati, Tobia Ravà, Giosetta Fioroni, Alì Hassoun, Marco Porta, Lucio Del Pezzo, Emilio Isgrò, Davide Nido, William Xerra and Paul Renner all state that they have intentionally used ancient history as their starting point and then set out to discover new meanings, never bending or manipulating them but intertwining them with the values of their own religious and artistic beliefs and expanded them to comprise universal values of peace and poetry. Very often they find the most appropriate means of expression within the folds of their own languages, not simply conveying their own distinctive mark but often inventing new ones. Seen together, "against the light", it is clear that the* hanukkiot *in the museum trace the history of art and artists in recent decades. Together they make up a museum that is as difficult to catalogue as it is impossible to forget.*

Dall'alto le *chanukkiot* realizzate per The Jewish Museum di New York da:

From top to bottom the hanukkiot *created for The Jewish Museum of New York by:*

Richard Meier, 1985.
Rod Baer, 1995.
Matthew McCaslin, 2000.
Karim Rashid, 2004.

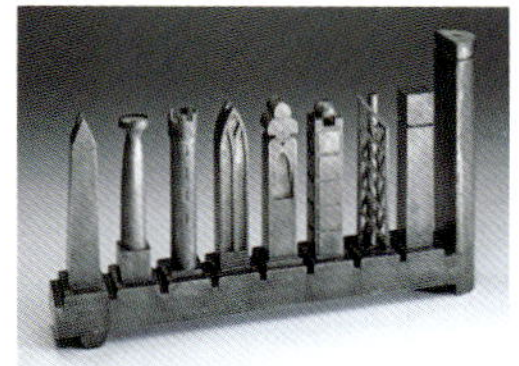

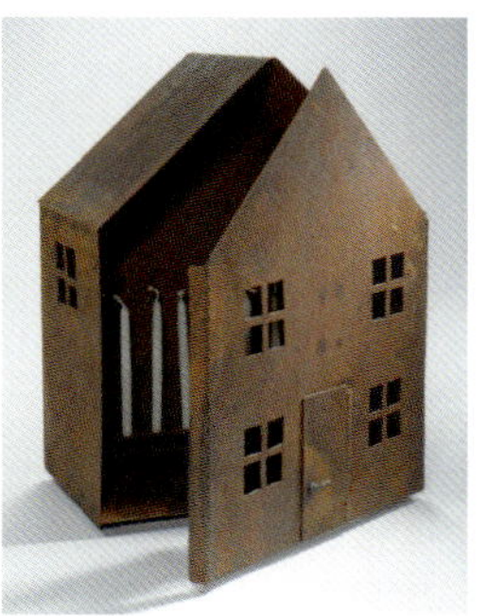

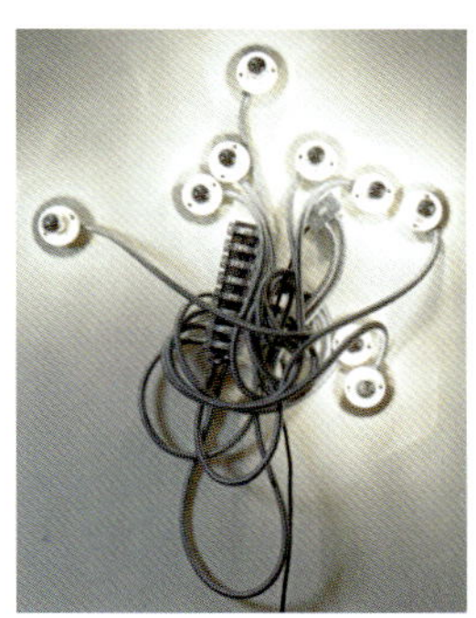

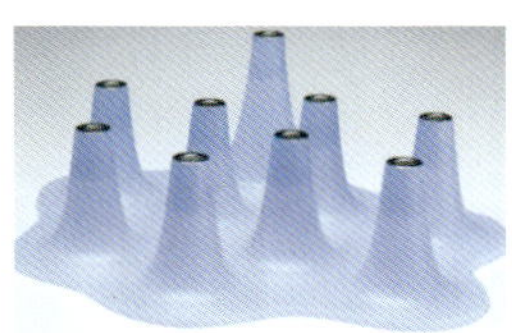

[1] The Jewish Museum, New York.

[2] Roberta Smith, *Designers for a Day: Sculptors Take a Turn,* "The New York Times", 10 settembre 2004.

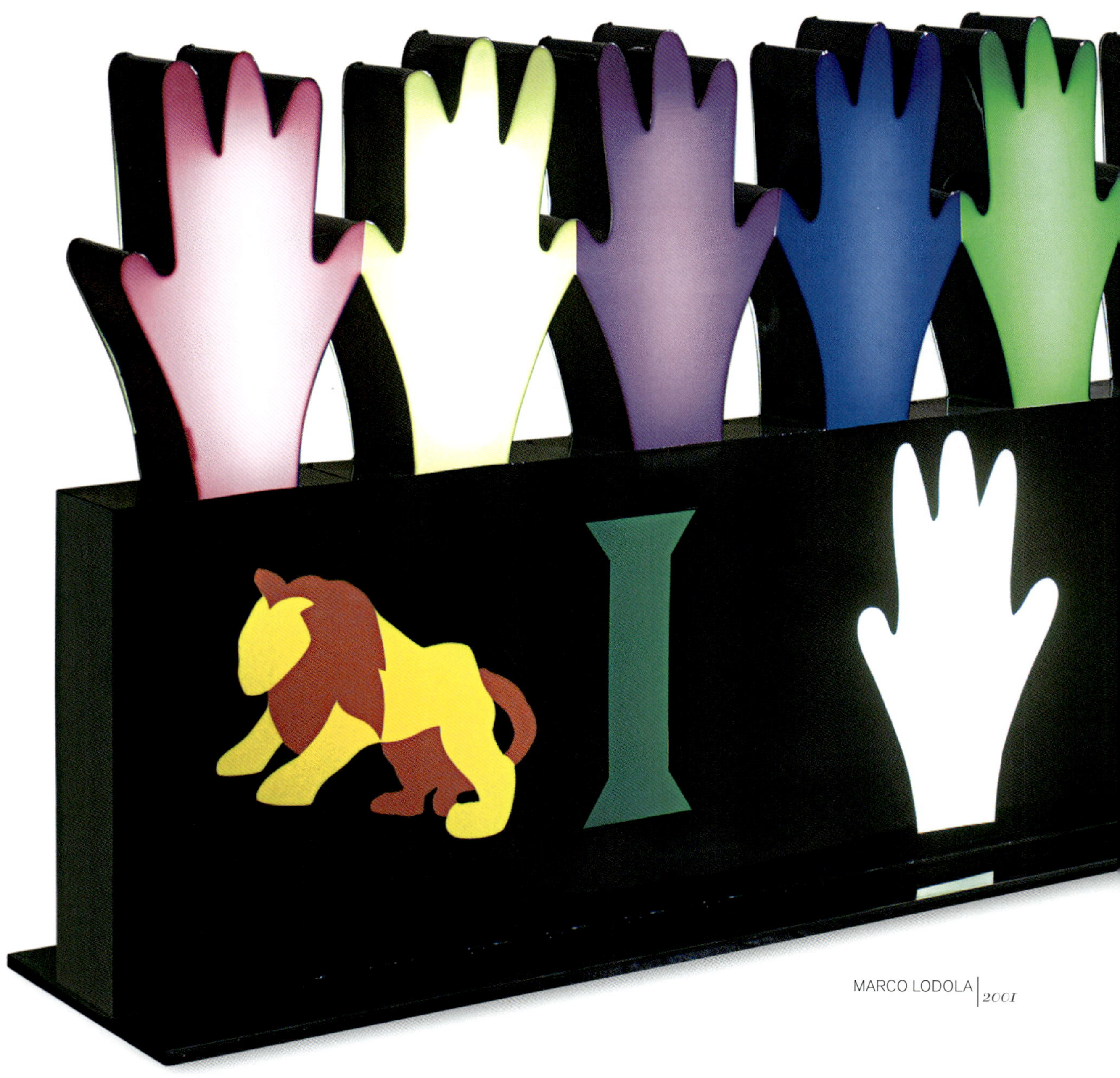

MARCO LODOLA | *2001*

OPERE
1990-2009

WORKS
1990–2009

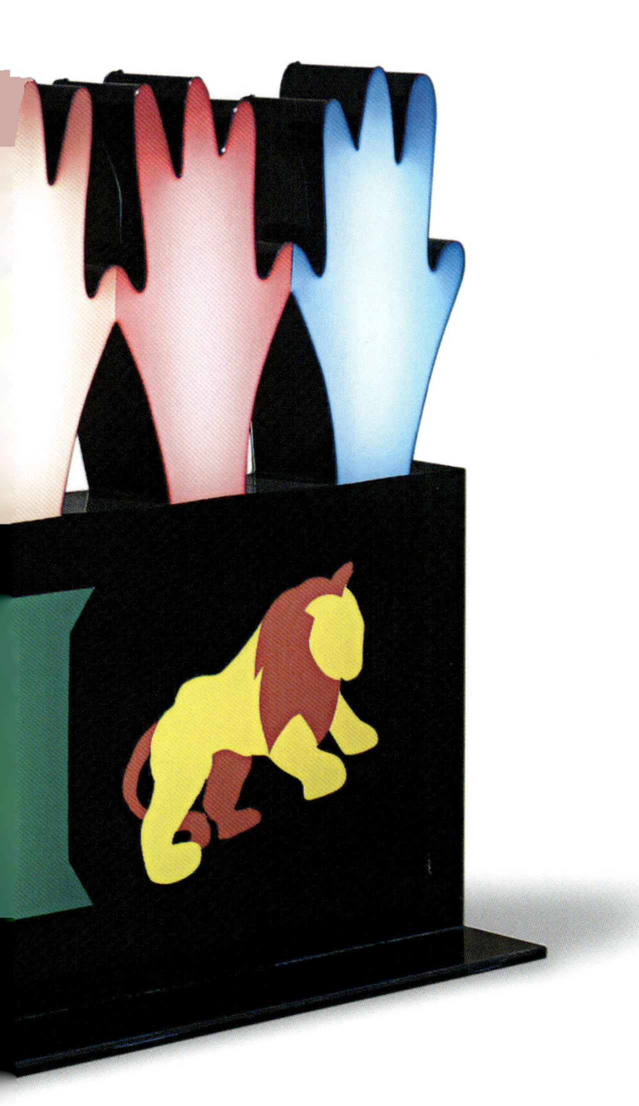

La schedatura dei lumi segue l'ordine cronologico
di ingresso. Le misure sono espresse in centimetri
e indicano in successione altezza, base e profondità.
All'indicazione dei materiali fa seguito l'eventuale
precisazione del laboratorio che ha realizzato
l'opera su progetto dell'artista.

The lamps are listed in chronological order of arrival.
The following information is provided for each lamp:
height, base and depth (in that order, with all
measurements in centimetres), the materials used and,
where applicable, the name of the workshop
commissioned by the artist to produce the lamp.

1990
ELIO CARMI

7,5 x 52 x 10 cm
Metallo argentato e rame

La lampada è formata da una barra in metallo
argentato, costituita da tre aste di sezione cilindrica
affiancate e curvate, appoggiata a due supporti
convessi in rame. Sulla barra sono collocate
otto coppette circolari in metallo argentato
che partono dal bordo sinistro e sono equidistanti;
una nona coppetta è posta all'estremità destra.
Le coppette fungono da sostegno alle candele.
La lampada è prototipo di una probabile
produzione seriale industrializzata.

7.5 x 52 x 10 cm
Silver-plated metal and copper

*The lamp consists of a silver-plated metal bar,
made of three curved tubes placed side
by side and resting on two convex copper
supports. Sitting on the bar, starting from the
left, there are eight round silver-plated cups,
which are equally spaced; there is a ninth cup
at the far right of the bar. The cups are candle
holders. This lamp is a prototype for potential
mass production.*

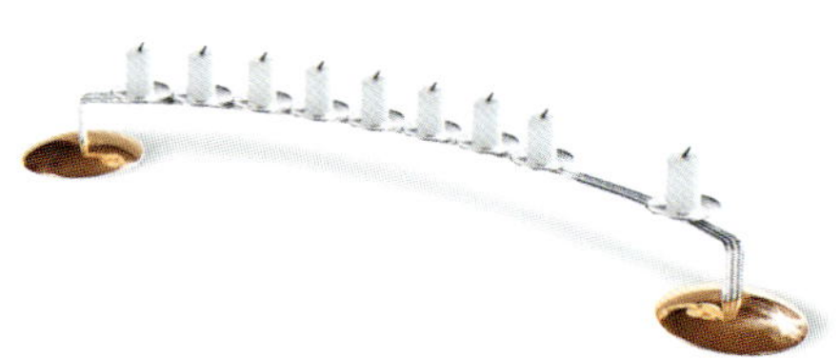

2

1993
EMANUELE LUZZATI

20 x 55 x 6 cm
Ceramica di Albisola
Ceramiche Il Tondo, Celle Ligure

L'opera è una lampada da muro costituita
da nove statuine portalumi in terracotta e smalti
policromi che rappresentano altrettanti rabbini
disposti frontalmente. Ciascuna figura segue
l'iconografia tipica riservata a queste figure: irsute,
con lunga tunica di color marrone chiaro, testo
della *Torah* bene aperto sul petto. Le otto statuine
sono disposte frontalmente sullo stesso piano, la
nona fra queste, lo *shammash*, è posta dopo le
prime quattro più in alto rispetto alle altre. All'intera
struttura fa da sfondo come appoggio, nella parete
posteriore, una lastra di ghisa a forma di
parallelepipedo.

20 x 55 x 6 cm
Ceramic pottery from Albisola
Ceramiche Il Tondo, Celle Ligure

*This wall lamp consists of nine terracotta and
polychrome enamel candle holders that
represent the front view of nine rabbis.
Each figure exhibits the typical iconography
of these characters: shaggy beard, long pale
brown tunic, the Torah held wide open on
their chests. The eight statuettes are lined up
on the same level. The ninth, the shamash,
is placed after the first four and is raised with
respect to the others. The back panel
is a parallelepiped sheet of cast iron, which
supports the entire structure.*

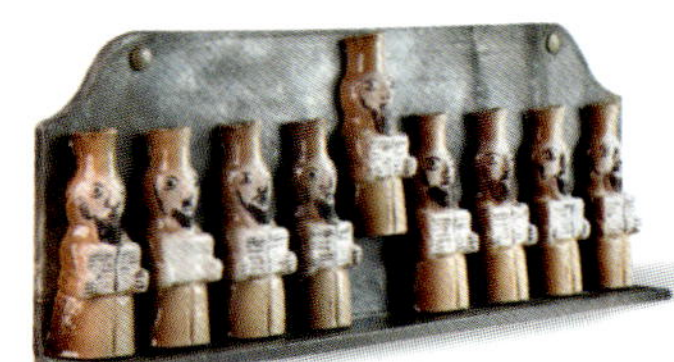

1996
ANTONIO RECALCATI

97 x 81 x 29 cm
Ceramica
Ceramica Gatti, Faenza

La lampada ha forma piramidale e raffigura un
albero dai contorni fortemente stilizzati. I quattro
rami si sviluppano dal basamento con misure e
distanze differenti. I rami sono concepiti come
braccia umane le cui estremità diventano mani
che trattengono il lume per l'accensione.
Lo *shammash* è al vertice, unico lume a essere
contenuto da due mani che si incontrano sulla
cima della piramide. Il fusto e i suoi prolungamenti
presentano una superficie viva e agitata, di una
forte colorazione blu smaltata che si attenua
diventando bianca nella zona delle mani.

97 x 81 x 29 cm
Ceramic pottery
Ceramica Gatti, Faenza

*This pyramid-shaped lamp depicts a highly
stylised tree. The four differently-sized and
differently-spaced branches extend from the
trunk. The branches are designed to resemble
human arms, with hands at the end to hold
the candles. The shamash is at the top and is
the only candle held in two hands, that join at
the tip of the pyramid. The trunk and its
extensions have a rough, uneven surface in a
bold enamelled blue colour gradually fading to
white towards the hands.*

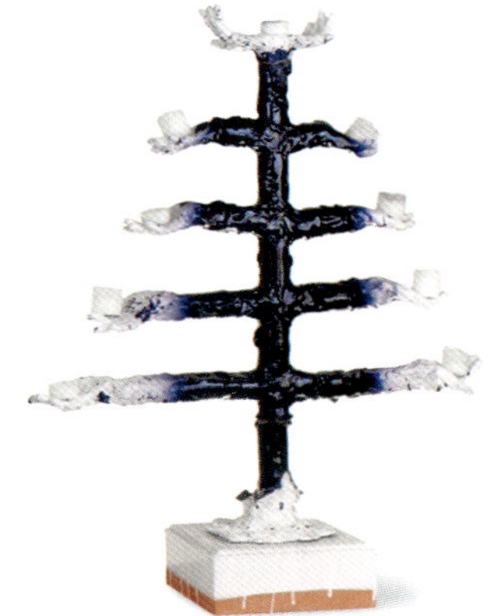

4

1996

ANTONIO RECALCATI

93 x 37 x 30 cm
Ceramica
Ceramica Gatti, Faenza

La lampada si sviluppa in senso verticale
attraverso una struttura formata da otto vasi
circolari in ceramica smaltata blu, ben appoggiati
l'uno sopra l'altro con andamento ondulato. A ogni
livello sporgono a destra e a sinistra, alternati, dei
triangoli dello stesso colore con il vertice rivolto
verso l'esterno, sui quali trovano posto i lumi. La
struttura termina con una lastra in ceramica bianca
ritagliata a Stella di David di colore bianco spruzzato
di blu come il basamento quadrangolare su cui
poggia tutta l'opera. I triangoli sono la base costituiva
della Stella di David. La visione dall'alto della scultura
è un'unica rappresentazione, dove la luce
si fonde con la forma della stessa.

93 x 37 x 30 cm
Ceramic pottery
Ceramica Gatti, Faenza

*This vertical lamp consists of eight round, blue
enamelled ceramic pots that are fixed firmly
together one on top of the other to form a
wave-like pattern. At each level, triangles in
the same colour project alternately to the right
and to the left, with their vertex outwards to
support the candles. The structure is topped
by a white ceramic plate, cut in the form of the
Star of David. This plate and the square base
that supports the entire work are both white
sprayed with blue. The triangles are the
elements that make up the Star of David. Seen
from above, it creates a single image, in which
the light blends into the structure.*

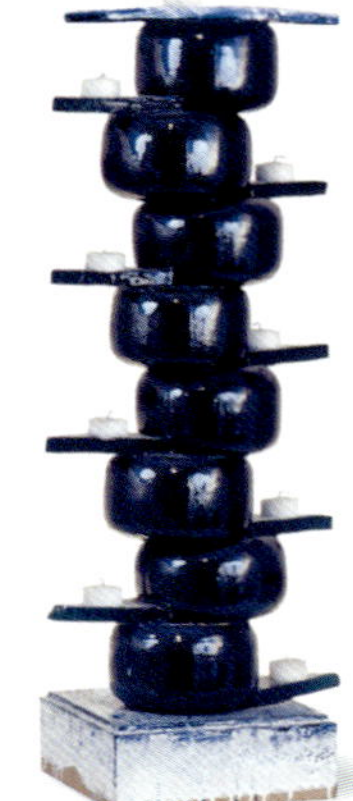

5

1996

ANTONIO RECALCATI

51 x 54 x 16 cm
Ceramica
Ceramica Gatti, Faenza

L'opera richiama nella forma le lampade
antiche di questo tipo datate XVII e XVIII secolo.
Il corpo principale, in ceramica blu, ha foggia
vagamente piramidale ed è formato da nove
figure tubolari dalla misura crescente dai lati verso
il centro, al vertice delle quali si collocano i nove
lumi per l'accensione. La misura più alta definisce
lo *shammash* in posizione centrale. La struttura
si appoggia su un basamento in ceramica blu
spruzzata di bianco che si apre dal basso
con un'orlatura irregolare contenente
le nove forme tubolari.

51 x 54 x 16 cm
Ceramic pottery
Ceramica Gatti, Faenza

*This work is reminiscent of the style of antique
lamps from the seventeenth and eighteenth
centuries. The blue ceramic main body is
vaguely pyramid-shaped and consists of nine
tubular elements, shorter at the sides and
growing taller towards the middle. The nine
candles are placed at the top of these. The
tallest element, at the centre, is the* shamash.
*The blue ceramic base is sprayed with white
and features an irregular border that opens
upwards and contains the nine tubular
elements.*

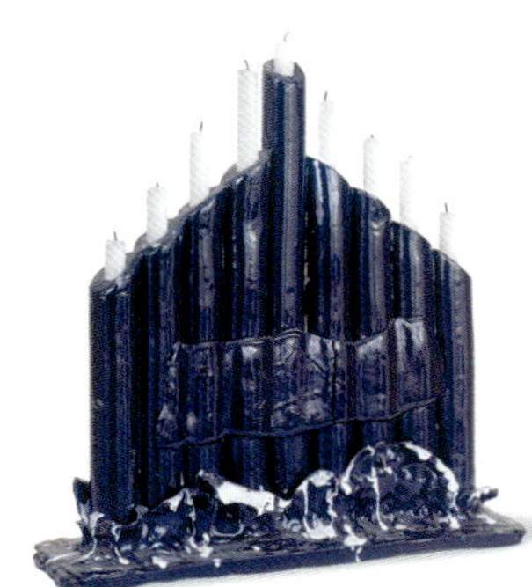

6

1996

MARIE BRANDOLINI

26 x 91,5 x 24 cm
Ferro, vetro spezzato e vetro soffiato

Il ferro di base, curvo a "S" , è un tubo da insufflature
di Murano; su di esso si alternano, in successione,
otto piccole bacchette in ferro nelle quali sono infilati
frammenti di vetro spezzato di varia e differente
dimensione, di colore blu e bianco; sulla sommità
sono poste otto coppette circolari in ferro che
sostengono i tradizionali lumi per l'accensione.
Collocato esattamente a metà degli otto, su un
basamento cilindrico in vetro blu, vi è il nono lume,
lo *shammash*, sorretto da una piccola sfera bianca
striata di blu in vetro soffiato di Murano, distanziato
dal basamento da due anelli mobili di diametro
differente in vetro blu e bianco.

26 x 91.5 x 24 cm
Iron, broken glass and blown glass

*The S-shaped iron base is a Murano glass-
blowing pipe. It bears eight small iron rods,
arranged in succession. Blue and white
fragments of broken glass in varying and
different sizes have been slotted onto these
rods. At the top of the rods there are eight
round iron candle holders. The ninth candle,
the* shamash, *is arranged exactly in the middle
of the other eight, on a tubular stand made of
blue glass. It is supported by a small ball in
white blown Murano glass streaked with blue,
which is separated from the base by two
mobile rings with different diameters made of
blue and white glass.*

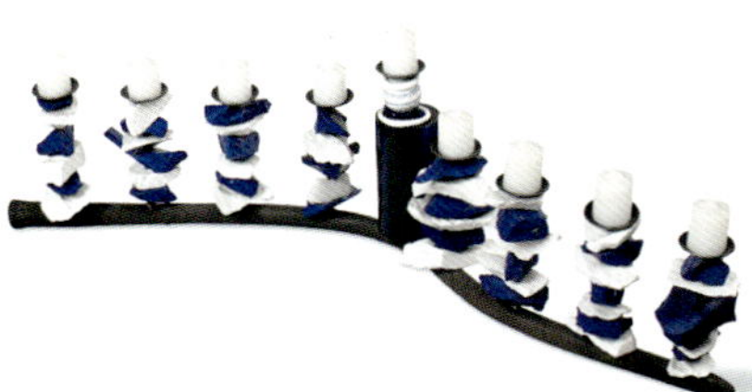

1997
ALDO MONDINO

86,5 x 97 x 47 cm
Ferro battuto, penne Bic, piatto di ceramica
e trottola in legno
Laboratorio Giovanni Tamburelli, Saluggia

La lampada, denominata *Jugend Stilo*, con un
gioco di parole tipico dell'artista, è costituita da
un'elegante struttura in stile Jugend, in ferro battuto,
con un andamento ondulato, sulla quale, partendo dal
basso, attraverso curve e rigonfiamenti che terminano
con volute decorative, sono collocate le coppette
portalumi. Sulla base circolare, sorretta da tre piccoli
piedi, poggia un variopinto piattino in ceramica,
mentre seguendo la struttura verso l'alto, sull'onda
costituitasi sul piano orizzontale, trovano posto
le otto coppette con i lumi. Da ciascuna coppetta
pendono verso il basso mazzi di penne Bic prive
di inchiostro (in totale sono 98). Le Bic sono
più numerose sul lato destro dell'opera
e sulla sommità in corrispondenza della
coppetta riservata allo *shammash*.

86.5 x 97 x 47 cm
Wrought iron, BIC ballpoint pens, ceramic
plate and wooden top
Laboratorio Giovanni Tamburelli, Saluggia

This lamp is called Jugend Stilo, reflecting the
artist's typical use of puns ("stilo" is Italian
for "stylus"). It consists of an elegant wavy
Jugend-style wrought iron structure. Starting
from the bottom, it features a series of curves
and bulges culminating in decorative swirls
that bear the candle holders. On the round
base, which has three small feet, there is a
multi-coloured ceramic plate. Moving
upwards, the horizontal wave supports the
eight candle holders. Bunches of empty BIC
ballpoint pens (98 in all) are suspended from
each candle holder. There are more pens
hanging from the right of the lamp and from
the top, where the shamash candle is placed.

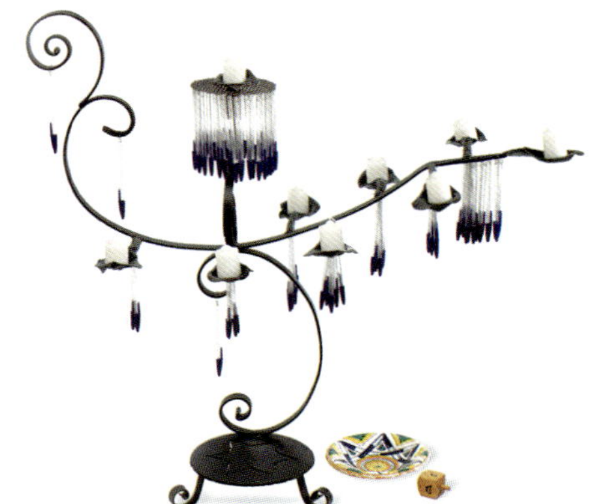

8

1997
ANTONIO RECALCATI

43 x 179 x 60 cm
Fusione in bronzo e marmo
Fusioni d'arte 3v di Walter Vaghi, Origgio

L'opera, in bronzo fuso, parte da un basamento
in marmo sul quale si innesta la struttura portante
costituita da una serie di nove fogli in bronzo che
raffigurano i biglietti piegati e inseriti nel Muro
del Pianto a Gerusalemme, giustapposti
e appoggiati verso l'esterno, sia a destra sia
a sinistra. Sulle lastre in bronzo sono poggiati
i lumi per l'accensione. La struttura finale risulta
bassa, con due grandi bracci molto sviluppati
nel senso della larghezza.

43 x 179 x 60 cm
Bronze casting and marble
Fusioni d'arte 3v di Walter Vaghi, Origgio

This work, in cast bronze, consists of a marble
base supporting the main structure. A series
of nine bronze sheets represent the folded notes
that are placed in the cracks in the Western
Wall in Jerusalem. The notes are arranged side
by side, facing outwards, to both the right and
the left. The candles are placed on the bronze
sheets. The finished result is a low structure
with two long, widely-extending branches.

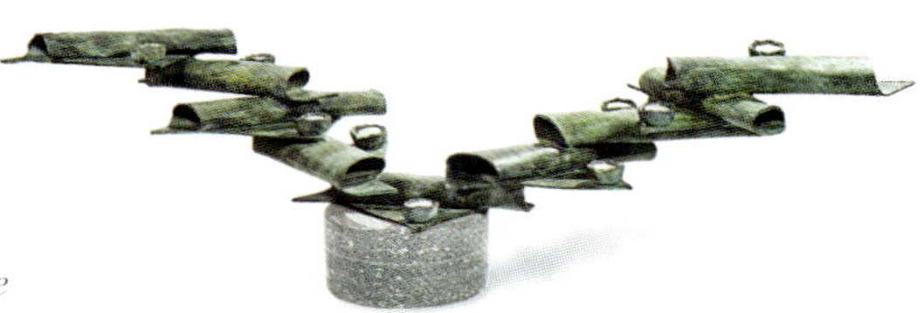

1997
ARMAN

64 x 48 x 21 cm
Fusione in ottone
Fusioni d'arte 3v di Walter Vaghi, Origgio

L'opera, in ottone, è costituita da quattro
violini sezionati nella parte centrale della cassa,
presentati frontalmente uno dietro l'altro:
il basamento è un altro corpo di violino coricato
in orizzontale. Le sezioni dello strumento musicale,
quattro per ogni parte, vedono sostituirsi al manico
con il ricciolo le tradizionali fiammelle della festa,
mentre proprio al centro della struttura, sull'unico
manico di violino presente, che fuoriesce
dalle casse aperte, si pone la fiamma
per il nono lume, lo *shammash*.

64 x 48 x 21 cm
Brass casting
Fusioni d'arte 3v di Walter Vaghi, Origgio

This brass lamp consists of four violins cut
open down the middle of the body. The violins
are seen from the front and arranged one
behind the other. The base is another violin
body that has been laid horizontally. Instead
of the neck and scroll, the sections of the
musical instrument, four on each side, have
the traditional Hanukkah candles. The only
violin neck that is present rises up from the
open bodies at the centre of the structure and
supports the ninth lamp, the shamash.

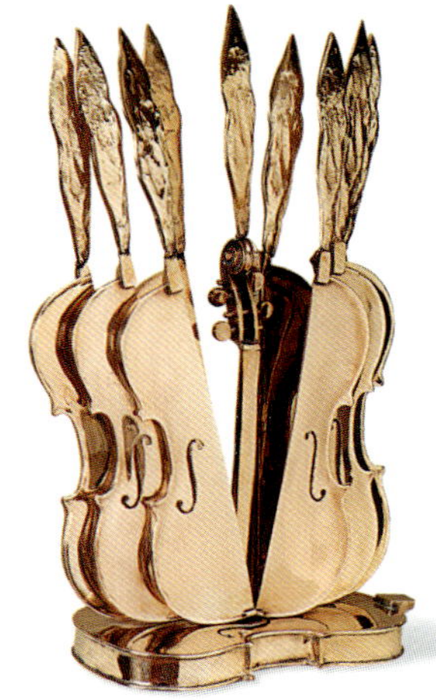

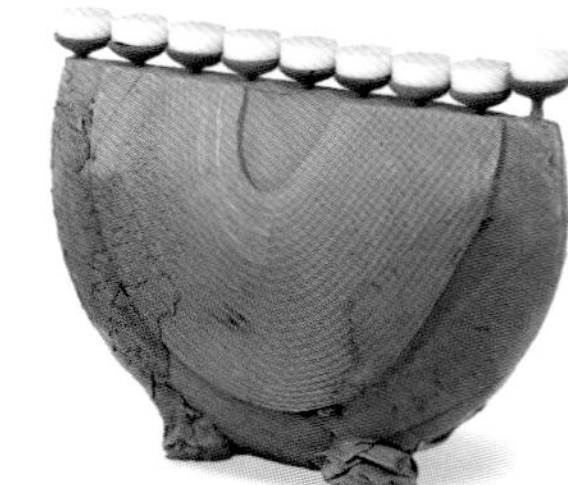

1997
GEORGES JEANCLOS

35,5 x 47 x 19 cm
Terracotta

La lampada ha una struttura molto
semplice e tradizionale. L'aspetto è massiccio,
la sua forma è semicircolare con la base d'appoggio
sul lato curvo. L'opera viene presentata frontalmente,
come una lastra in terracotta poco lavorata, la cui
superficie, in gran parte grezza, è attraversata
nella parte interna da sottili e fitte scanalature,
con iscrizioni in ebraico lungo la fascia destra più
laterale. Sul piano orizzontale, in alto, compaiono,
in successione, le nove coppette portalumi,
anch'esse in terracotta, dove è ben ravvisabile
lo *shammash*, dal supporto rialzato rispetto alle
altre. La particolare forma che assume l'oggetto
riconduce al momento della gestazione, alla forma
panciuta e materna del corpo femminile.

35.5 x 47 x 19 cm
Terracotta

*The structure of this lamp is extremely simple
and traditional. It has a sturdy appearance
and a semi-circular shape with the curved
part resting on the base. Seen from the front,
the lamp consists of a lightly worked slab of
terracotta. Much of the surface is rough, with
numerous thin grooves running along the
inside and inscriptions in Hebrew on the outer
right side. The nine candle holders, which are
also made of terracotta, are arranged on the
horizontal upper surface, where the* shamash
*is easily recognisable on its raised support.
The form of this work is reminiscent of
pregnancy, of the rounded and maternal shape
of the female body.*

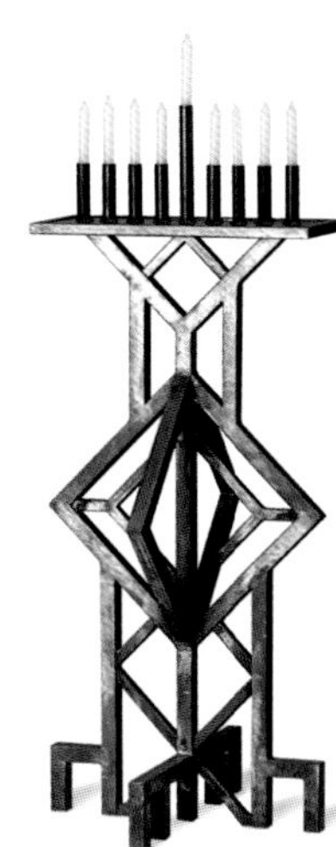

11

1997
GUY DE ROUGEMONT

125 x 51 x 50,5 cm
Acciaio verniciato

Nell'opera ha molta importanza la parte
inferiore, di supporto alla lampada vera e propria:
si tratta di una grande struttura in acciaio verniciato,
lavorata in altezza, dominata dall'incontro
e dall'intreccio delle barre metalliche. La struttura
evoca, nei movimenti, complessi giochi geometrici,
alla base dei quali si muove la figura del triangolo:
perfettamente concatenati nella parte bassa,
i triangoli divengono sporgenti nella zona centrale,
dove le quattro figure danno origine a una forma
romboidale. Più in alto, al termine dell'insieme,
un lato dell'ultimo triangolo diventa la base
d'appoggio per i nove portalumi tubolari
disposti frontalmente con lo *shammash*
in posizione centrale e rialzata.

125 x 51 x 50.5 cm
Painted steel

*The lower part, which supports the actual
lamp, is a major feature of this work: it
consists of a large, vertical, painted steel
structure, in which the metal bars meet and
interlace. In its design the structure evokes
complex geometrical games, based on the
triangle: these are perfectly linked at the
bottom, and then protrude in the central
portion, where the four figures form a
rhomboid shape. Further up, at the top of the
pedestal, one side of the last triangle forms the
support for the nine tubular candle holders,
arranged in a row, with the* shamash *in the
middle and higher than the others.*

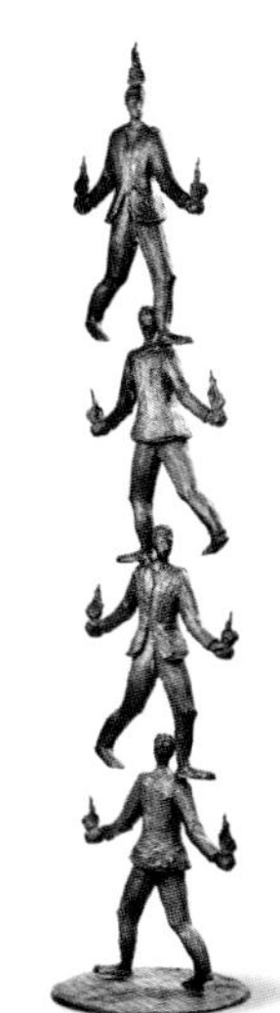

1997
ROBERTO BARNI

184 x 40 x 39 cm
Fusione in bronzo
Fusioni d'arte 3v di Walter Vaghi, Origgio

La lampada, realizzata in bronzo, è stata concepita
come la successione, dal basso verso l'alto, attraverso
una struttura verticale, di quattro personaggi maschili,
posti esattamente l'uno sopra l'altro e uniti mediante
la reciproca attaccatura della spalla con il piede
sovrastante. Ciascuna figura, posta come in bilico,
con braccia e gambe divaricate, regge fra le mani
le due fiammelle ardenti simbolo di *Chanukkah*,
la festa delle Luci. La fiammella dello *shammash*,
la nona, è collocata sulla sommità, sul capo
dell'ultimo personaggio in alto.

184 x 40 x 39 cm
Bronze casting
Fusioni d'arte 3v di Walter Vaghi, Origgio

*The lamp, made of bronze, is a vertical
structure representing four male characters
placed exactly one on top of the other and
joined at the shoulder to the foot of the
character above.
Each figure appears to be trying to keep its
balance, its arms and legs extended, and holds
the two burning candles that symbolise
Hanukkah, the Festival of Lights. The ninth
candle, the* shamash, *is placed at the top,
on the head of the highest figure.*

13

1997

ROLAND TOPOR

77 x 77,5 x 14 cm
Ferro trattato
Fusioni d'arte 3v di Walter Vaghi, Origgio

La lampada si presenta con la forma di due
grandi mani dalle dita ben distanziate che
hanno la particolarità di essere unite da un unico
pollice con funzione di *shammash*. Le nove dita
sulla sommità si allungano come fossero piccole
fiamme stilizzate e fanno da appoggio ai tradizionali
lumi per l'accensione. La firma dell'autore è incisa
in modo evidente sulla parte sinistra dell'opera.
Un basamento di forma rettangolare sorregge tutta
la struttura. La sintesi visiva tipica dell'invenzione
poetica di Topor è qui molto ben rappresentata.
La forma di più elementi (dita e mani)
diventa una sola.

77 x 77.5 x 14 cm
Processed iron
Fusioni d'arte 3v di Walter Vaghi, Origgio

*This lamp is in the shape of two big hands
with the fingers held wide apart, but which
are joined together by a single thumb that acts
as the* shamash. *The tips of the nine fingers
extend upwards like small stylised flames,
acting as supports for the traditional candles.
The artist's signature is engraved clearly on
the left of the work, which stands on a
rectangular base. This is an extremely good
example of the visual synthesis typical of
Topor's poetic invention. Several elements
(fingers and hands) become one.*

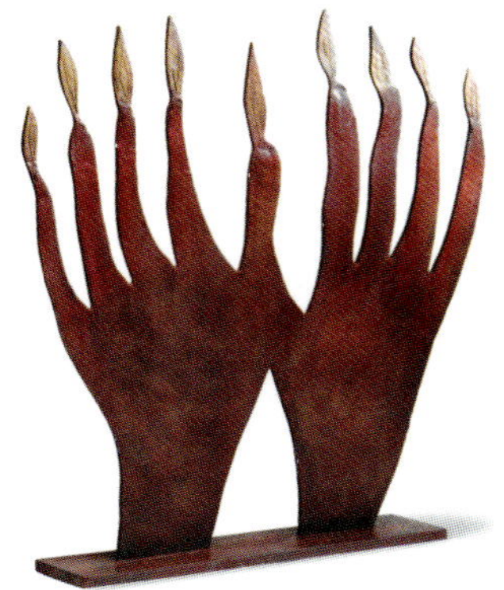

14

1997

SILVIO WOLF

66,5 x 75,5 cm
Stampa fotografica

L'opera di Silvio Wolf è una stampa fotografica
in cui un raggio di luce radente attraversa una
pagina del volume *La Sinagoga degli Argenti.
Arte e spiritualità a Casale Monferrato* a cura
di Claudia De Benedetti, illuminando la spiegazione
fornita alla voce "lampada di *Hanukkah*".

66,5 x 75.5 cm
Photograph

*In this photograph by Silvio Wolf a light beam
skims over a page in the book by Claudia De
Benedetti,* La Sinagoga degli Argenti. Arte e
spiritualità a Casale Monferrato, *illuminating
the explanation under the heading
"Hannukkah lamp".*

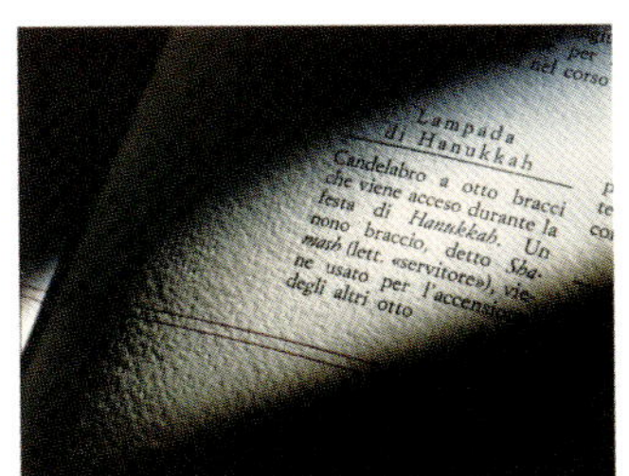

15

1998

GABRIELE LEVY

38,5 x 81 x 43 cm
Legno dipinto e vetro

Nell'opera le tradizionali coppette divengono
nove alte torrette tronco-coniche in legno dipinto
dorato, disposte a semicerchio a inquadrare la nona,
lo *shammash* (il servitore), più grande e più alta
collocata al centro e in posizione antistante
rispetto alle altre. La superficie di ciascun
portalume è interamente percorsa dalla doratura,
mentre sulla sommità sono interposte piccole parti
in vetro colorato: bianche e nere, verdi e azzurre.
I due piani d'appoggio per la struttura sono
entrambi in legno dipinto, il primo, più ristretto,
è adatto a contenere lo *shammash*; sul principale,
a foggia semicircolare, si innestano gli otto lumi
che abbracciano il nono. Sui basamenti
campeggiano scritte e disegni e si muovono
figure di animaletti fantastici. Tutto il lavoro
è un assemblaggio di *ready made*.

38.5 x 81 x 43 cm
Painted wood and glass

*In this work the traditional candle holders
assume the form of nine tall truncated cone-
shaped towers made of gold-plated painted
wood. They are arranged in a semi-circle to
form a frame around the ninth, the* shamash
*(servant light), which is bigger and taller and
stands in the centre, in front of the others.
The entire surface of each candle holder is gold-
plated, with small parts at the top in coloured
glass: black and white, green and blue.
There are two bases, both of which are made of
painted wood. The first, which is the narrower
of the two, is for the shamash; the main base is
semi-circular and supports the eight candles
that embrace the ninth. The bases are decorated
with words and drawings, which include figures
and imaginary animals in motion. The entire
structure is a ready-made assembly.*

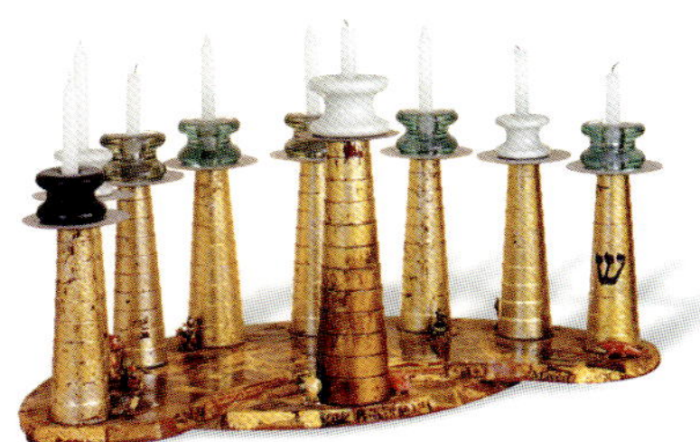

1998

LUCIO DEL PEZZO

44,5 x 77 x 17 cm
Legno dipinto

L'opera si presenta strutturata in due parti: la sezione anteriore è costituita da un supporto ligneo dipinto a forma di parallelepipedo sul quale si innestano le nove coppette portalumi e la parte più significante dell'opera, la sezione posteriore, dalla quale si innalza un triangolo all'interno del quale, tangente ai tre lati, è stato tracciato un cerchio dorato. I tre spicchi angolari ricavati da tale suddivisione sono stati a loro volta divisi a metà e dipinti utilizzando i colori dello spettro solare: arancio, rosso, verde, giallo, blu e azzurro. Lungo il basamento, di forma rettangolare, la posizione riservata allo *shammash* è ben ravvisabile: si trova infatti all'estrema destra della lastra, più indietro rispetto alle altre otto.

44.5 x 77 x 17 cm
Painted wood

This work is organised in two parts: the front, a parallelepiped support made of painted wood that bears the nine candle holders, and the back panel, which is the structure's main feature and consists of a triangle that rises up from the base and inside which is a gold-plated circle, tangential to the three sides. The three resulting angular segments are in turn divided in half and painted using the colours of the solar spectrum: red, orange, yellow, green, blue and indigo. The position of the shamash on the rectangular base is clearly recognisable on the far right and further back than the others.

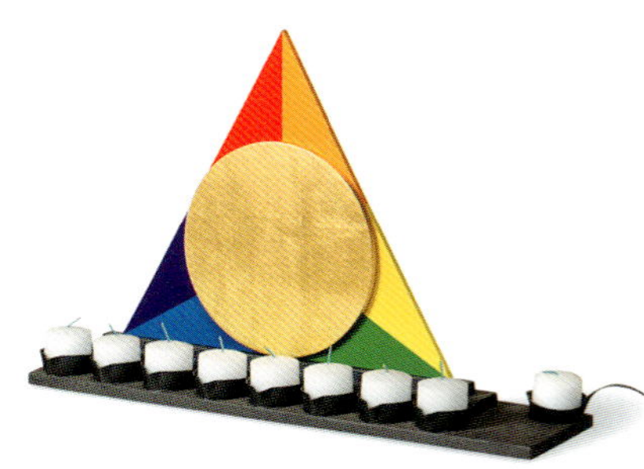

17

1998

MARCO PORTA

38,5 x 83 x 21,5 cm
Acciaio inox e specchi
Acquafer di Gianmario Albiati, Balzola

La struttura dell'opera è essenziale: un solo lume dalla base è collegato attraverso otto sottilissime sbarre in acciaio inox piegate e lavorate, a otto specchi rettangolari che si dispiegano alle spalle seguendo un andamento semicircolare; gli specchi sono ruotabili sull'asse centrale posteriore. L'unico lume a essere realmente presente nella struttura, lo *shammash*, si riflette, proiettandosi, negli otto specchi ai quali è collegato.

38.5 x 83 x 21.5 cm
Stainless steel and mirrors
Acquafer di Gianmario Albiati, Balzola

This work is based on a simple structure: a single candle standing on the base is joined by eight very thin shaped and machined stainless steel bars to eight rectangular mirrors at the back, which are arranged in a semi-circle. The mirrors can swivel about the rear central axis. There is actually only one candle, the shamash, whose light is reflected in the eight mirrors it is connected to.

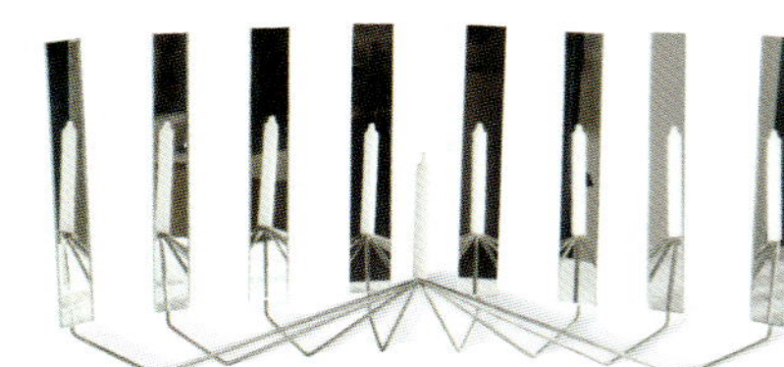

1998

SALVATORE GRECO

5 x 45,5 x 41 cm
Legno, tempera, elementi plastici

L'opera è concepita come una tavolozza da pittore; sul perimetro di una sottile lastra in legno scuro attraversata da leggere pennellate in tempera rossa, gialla e azzurra, sono posizionate otto candeline bianche con un supporto di tipo floreale; in corrispondenza di ogni lume, la tavolozza presenta pennellate più forti e corpose, a tinte più decise e differenti l'una dall'altra. Nella parte interna del supporto, mediante gancio di acciaio fissato alla struttura, è un pennello sul quale poggia il nono lume, lo *shammash*.

5 x 45.5 x 41 cm
Wood, tempera paint, plastic elements

The work is designed to resemble an artist's colour palette. The base consists of a thin sheet of dark wood on which a few light brushstrokes have been made in red, yellow and blue tempera paint. Round the edge there are eight white candles set in flower candle holders. Stronger, bigger brushstrokes have been made near each candle, using bolder colours, each different from the others. Towards the centre of the base is a brush, fixed to the structure by means of a steel hook, that bears the ninth candle, the shamash.

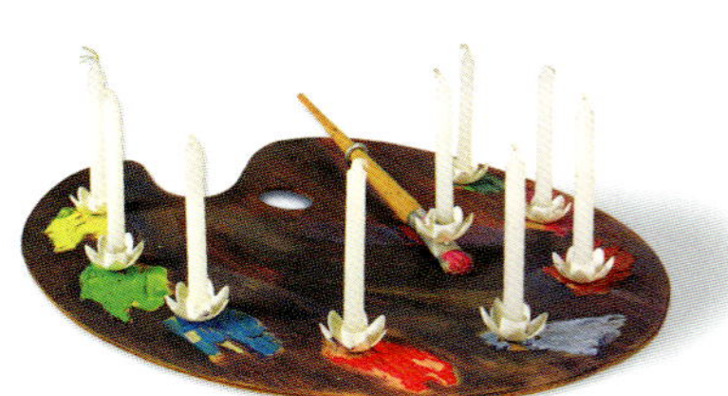

1999
ARMANDO RIVA

175 x 145 x 50 cm
Acciaio

Su una barra metallica orizzontale sono
collocati nove mestoli presentati frontalmente
e dotati ciascuno di un sottile manico in acciaio.
Il nono lume, lo *shammash*, è collocato lateralmente,
all'estremità destra dell'opera, su un più alto braccio
verticale. La barra è collegata a due montanti
verticali e a una base rettangolare sulla quale
poggia uno straccio bianco, atto a ricevere
la colatura della cera dei mestoli.

175 x 145 x 50 cm
Steel

*This lamp consists of a horizontal metal bar on
which there are nine ladles, seen from the front,
each with a thin steel handle. The ninth light,
the* shamash, *is on the far right, supported by a
taller vertical arm. The bar is connected to two
upright members and a rectangular base over
which a white cloth has been spread, to catch
the wax as it drips from the ladles.*

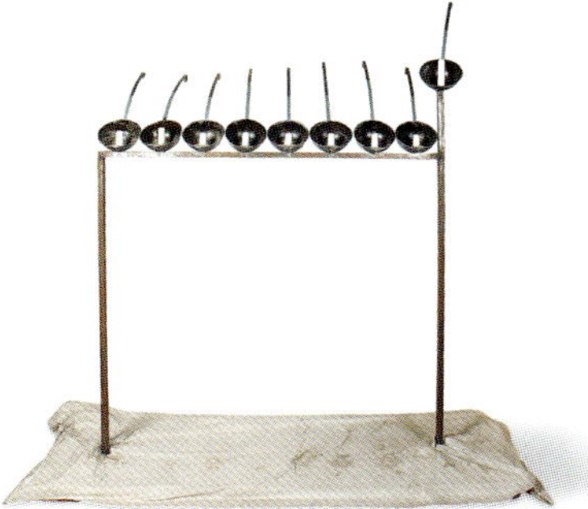

20

1999
JOHANAN VITTA

27 x 27 x 27 cm
Plexiglas, argento, rame e ottone

L'opera è costituita da un basamento
quadrangolare in rame sul quale sono collocati
frontalmente e in successione nove cubetti
incernierati e ruotabili. In questi supporti
si innestano nove cilindri in plexiglas, collocati
in verticale, di altezza variabile, dove il cilindro
centrale più alto simboleggia lo *shammash*.

27 x 27 x 27 cm
Plexiglas, silver, copper and brass

*This work consists of a four-sided copper base
along the front of which there are nine small
cubes The cubes are arranged in a row and
are pivotable and rotatable. Nine vertical
Plexiglas tubes are fixed to these supports.
The tubes vary in height and the tallest tube
in the centre symbolises the* shamash.

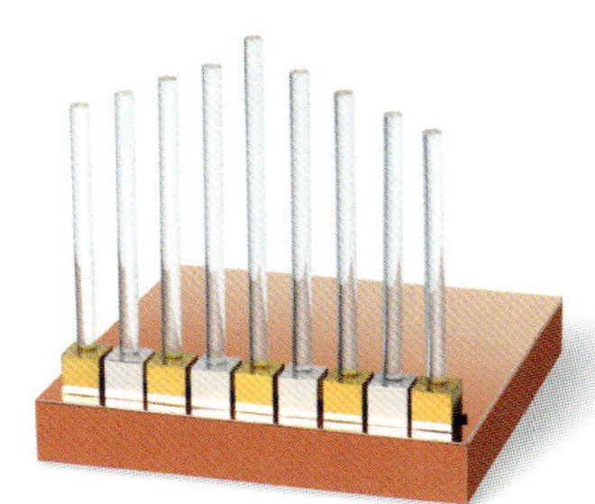

1999
MIMMO PALADINO

200 x Ø 51cm
Argilla gialla refrattaria, argilla marrone refrattaria,
lume maiolicato e finito a terzo fuoco
in oro zecchino
Ceramica Gatti, Faenza

L'opera si sviluppa attraverso una struttura
tronco-conica in ceramica, priva di basamento.
La superficie esterna prevede l'inserzione di nove
nicchie che ospitano i nove lumi a olio di ispirazione
primitiva; come elementi decorativi sono presenti
semplici disegni, incisioni con simboli e numeri
ebraici, che abbracciano tutta la struttura.
Procedendo dal basso verso l'alto, scandiscono
lo sviluppo in altezza le nove piccole aperture,
la più alta delle quali è trattata con ossidi metallici
di color oro e accoglie lo *shammash*.

200 x Ø 51 cm
*Yellow fireclay, brown fireclay, majolica lamp
with application of pure gold during
a third firing*
Ceramica Gatti, Faenza

*The work consists of a truncated cone-shaped
ceramic structure, open at the bottom. There
are nine niches in the outer wall, for the nine
primitive-style oil lamps. The surface is
decorated with simple drawings and engraved
with Hebrew symbols and numbers, which
embrace the whole structure. Working up from
the bottom, the nine small openings are
arranged at regular intervals for the entire
height of the structure. The uppermost niche is
glazed with gold-coloured metal oxides and
houses the* shamash.

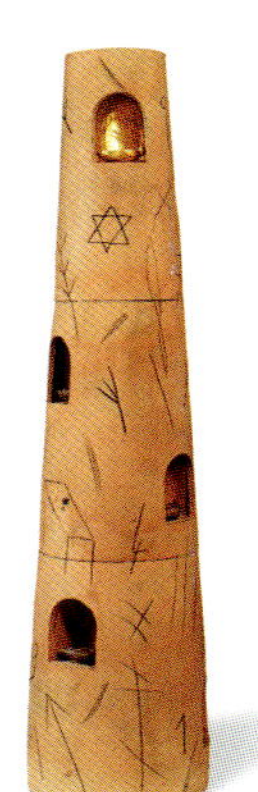

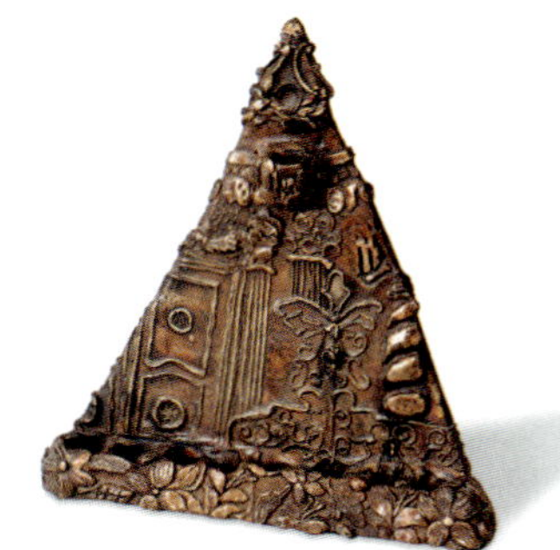

1999
KIMBERLEY GUNDLE

32 x 30 x 4,5 cm
Fusione in bronzo

L'opera, in fusione di bronzo, è di tipo
parietale e richiama nella forma i tipici bronzi
francesi del XV secolo. La struttura è triangolare,
il fronte è aggettante con elementi floreali
di contorno, e porta otto beccucci per l'accensione;
più in alto linee sottili disegnano un'elegante porta
inquadrata da colonne scanalate, ispirate all'*Arón
ha-Kodesh* (armadio sinagogale) del Tempio di
Casale Monferrato, mentre a lato si insinuano una
farfalla e altri elementi vegetali. Nel vertice si
incontrano nuovamente, a rilievo, fiori, petali sparsi,
foglie, a inquadrare il nono lume, lo *shammash*.

32 x 30 x 4.5 cm
Bronze casting

*This bronze casting is a wall-lamp in the
typical style of fifteenth-century French bronze
lamps. It has a triangular back panel and
a protruding front with floral decorations
around the edge and eight candle holders.
Higher up, a series of fine lines design an
elegant door framed by fluted columns,
inspired by the Aron HaKodesh (Torah Ark)
in the Synagogue in Casale Monferrato.
To the side a butterfly and other elements from
the plant kingdom are visible.
At the top more flowers, scattered petals and
leaves are engraved in relief and frame the
ninth candle, the* shamash.

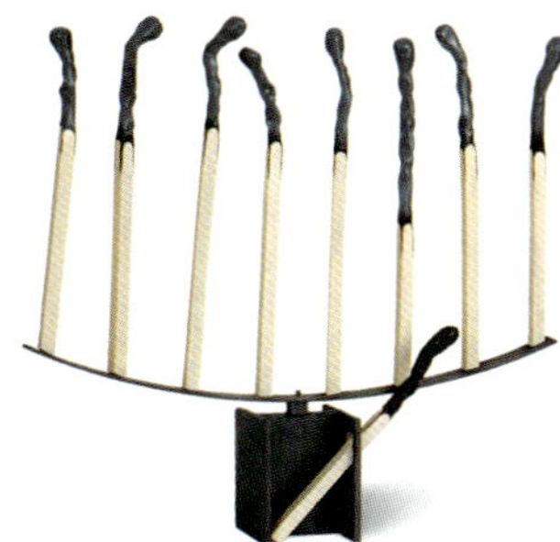

23

1999
STEFANO DELLA PORTA

71 x 75,5 x 14 cm
Ceramica e acciaio

Su una struttura di forma rettangolare si appoggia
una sottile lastra metallica leggermente ricurva;
su di essa sono collocati, verticalmente
e frontalmente, otto grandi fiammiferi in ceramica,
le cui estremità annerite e pendenti hanno superfici
mosse e agitate. Il nono fiammifero, lo *shammash*,
è inserito obliquamente nel supporto rettangolare
di base da cui fuoriesce per metà della lunghezza.

71 x 75.5 x 14 cm
Ceramic pottery and steel

*A rectangular base element supports a thin,
slightly curved metal sheet on which there are
eight big ceramic matches. The matches are
arranged vertically and facing the front.
Their tips are blackened and drooping and
have an uneven, rugged surface. The ninth
match, the* shamash, *has been inserted into
the rectangular stand at an angle, half of it
jutting out lengthwise.*

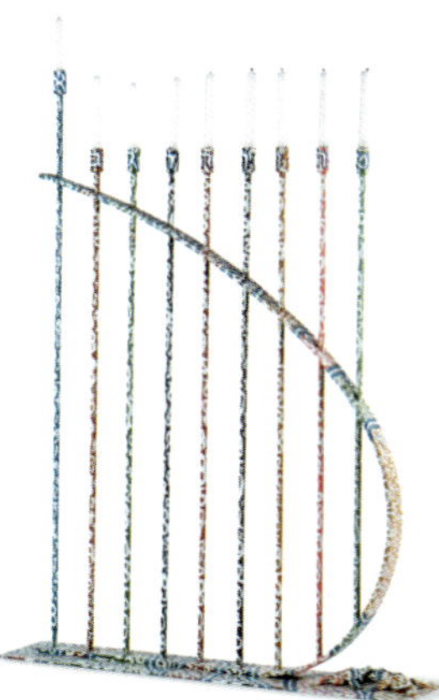

1999
TOBIA RAVÀ

77 x 61 x 12 cm
Ferro dipinto

La forma originaria dell'opera doveva essere
quella della lettera dell'alfabeto ebraico
corrispondente alla *mem* (pronuncia "m", valore
numerico 40), lettera che rappresenta il rivelato
e il nascosto: Mosè e il Messia. Nelle intenzioni
dell'artista, la *mem* ricorda il miracolo dell'ampolla
trovata dai Maccabei dopo la distruzione del Tempio
compiuta dagli Ellenisti. Nella versione finale è
rimasta parte della lettera; così, da una sottile lastra
in ferro dipinta, si innesta una barra ricurva che
segue il tracciato di una lettera "d" e incontra,
attraversandole, le nove barre verticali portalumi.
Sulla lastra di base, si trovano due rane, poste
in ricordo della seconda piaga; le rane hanno
infatti per tradizione paura dell'acqua e del fuoco.
L'ultima barra a sinistra simboleggia il nono lume,
lo *shammash*.

77 x 61 x 12 cm
Painted iron

*Originally this lamp was supposed to portray
the Hebrew letter* mem *(pronounced "m",
numerical value 40), which represents that
which is revealed and that which is hidden:
Moses and the Messiah. The intention of the
artist was to convey the idea that the letter*
mem *evokes the miracle of the oil that the
Maccabees found in the Temple after it had
been destroyed by the Greeks. Part of the letter
remains in this final version; a curved bar rises
up from a thin sheet of painted iron, tracing
the line of a letter "d", meeting and crossing
the nine vertical bars of the candle holders
along its path. The two frogs on the base
represent the second plague; frogs have an
instinctive fear of water and fire. The bar
furthest to the left symbolises the ninth candle,
the* shamash.

25

1999

URANO PALMA

34,5 x 67 x 23 cm
Fusione di alluminio

La lampada, costituita da un unico blocco
in fusione di alluminio, presenta una sottile lastra
di supporto sulla quale sono appoggiati gli otto lumi
per l'accensione. Dalla base, posteriormente rispetto
a essi, si inserisce una struttura semicircolare
a ventaglio, la cui superficie grezza presenta
increspature e fori dovuti al particolare processo
di fusione. Lungo il perimetro esterno, nella
parte destra, un piano orizzontale ospita
il nono lume, lo *shammash*.

34.5 x 67 x 23 cm
Aluminium casting

*This lamp, which consists of a single cast
aluminium block, features a thin base that
supports the eight candles. The back panel is
a semi-circular fan-shaped structure that
extends upwards from behind the base. It has
a rough surface, with cracks and holes that
were formed during the special casting
process. A horizontal portion on the right
outside edge of the back panel houses the
ninth candle, the* shamash.

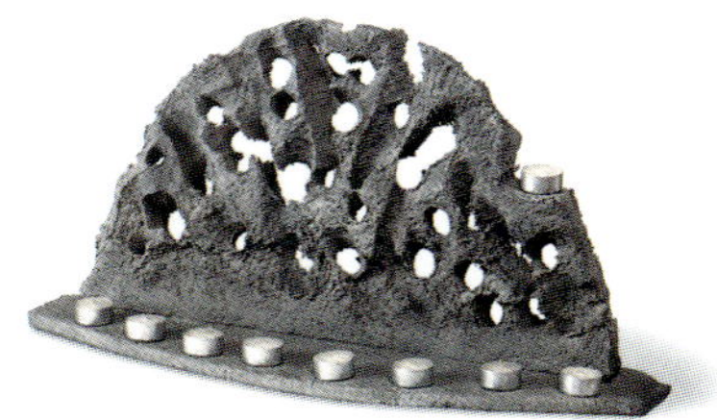

26

1999

VINCENT MAILLARD

27 x 60 x 10 cm
Terracotta

Su un sottile supporto di forma rettangolare
si inseriscono i nove lumi che poggiano su piccoli
parallelepipedi in terracotta collocati in verticale
e simboleggiano colonne di libri di altezza variabile.
La loro superficie presenta l'alternanza, a fasce
orizzontali, di parti più lisce a parti più lavorate,
per meglio ricreare i diversi spessori e le differenti
tipologie di rilegatura dei volumi. Sulla sommità
di ciascuna colonna, nel passaggio tra la struttura
rettangolare e la coppetta portalume, sono posti
ganci circolari anch'essi in terracotta, come elementi
puramente decorativi. Alla base
dei nove lumi, appoggiate a essi come
a sorreggerli, sono nove piccole figure, una
per elemento portante, rappresentate di spalle
e con le braccia tese. La colonna centrale
rappresenta lo *shammash*.

27 x 60 x 10 cm
Terracotta

*The nine candles are placed on small vertical
terracotta parallelepipeds arranged on a thin
rectangular base to symbolise stacks of books
of different heights. The surface of these
columns is decorated with an alternation of
smooth and more coarsely machined
horizontal bands, to give the impression of
books of different thicknesses and with
different bindings. There is a round terracotta
element between the rectangular structure and
the candle holder at the top of each column.
This is purely for decoration. At the base of the
nine candle holders, resting against them as if
to hold them up, are nine small figures, one for
each column. The figures are seen from the
back with their arms extended. The central
column is for the* shamash.

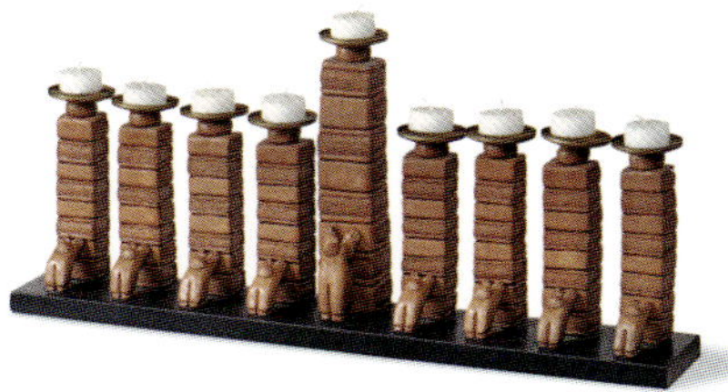

27

2000

ANGELO RAFFAELE ANTELMI

43,5 x 64 x 44 cm
Stoffa e materiali plastici inseriti mediante incollatura
chimica

Su un basamento semicircolare in stoffa
bianca con inserti dorati e orlatura viola, si estende
la struttura della lampada, un complesso candelabro
con sviluppo orizzontale; il braccio principale, isolato,
è posizionato al centro, frontalmente, e da esso
si dispiegano, seguendo un andamento
semicircolare, gli otto bracci per i restanti lumi.
I diversi bracci che si distaccano dal lume centrale,
lo *shammash*, presentano altezze differenti e dalla
loro sommità partono i lumi per l'accensione.
Tutta la struttura è rivestita da stoffe sgargianti
con colori accesi e vivaci; ogni ripartizione presenta
un rivestimento a tinte diverse e su di essa, come
elementi ornamentali, sono posizionati spille,
pietre dure e fiori ricamati.

43.5 x 64 x 44 cm
*Cloth and plastic materials applied using a
chemical gluing process*

*The semi-circular base is made of white fabric
with gold-coloured inserts and purple edging.
It supports the lamp, a complex candelabrum
extending horizontally. The main branch
stands apart from the others and is arranged
centrally, at the front. The eight arms for the
remaining candles branch off from the central
shamash, in a semi-circular pattern. They
differ in height and bear the candles. The
whole structure is covered in gaudy fabric in
vivid, bright colours. Each section of the lamp
is covered in a different colour material and all
are adorned with pins, semi-precious stones
and embroidered flowers.*

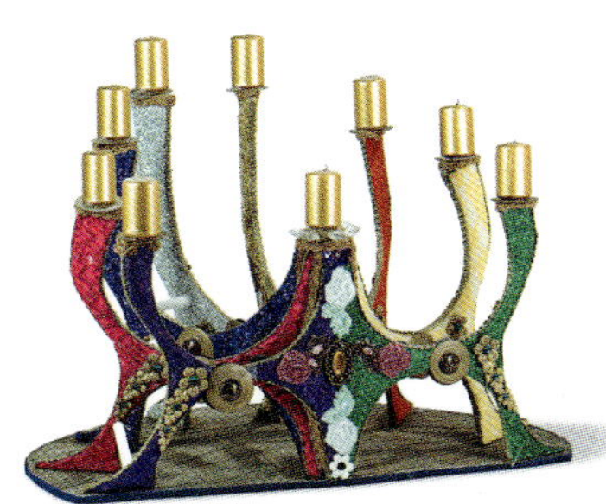

2000

ARIELA BÖHM

23,5 x 41 x 13,5 cm
Ceramica con ossidi metallici a specchio

L'opera è costituita da un blocco cavo in ceramica a foggia semicircolare, la cui superficie interna presenta una decorazione a intreccio, riempita nello spazio tra i vari riquadri da numeri e lettere ebraiche. All'interno del blocco sono appoggiati, seguendo l'andamento semicircolare della parete, gli otto lumi per l'accensione; il nono lume, lo *shammash*, è in posizione centrale e leggermente avanzato rispetto agli altri.

23.5 x 41 x 13.5 cm
Ceramic pottery with reflective metal oxides

This work consists of a hollow semi-circular ceramic block. The inside surface features a network design, with Hebrew letters and numbers in the gaps between the lines. The eight candles are arranged inside the block along the semi-circular path of the wall. The ninth candle, the shamash, is at the centre and slightly in front of the others.

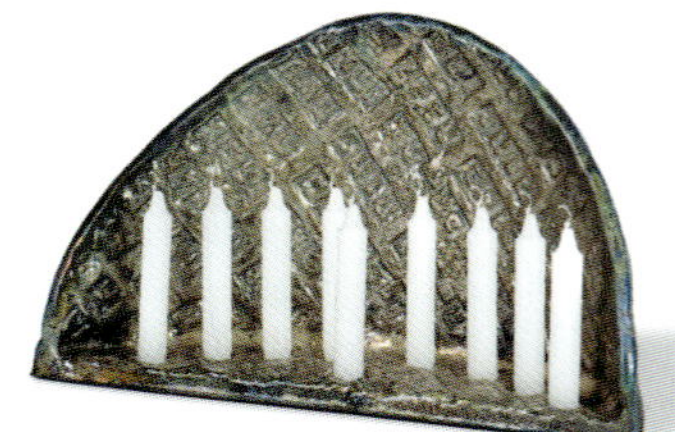

29

2000

ENRICO BARGERO

26 x 36 x 5 cm
Legno naturale e dipinto

L'opera si presenta come una destrutturazione dei comuni candelabri, ha foggia vagamente semicircolare, con il lato curvo appoggiato sul sottile basamento in legno naturale. Su di esso si sviluppa la struttura centrale e portante, in legno dipinto, caratterizzata da solchi e profonde incisioni che disegnano volute e piccoli cerchi partendo dai nove beccucci per i lumi collocati sulla sommità dell'opera; l'altezza dei portalumi varia procedendo dall'esterno verso l'interno; il nono lume, lo *shammash*, in posizione centrale, è ben ravvisabile perché più basso rispetto agli altri.

26 x 36 x 5 cm
Natural and painted wood

This work resembles a traditional candelabrum that has been taken apart. Vaguely semi-circular in shape, the curved portion rests on the thin, natural wood base. This supports the main, central structure, made of painted wood and featuring grooves and deep incisions that form swirls and small circles starting from the nine candle sockets at the top of the lamp. The candle holders are arranged at different heights, starting from the outside and becoming lower towards the middle. The ninth light, the shamash, is placed at the centre and is easily recognisable because it is the lowest.

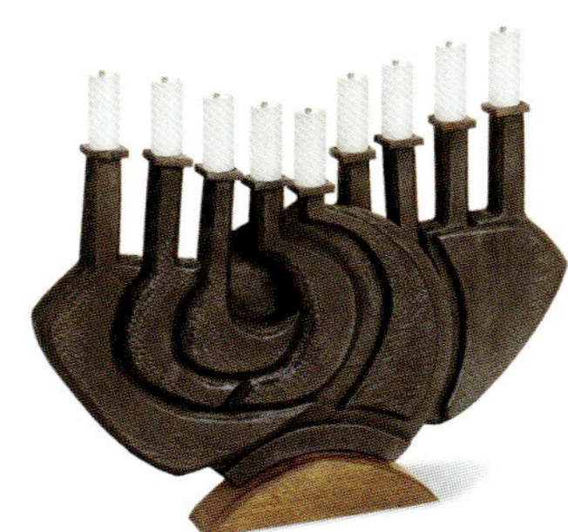

2000

EMANUELE LUZZATI

23,5 x 62 x 41 cm
Ceramica di Albisola
Ceramiche Il Tondo, Celle Ligure

In quest'opera i rabbini sono vasi, o vasi che divengono rabbini: le figure conterranno le candele o l'olio, a ricordare che in quanto maestri sono i contenitori del sapere, coloro che tramanderanno le tradizioni. Su un semplice piano trovano posto le nove figure in terracotta e smalti policromi, collocate in ordine sparso e abbigliate seguendo le più tipiche modalità di rappresentazione: ai volti irsuti, con leggere differenze fisionomiche, seguono le lunghe tuniche e i copricapi di colore nero, sui quali sono collocati i lumi per l'accensione; dalle spalle pendono i caratteristici *talled* (scialli da preghiera) bianchi a bande blu. Il ruolo del nono lume, lo *shammash*, viene qui simboleggiato dall'unico rabbino collocato in posizione antistante rispetto al gruppo.

23.5 x 62 x 41 cm
Ceramic pottery from Albisola
Ceramiche Il Tondo, Celle Ligure

In this work the rabbis are pots, or the pots are rabbis: these statuettes hold the candles or oil, symbolising the fact that, as teachers, they are vessels of knowledge, responsible for perpetuating our traditions. The nine terracotta figurines decorated in polychrome enamel are arranged at random on a base. They are clothed in the traditional costume: all have shaggy beards, although each has slightly different facial features, they are wearing long black tunics and hats, which are the candle or lamp holders, and the typical blue and white striped talled (prayer shawl). One rabbi stands slightly further forward than the rest and symbolises the ninth light, the shamash.

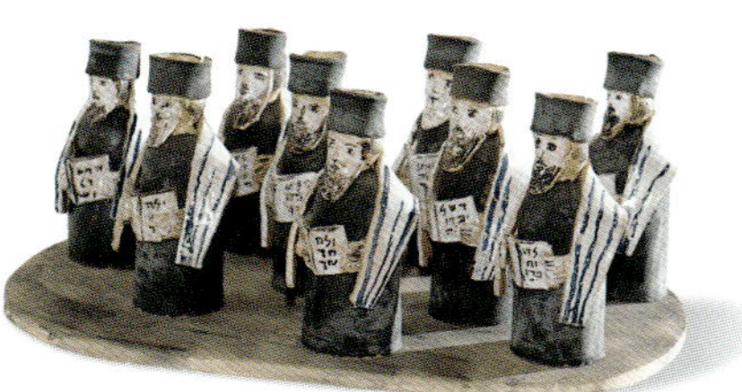

2000

EUGENIO CARMI

60 x 60 x 3,5 cm
Tecnica mista su legno e tessuto

L'opera parte da una struttura quadrangolare
in legno dipinto di colore blu, sulla quale si innesta
un riporto in stoffa a foggia quadrata, con motivi
romboidali a cromie quadrate, sul quale risaltano
le figure di nove fiammiferi disposti frontalmente
e costituiti da bastoncini di legno incollati al supporto
mediante la tecnica del collage. Il nono lume,
lo *shammash*, è ben ravvisabile poiché in posizione
centrale e di altezza superiore rispetto agli altri.
Le fiammelle accese sono rese attraverso
la presenza di batufoli di lana rossa, incollati
e passati con tempera di colore vermiglio,
sulla sommità dei bastoncini in legno.

60 x 60 x 3.5 cm
Mixed media on wood and fabric

*The work consists of a four-sided structure
made of blue painted wood. Attached to this is
a square cloth appliqué decorated with
rhomboids made of coloured squares against
which the shapes of nine matches stand out.
The matches are arranged in a row and
consist of sticks of wood glued to the support
using a collage technique. The ninth light,
the shamash, is clearly identifiable because
it is at the centre and taller than the others.
The flames are symbolised by balls of red
wool glued to the tip of each match and
painted brilliant red using tempera paint.*

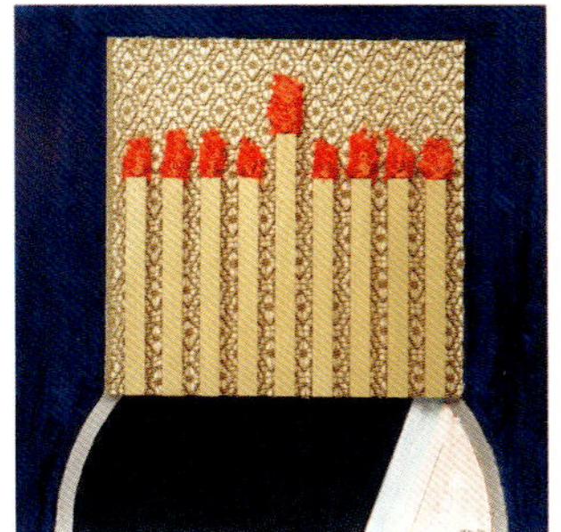

32

2001

CARLA CROSIO

17,5 x 100 x 10 cm
Carpenteria in ferro e portalumi in ottone

L'opera è realizzata con un profilo in carpenteria
di ferro al cui interno sono collocate in successione
nove lampadine. Ogni lampadina è dotata di una
catenella per l'accensione. Otto trovano posto
nella parte sinistra della barra, mentre la nona,
simboleggiante lo *shammash*, si trova
all'estremità destra.

17.5 x 100 x 10 cm
Iron structure and brass lamp holders

*This work consists of an iron structure in
which the nine bulbs are arranged in a row.
Each bulb has a small chain to switch it on.
Eight are on the left of the bar, while the ninth,
representing the shamash, is at the far right.*

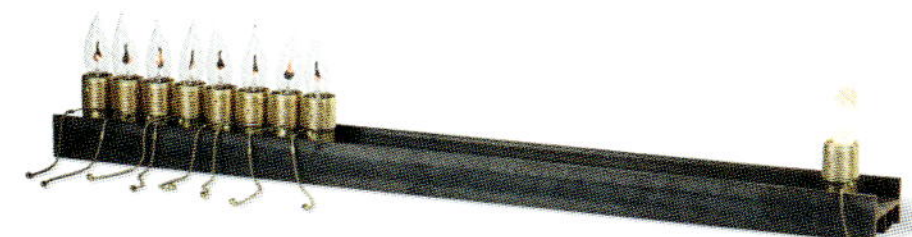

2001

FLAVIO COSTANTINI

35,7 x 19,1 cm
Tecnica mista su cartoncino

Nell'opera, un disegno su cartoncino
a tecnica mista, la lampada viene rappresentata
in una posizione molto rialzata rispetto al piano
d'appoggio dell'oggetto. Così, da un basamento
esagonale sul quale viene inscritta la Stella di David,
prende corpo la struttura del lume, concepito come
un'esile colonna dalle lievi scanalature, la cui base
presenta motivi decorativi di gusto classico.
Dalla sommità della colonna partono tutt'intorno
otto aste, che diventano nella parte terminale
coppette portalumi; il nono lume, lo *shammash*,
viene simboleggiato dall'asta che conclude
verticalmente la colonna: sul suo vertice
è sistemata la Stella di David.

35.7 x 19.1 cm
Mixed media on card

*In this work, a picture on card using mixed
media, the lamp appears high up with respect
to the surface on which the object stands.
The hexagonal base is inscribed with the Star
of David. The lamp is a thin column with
shallow fluting and classical-style decorations
around the base. Eight arms branch out from
around the top of the column and the ends of
these form the candle holders. The ninth light,
the shamash, is symbolised by the uppermost
vertical section of the column, with the Star
of David at the top.*

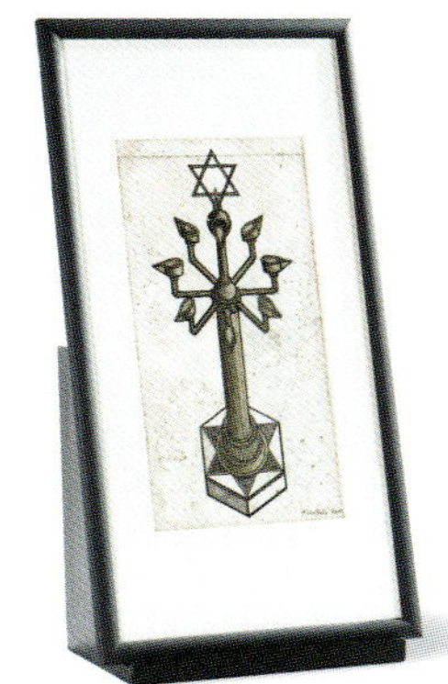

34

2001

LUIGI DEL MONTE

4,5 x 21,3 x 18,8 cm
Alluminio anodizzato

La lampada *Flat Arch* è un moderno oggetto
di design ma mantiene al tempo stesso
le caratteristiche della più rigorosa tradizione
ebraica. Realizzata in alluminio pieno anodizzato,
è prodotta in 18 colori e due diverse finiture.
È inserita sul *Design Store Catalog* del Museum
of Modern Art di New York e fa parte della
collezione dello Skirball Museum di Los Angeles.

4.5 x 21.3 x 18.8 cm
Anodised aluminium

The Flat Arch *lamp features a modern design
but satisfies all the requirements of Jewish
religious law. It is made of compact anodised
aluminium and produced in 18 colours with two
different finishes. It is included in the* Design
Store Catalogue *of the Museum of Modern Art in
New York and is part of the collection of the
Skirball Museum in Los Angeles.*

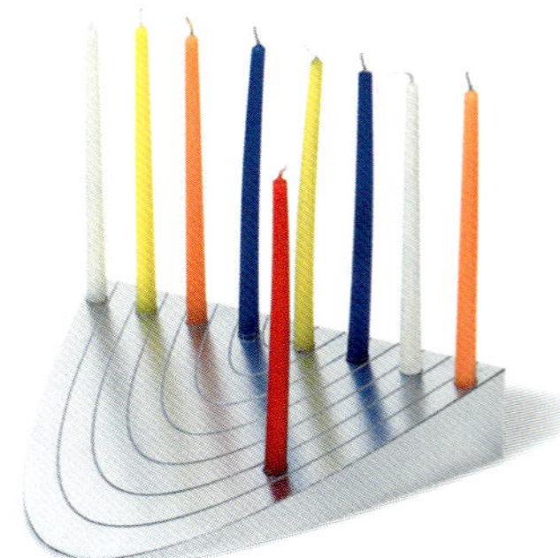

35

2001

MARCO LODOLA

97 x 210 x 35 cm
Metacrilati trasparenti e neon

L'opera è formata da un alto parallelepipedo
nero sulla cui sommità sono allineate otto mani
colorate e illuminabili al neon, presentate
frontalmente: esse stanno a simboleggiare
gli otto lumi della *chanukkiah*. Sulla superficie
dell'alto basamento rettangolare, in posizione
centrale, campeggia la nona mano, l'unica
di colore bianco, simbolo del nono lume,
lo *shammash*; a inquadrarla, due sagome
di colonne antiche stilizzate con figure di leoni.
L'opera è identica sia nella parte anteriore sia
in quella posteriore, ed è illuminabile attraverso
una serie di interruttori collocati nella sezione
laterale sinistra del basamento.

97 x 210 x 35 cm
Transparent methacrylate and neon lights

*The work consists of a tall black
parallelepiped on top of which there are eight
coloured hands. The hands, seen from the
front, are arranged in a row and can be lit up
by the neon light. They symbolise the eight
lights of the hanukkiah.
The ninth hand is attached to the middle of
the rectangular base. It is the only white hand
and symbolises the ninth light, the* shamash.
*It is framed by the outlines of two stylised
antique columns with figures of lions.
The front and back of the work are identical
and it can be illuminated using a series of
switches arranged to the left of the base.*

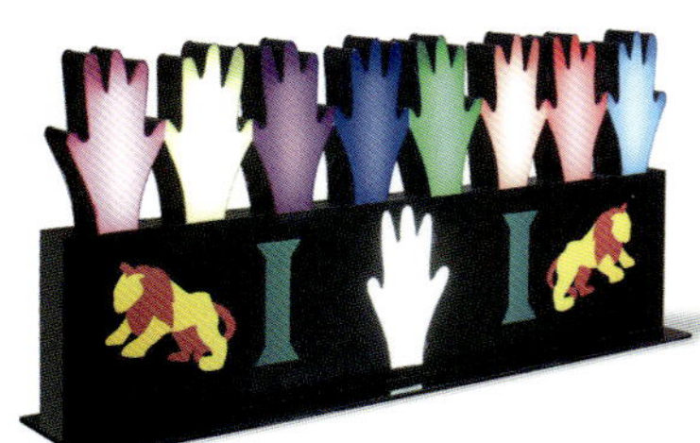

36

2001

UMBERTO MARIANI

64 x 40 x 34,5 cm
Aggregazione di materiali diversi e ampolla
di vetro

L'opera si struttura come un tronco poggiante
su un basamento ed è costituita da un'aggregazione
di materiali diversi con finitura superficiale
omogenea e di apparenza plumbea. Dall'elemento
centrale partono come ramificazioni otto aste
di lunghezza variabile, due per ogni versante,
al termine delle quali trovano posto le coppette
portalumi: soltanto il nono lume, lo *shammash*,
è collocato su uno dei bracci in basso, racchiuso
entro un'ampolla di vetro.

64 x 40 x 34.5 cm
*Aggregate of different materials
and glass phial*

*The work consists of a trunk standing on a
base and is made of an aggregate of different
materials which have then all undergone
the same finishing process to create a leaden
appearance. Eight arms of different lengths
branch out from the central element, two in
each direction. At the ends of these arms are
the candle holders. The ninth light,
the* shamash, *is placed on one of the branches
below, inside a glass phial.*

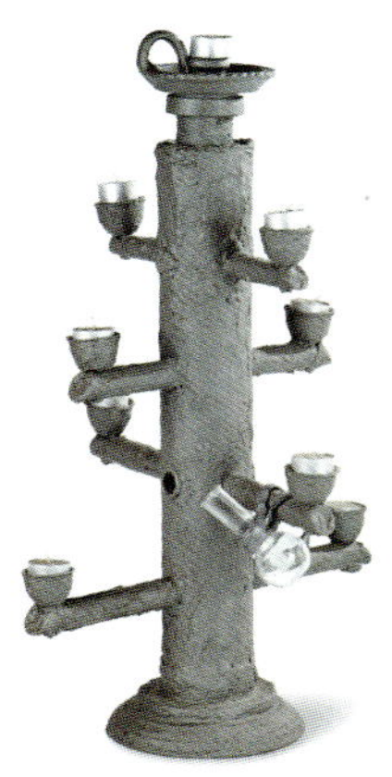

2001

VESNA LEVI BUJIC

34,5 x 61,5 x 4 cm
Altorilievo in carta pressata

Nell'opera, il trattamento della superficie
ad altorilievo su carta pressata conferisce un tratto
di particolare semplicità all'insieme: su un piano
rettangolare emerge, come figura sommersa da
un velo di sabbia dorata, una *menorah* (candelabro
a sette bracci) al centro presentato frontalmente,
il nono lume, lo *shammash*, compare isolato e senza
alcun tipo di supporto, nella parte destra della
composizione. Siglano l'insieme tre gocce blu
in vetro, l'una posta sopra lo *shammash*, le restanti,
appaiate, nella parte laterale sinistra dell'opera.

34.5 x 61.5 x 4 cm
High relief on pressed paper

*In this work the high-relief finish on the pressed
paper surface gives an overall impression of
simplicity. A menorah (seven-branched
candelabrum) appears against the rectangular
base like a figure covered by a veil of golden
sand. At the centre, facing the front, is the
ninth light, the* shamash, *which stands alone
without any form of support, at the right of the
composition. Three blue glass drops complete
the work, one above the* shamash, *the other
two together at the left-hand side of the work.*

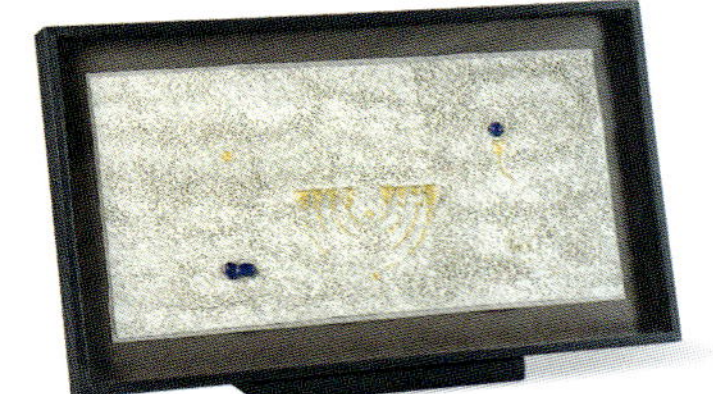

2001

ROBERT CARROLL

96 x 128 x 102 cm
Legno di ulivo, granito rosso veronese e ottone

Lampada formata da un piedistallo in granito
rosso veronese dai contorni irregolari che funge
da supporto a un tronco d'albero di ulivo, la cui base
sinuosa poggia, quasi radicandosi, sulla pietra; dalla
sommità del tronco si dipartono otto bracci in legno
d'ulivo ognuno dei quali è destinato ad accogliere
un lume. Il nono lume, lo *shammash*, è rappresentato
da un fascio di cilindri in ottone posti al centro,
nel punto in cui si diramano i bracci lignei.

96 x 128 x 102 cm
Olive wood, red Verona granite and brass

*The lamp consists of a pedestal in red Verona
granite with uneven edges that supports a
trunk made of olive wood. The sinuous base
of the trunk rests on the stone, almost taking
root in it. Eight branches made of olive wood
extend outwards from the top of the trunk,
each designed to hold a light. The ninth light,
the* shamash, *is represented by a band made
of brass tubes placed centrally, at the point
from where the wooden arms branch out.*

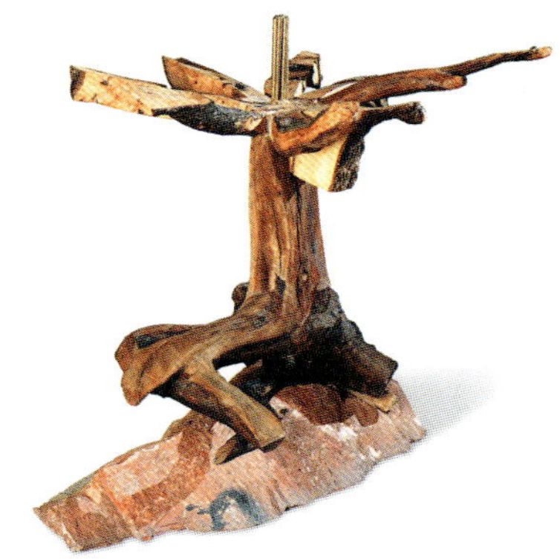

2002

ADAM TIHANY

5,5 x 24 x 5,8 cm
Lega christofle, colata e rifinita
Laboratorio Christofle, Yainville

L'opera ha una caratteristica struttura a scafo
di barca; lungo uno dei due bordi obliqui dell'oggetto
sono posizionate le otto candele colorate per
l'accensione, mentre il nono lume, lo *shammash*,
viene simboleggiato dall'unica candela color rosso
collocata a poppa dello scafo, distanziata dalle altre
e più alta.

5.5 x 24 x 5.8 cm
Christofle alloy, cast and surface-finished
Ateliers Christofle, Yainville

*This lamp features a distinctive hull-shaped
design. The eight coloured candles are
arranged along one of the two oblique edges
of the structure. The ninth light, the* shamash,
*is symbolised by the only red candle, which is
placed at the stern of the hull, at a distance
from and taller than the others.*

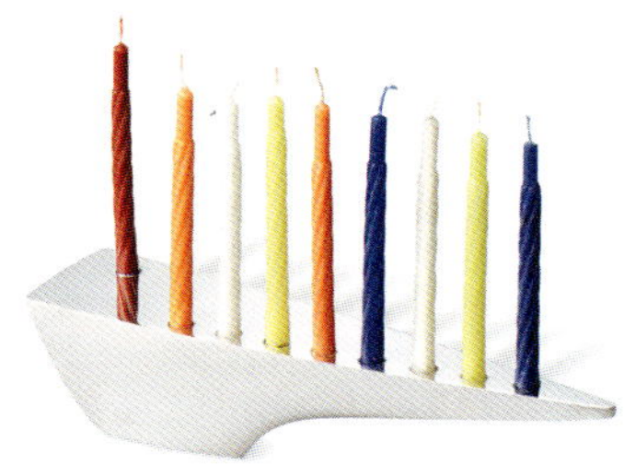

40

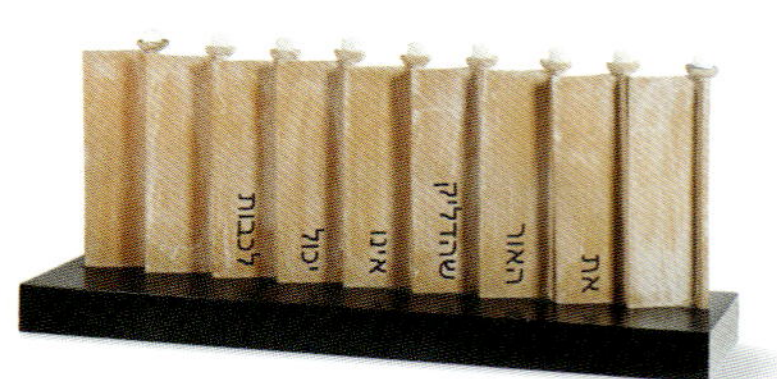

2002

EMILIO ISGRÒ

41 x 106 x 25 cm
Argilla rossa, pittura nera e smalto blu
Ceramica Gatti, Faenza

L'opera è costituita da un basamento sul quale
poggiano nove piccole lastre in argilla rossa,
disposte verticalmente e affiancate. I fronti anteriore
e posteriore delle nove lastre simboleggiano
le pagine di un libro e presentano diverse iscrizioni
in ebraico da un lato e in italiano dall'altro,
a caratteri neri, che si dispiegano verticalmente
diversificandosi da una sezione all'altra.
Sulla sommità della struttura l'opera prevede
il posizionamento in successione delle nove
coppette portalumi, otto delle quali in semplice
terracotta, mentre lo *shammash*, in posizione
laterale destra, ha una caratteristica colorazione blu.

41 x 106 x 25 cm
Red clay, black paint and blue enamel
Ceramica Gatti, Faenza

The work consists of a base on which nine
small sheets of red clay are arranged vertically
and side by side. The front and rear faces of
the nine sheets symbolise the pages of a book
and feature various inscriptions written
in Hebrew on one side and in Italian on the
other. The black lettering is arranged
vertically and differs from one section to the
next. The nine candle holders are arranged
at the top of the structure. Eight of these are in
plain terracotta while the shamash, the light
furthest to the right, is painted blue.

41

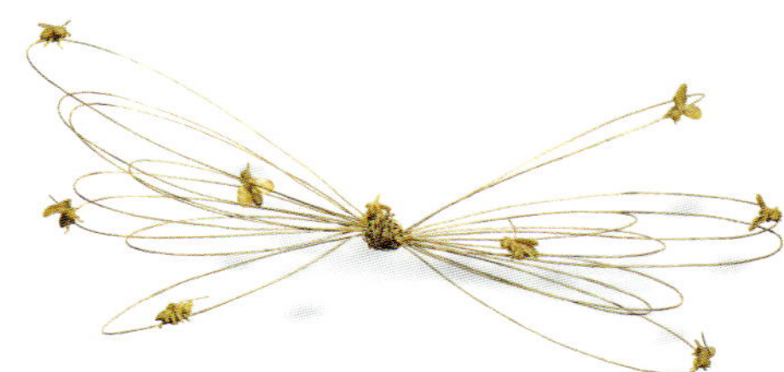

2002

JESSICA R. CARROLL

24 x 50 x 13 cm
Filo di ferro dorato a mano e cera

Compone l'opera un sottile filo di ferro dorato
a mano che, calato dall'alto, si moltiplica a un livello
più basso in una serie di cerchi concentrici fissati
e fermati nella parte centrale da fili pressati.
Collocate sulle varie traiettorie dorate sono
nove piccole figure di api in cera, che richiamano
con la loro presenza il numero dei lumi della
chanukkiah. La caratteristica forma "a otto"
che la struttura nel suo insieme viene ad avere,
è inoltre ispirata alla danza dell'addome,
attraverso la quale le api richiamano le compagne
alla ricerca del polline.

24 x 50 x 13 cm
Wire gold-plated by hand and wax

The structure is made from a thin wire that
has been gold-plated by hand. The wire,
lowered from above, reproduces itself at a
lower level to form a sequence of concentric
circles held together at the centre using
pressed wires. Nine small wax bees, arranged
on the various gold-plated trajectories,
represent the number of lights on the
hanukkiah. The distinctive number 8 shape
of the structure is also inspired by the pollen
dance that bees perform to attract their
companions in search of pollen.

42

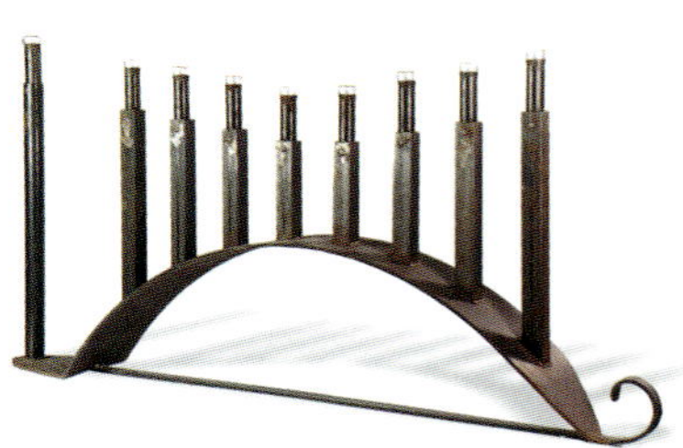

2002

RENATA BOERO

72,5 x 151 x 21 cm
Ferro lavorato e trattato con ossidatura naturale

L'opera si presenta come una barra in ferro
ricurva, tangente al terreno nelle due estremità
e attraversata in lunghezza da una seconda
asta in ferro, più piccola della precedente,
e completamente appoggiata a terra. Dalla
superficie ricurva della barra principale partono
nove piccole aste, anch'esse in ferro, di altezza
differente e munite di rinforzi nella parte mediana;
sulla loro sommità sono posti i lumi per l'accensione.
Nella composizione, il nono lume,
lo *shammash*, viene simbolicamente collocato
all'estrema sinistra dell'opera e appoggiato
mediante una piastra in ferro triangolare,
prolungamento della barra principale.

72.5 x 151 x 21 cm
Machined and naturally oxidised iron

The work features a curved iron bar, tangent
to the floor at either end with a second iron
bar, smaller than the first and resting entirely
on the floor, which runs its entire length.
Nine small posts, which are also made of iron,
are arranged on the main curved surface.
They differ in height and are reinforced
around the middle. The candles are placed
at the top of these. In this structure, the ninth
light, the shamash, is symbolically placed
at the far left and stands on a triangular iron
plate that is an extension of the main bar.

2002

SILLA FERRADINI

43 x 77 x 51 cm
Ferro trattato

L'opera parte da un piatto basamento circolare
sul quale si innesta la struttura significante: due
barre in ferro di forma semicircolare appaiono
disposte l'una di fronte all'altra, ma su piani
leggermente differenti. Sulla barra semicurva
di fondo, più alta e più lunga, sono collocate
in verticale otto lastre in ferro, piccoli fogli sui
quali sono incise parole e scritte in un alfabeto
inesistente, evocativo delle antiche scritture in lingua
semitica. All'interno di questa barra, un'altra, più
piccola, serve da appoggio al nono lume,
lo *shammash*, mentre sull'asta più esterna
trovano posto le otto coppette portalumi,
in successione lungo l'andamento
semicircolare e fermate all'asta
di supporto mediante avvitamento.

43 x 77 x 51 cm
Processed iron

This work consists of a flat round base that
supports the main structure: two semi-circular
iron bars arranged opposite each other but on
slightly different levels. Placed along the semi-
circular bar at the back, which is taller and
longer, there are eight vertical iron sheets that
represent small pages inscribed with words
written in the letters of an imaginary alphabet
reminiscent of ancient Semitic texts. Inside this
bar is another smaller bar that holds the ninth
light, the shamash. *The eight lamp holders are*
screwed to the outermost semi-circular bar,
along which they are arranged in a row.

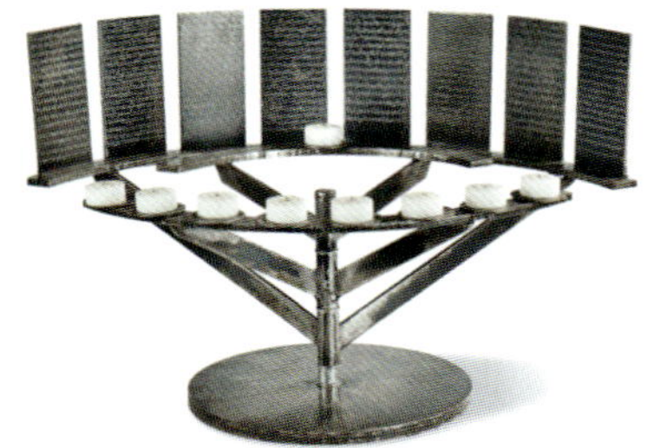

2003

CAMILLO FRANCIA

45 x 49,5 x 21 cm
Terracotta smaltata e lastra in ferro ossidata
Laboratorio Terra e Fuoco di Roggero, Ottiglio

L'opera è costituita da una struttura
in terracotta smaltata la cui superficie mossa
e lavorata presenta fenditure, squarci, accenni
di decorazione floreale, grovigli e finti rattoppi.
Nella parte alta del cono, parallelamente al piano
di appoggio, si inserisce, attraversandola, una lastra
in ferro ossidata; su di essa appaiono le nove
coppette portalumi: lo *shammash* si trova isolato
all'estremità sinistra della barra. Per l'artista
la materia è governata da segni che si snodano nei
tracciati di paesaggi antropomorfi, contrassegnati
da una potente energia espressa dai colori rosso
e nero. L'intensità delle varie cromie esclude
i mezzi toni, i colori incerti.

45 x 49.5 x 21 cm
Enamelled terracotta and oxidised iron sheet
Laboratorio Terra e Fuoco di Roggero, Ottiglio

The work consists of an enamelled terracotta
structure. The uneven, machined surface
features fissures, tears, hints of floral designs,
knots and fake patches. A sheet of oxidised
iron, parallel to the base, enters the upper
part of the cone and passes through it; this
sheet supports the nine candle holders.
The shamash *stands separately, at the left of*
the bar. For the artist, matter is governed by
signs that wind their way through the lines of
anthropomorphous landscapes, characterised
by a powerful energy expressed through red
and black. The strength of the various colours
excludes all half tones and indistinct colours.

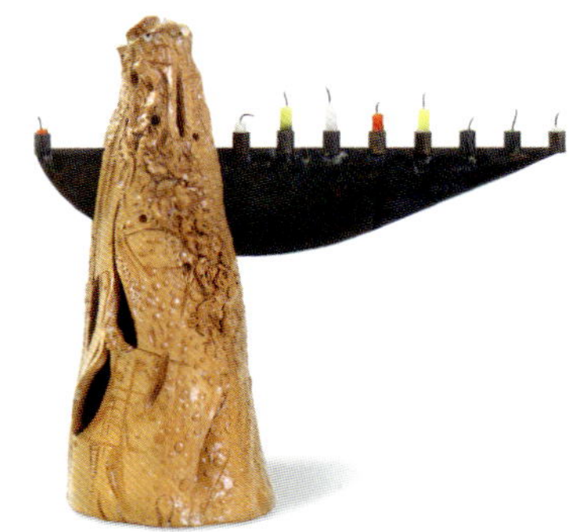

2003

CAMILLO FRANCIA

28 x 50 x 25 cm
Terracotta smaltata e vergella in ferro curvata
Laboratorio Terra e Fuoco di Roggero, Ottiglio

L'opera parte da un sottile basamento nero sul
quale si inserisce la struttura portante in terracotta
smaltata di rosso, di foggia vagamente trapezoidale,
la cui superficie mossa e agitata presenta incisioni,
segni, graffi e accenni di decorazione. Nella parte
superiore del blocco una vergella in ferro curvata,
dotata di nove coppette portalumi per l'accensione,
percorre per intero tutta la lunghezza dell'opera.
Lo *shammash* è collocato all'estremità sinistra
della vergella, in posizione isolata.

28 x 50 x 25 cm
Enamelled terracotta and curved iron rod
Laboratorio Terra e Fuoco di Roggero, Ottiglio

The thin black base supports the main
structure made of red enamelled terracotta.
It is vaguely trapezoidal in shape and has a
rough, uneven surface featuring incisions,
signs, scratches and hints of decoration.
At the top of the block a curved iron rod
supports the nine candle holders and extends
along the entire length of the work.
The shamash *stands separately at the far left*
of the rod.

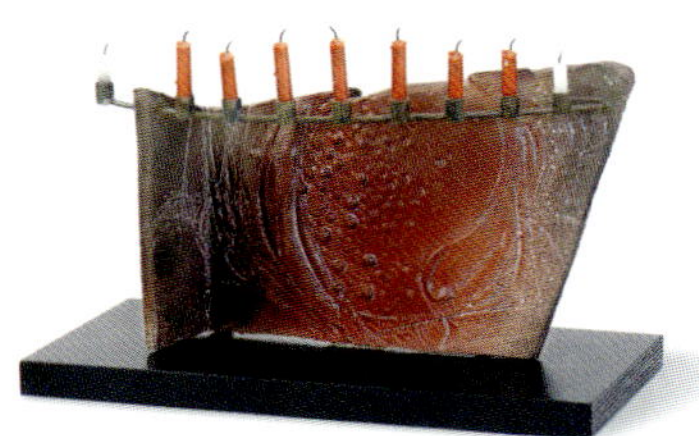

2003

GIOSETTA FIORONI

90,5 x 80 x 24 cm
Ceramica e ferro trafilato curvato
Ceramica Gatti, Faenza

L'opera è costituita da un candelabro semplice
a otto bracci in ferro trafilato e curvato che richiama
nella forma le tipiche *menorah*. Il nono lume,
lo *shammash*, ricavato dall'asta centrale di sostegno
della struttura, è dotato sulla sommità di una
coppetta portalume più alta rispetto alle otto laterali;
la superficie in ferro è inoltre rivestita da un motivo
decorativo avvolgente. Alla base la lampada presenta
un rivestimento conico in ceramica bianca su fondo
marrone, dotato di finta apertura sul fronte anteriore.

90.5 x 80 x 24 cm
Ceramic pottery and curved drawn iron
Ceramica Gatti, Faenza

The work consists of a plain eight-branched
candelabrum made of iron that has been
curved and drawn so that it has the shape
of the traditional menorah. *The main central*
shaft supports the ninth light, the shamash.
It is taller than the other eight lateral
branches. The iron surface is also decorated
with an encircling design. The cone-shaped
brown ceramic pedestal is decorated in white
and has a fake opening on the front.

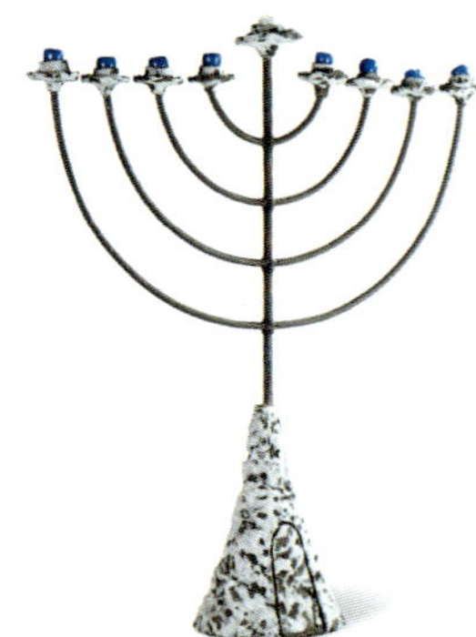

2003

GIOVANNI TAMBURELLI

89,5 x 67,5 x 35,5 cm
Ferro battuto
Laboratorio Giovanni Tamburelli, Saluggia

Su una sottile asta in ferro battuto prende corpo
la forma di un pesce che si muove sul supporto con
il manto verde che diventa sostegno per le otto
coppette portalumi. Il nono lume, lo *shammash*,
occupa la coppetta più alta, collocata in prossimità
della testa dell'animale. Nella produzione dell'artista,
la rappresentazione dei pesci è una costante;
d'altra parte il pesce, simbolo delle acque e della
fecondità, nonché della saggezza, è associato
alla nascita e alla ciclicità del tempo.

89.5 x 67.5 x 35.5 cm
Wrought iron
Laboratorio Giovanni Tamburelli, Saluggia

A thin wrought iron pedestal supports a fish
that is portrayed as if it were moving on the
shaft, with its green skin supporting the eight
candle holders. The highest candle holder,
next to the fish's head, holds the ninth light,
the shamash. *Fishes feature in many of the*
artist's works. They symbolise water, fertility
and wisdom and are also associated with birth
and the cyclic nature of time.

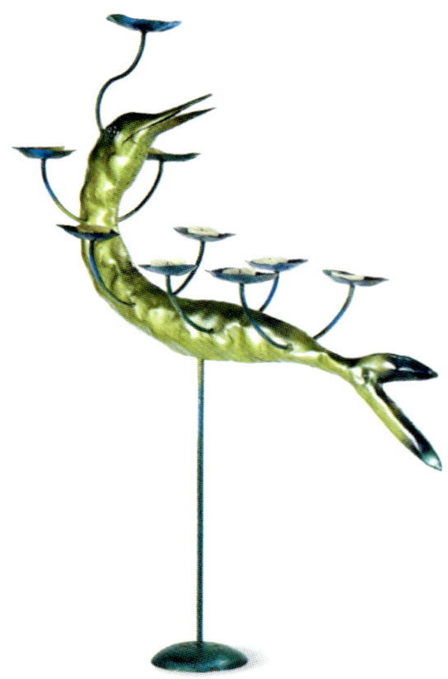

2003

PAOLO BARATELLA

173 x 156,5 x 32,5 cm
Legno, filo di ferro e tecnica mista

L'opera è ideata come una grande e unica fiamma
centrale in legno, percorsa da sottili e fitte nervature
color vermiglio; l'alta colonna è avvolta per tutta
la sua altezza da filo spinato sul quale è stata fatta
colare la cera proveniente dal nono lume,
lo *shammash*, nascosto tra i legni del vertice.
La base vede l'intersecarsi di piccoli ritagli in legno,
percorsi da sottili nervature rosse; la sequenza
degli otto lumi è posta fra i ritagli, inserita
obliquamente tra le fiamme della parete anteriore.

173 x 156.5 x 32.5 cm
Wood, iron wire and mixed media

The work is designed to represent one big
central flame, which is made of wood and
covered in fine bright red lines. The whole
of the tall column is wrapped in barbed wire.
The ninth light, the shamash, *is hidden among*
the pieces of wood at the top and wax from
this candle has dripped onto the barbed wire.
Small lengths of wood covered in fine red lines
are arranged obliquely in a crisscross pattern
on the base to represent the eight lights.

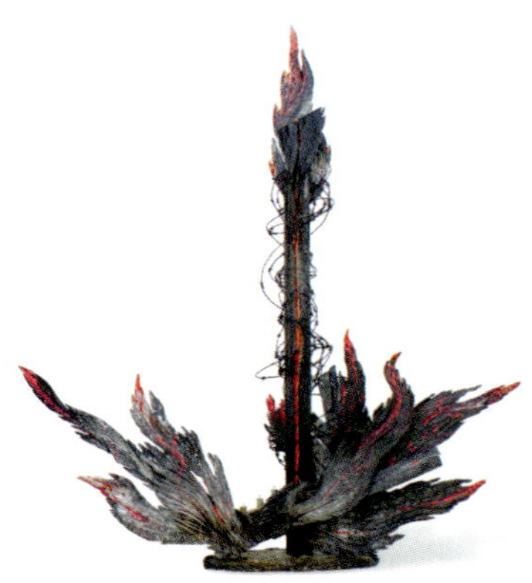

49

2003

ROSARIO TORNATORE

70 x 100 cm
Acrilico su tela

La superficie dipinta sembra accogliere
e descrivere l'interferenza dei fasci gravitazionali,
registrare il movimento di onde e di corpi orbitanti
nello spazio e poi traslati su quello pittorico.
I bracci della *chanukkiah* diventano semplici linee
geometriche colorate che si originano da un unico
punto della tela proiettandosi verso l'esterno.
Il nono lume, lo *shammash*, è ben rappresentato
dalla fascia di luce gialla che si irradia dal centro
comune. Cromaticamente, l'artista crea opposizioni
dialettiche estreme, dall'iridescenza dei rossi
ai bianchi ghiacciati, dai gialli solari agli azzurri
profondi, utilizzando tutte le tonalità dello spettro.

70 x 100 cm
Acrylic on canvas

*The painted surface appears to greet and
describe the interference of gravitational
bands, recording the movement of waves and
celestial bodies in orbit and then transferring
all this into the painted space.
The branches of the hanukkiah are thus
simple coloured geometric lines that originate
from a single point on the canvas, stretching
outwards. The ninth light, the shamash,
is clearly represented by the yellow ray of light
that radiates from the common centre.
Chromatically the artist creates extreme
dialectical oppositions, from the iridescence
of the reds to the icy whites, sunny yellows
and deep blues, using all the colours
of the spectrum.*

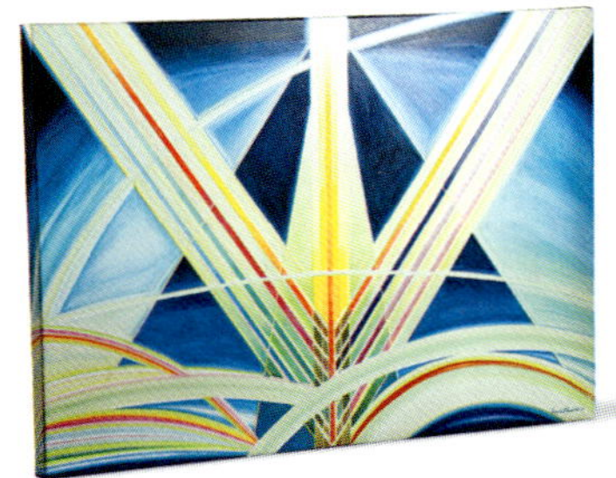

50

2004

LUCIANO BOBBA

20 x 96,5 x 15,3 cm
Ferro, vetro e stampa fotografica su pellicola
duratrans

L'opera si dispiega attraverso otto immagini poste
in sequenza che attraverso bagliori di luce portano
alla costruzione di un paesaggio irreale.
L'immagine principale, nelle intenzioni dell'artista,
vuole evocare l'atmosfera di Gerusalemme
all'epoca del miracolo di *Chanukkah*.

20 x 96.5 x 15.3 cm
*Iron, glass and photograph printed on
Duratrans film*

*The work consists of eight images arranged
in succession in which rays of light create
a fantastic landscape. The artist's idea is
to evoke the atmosphere of Jerusalem at the
time of the miracle of Hanukkah.*

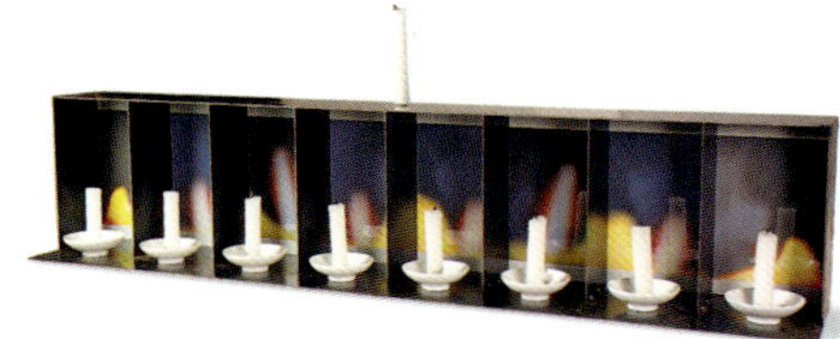

51

2004

GIOVANNI BONALDI

174 x 122 x 93 cm
Bronzo patinato, ottone e plexiglas
Fonderia Fondart, Valbrembo

La lampada si presenta con due colonne
trasparenti verticali messe in relazione da un
ulteriore tubo trasparente pieno, posto in orizzontale
sul quale sono distribuiti gli otto lumi in contenitori
vitrei destinati a raccogliere l'olio. Tutta la struttura
appoggia su una superficie circolare sulla quale
sono distribuiti elementi legati alla costellazione
del Carro e alle lettere ebraiche che compongono
la parola. Il complesso della struttura, munito di tre
ruote, diventa un carro che può essere trainato.

174 x 122 x 93 cm
Polished bronze, brass and Plexiglas
Fonderia Fondart, Valbrembo

*The lamp consists of two vertical transparent
columns joined by a solid transparent tube
arranged horizontally on which the eight glass
oil holders are placed. The entire structure is
supported by a round base. The surface of the
base is decorated with elements associated
with the Plough constellation and the letters
that make up its name in Hebrew.
The structure is provided with three wheels,
to become a plough that can be pulled.*

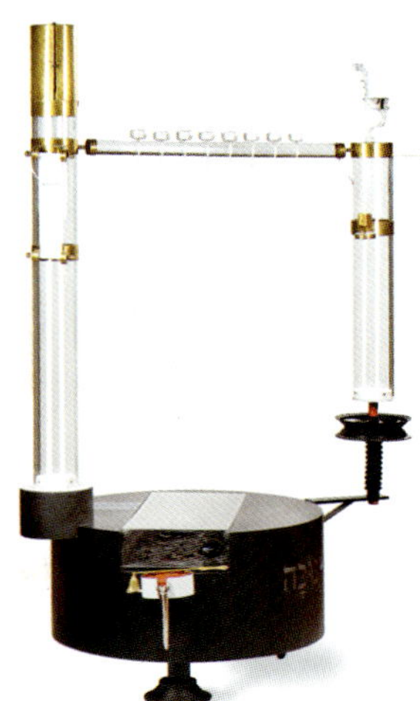

2004

LUCIA CAPRIOGLIO
EUGENIO GILI

63,5 x 46,5 x 46,5 cm
Plexiglas, carta velina, carta a mano
e foglia d'oro

L'opera, realizzata come un moderno candelabro
in plexiglas, parte da un sottile tronco di base
per irradiarsi nello spazio attraverso bracci rigidi
di lunghezze differenti, verso otto diverse direzioni.
Al termine di ciascun braccio, su un piattino
trasparente, gli artisti hanno posizionato otto lumi
di colore rosso come richiamo esplicito all'elemento
del fuoco. La decorazione è stata effettuata con
carte veline, carta a mano e foglia d'oro.
Il nono lume, lo *shammash*, è al centro,
appoggiato sul cilindro portante.

63.5 x 46.5 x 46.5 cm
Plexiglas, tissue paper, handmade paper
and gold foil

The work, in the shape of a modern Plexiglas
candelabrum, consists of a thin pedestal with
eight rigid arms branching out in different
directions into space. The arms have different
lengths. At the end of each arm is a small
transparent plate on which the artists have
placed eight red lights as an explicit reference
to the element of fire. These are decorated with
tissue paper, handmade paper and gold foil.
The ninth light, the shamash, *is arranged at*
the centre, on the main column.

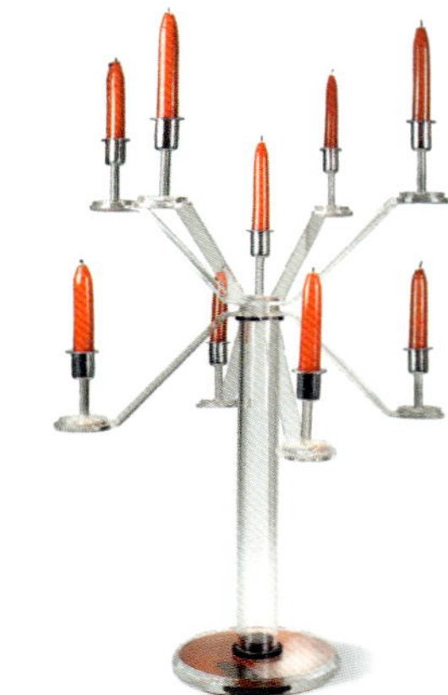

2004

GIANNI CELLA

65 x 96 x 21 cm
Vetroresina smaltato

La scultura, in vetroresina smaltata, è costituita da
una figura umana priva di gambe che sulle braccia
sorregge gli otto lumi di cera, mentre sul capo
il nono lume, più alto, simboleggia lo *shammash*.
Nelle intenzioni dell'artista la scultura è ispirata
alla figura mitologica di Icaro, riletta in chiave
contemporanea.

65 x 96 x 21 cm
Enamelled fibreglass

The sculpture, in enamelled fibreglass, consists
of a human figure with no legs, whose arms
support the eight candles. The ninth light,
on the figure's head, symbolises the shamash.
The artist's work is a contemporary
interpretation of Icarus, the character
from Greek mythology.

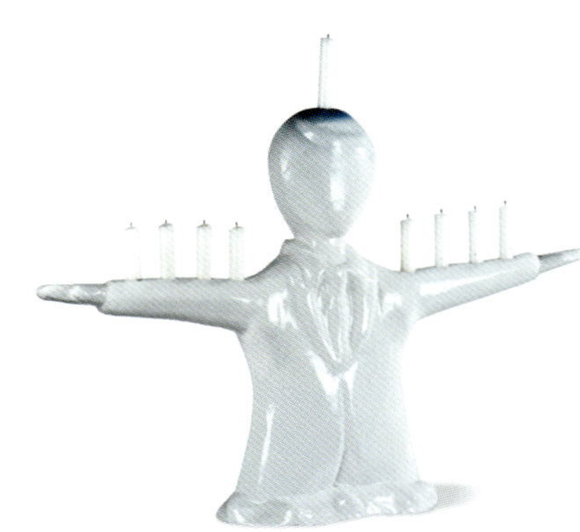

2004

MAURIZIO GALIMBERTI

43,5 x 123,5 x 15 cm
Polaroid

L'opera consta di una serie di 33 lastre
fotografiche Polaroid. A immagini che raffigurano
gli stessi occhi racchiusi in tre triangoli si alternano
immagini astratte di tracce orizzontali fucsia, gialle
e blu. Le Polaroid sono adagiate su una struttura
metallica. I lumi per l'accensione poggiano sulla
cornice: accesi evocano sulla lastra suggestivi
giochi di controluce e ombreggiatura.

43.5 x 123.5 x 15 cm
Polaroid

The work consists of a series of 33 Polaroid
photographs. Pictures of the same eyes inside
three triangles are alternated with abstract
images of horizontal lines in fuchsia pink,
yellow and blue. The Polaroid pictures are
arranged on a metal structure.
The lights stand on the frame: when kindled
they create an evocative light and shade effect
on the photographs.

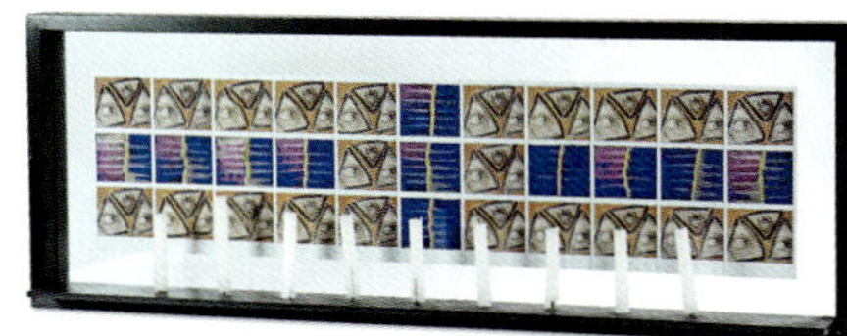

55

2004

CLAUDE LALANNE

33,5 x 74 x 24,5 cm
Ferro bronzato

L'opera parte da un'interpretazione filologica
del testo biblico riguardante la descrizione
della prima *menorah*; l'artista rilegge la naturalità
delle forme organiche sottolineando l'intreccio
tra la crescita e lo sviluppo vegetale, e la nascita
di *chanukkiah* come evoluzione di *menorah*.
La struttura dell'opera è semplice: la lampada
viene concepita come un vegetale e reso attraverso
bracci in ferro bronzato che, uniti a intreccio nella
parte bassa, si separano nello spazio con
un andamento ondulato, a divenire gli otto bracci
della *chanukkiah*. Lo *shammash*, arricchito
da foglia decorativa alla base, occupa la posizione
mediana nel candelabro.

33.5 x 74 x 24.5 cm
Bronzed iron

*This work is based on a philological
interpretation of the description in the Bible
of the first* menorah; *the artist has re-created
the naturalness of the organic forms,
emphasising the relationship between growth
and development in the plant kingdom,
and the hanukkiah as the evolution of the
menorah. The structure is simple. The lamp
is designed to represent a plant. The bronzed
iron arms are twisted together at the bottom
and then separate in space following a wave-
like pattern to become the eight arms of the
lamp. The shamash is enriched by a decorative
leaf at the base and is placed at the centre
of the candelabrum.*

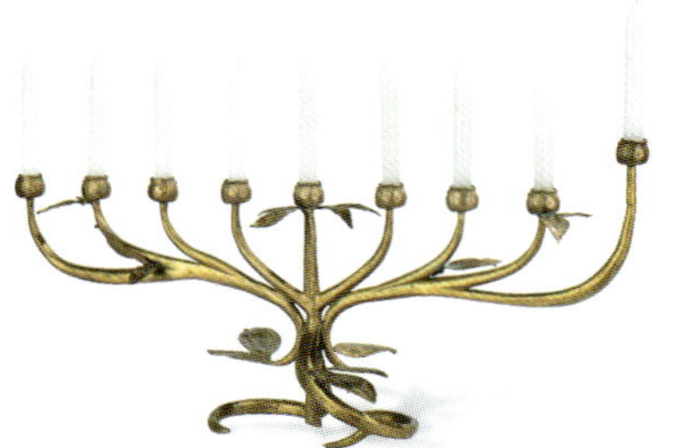

56

2004

UGO NESPOLO

40 x Ø 27,5 cm
Maiolica dipinta

La lampada parte da una base circolare
rialzata di forma cilindrica, sulla quale sono
appoggiate nove colonne in maiolica per contenere
i lumi. La barra più alta, centrale, testimonia
lo *shammash*. Cromaticamente, sulla base dell'opera
predominano pennellate di verde chiaro e scuro
su un fondo bianco, mentre nella parte alta
spiccano sullo stesso fondo bianco i neri,
i rossi e gli arancio.

40 x Ø 27.5 cm
Painted majolica

*The lamp stands on a raised cylindrical base
and consists of nine majolica columns that
hold the candles. The tallest column, at the
centre, represents the shamash.
The entire structure is decorated with coloured
brush-strokes on a white background: pale and
dark green on the base, black, red and orange
for the upper part.*

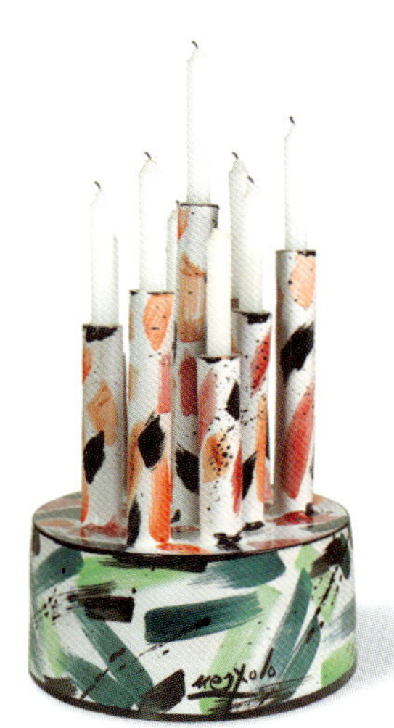

57

2004

BRUNO SIMON

126 x 49 x 17 cm
Bronzo

La lampada parte da un sottile basamento
sul quale si innesta in verticale una lunga barra
in bronzo. Biforcandosi, l'asta si riunisce sulla
sommità attraverso una barra in bronzo più sottile,
sulla quale l'artista ha posto gli otto lumi
per l'accensione. Tale configurazione rappresenta
correttamente la regola di costruzione religiosa
della *menorah* e della *chanukkiah*. Il nono lume,
lo *shammash*, sta al di fuori della struttura,
alla quale è agganciato sulla parte destra.

126 x 49 x 17 cm
Bronze

*The lamp has a thin base that supports a long
vertical bronze column. The column forks and
is then joined at the top by a thinner bronze
bar on which the artist has placed the eight
lights. This arrangement is a correct
interpretation of the religious laws that apply
to the* menorah *and* hanukkiah.
The ninth light, the shamash, *is joined to the
right of the structure on the outside.*

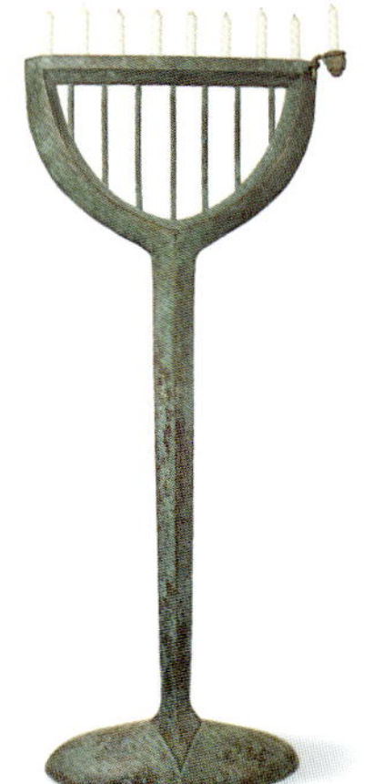

58

2004

SILVIO VIGLIATURO

239 x 96 x 40 cm
Vetrofusione

L'opera parte da un basamento di colore nero sul quale si innestano sette oggetti posti in successione verticale, in vetro dipinto di fogge diverse. Dal loro insieme si delinea una figura antropomorfa. All'altezza delle braccia aperte sono posti gli otto lumi per l'accensione, mentre lo *shammash* è posizionato sulla parte alta della figura. I colori utilizzati producono l'alternarsi sull'asse centrale di azzurri e di arancioni, di rossi con parti dorate.

239 x 96 x 40 cm
Glass fusion

The work consists of a black base on which seven objects are arranged vertically in succession. The objects are made of glass and painted differently. Seen as a whole they form an anthropomorphic figure. The widespread arms support the eight lights, while the shamash *is placed at the top of the figure. The colours create an alternation of blues, oranges and reds with gold accents along the central axis.*

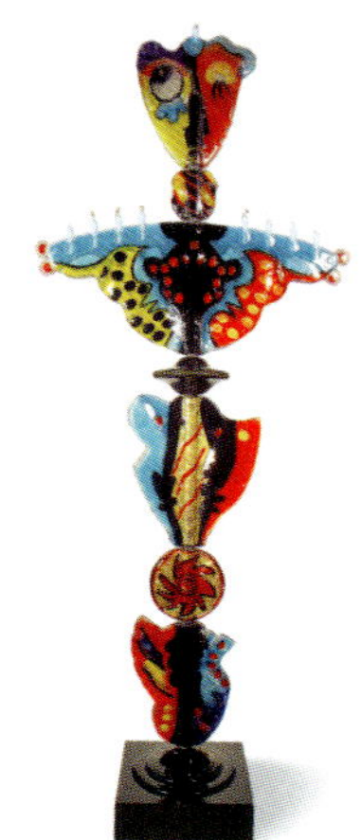

59

2005

DANIEL SCHREIBER

11,5 x Ø max 32 x Ø min 30 cm
Ottone satinato

La lampada parte da un piccolo basamento tronco-conico in ottone da cui si sviluppa una struttura a spirale che si protende sul piano in orizzontale; sull'asse centrale al perno d'appoggio, distribuite sui cerchi, trovano posto otto strutture tubolari che simboleggiano i lumi per l'accensione; quello centrale, più alto e più scuro, rappresenta lo *shammash*. Tutta la struttura è in ottone con effetto *dégradé*, cromato, dorato e satinato. La forma a spirale della *chanukkiah* conferisce tangibilità al concetto dello scorrere del tempo, materializzandolo in un insieme di luci e di riflessi.

11.5 x Ø max 32 x Ø min 30 cm
Glazed brass

The lamp consists of a small truncated cone-shaped brass base that supports a horizontal spiral structure. Eight tubular elements symbolising the lights are arranged on the rings, along the axis that passes through the centre of the spiral. The candle at the centre, which is taller and darker, represents the shamash. *The entire structure is made of brass with chrome-plated, gold-plated and glazed finishes to create a dégradé effect. The spiral shape of this* hanukkiah *produces a series of lights and reflections that represent the concept of the passing of time.*

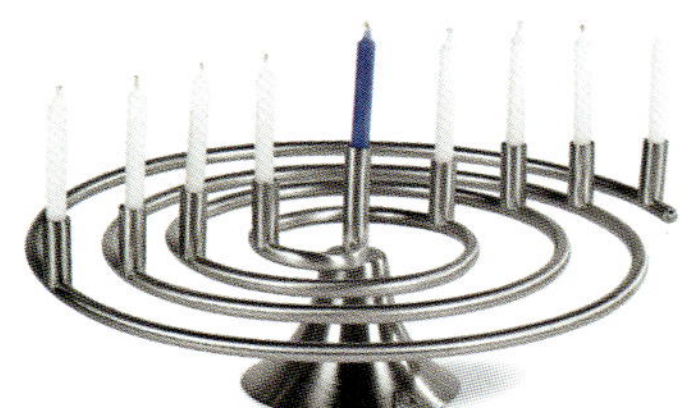

60

2005

TERESA LUCIA ROSSI

27 x 42 x 14 cm
Pietra cantone ed elementi in bronzo del XVII secolo circa

Sulla sommità di un basamento in pietra cantone lasciata grezza e di forma vagamente piramidale, l'artista ha inserito, attraverso spesse scanalature nella pietra, i nove lumi in bronzo di manifattura seicentesca, a rappresentare la *chanukkiah.*

27 x 42 x 14 cm
Pietra Cantone and bronze elements from about the seventeenth century

The base, which is vaguely pyramid-shaped, is made of rough Pietra Cantone. The artist has created wide grooves in the top of the stone in which she has placed the nine seventeenth-century bronze candle holders, to represent the hanukkiah.

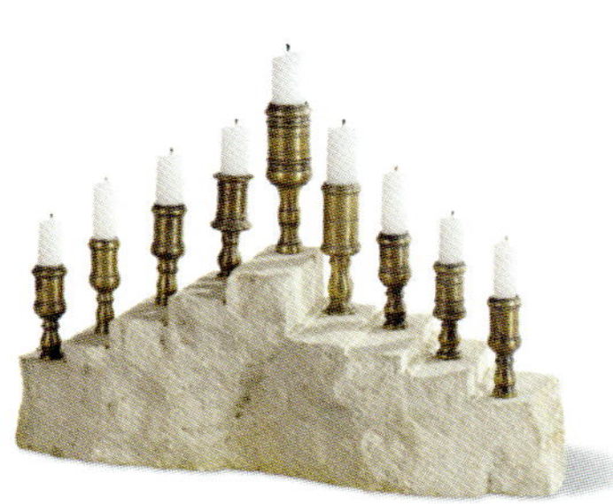

61

2005

CARLO PASINI

2 x Ø 76 cm
Legno dipinto con colori acrilici e metallo

La lampada, in legno dipinto di verde,
si caratterizza come una struttura a spirale,
come se fosse una forma di zampirone percorsa
sulla sua superficie da nove piccoli lumi per
l'accensione. L'opera è stata munita di gancio
per poter essere appesa.

2 x Ø 76 cm
Wood painted using acrylic colours and metal

The lamp, made of green painted wood,
consists of a spiral structure, similar
to a fumigator coil, with nine small lights
on the surface. It has a hook that can
be used to hang it up.

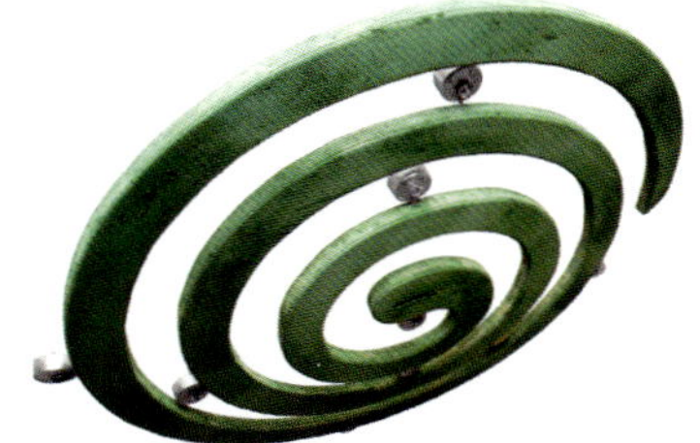

62

2005

PIERGIORGIO PANELLI

50 x 45,5 x 26 cm
Legno e plastica con tecnica mista

L'opera è composta da un fondale policromo
in materiale ligneo e da un basamento dipinto
in blu sul quale l'artista ha inserito i nove lumi
colorati per l'accensione. Tutta la superficie
è attraversata da spruzzi di colore
con sfumature dorate.

50 x 45.5 x 26 cm
Wood and plastic with mixed media

The work consists of a polychrome back panel
made of wood and a base painted blue on
which the artist has placed the nine coloured
candles. The entire surface is covered in
splashes of colour with touches of gold.

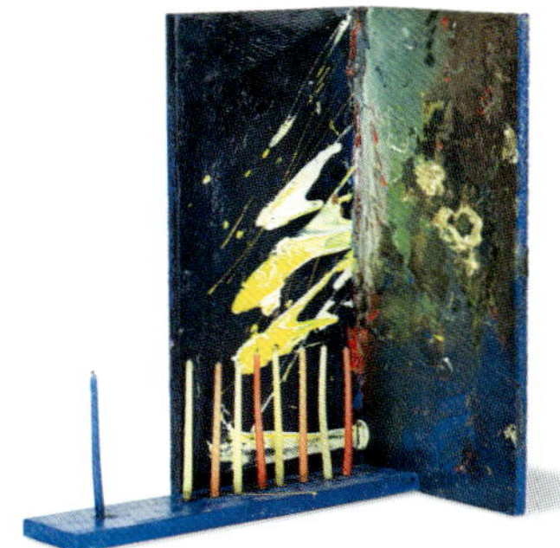

63

2005

RENATO MORGANTI

18,5 x 56 x 13 cm
Plexiglas con acetati e vernice
fluo/fosforescente
Olfi, Cologno Monzese

Il lume è costituito da otto piccole lastre
in plexiglas sulle quali l'artista ha tracciato, mediante
acetati e vernici fluorescenti, piccoli segni e incisioni.
Attraverso fonti luminose la struttura si alimenta e
prende significato, utilizzando i riflessi della lampada
al neon sulle lastre di vetro, provenienti da
angolazioni sempre differenti. Il nono lume, lo
shammash, è rappresentato implicitamente dalla
luce solare che carica questi disegni di giorno
e li rende luminescenti al buio.

18.5 x 56 x 13 cm
Plexiglas with acetate and
fluorescent/phosphorescent paint
Olfi, Cologno Monzese

The lamp consists of eight small Plexiglas
panels on which the artist has drawn small
signs and incisions using acetate and
fluorescent paint. Light sources charge and
lend meaning to the structure, as the neon
light is reflected at different angles in the glass
panels. The ninth light, the shamash, *is*
implicitly represented by the light of the sun,
as it charges the designs by day and makes
them luminescent in the dark.

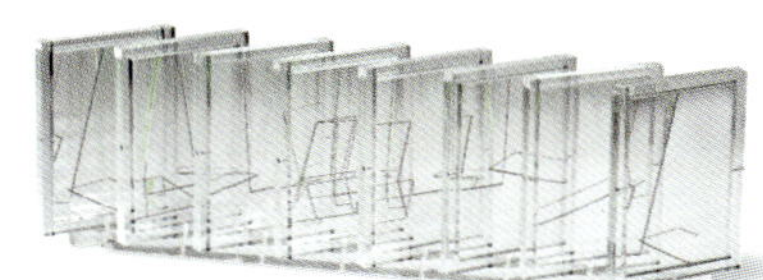

64

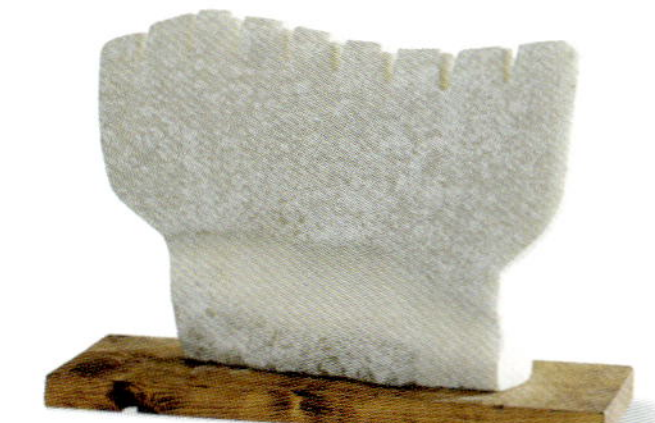

2005

SYLVIA LOEW

40 x 61 x 20 cm
Marmo bianco di Carrara

L'opera è concepita come un'enorme lastra
in marmo bianco di Carrara, di foggia trapezoidale.
La superficie, più liscia e leggermente concava
nella parte bassa, viene lasciata più grezza nella
fascia alta; il profilo superiore del marmo segue
un andamento leggermente ondulato ed è scandito
da otto piccole fenditure all'interno della materia
a delineare lo spazio per i lumi.

40 x 61 x 20 cm
White Carrara marble

*The work consists of a large trapezoidal slab
of white Carrara marble. The surface of the
lower part of the slab is smooth and slightly
concave, while that of the upper portion is
rougher. The marble is slightly undulated
along the top, where there are eight small
fissures that represent the spaces for the lights.*

65

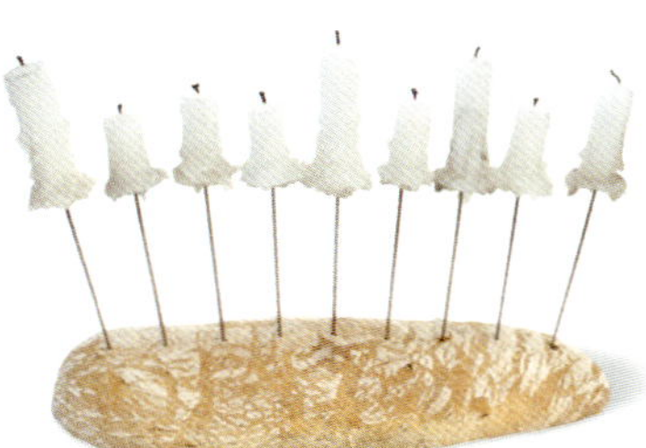

2005

TIZIANA FUSARI

14 x 31 x 10 cm
Pane azzimo, aghi d'acciaio e cera

La lampada parte da una base costituita da una
forma di pane azzimo su cui sono conficcati nove
aghi che reggono mozziconi di candele. "Dal pane
azzimo, che rappresenta a un tempo l'afflizione
delle privazioni e la memoria delle origini, passando
attraverso gli aghi delle prove sostenute,
per giungere alla luce sempre ritrovate."

14 x 31 x 10 cm
Unleavened bread, steel needles and wax

*The base of the lamp is a loaf of unleavened
bread into which nine needles holding burnt
candle ends have been stuck. "From the
unleavened bread, which represents hardship
and is also a reminder of our origins, through
the needles symbolising the ordeals of the past
to the light that we find in the end."*

66

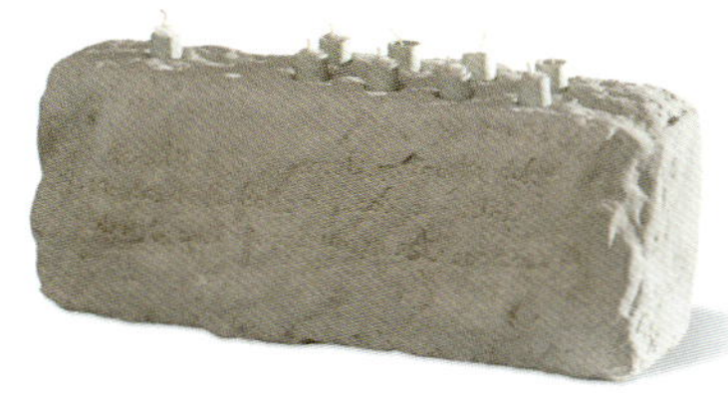

2005

MARIA GRAZIA DAPUZZO

23 x 52 x 19 cm
Pietra cantone e ceramica

In quest'opera il blocco di pietra cantone
rappresenta l'edificio costruito: il Tempio.
Nei nove incavi, incluso quello che simboleggia
lo *shammash*, l'artista ha sciolto un'emulsione
di paraffina e olio d'oliva. Nella parte posteriore
del blocco, l'iscrizione scolpita diviene, nelle
intenzioni dell'artista, una parola che si tramanda
oltre che un ringraziamento a D-o.

23 x 52 x 19 cm
Pietra Cantone and ceramic pottery

In this work the slab of Pietra Cantone
*represents the building: the Temple. In the
nine cavities, including the one symbolising the*
shamash, *the artist has prepared an emulsion
of paraffin and olive oil. In the artist's
intention, the inscription engraved at the back
of the block is a word to be handed down as
well as thanks to G-d.*

67

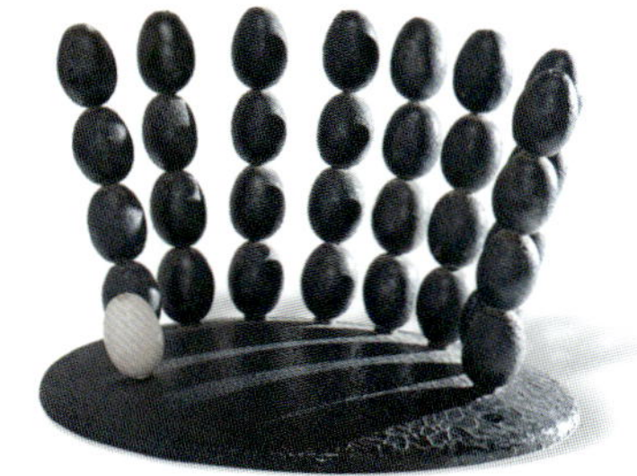

2005

ENRICO COLOMBOTTO ROSSO

32 x 45 x 38 cm
Ceramica *raku*
Laboratorio Terra e Fuoco di Roggero, Ottiglio

La lampada, in ceramica *raku*, è concepita come
un vassoio a forma di uovo in cui ogni lume a sua
volta è costituito da quattro uova sovrapposte
di colore scuro. Lo *shammash*, il nono lume,
è l'unico uovo bianco.

32 x 45 x 38 cm
Raku pottery
Laboratorio Terra e Fuoco di Roggero, Ottiglio

The lamp, made of raku pottery, is designed as
an egg-shaped tray in which each light
consists of four dark-coloured eggs arranged
one on top of the other. The shamash,
the ninth light, is the only white egg.

68

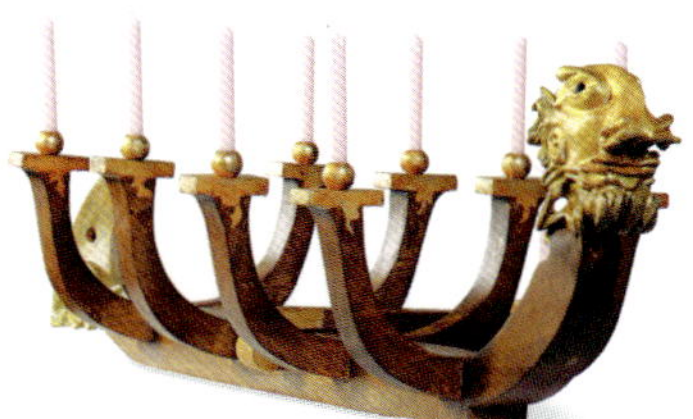

2005

GIORGIO CAVALLONE

27 x 86 x 38 cm
Legno di noce, foglie d'oro zecchino e foglie a
fiamma, resina e cera vergine

L'opera prende il nome di *Egeo*, mare da cui
partirono i Greci profanatori del Tempio, liberato
poi dai Maccabei, e per questo la lampada viene
concepita come un'antica imbarcazione; la struttura
principale è quella di uno scafo incavo (preesistente,
si tratta di un oggetto datato 1957) in noce,
costituito da quattro potenti assi a forma di
semicerchio che attraversano, da una parte all'altra,
la struttura dell'imbarcazione. Sulla loro sommità
l'artista ha apposto gli otto lumi bianchi per
l'accensione, mentre la prua prende le sembianze
di un volto animato dai tratti mostruosi.

27 x 86 x 38 cm
Walnut wood, pure gold foil and flamed gold
leaf, resin and beeswax

The title of this work, which resembles an
ancient ship, is Egeo (Aegean), the name of the
sea the Greeks crossed to profane the Temple,
later freed by the Maccabees. The main
structure is a pre-existing hollowed-out hull
(dating back to 1957) made from walnut
wood. It consists of four sturdy semi-circular
beams running from side to side of the boat.
The artist has placed the eight white candles
at the top of these, while the bow appears as a
monstrous face.

69

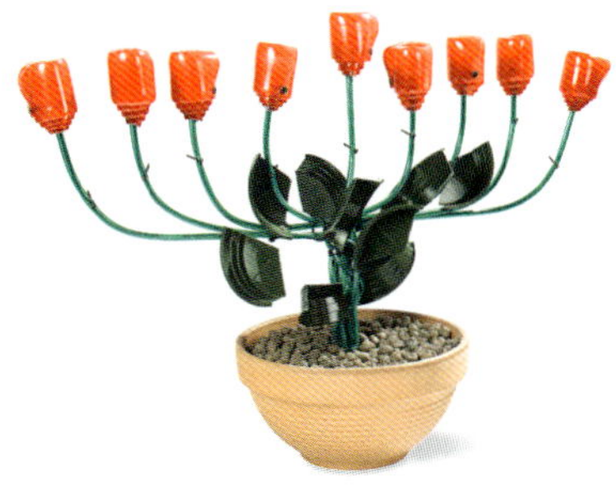

2005

CORRADO BONOMI

41 x 64 x 22 cm
Assemblaggio di contenitori vari in materiali plastici
e terracotta

La lampada è concepita dall'artista come
una pianta fiorita: da un sottovaso in terracotta
si innalzano nove sottili tubi verdi in materiale
plastico che, uniti alla base, vanno a separarsi
nello spazio per delineare gli otto bracci del
candelabro: ciascuno di essi termina con un fiore
di colore rosso, all'interno del quale trova posto
il lume per l'accensione. Lo stelo centrale, più alto
rispetto agli altri, rappresenta lo *shammash*.
Sui gambi l'artista ha appoggiato alcuni fogli
in plastica di forma irregolare e di colore verde,
per meglio simboleggiare la presenza
di autentico fogliame sulla pianta.

41 x 64 x 22 cm
Assembly of various containers in plastic and
terracotta

The artist has designed the lamp to resemble
a flowering plant. From the terracotta pot nine
thin green plastic tubes, joined together at the
base, extend upwards and then separate,
spreading out to define the eight branches
of the candelabrum. At the end of each branch
there is a red flower, which holds the candle.
The central stem, which is longer than the
others, represents the shamash. The artist has
placed some irregular-shaped green plastic
leaves on the stems, to more clearly symbolise
the presence of real foliage on the plant.

2005

VALERIO ANCESCHI

134 x 75 x 84 cm
Ferro saldato

La lampada è costituita da un groviglio
di elementi filiformi in ferro saldato a sezione
quadrata che si ergono verso l'alto a formare otto
steli di altezza variabile; il nono stelo, più alto degli
altri, simboleggia lo *shammash*.

134 x 75 x 84 cm
Welded iron

The lamp consists of a tangle of filiform
elements made of welded iron with a square
cross-section that extend upwards to form
eight stems of different heights.
The ninth stem rises above the others
and symbolises the shamash.

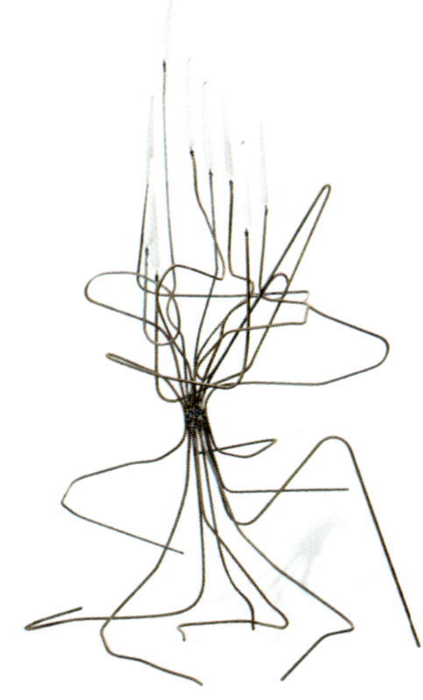

2006

WILLIAM XERRA

32 x 49 x 48 cm
Rame

La lampada è formata da una sottile lamina
di rame di colore grigio. La forma è irregolare,
leggermente concava con i lati curvilinei. Avvitati
sulla lamina sono collocati con andamento
ondulatorio nove elementi in rame filiformi a sezione
cilindrica che fungono da candele. Essi sono disposti
a spirale, dal più piccolo al più grande, i primi a una
decina di centimetri di distanza l'uno dall'altro e poi
gli altri via via più vicini. I nove elementi sono
percorsi al loro interno da un filo elettrico che
collegato alla presa accende le piccolissime
lampadine poste sulla sommità. L'elemento che
rappresenta lo *shammash* è il primo della spirale,
il più piccolo, l'unico con una lampadina rossa che
emana una luce colorata.

32 x 49 x 48 cm
Copper

The lamp consists of a thin grey sheet of
copper. It has an asymmetrical, slightly
concave shape, curved at the sides.
Nine wave-like tubular filiform copper
elements are screwed to the sheet to represent
the candles. These elements are arranged in a
spiral, starting from the shortest to the tallest,
the first about ten centimetres apart and the
others gradually becoming closer.
An electric wire, connected to a switch, runs
through the nine elements to illuminate the
tiny light bulbs at the top. The first element
in the spiral, the shortest, represents the
shamash. *It is the only one to have a red bulb*
that emits a coloured light.

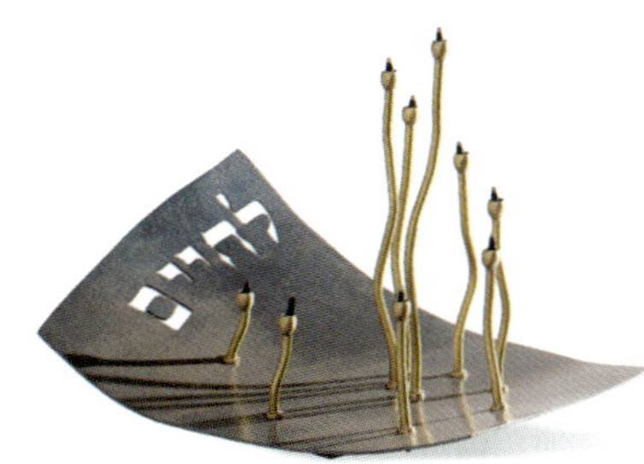

2006

PIERO ROGGERO

14 x Ø max 44 x Ø min 42 cm
Ceramica, ceramica *raku*, impasti colorati,
carburi e ossidi
Laboratorio Terra e Fuoco di Roggero, Ottiglio

La *chanukkiah* è formata da una base circolare
la cui superficie è di colore blu con venature più
scure. Sulla base, lungo la circonferenza, sono
avvitate finte pietre in ceramica, lavorate con tecnica
raku, di grandezze leggermente differenti che
fungono da lumi. I colori sfumati e la superficie liscia
e levigata li rendono simili a veri ciottoli di fiume.
Ogni ciottolo è provvisto di un beccuccio per l'olio.
Distanziato dagli altri, in una posizione ben distinta,
un nono ciottolo ruvido di colore nero
rappresenta lo *shammash*.

14 x Ø max 44 x Ø min 42 cm
Ceramic pottery, raku pottery, coloured paste,
carbides and oxides
Laboratorio Terra e Fuoco di Roggero, Ottiglio

The surface of the round base of this
hanukkiah is blue veined with darker lines.
Ceramic stones produced using the raku
technique are screwed to the base, along its
circumference. The stones are all slightly
different in size and represent the lights.
With their hazy colours and smooth, polished
surface, they resemble river pebbles.
Each pebble has a spout for the oil. Set apart
from the others, in a clearly recognisable
position, is a ninth rough black pebble, which
represents the shamash.

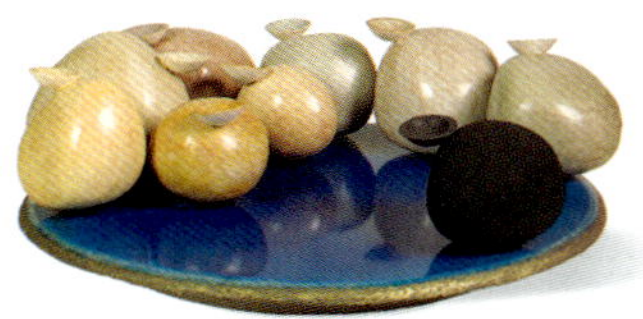

73

2006

PAOLO NOVELLI

54,5 x 47 x 8 cm
Acrilico su tavola

L'opera è formata da una cornice lignea di colore
nero, all'interno della quale è inserito un pannello
dallo sfondo monocromatico marrone con riflessi
dorati, foglie e fiori multicolori. Nella parte superiore
è dipinto un grande uccello rosa contornato di giallo
che porta in groppa un bambino aggrappato
al lungo collo. L'uccello regge nel becco un'ampolla
di olio di colore dorato. Lungo il bordo inferiore
della cornice sono fissate nove finte candele,
ognuna di colore diverso. Lo *shammash*, di colore
nero, è posizionato all'estrema destra,
ben distanziato dagli altri.

54.5 x 47 x 8 cm
Acrylic on board

*The work consists of a black wooden frame
around a panel with a brown monochrome
background featuring hints of gold, leaves and
multi-coloured flowers. Towards the top of the
painting is a large pink bird outlined in
yellow. A child is riding on its back, clinging to
the bird's long neck. The bird is carrying a
phial of golden oil in its beak. Nine imitation
candles are attached to the lower edge of the
frame, each one a different colour. The
shamash, which is black, is at the far right,
some distance from the others.*

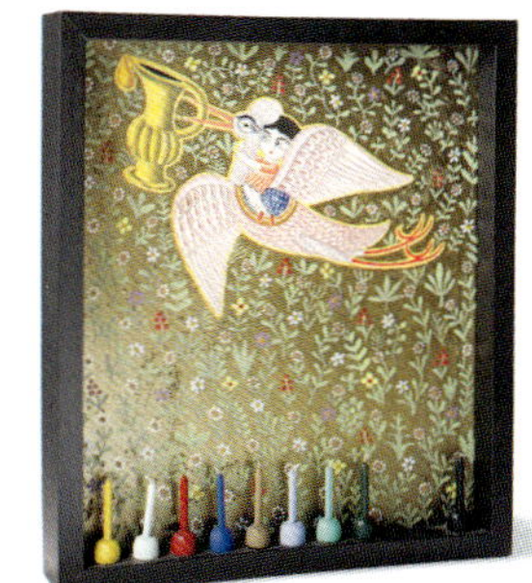

74

2006

DANIÈLE SULEWIC

34 x 75 x 8,5 cm
Cristallo
Vetreria Duccio di Segna, Colle di Val d'Elsa

La lampada è formata da nove prismi
di cristallo accostati a formare una struttura
composita trapezoidale: i bordi e la superficie
irregolari, gli spigoli smussati danno alla scultura
la forma di cubetti di ghiaccio. Al centro il prisma più
alto, ai suoi lati gli altri, quattro per parte, in ordine
decrescente. Tutti i prismi sono formati da due
pezzi sovrapposti e hanno base quadrata ma altezze
differenti: quello centrale più alto rappresenta
lo *shammash*. Sopra questi poggiano altri prismi
di uguali dimensioni. Il nono prisma è formato da tre
pezzi sovrapposti. Nell'incavo presente nella parte
superiore è inserito il lumino, la cui fiamma sembra
sciogliere il cubetto di ghiaccio.

34 x 75 x 8.5 cm
Crystal
Vetreria Duccio di Segna, Colle di Val d'Elsa

*The lamp consists of nine crystal prisms
arranged side by side to form a composite
trapezoidal structure. The uneven edges and
surfaces and the rounded corners make the
sculpture look like ice cubes. The tallest prism is
at the centre, with the others, four on each side,
in decreasing order of size. All the prisms
comprise two parts arranged one on top of the
other. All have a square base but this differs in
height for each prism. The tallest prism at the
centre represents the shamash. Other prisms, all
of the same size, are placed on top of these base
prisms. The ninth prism is made up of three
parts placed one on top of the other. The candle
is placed in the recess at the top of this. As its
flame burns it appears to melt the ice cube.*

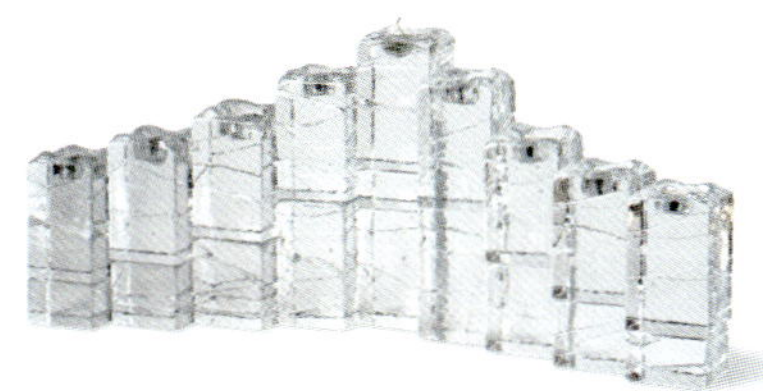

75

2006

LIVIA REDINO

34 x 39,5 x 24 cm
Ceramica, argille colorate e vetrificate
Laboratorio Terra e Fuoco di Roggero, Ottiglio

L'opera ha una base inarcata in argilla vetrificata
di colore neutro, sulla quale è posto un rettangolo
colorato a nove strisce orizzontali di cromie
differenti che ricordano i colori dell'arcobaleno
e della bandiera della pace. In corrispondenza
di ogni fascia è inserita verticalmente l'asta
in terracotta per la *chanukkiah*. Gli otto bracci
colorati a fasce attraversano da un angolo all'altro
tutta la struttura. Lo *shammash* è l'ultima asta
a destra, ben distinguibile, perché arricchita
con inserti a bande dorate.

34 x 39.5 x 24 cm
Ceramic pottery, coloured and glazed clay
Laboratorio Terra e Fuoco di Roggero, Ottiglio

*The arched base is made of neutral-coloured
glazed clay. It is covered with a coloured
rectangle with nine horizontal stripes each of
which is a different colour, bringing to mind
the colours of the rainbow and the peace flag.
Terracotta columns inserted into each stripe
represent the arms of the hanukkiah. The eight
arms feature coloured horizontal stripes and
run from one corner of the structure to the
other. The shamash is the column furthest
to the right. It is easily recognisable because
it is enriched with gold stripes.*

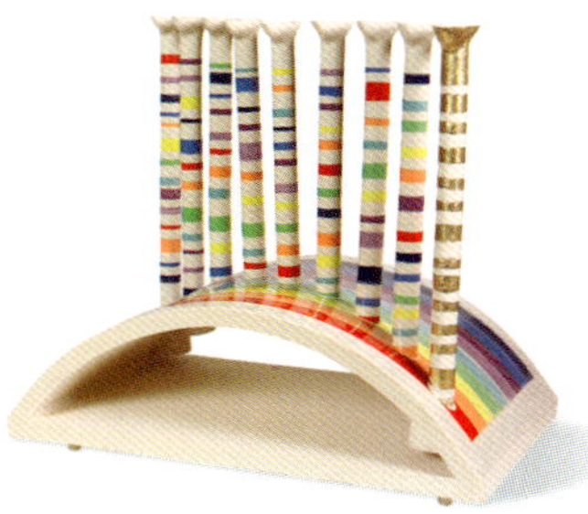

2006

DAVIDE NIDO

60 x 61 x 10,5 cm
Colla a caldo su tavola

L'opera consta di una tavola la cui superficie
è stata completamente ricoperta da minuscole
tracce tondeggianti di resina da incollatura, come
taches divisioniste che aderiscono alla struttura
mediante un procedimento di apposizione a caldo.
La separazione tra le particelle policrome e quelle
gialle permette il delinearsi sulla tavola della figura
della *chanukkiah*, il cui braccio centrale bianco
rappresenta lo *shammash*. L'artista ha collocato sul
bordo superiore della tavola i nove lumi.

60 x 61 x 10.5 cm
Hot glue on board

The work consists of a board, on which the
entire surface is covered with tiny round traces
of adhesive resin, like pointillistic dots, applied
to the structure using a hot-gluing process.
The hanukkiah *is outlined by the contrast*
between the polychrome and yellow particles,
with the white arm at the centre representing
the shamash. *The artist has placed the nine*
candles along the upper edge of the board.

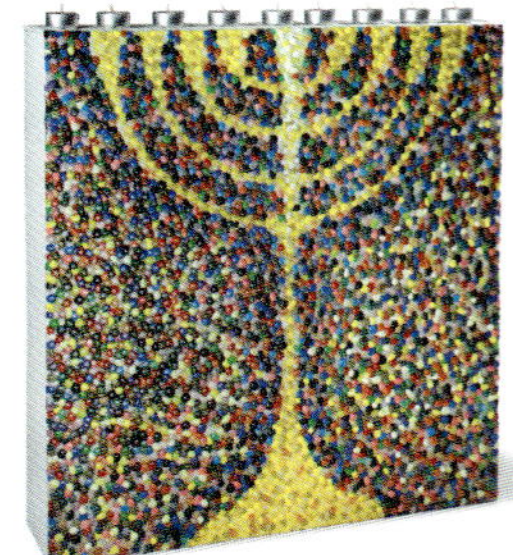

2006

PAOLO MORONI

49 x 77 x 27 cm
Plexiglas

L'opera è composta da due strutture in plexiglas
che si incastrano a formare un candelabro di colore
arancio con i bordi frastagliati e disegni geometrici.
La struttura principale è costituita da una base
e da un tronco centrale che funge anche da braccio
principale della *chanukkiah*. Dal tronco si dipartono i
bracci del candelabro, più bassi rispetto a questo.
I bracci terminano con una piccola base a incastro
in cui sono inseriti i dischetti su cui appoggiano
i lumini. Il braccio centrale rappresenta lo
shammash. Il lume si incastra perpendicolarmente
in una struttura più piccola formando un piedistallo
a quattro piedi che lo sorregge.

49 x 77 x 27 cm
Plexiglas

The work consists of two Plexiglas structures
that fit together to form an orange
candelabrum with jagged edges and geometric
designs. The main structure consists of a base
and a central trunk, which is also the main
arm of the hanukkiah. *The arms of the*
candelabrum branch out from the trunk,
which is the lamp's tallest element.
A small base is fixed to the end of each branch
and contains a disc to support the lights.
The central arm represents the shamash.
The lamp fits perpendicularly into a smaller
pedestal structure with four feet.

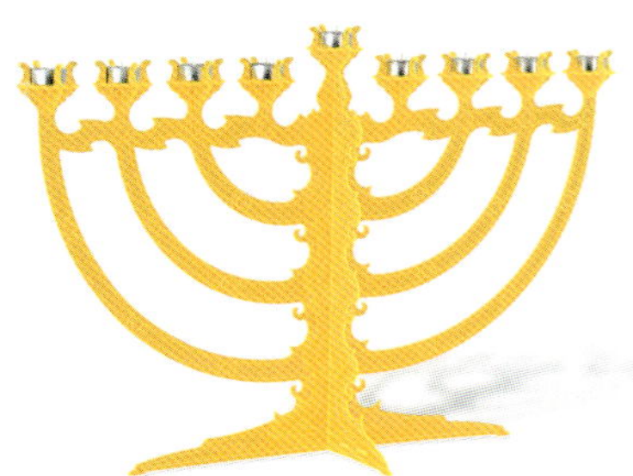

2006

GIANCARLO MONTEBELLO

10,5 x Ø 20,5 cm
Argento

L'opera è costituita da un'unica struttura circolare
formata da due anelli d'argento. Il primo anello
ne genera verticalmente un secondo più piccolo.
Lungo il bordo del cerchio più grande, a pochi
centimetri di distanza l'una dall'altra, come petali
di fiore, sono fissate otto sottili piastrine di forma
ovale. In ognuna di esse un piccolo incavo accoglie
le candele. Una nona piastrina, uguale alle altre,
è fissata sul bordo superiore della struttura, in una
posizione centrale e ben distinta rispetto alle altre.
Essa rappresenta lo *shammash*.

10.5 x Ø 20.5 cm
Silver

The work consists of a single circular structure
comprising two silver rings. The first ring
generates a second, smaller one. Eight thin
oval plates are arranged a few centimetres
apart along the edge of the bigger ring, like
the petals of a flower. A small recess in each
plate houses the candles. A ninth plate, similar
to the others, is fixed to the upper edge of the
structure, in a central and quite separate
position. This represents the shamash.

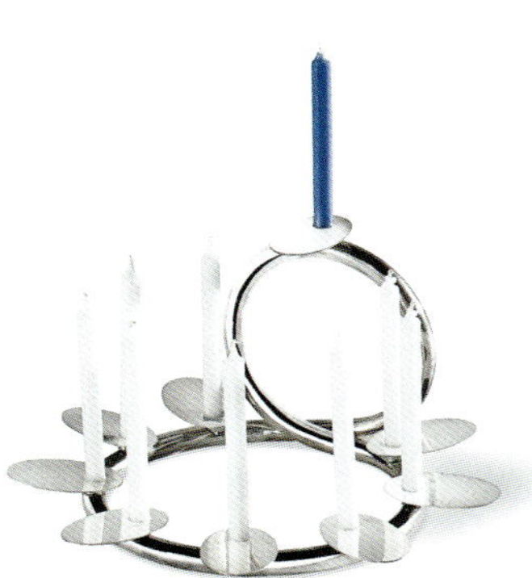

79

SILVIO MANZOTTI

37 x 50 x 50 cm
Legno, ferro e colori acrilici

L'opera consta di una struttura quadrangolare
bianca sulla cui superficie l'artista ha inscritto
un cerchio colorato e sfumato in azzurro; lungo
il perimetro del cerchio, al suo interno, in otto piccole
rientranze, vengono inseriti i lumi per l'accensione.
Un'asta in ferro fissata alla struttura quadrangolare
mediante un gancio ad andamento curvilineo si erge
dal piano e funge da supporto a una barra in legno
nella quale sono fatti passare un cerchio e un cono,
entrambi di colore bianco e simboleggianti
lo *shammash*; la figura del cono è inserita
con la punta tangente al centro del cerchio.

37 x 50 x 50 cm
Wood. iron and acrylic colours

*The work consists of a white four-sided
structure with a circle coloured in shades of
blue inscribed on the surface. The lights are
placed in eight small recesses arranged around
the perimeter of the circle. An iron rod fixed to
the four-sided structure by means of a curved
hook rises from the base to support a wooden
bar that holds a white ball and cone, which
symbolise the shamash. The tip of the cone is
tangent to the centre of the circle.*

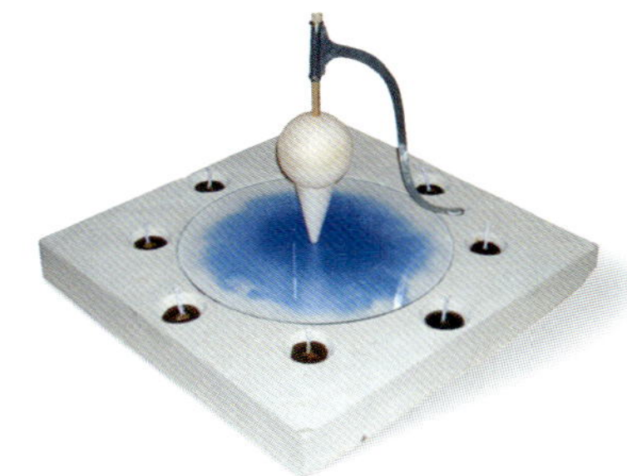

80

LUIGI MAINOLFI

25 x 36,5 x 12 cm
Terracotta

La lampada è formata da una base rettangolare
in legno di colore nero sulla quale appoggia
un blocco in terracotta di forma trapezoidale con
i lati a gradino su cui sono disposte le candele,
quattro per parte. Lo *shammash*, in posizione ben
distinguibile, è posto sul bordo superiore.
Sulla superficie anteriore è presente un bassorilievo
a forma di albero.

25 x 36.5 x 12 cm
Terracotta

*The lamp has a rectangular base made
of black wood. The base supports a
trapezoidal block of terracotta with steps at
the sides. The candles are arranged on these
steps four per side. The shamash is arranged
on the top step and is plainly distinguishable
from the others. There is a bas-relief design of
a tree on the front surface.*

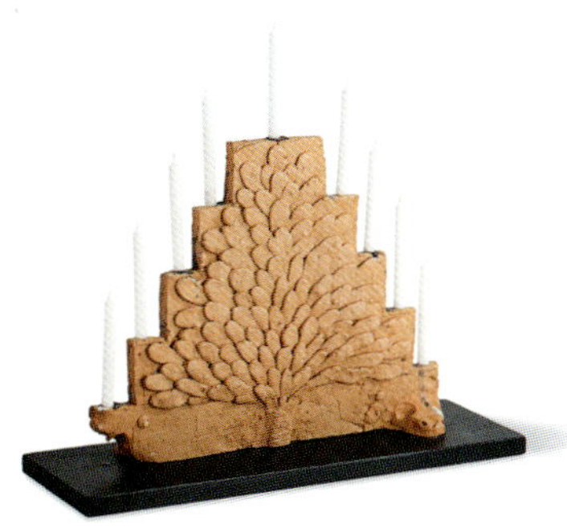

81

RICCARDO GUSMAROLI

17,5 x 50,5 x 7,5 cm
PVC e plexiglas

All'interno di un parallelepipedo in plexiglas,
in una sottile scanalatura che percorre la base
in tutta la lunghezza, sono inseriti, allineati
frontalmente, nove elementi che rappresentano
le candele della *chanukkiah*. Questi hanno forme
irregolari e bordi frastagliati. I colori sono vivaci:
le tonalità del rosso, del giallo e del verde
si mescolano a formare sulla superficie motivi
astratti. L'elemento che funge da *shammash*
è posto al centro, colorato di blu e verde.

17.5 x 50.5 x 7.5 cm
PVC and Plexiglas

*Nine elements, which represent the Hanukkah
candles, are arranged in a row in a thin
groove running along the entire length of the
base of a Plexiglas parallelepiped.
The elements are crooked and have jagged
edges. They are brightly coloured: the mixture
of reds, yellows and greens creates abstract
motifs on the surface. The blue and green
element at the centre represents the shamash.*

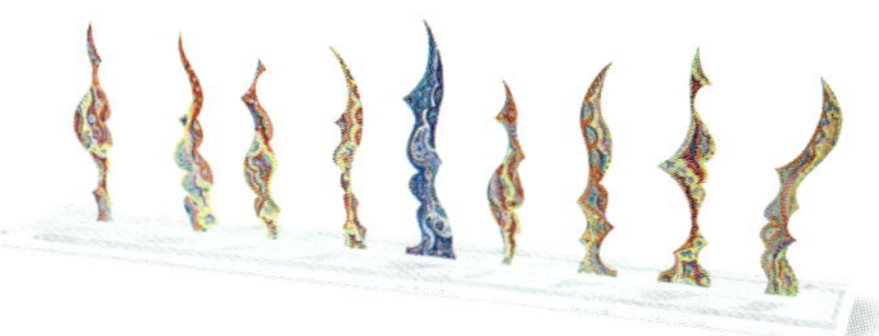

2006

LUIGI GIACHERO

38 x 24,5 x 20 cm
Legno, ferro e ottone

La lampada, concepita come un'opera meccanica a incastro e bullonatura, parte da una semplice base in legno sulla quale è inserita una Stella di David in ottone; da questa inizia una barra in ferro verticale sulla quale sono innestati e incastrati otto bulloni a perpendicolo, ciascuno con una differente sporgenza, terminanti con un piattino in ferro che contiene il lume bianco della *chanukkiah*. Lo *shammash* viene rappresentato dalla candela tortile posta al culmine della struttura di maggiori dimensioni e di color argento.

38 x 24.5 x 20 cm
Wood, iron and brass

The lamp, a jointed mechanical structure bolted together, stands on a plain wooden base in which there is a brass Star of David. A vertical iron bar rises from the base. Eight bolts are joined and set perpendicularly to the bar, each protruding in a different direction and having a different length. At the end of each bolt there is an iron plate that supports the white Hanukkah light. The twisted silver candle at the top of the structure, which is bigger than the others, represents the shamash.

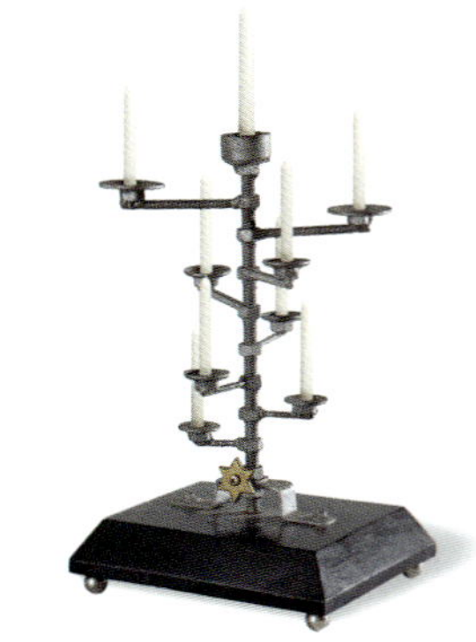

2006

CLARA ABRAMOVICI

51 x 56,5 x 11 cm
Marmo bianco

La parte inferiore del candelabro presenta una decorazione in rilievo con motivi vegetali, fiori e foglie. Nella parte superiore, alla base del braccio centrale e dei due bracci ai suoi lati, sono raffigurati in rilievo due uccelli che guardano in direzioni opposte. La parte terminale dei bracci, invece, è priva di decorazioni, completamente liscia e levigata. Sulla sommità di ognuno è stato praticato un piccolo foro nel quale sono inserite le candele. Il braccio centrale, più alto di alcuni centimetri e più distanziato, rappresenta lo *shammash*.

51 x 56.5 x 11 cm
White marble

The lower part of the candelabrum is decorated with a relief design of plants, flowers and leaves. On the upper part, at the base of the central arm and the two arms at either side, is a relief depicting two birds looking in opposite directions. The ends of the arms, which are not decorated, are completely smooth and polished. A small hole has been drilled into the tip of each arm to hold the candles. The central arm, which is a few centimetres taller than the others and further apart, represents the shamash.

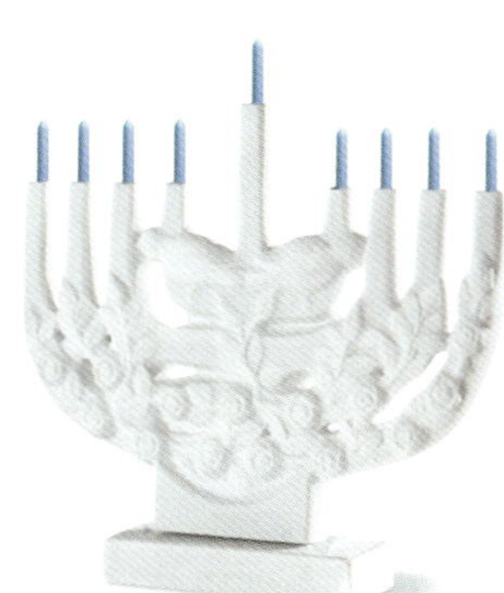

2007

MARCO SILOMBRIA

55,5 x 39 x 39,5 cm
Ceramica

L'opera è concepita come un vaso di fiori realizzato in ceramica dipinta e colorata, a imitazione degli elementi floreali naturali acquatici che vi sono contenuti. Una fascia di colore azzurro nella parte bassa cinge a drappeggio con una leggera inclinazione la sagoma del vaso; in essa si innestano, come a fuoriuscirne, le foglie e gli elementi compositivi aggregati alla struttura stessa. In cima, sul bordo circolare del vaso, trovano posto i nove fiori, in ceramica rossa e, al loro interno, compaiono i lumi per l'accensione. Il nono lume, lo *shammash*, ben si evidenzia nel fiore dotato di uno stelo più alto.

55.5 x 39 x 39.5 cm
Ceramic pottery

The work represents a colourful, painted ceramic vase of flowers depicting the natural aquatic floral components it contains. A blue ribbon is draped around the lower part of the vase, arranged at a slight angle. Leaves and other items that make up the composition are attached to the structure, seemingly poking out from under the ribbon. At the top, along the round edge of the vase, are nine red ceramic flowers that contain the lights. The ninth light, the shamash, is plainly recognisable as the flower with the tallest stem.

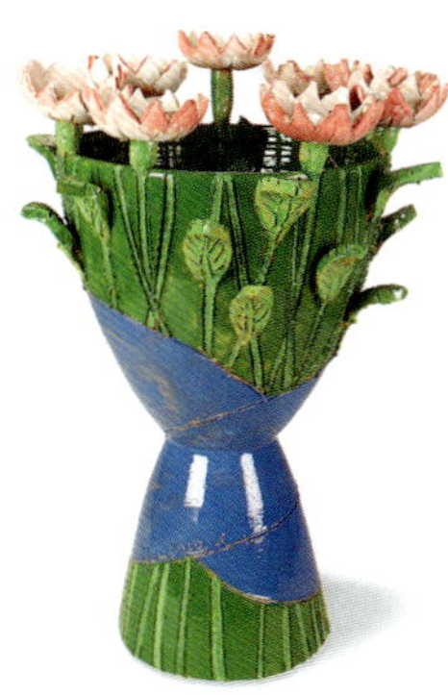

2007

RAPHAEL REIZEL

22,5 x 64 x 24 cm
Terracotta

Cinque sculture modellate in terracotta poggiano
su un basamento rettangolare. Le figure, con vesti
di foggia chassidica, sono rappresentate
in movimento, come se danzassero, e ciascuna
di esse regge due lumi per la *chanukkiah*. L'unica
figura seduta in posizione laterale e leggermente
defilata, simboleggia lo *shammash*.

22.5 x 64 x 24 cm
Terracotta

*Five terracotta sculptures stand on a
rectangular base. The figures, dressed in
traditional Hasidic attire, are portrayed in
motion, as if dancing, and each holds two
Hanukkah candles. The solitary figure sitting
to the side and slightly further back represents
the* shamash.

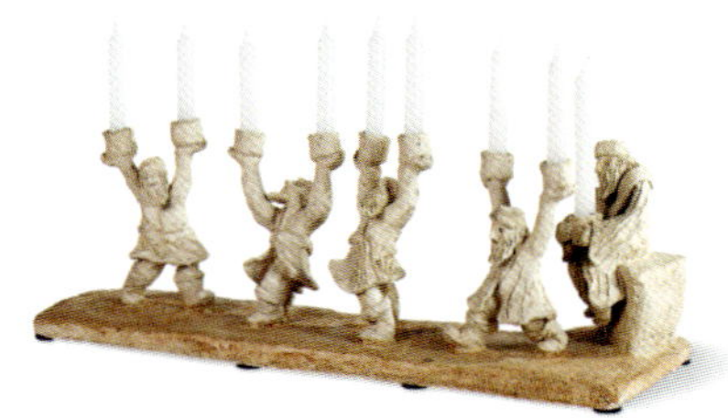

2007

MAX RAMEZZANA

47,5 x 116,5 x 51,5 cm
Legno dipinto

L'opera è realizzata in legno dipinto e richiama,
attraverso l'utilizzo di due semplici travi di colore
bianco leggermente curvate, un boccascena teatrale
e un palco, dove le candele appoggiate lungo tutto
l'asse frontale simboleggiano gli attori di teatro.
Racchiuso entro la piccola pedana prospiciente
la platea, unica macchia dorata nell'estremo candore
dell'insieme, il nono lume, lo *shammash*.

47.5 x 116.5 x 51.5 cm
Painted wood

*The work, made of painted wood, features two
plain white, slightly curved beams to create a
structure resembling the proscenium and stage
of a theatre. The candles arranged along the
entire length of the front beam symbolise the
actors. On a small platform, facing the
audience, a solitary golden spot amidst the
absolute whiteness of the structure represents
the ninth light, the* shamash.

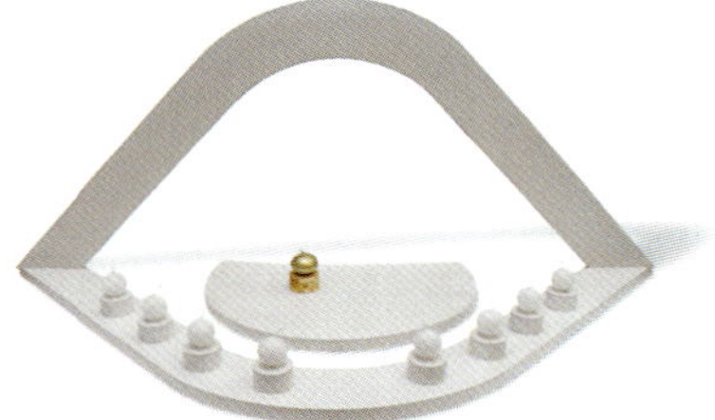

2007

MASSIMO ORSI

26 x Ø 94 cm
Cera

L'opera viene presentata come un girotondo di nove
figure umane fortemente stilizzate e realizzate in
cera: le singole parti del corpo sono semplificate
e ridotte a solidi geometrici che simboleggiano
ciascuno gli otto lumi della *chanukkiah*. Il nono lume,
lo *shammash*, è rappresentato da una figura priva di
una gamba, l'unica sagoma in cera bianca, che
chiude il cerchio.

26 x Ø 94 cm
Wax

*The work portrays a group of nine highly
stylised wax human figures playing ring-a-
ring o' roses. The various parts of their bodies
have been simplified and reduced to mere
geometric solids and each one symbolises one
of the eight lights of the* hanukkiah. *A figure
made of white wax and with only one leg
completes the circle and represents the ninth
light, the* shamash.

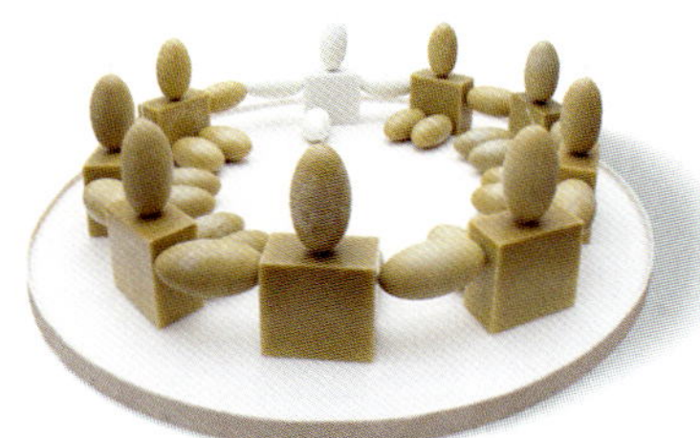

88

2007

RICCARDO LEVI

3,5 x 22 x 2,5 cm
Ottone

L'opera parte da una sottile barra in ottone
sulla quale si snoda la struttura di un treno: quattro
vagoni preceduti da una locomotiva. Ogni vagone
è costituito da massicci parallelepipedi in ottone
squadrati, delimitati ai due lati di scorrimento da due
coppie di cerchi ruotanti e fissati mediante
avvitamento al corpo centrale. La locomotiva, invece,
è formata da un parallelepipedo posto in verticale
combinato con una forma cilindrica collocata in
orizzontale. Ciascun vagone, sulla propria sommità,
presenta due fori per l'inserimento dei lumi.
Soltanto la locomotiva prevede un foro isolato
per lo *shammash*. L'opera è la seconda di quattro
esemplari, come da stampigliatura sotto la
medesima. La proposta creativa lavora sia
sul versante del treno giocattolo, sia su
quello dei vagoni della deportazione.

3.5 x 22 x 2.5 cm
Brass

*The base, a thin brass bar, supports a train:
four wagons pulled by an engine. Each wagon
is a solid brass rectangular block and has two
pairs of wheels that turn and are screwed to
the main body. The engine consists of a
vertical parallelepiped joined to a horizontal
cylindrical structure. There are two holes
on the top of each wagon for the lights.
The engine has just one hole, for the shamash.
This work is the second of the four produced
by the artist, as shown by the serial number
stamped on the underside.
This creative work is an interpretation
of the train from two perspectives: as a toy
and as a means of deportation.*

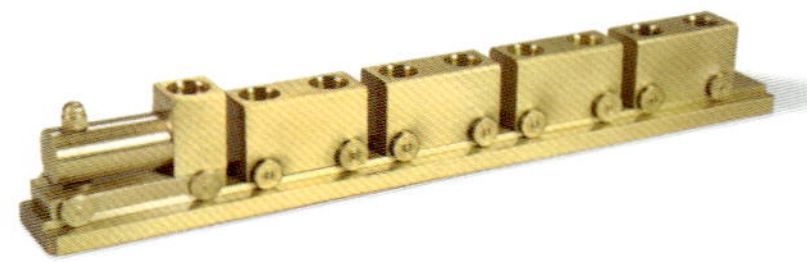

89

2007

SERGIO FLORIANI

15 x 50 x 50 cm
Legno, piombo e stagno

Un parallelepipedo in legno è rivestito con piombo
e appare sezionato in senso verticale e orizzontale,
così che si determinano nove piccoli cubi di eguale
grandezza, ciascuno dei quali simboleggia i nove
lumi della *chanukkiah*.
La superficie della struttura è percorsa da colature
di stagno che creano suggestivi effetti grafici.

15 x 50 x 50 cm
Wood, lead and tin

*A parallelepiped made of wood is covered
in lead and cut into vertical and horizontal
sections to form nine small cubes that are all
the same size and symbolise the nine lights
of the hanukkiah.
Tin has been poured over the surface of the
structure to create a striking design.*

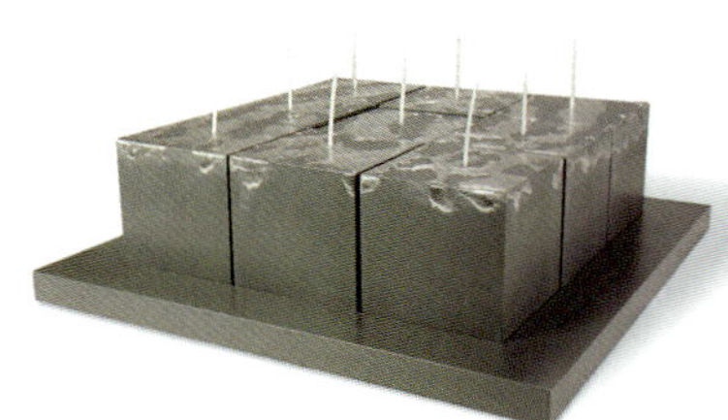

90

2007

DAVIDE FERRO

66 x 66,5 x 6 cm
Vetro fuso

L'opera è costituita da un vetro diffusore all'interno
del quale è stata effettuata una prima fusione
di pulviscolo vetroso su cui successivamente sono
stati apposti vetri colorati a forma di candelabro per
una seconda e definitiva fusione. Le cromie
dominanti sono il blu per la figura della lampada,
i gialli con i rossi nelle differenti sfumature per
le parti luminescenti. La cornice è dotata
di una lampada fluorescente posta
al piede, posteriormente.

66 x 66.5 x 6 cm
Molten glass

*The work consists of light-diffusing glass in
which the artist performed a preliminary
fusion of glass powder, then arranged the
coloured glass in the shape of a candelabrum
and then performed a second and final fusion
process. The prevailing colours are blue for the
lamp, with different shades of yellow and red
for the luminescent parts. A fluorescent lamp
is fitted to the base of the frame, at the back.*

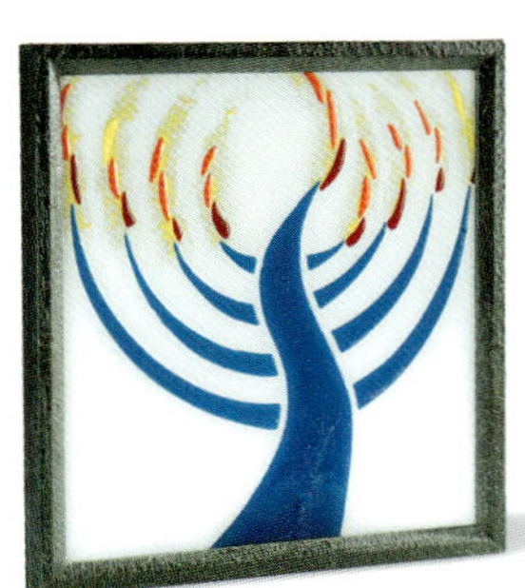

2007

ROBERTO CARPANI
FRED CHARAP

127 x 132 x 25 cm
Plexiglas e tecnica mista su tela
Bussetti & Mazza, Alessandria

Il lavoro è stato costruito a quattro mani,
ed è così scomponibile: Fred Charap ha prodotto
una superficie pittorica fortemente materica,
Roberto Carpani ha costruito una sorta di foglio
in metacrilato, piegato centralmente ottenendo così
due superfici distinte. Sul lato destro ha alloggiato
il lavoro di Charap, ovvero la rappresentazione
pittorica della lampada. Sull'altro lato invece,
ha operato una serie di tagli che rappresentano
i gradini di una scala. Su ognuno di essi sono
collocati i lumi della *chanukkiah*, in vetro
pirex, due per ciascun ripiano. In cima
alla struttura, isolato dai restanti, il nono
lume simboleggia lo *shammash*.

127 x 132 x 25 cm
Plexiglas and mixed media on canvas
Bussetti & Mazza, Alessandria

*This work was created by two artists, as
follows: Fred Charap produced a pictorial
surface in which physical matter is a powerful
factor. Roberto Carpani constructed a sort of
methacrylate sheet, folded down the middle to
obtain two distinct surfaces. He placed
Charap's work, a pictorial interpretation of
the lamp, on the right-hand side. On the other
side he made a series of cuts that represent
stairs. On each step there are two Hanukkah
lights, made of Pyrex glass. At the top of the
structure, separate from the rest, the ninth
light symbolises the shamash.*

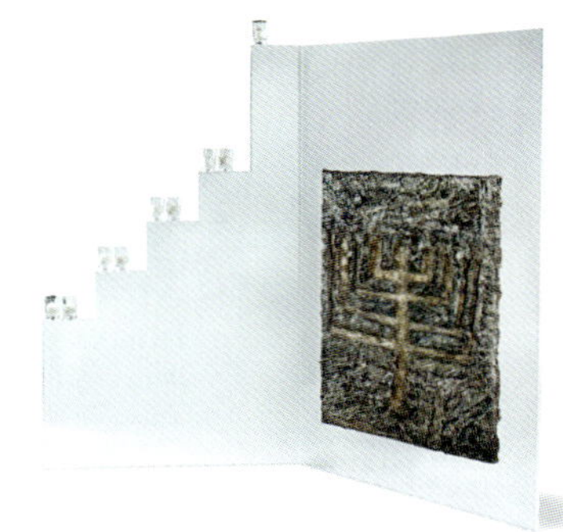

2007

GIOVANNI BONARDI

43 x 43 x 12 cm
Ceramica e alluminio

Appoggiata su una lastra di alluminio, l'opera
è costituita da un parallelepipedo in ceramica,
la cui superficie lievemente mossa, lavorata
a rilievo con corpi umani disegnati in movimento,
si presenta suddivisa in tre lastre; lo *shammash*
è in posizione centrale. In cima alla struttura trovano
posto i nove lumi. Sia il *recto* sia il *verso* dei
parallelepipedi sono scolpiti a bassorilievo.

43 x 43 x 12 cm
Ceramic pottery and aluminium

*Standing on a sheet of aluminium, the work
consists of a ceramic parallelepiped divided into
three parts. The surface is slightly uneven and
decorated with a relief design of moving human
figures. The shamash is at the centre. The nine
lights are arranged along the top of the
structure. The parallelepipeds are engraved on
the face and back with bas-relief designs.*

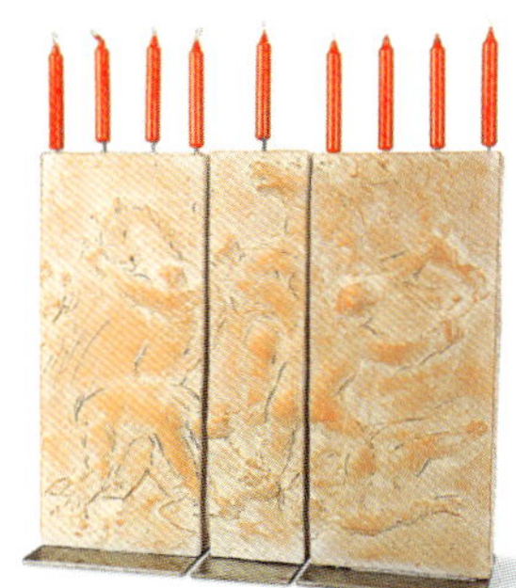

2008

DARIO BREVI

67 x 117 x 25 cm
MDF e acrilici

Da un piatto basamento rettangolare si alza
la struttura dell'opera realizzata in MDF (*Medium
Density Fibreboard*), costituita da una geometria
di rami che si incontrano e si intersecano, dipinti
a piccoli segmenti con acrilici dalle colorazioni
vivide e accese. La forza del colore si duplica,
diversificandosi sui due lati dell'opera. In questo
intreccio il nono lume, lo *shammash*, è collocato
a lato, ben distanziato dai restanti lumi.

67 x 117 x 25 cm
MDF and acrylics

*A flat rectangular base supports the structure
made of MDF (medium-density fibreboard).
The branches of the lamp meet and intersect
and are painted in small sections using bright,
vivid acrylics. The force of the colours is
duplicated, differing on the two sides of the
work. The ninth lamp, the shamash, is at the
side, some distance from the other lights.*

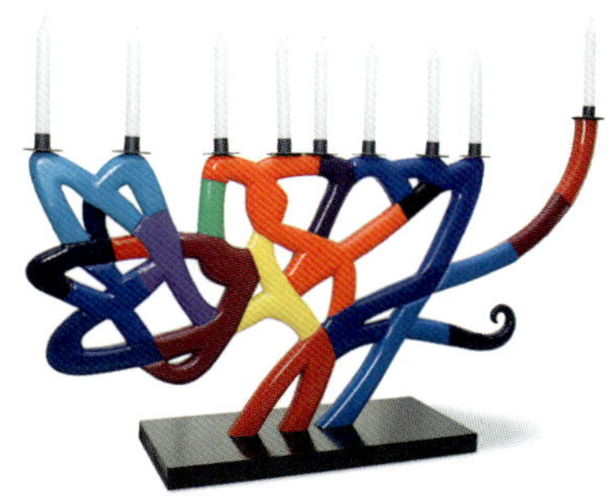

2008

JESSICA GABBAI

1 x 54,5 x 30 cm
Ferro e vetro

La lampada è composta da un basamento
dotato di cornice in ferro piano dai profili irregolari
che inquadra un sottile e quasi trasparente tappeto
in vetro blu, con applicazioni in metallo giallo.
Le candele per l'accensione sono poste
in fila su un lato della cornice. Nelle intenzioni
dell'artista la lampada, con l'utilizzo del ferro,
vuole significare la stabilità di una tradizione
che si tramanda nel tempo; la luce riflessa
che si propaga dal vetro è invece il simbolo
della luce che la festa rappresenta.

1 x 54.5 x 30 cm
Iron and glass

*The lamp consists of a base with an
asymmetric flat iron frame surrounding a thin
and almost transparent mat made of blue glass
with yellow metal elements. The candles are
arranged in a row along one side of the frame.
The use of iron conveys the idea of stability
of an age-old tradition; the light that
is reflected and propagated in the glass
symbolises the light that this festival celebrates.*

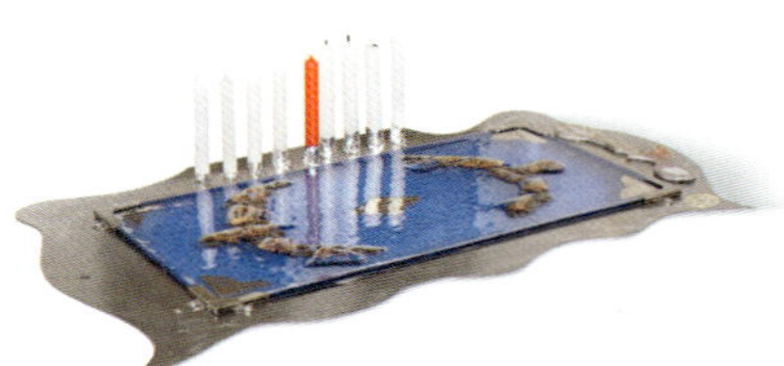

2008

FRANCO GERVASIO

50 x 50 x 18 cm
Vetro, metacrilato, componenti elettriche
Neon Volta, Casale Monferrato

Realizzata con sottili tubi di vetro, colorati
e fluorescenti, l'opera appare come un intreccio
di bastoni che interagiscono sulla superficie del
quadro e si accendono secondo la sequenza
regolare della festa delle Luci. La lampada
è inoltre percorsa da scritte in ebraico tratte
dal volume *Chanukkà* curato da Augusto Segre.

50 x 50 x 18 cm
Glass, methacrylate, electrical components
Neon Volta, Casale Monferrato

*Made of thin, coloured and fluorescent glass
tubes, the work features a network of sticks
that interact on the surface of the panel and
are lit in the prescribed sequence of the
Festival of Lights. The lamp is also decorated
with Hebrew writings from the book called
Chanukkà edited by Augusto Segre.*

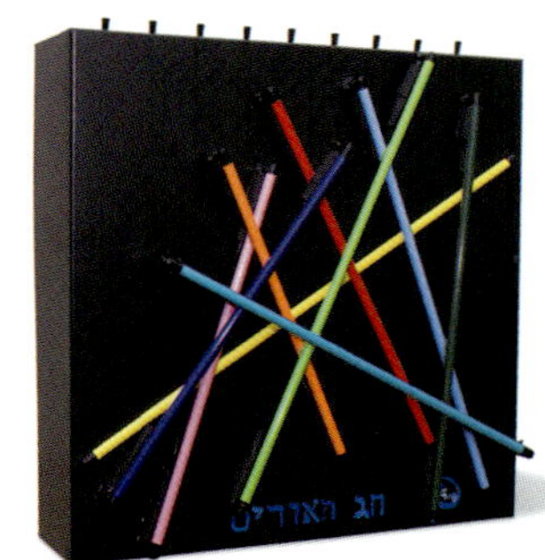

2008

ALÌ HASSOUN

75 x 65 x 20 cm
Ferro intagliato a laser

Il candelabro a otto bracci è concepito dall'artista
come una grande scritta in calligrafia araba
che assume la forma di albero e contiene il testo
arabo *Bismillahi al-Rahmani al-Rahimi* (Nel nome
di Allah, il Misericordioso, il Compassionevole).
L'andamento geometrico innalza i lumi in una
progressione armonica verso un'ottava superiore.
Nella volontà dell'autore è un augurio di amicizia
tra i popoli, che guarda alla bellezza cercando
l'essenza della parola.

75 x 65 x 20 cm
Laser-cut iron

*This eight-branched candelabrum with a tree-
like structure features a phrase written in large
Arabic letters. The words say* Bismillahi
al-Rahmani al-Rahimi *(in the name of Allah,
most merciful, most gracious). In this
composition each light is slightly higher than
the previous one, just like a harmonic sequence
to a higher octave. The work expresses the
artist's desire for friendship among peoples and
his quest for beauty in the essence of the word.*

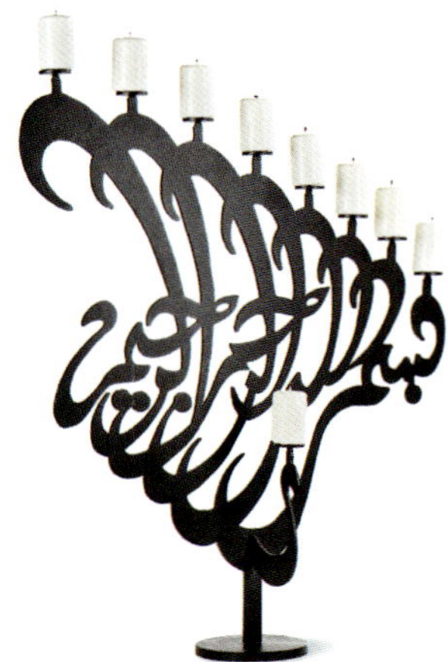

97

DANTE MAFFEI

67 x 70 x 30 cm
Ferro

L'opera rilegge la classica foggia del candelabro ebraico utilizzando tubi in acciaio; i bracci della lampada sono così tradotti in un moderno disegno sulle cui estremità poggiano le candele per l'accensione. Lo *shammash* è invece al centro, in posizione rialzata. Sia il basamento, sia i singoli tubi, sono percorsi da incisioni di lettere scavate e bruciate. L'artista ha dato alla sua lampada un senso funzionale e pratico, oltre che rispettare il simbolo che manifesta.

67 x 70 x 30 cm
Iron

The work is a modern interpretation of the traditional Jewish candelabrum, made of steel tubes. The branches, which feature a contemporary design, hold the candles. The shamash is at the centre, in a raised position with respect to the others. Letters have been engraved and burnt into the surface of the base and each tube. This functional and practical lamp also complies with the religious requirements for hanukkiot.

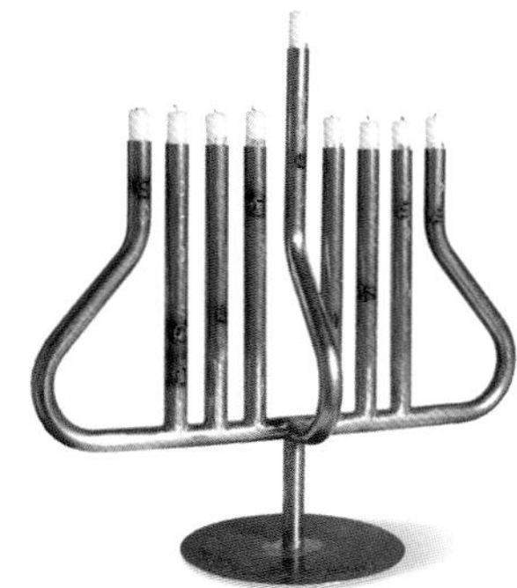

98

DANIELE MILANESI

21,5 x 49 x 43 cm
Ferro ossidato e cerato

L'opera è concepita come un bilanciere in equilibrio instabile, su un piedistallo che funge da perno. Su un lato si trova lo *shammash*, contrappeso alle otto luci poste sul lato opposto. Quando tutti i lumini sono accesi le otto luci pesano più del servitore, ma, consumandosi, è lo *shammash* che progressivamente acquista peso fino a innalzare da solo tutte le luci e a toccare il piano d'appoggio in un punto preciso della circonferenza tracciata dalla rotazione del bilanciere.

21,5 x 49 x 43 cm
Oxidized and waxed iron

The work represents a set of scales in a state of unstable equilibrium, standing on a pedestal that acts as a pivot point. On one side is the shamash, counterbalanced by the eight lights on the opposite side. When all the lights are kindled the eight lights are heavier than the servant light. As they burn down, the shamash gradually grows heavier until it raises all the lights and touches the floor at an exact point on the circumference traced by the rotation of the scales.

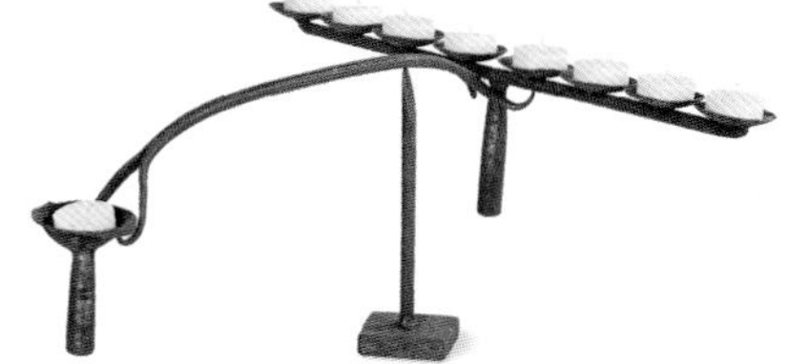

99

GIAN LUCA RANNO

52 x 49 x 34 cm
Poliuretano espanso, vetroresina, gelcoat e vetro

L'opera è concepita come un grande corpo nero, una materia indefinita e indeterminata: si percepiscono nitidamente soltanto le fiammelle terminali dei lumi in vetro trasparente. Il nono lume, lo *shammash*, viene reso come corpo a sé, una sorta di piccolo monolite distaccato rispetto alla massa totale. Nella lampada luce e buio sono contrapposti eppure fusi in un unico blocco le cui linee convergono verso l'alto, verso la luce. Il solido diventa fluido, il buio diventa luce, la forza diventa leggerezza; una sinergia di opposti che confluiscono.

52 x 49 x 34 cm
Polyurethane foam, fibreglass, gelcoat and glass

The work features a large black mass of an undefined and undetermined material: the flames at the top of the transparent glass candles are the only components that are clearly distinguishable. The ninth light, the shamash, is a self-standing element, a sort of small rock standing apart from the main mass. The lamp is an antithesis of light and dark, yet these are fused together within a single block in which the lines move upwards, towards the light. Solid becomes liquid, dark becomes light, strength becomes airiness; opposites coming together.

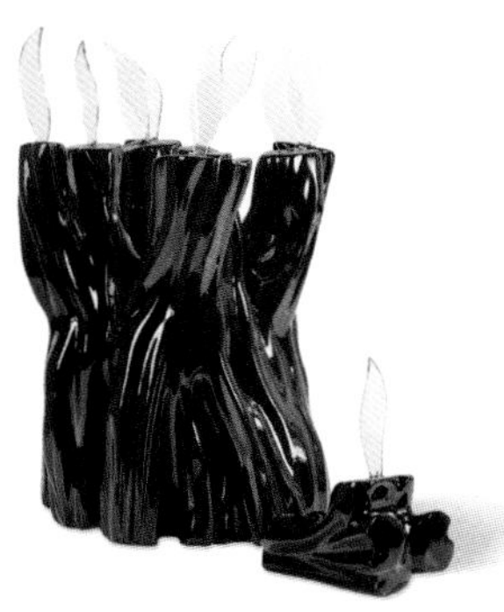

2008

ANTONIO RECALCATI

100 x 81 cm
Tecnica mista su tela

100 x 81 cm
Mixed media on canvas

Il dipinto è dominato dalla rappresentazione centrale di due mani affiancate con i pollici che si toccano: come dalle mani si sprigionano fasci di luce abbaglianti, così dal contatto tra le due dita scaturisce una fiamma. La rappresentazione della lampada si trasla in una raffigurazione umana in cui le otto dita divengono i lumi e il nono lume, unione dei due pollici, si traduce nello *shammash*. Con quest'opera l'artista celebra la vita e la luce dopo secoli di sofferenze, ma celebra nel contempo la forza che l'arte ha in sé: quella di unire su un comune terreno ogni diversità linguistica, culturale, identitaria.

Two hands placed side by side with the thumbs touching are the dominant feature of this painting: dazzling rays of light shine out from the hands and a flame shoots up from the point where the thumbs are joined. The lamp is depicted as a human being in which the eight fingers are the lights and the point where the thumbs meet is the ninth light, the shamash. With this work the artist celebrates life and light after centuries of darkness, but also the innate ability of art to create a common ground that brings all the different languages, cultures and identities together.

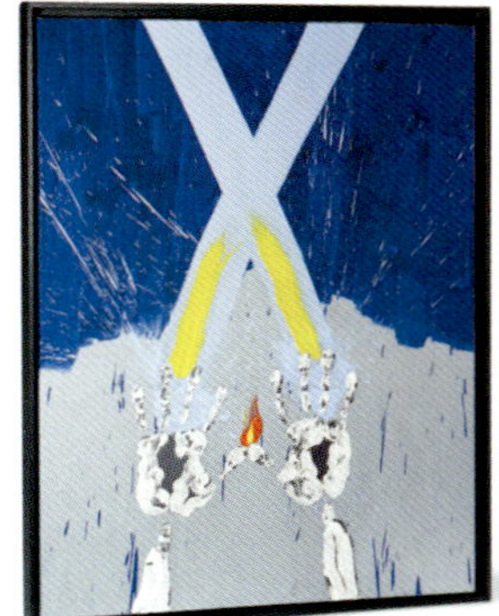

2008

BEATRICE CARACCIOLO

84,5 x 120,5 x 14 cm
Legno e ferro zincato

84.5 x 120.5 x 14 cm
Wood and galvanised iron

La lampada è costruita su un basamento ligneo rettangolare dal quale si ergono verticalmente i nove bracci della *chanukkiah*; il nono, che simboleggia lo *shammash*, occupa la posizione centrale ed è più alto. Parte della superficie dell'opera è rivestita da ritagli di ferro zincato inchiodati. Frammenti metallici assemblati dall'artista generano barriere labili che non offrono alcuna protezione; la superficie dell'opera è come scavata da cesure, tracce di segmenti irregolari. Ogni particolare induce a credere che l'artista abbia voluto scolpire le linee, invece che la materia, come se l'oggetto da plasmare fosse vuoto.

The lamp is built on a rectangular wooden base that supports the nine vertical branches of the hanukkiah. The ninth, which symbolises the shamash, is at the centre and is the tallest. Part of the surface is covered with nailed lengths of galvanised iron. Metal fragments assembled by the artist create ephemeral barriers that offer no protection. Breaks, traces of uneven segments appear to have been dug into the surface. Each detail seems to suggest that the artist wanted to sculpt the lines rather than the material, as if shaping an empty object.

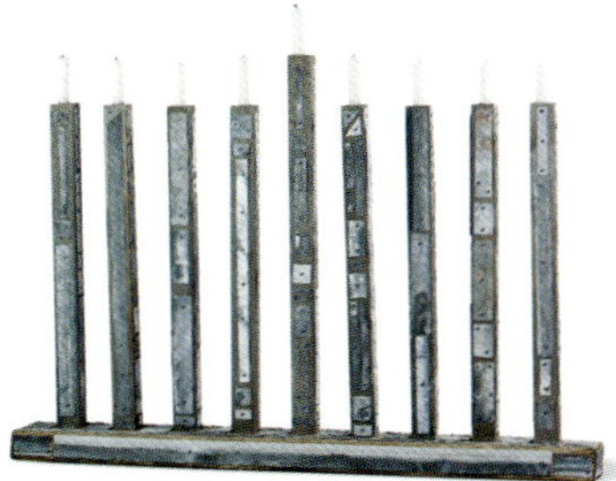

2008

STEFANIA RICCI

18 x 103 x 6 cm
Piombo e Polaroid

18 x 103 x 6 cm
Lead and Polaroid

La lampada è una lunga scatola rettangolare in piombo, metallo che secondo la tradizione alchemica potrebbe trasformarsi in oro. Al suo interno si inseriscono un insieme di Polaroid che ritraggono farfalle in volo: il movimento viene fissato nella traccia presente sulla carta fotosensibile. La scatola diviene una sorta di crisalide dentro la quale si muove una nuova vita. I lumi sono appoggiati sulla parte superiore della cornice.

The lamp is a long rectangular box made of lead, a metal that, according to alchemic tradition, could turn into gold. The box contains a series of Polaroid images of butterflies in flight. Their movements have been captured on film and so the box is like a chrysalis with a new life starting to move inside it. The lights are placed on the top of the frame.

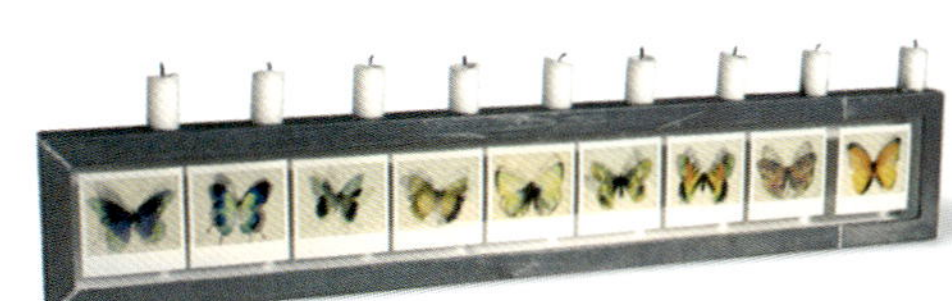

2008

ORNELLA ROSSI

6,5 x Ø 41,5 cm
Terracotta

Il lume è una ruota in terra rossa naturale,
scandita in superficie da otto frecce direzionali
che portano dall'interno verso l'esterno. Sul bordo
gli otto lumi, al centro spicca il nono lume,
lo *shammash*, la luce centrale che nella concezione
dell'artista raggiunge nel movimento rotatorio
la sua pienezza, l'essenza, l'energia che c'è
in ogni cosa.

6.5 x Ø 41.5 cm
Terracotta

*The lamp is a wheel made of natural
terracotta. On the surface there are eight
arrows pointing from the centre outwards.
The eight candles are arranged around the
edge. The ninth, the* shamash, *is at the centre
where, in the eyes of the artist, its fullness,
the essence, the energy that is in all things,
is achieved in the rotational motion.*

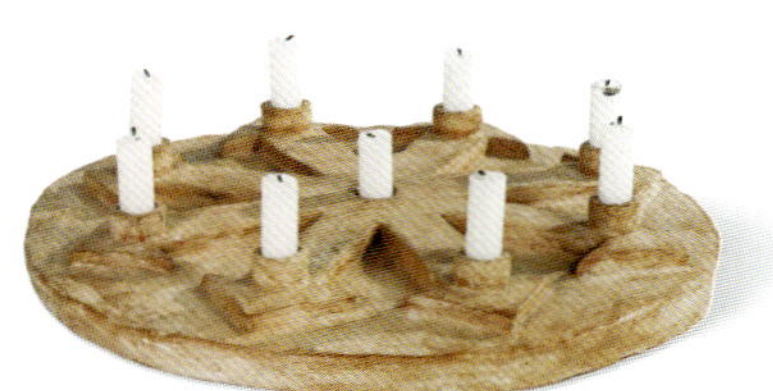

2008

GIOVANNI SABATINI

36 x 63 x 7 cm
Legno laccato

L'opera è concepita come una *ziggurat*,
un insieme di quattro parallelepipedi scalari
in legno laccato con colori diversi, sormontati
da un quinto parallelepipedo bianco, quale nono
lume a indicare lo *shammash*. La forma si può
modificare in continuo, cambiando la posizione
di ciascuna mattonella che può ruotare
sull'asse centrale.

36 x 63 x 7 cm
Enamelled wood

*The work portrays a ziggurat, four graduated
parallelepipeds made of differently-coloured
enamelled wood, with a fifth white
parallelepiped at the top, representing the
ninth light, the* shamash. *The shape can be
changed at will, by altering the position of the
bricks which can rotate about the central axis.*

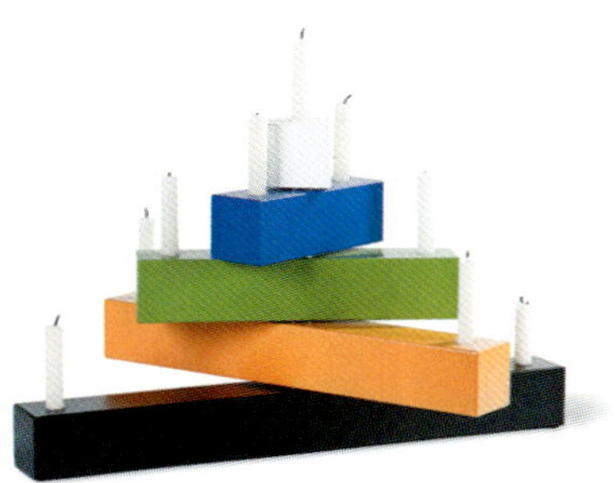

2008

JOSEPH SASSON

43 x 69 x 23 cm
Alluminio lucidato

La lampada realizzata è autoreferenziale,
nel senso positivo del termine di chi assume
su sé stesso l'obbligo del proprio nome, a memoria
di chi non c'è più. Riporta in ebraico il nome
dell'artista come simbolo creato con un materiale,
l'alluminio, che riflette la luce rappresentativa della
festa. Gli otto lumi posizionati in cima alla
struttura metallica sono di colore blu;
distinguibile lo *shammash*, il nono lume,
all'estrema destra e più rialzato.

43 x 59 x 23 cm
Polished aluminium

*This lamp is self-referential, in the positive
sense of a person who accepts the obligations
associated with his name, in memory of those
who are no longer here. It bears the name
of the artist in Hebrew, as a symbol created
using aluminium, a material that reflects the
light this holiday celebrates. The eight lights
at the top of the metal structure are blue;
the* shamash, *the ninth light, is clearly
recognisable at the far right and higher
than the others.*

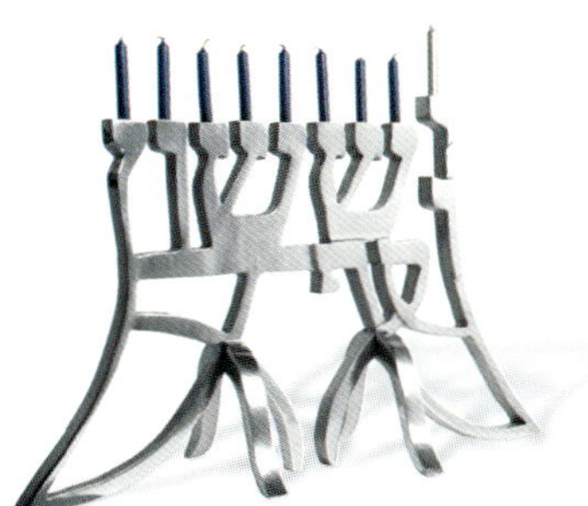

106

2008

EFREM RAIMONDI

46 x 63 x 18 cm
Stampa fotografica

Si tratta di un'opera fotografica che riprende otto candele allineate a mazzo sulla sinistra e legate da un unico elastico verde in attesa del loro turno di accensione. A destra lo *shammash* è l'unico lume acceso ed è più basso delle altre candele.

46 x 63 x 18 cm
Film print

This work is a photograph depicting eight candles lined up in a group on the left and tied together in a single green elastic band, awaiting their turn to be kindled. On the right the shamash *is the only candle that is burning and it is shorter than all the others.*

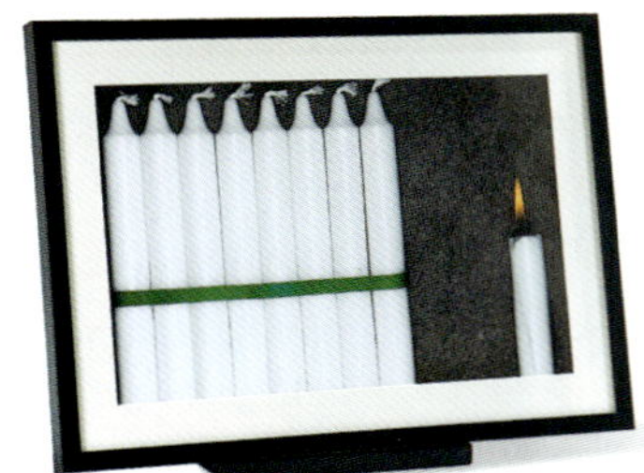

107

2008

GIOVANNI STEFANUTTO

87 x 63,5 x 8 cm
Stampa fotografica

Il disegno si articola in una serie di fitte linee orizzontali e verticali in cui sono ravvisabili alcuni flussi gialli e neri che lo attraversano. La lampada è il frutto di un lavoro sulla linea, sul suo movimento nello spazio, sul passaggio virtuale da un mondo bidimensionale a uno tridimensionale. I lumi sono posti esternamente al quadro, in continuità con le linee verticali.

87 x 63.5 x 8 cm
Film print

The work consists of a thick network of horizontal and vertical lines through which other yellow and black lines flow. The lamp is the result of an analysis of the line, its movement in space, the virtual passage from a two-dimensional to a three-dimensional world. The lights are arranged outside the picture, as a continuation of the vertical lines.

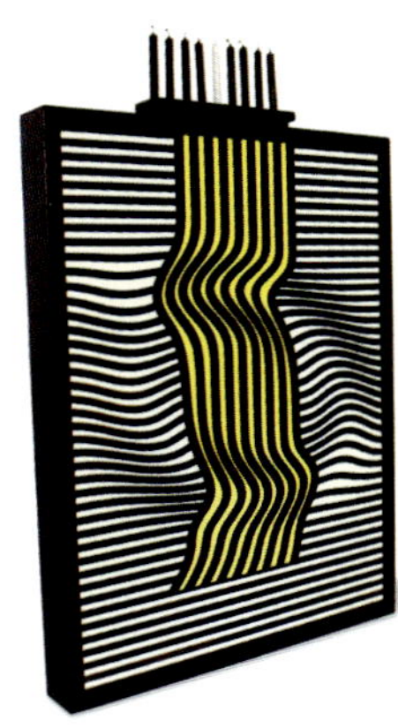

108

2009

MORENO GENTILI

15 x 62 x 84,5 cm
Plexiglas, fotografia montata su gatoform e candele

L'opera, il cui titolo è *Ebreo perché*, fa parte di una serie di manifesti che scandiscono 365 voci una dopo l'altra, come un mantra che ripete qualcosa in modo continuo. *Ebreo perché* rappresenta 365 voci dell'ebraismo – nomi, ricorrenze, luoghi, precetti, tradizioni alimentari e altro – a ricordare che il tempo segna non solo attimi, ma anche momenti di Storia. La completano nove candele consumate diversamente dal tempo che riempiono con la cera colata zone differenti della superficie. Il tutto è collocato in una scatola di plexiglas quasi fosse una forma cristallizzata nel tempo, nello scorrere cioè delle diverse epoche rappresentate dalle 365 voci che richiamano la memoria ebraica.

15 x 62 x 84.5 cm
Plexiglas, film print mounted on gatoform and candles

The work, called Ebreo perché *(Jew because) is one of a series of posters that portray 365 items in sequence, like a mantra continuously repeating something. Ebreo perché represents 365 items of Judaism — names, events, places, precepts, traditional food, etc. — as a reminder that time not only marks minutes and seconds, but moments in History too. The work features nine candles, consumed differently by time, which have melted and filled different parts of the surface with their wax. The entire work has been placed in a Plexiglas box, almost as if it has become fossilised in time, with the passing of the different ages represented by the 365 items evoking the history of Judaism.*

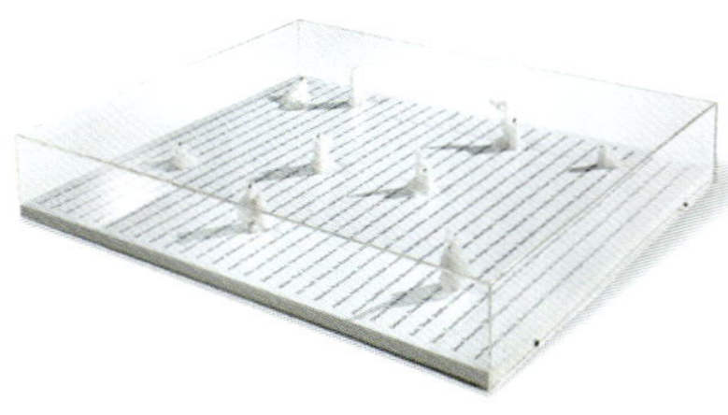

109

2009

TAMARA REPETTO

59 x 41 x 39 cm
Bobine per filo di rame e lattine

In linea con il suo abituale registro espressivo,
l'artista impiega nel lume solo materiali di riciclo:
cinque bobine per filo di rame sono saldate l'una
all'altra con un andamento modulare: solo la prima
che funge da base è orizzontale, mentre le altre
sono inclinate e creano un effetto di apparente
disequilibrio. Le bobine servono da appoggio
per le coppette dei ceri per le quali sono state
impiegate nove lattine smussate, collocate
a diverse altezze. La nona lampada, lo *shammash*,
è in posizione scostata rispetto alle altre,
alla base della costruzione metallica.

59 x 41 x 39 cm
Copper wire spools and cans

*In line with her own personal style, the artist
has only used recycled materials to create this
lamp. Five copper wire spools are welded
together on top of each other to form an
undulated structure. Only the first, which acts
as the base, is horizontal. The others are
arranged at different angles, giving the
impression of a state of unbalance.
The spools support the candle holders, which
are nine bevelled cans, arranged at different
heights. The ninth lamp, the* shamash, *is set
apart from the others, at the bottom of the
metal construction.*

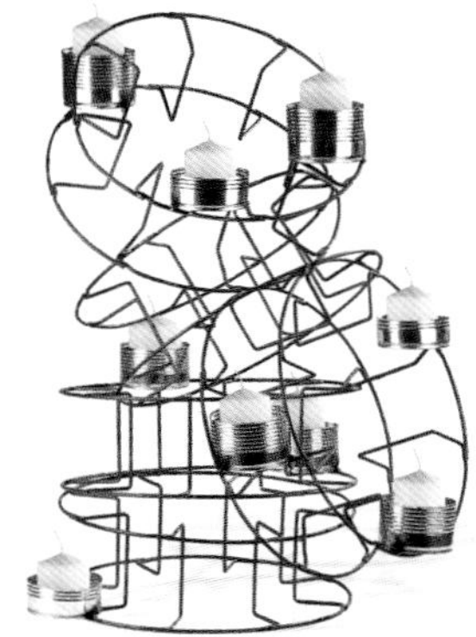

110

2009

JOSEPH SASSON

43,5 x 32 x 10,7 cm
Alluminio lucidato

La lampada è realizzata come un moderno
candelabro in alluminio lucidato che parte
da una base a forma di rettangolo smussato
per diramarsi in verticale attraverso otto bracci
di lunghezze differenti disposti simmetricamente.
Il nono lume, lo *shammash*, è in posizione
sopraelevata sul braccio centrale. L'opera
ha un risvolto calligrafico; le volute formate
dai vari bracci definiscono le lettere
del nome dell'artista.

43.5 x 32 x 10.7 cm
Polished aluminium

*The lamp is in the shape of a modern
candelabrum and is made of polished
aluminium. Eight arms of different lengths
branch out vertically and symmetrically from
the bevelled rectangular base. The ninth light,
the* shamash, *is in a raised position on the
central branch. The work also has to do with
handwriting: the spirals created by the
branches define the letters of the artist's name.*

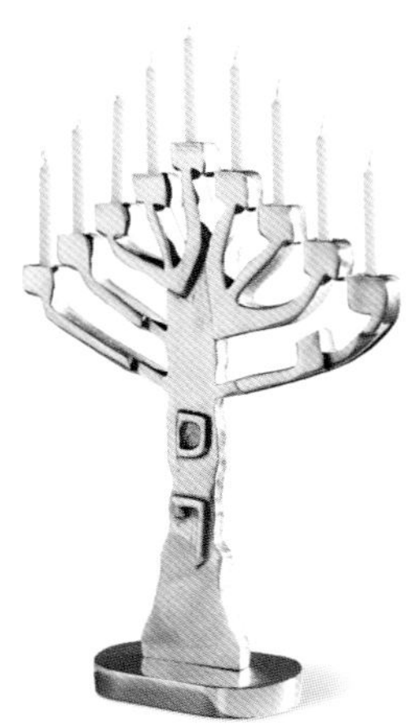

111

2009

GIOVANNI BONALDI

27 x 133 x 15 cm
Bronzo

La lampada è formata da nove pezzi in bronzo
patinato affiancati l'uno all'altro ed equidistanti,
lo *shammash* è all'estremità destra e si distingue
per essere ossidato in rame. Ogni parte ripropone
la forma della lettera *lamed*, al centro dell'alfabeto
ebraico, presentata come il "vuoto rappreso"
racchiuso dalla mano che impugna la lampada
con le impronte digitali e i solchi delle dita che
la stringono. La base è lo zoccolo di un cavallo
che nell'iterazione modulare suggerisce
il dinamismo di una cavalcata. Al tempo stesso
la lettera *lamed* rimanda a un'idea di interiorità,
connessa alla parola *lev* (cuore) di cui
la *lamed* è l'iniziale.

27 x 133 x 15 cm
Bronze

*The lamp consists of nine polished bronze
elements arranged side by side and equally
spaced. The* shamash *is at the far right and
is made of oxidised copper. Each part
reproduces the shape of the letter* lamed,
*the middle letter of the Hebrew alphabet,
represented as "solidified space", enclosed in
the hand that holds the lamp with the
finger-prints and furrows of the fingers that
grasp it. The base is a horse's hoof and the
modular reiteration represents a ride on
horseback. The letter* lamed *also gives an idea
of inwardness, associated with the word* lev
(heart) in which lamed *is the first letter.*

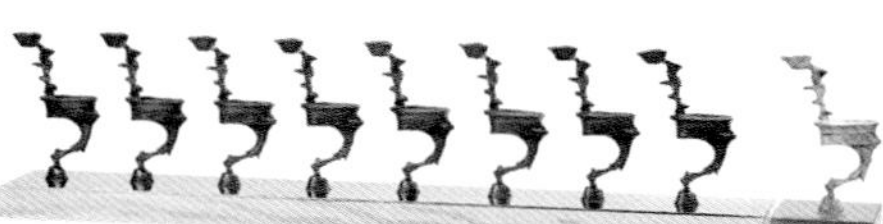

2009
RICCARDO LEVI

41 x 80 x 16 cm
Legno e ottone

Il lume ha uno sviluppo orizzontale ed è costituito
da una serie di sbarrette di legno modulari
di sfumature diverse, affiancate l'una all'altra, che
fungono da supporto per i lumi. Per fissarle sono
stati utilizzati dadi di forma arrotondata in ottone
dorato. L'opera poggia su una base rettangolare
in legno più scuro. Il servitore è posto all'estremità
su una sbarretta poco più alta delle altre.

41 x 80 x 16 cm
Wood and brass

*The lamp extends horizontally and consists
of a series of modular wooden bars in different
shades of colour, arranged side by side, which
support the candles.
They are attached by means of round gold-
plated brass nuts. The lamp stands on a
darker wood rectangular base. The servant
light is at the end on a bar that is slightly
taller than the others.*

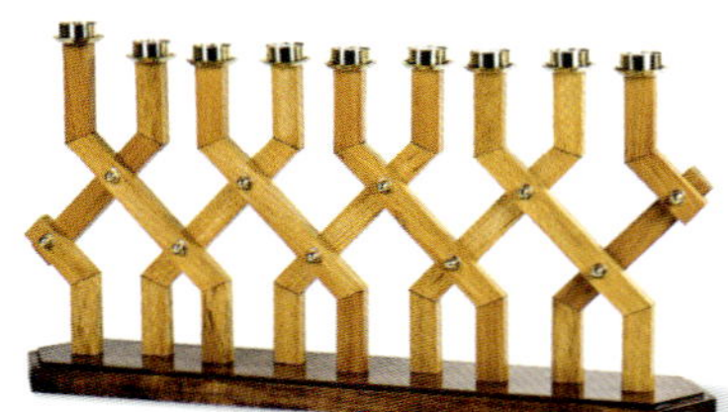

2009
LUIGI DEL MONTE

34,8 x 34 x 16,5 cm
Alluminio pieno e tubi di alluminio anodizzato

Il nome della lampada – *Asti* – rievoca la parola
"aste", di cui la lampada è composta e onora
al tempo stesso l'antica comunità ebraica della città
di Asti, vicina a Casale Monferrato. La *chanukkiah*
riprende la forma tradizionale della *menorah*,
la lampada a sette bracci che si trovava nel
Tempio di Gerusalemme. L'asta dello *shammash*
si riconosce al centro, più alta delle altre.
Il colore blu è considerato il colore ebraico
fin dai tempi della Bibbia.

34.8 x 34 x 16.5 cm
Solid aluminium and anodised aluminium tubes

*The title of the lamp is Asti. The reference here
is to the word "aste" (Italian for rods) which
are what the lamp is made of. It is also
a tribute to the ancient Jewish community
in Asti, a town not far from Casale Monferrato.
The hanukkiah is in the traditional shape
of the menorah, the seven-branched lamp
in the Temple of Jerusalem. The shamash
is recognisable at the centre, higher than the
others. Blue has always been regarded as the
Jewish colour, ever since the times of the Bible.*

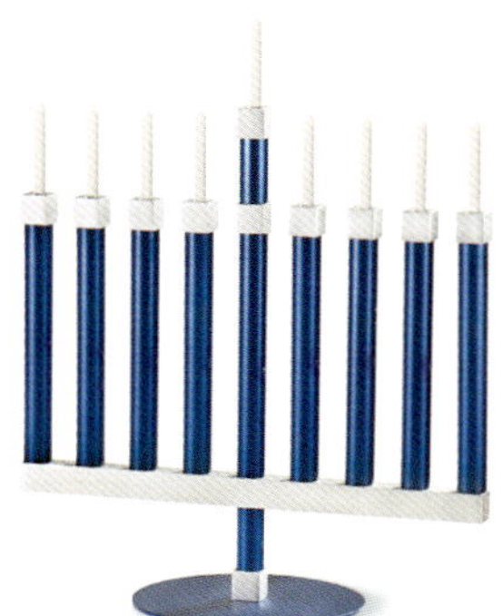

2009
MARIO FALLINI

56 x 58 x 29 cm
Legno e chiodi
Falegnameria Artigiana, Alessandria

L'opera è composta da una struttura in legno
ricoperta con cinquemila chiodi e appoggiata
su un basamento circolare. I bracci del lume sono
disposti simmetricamente quattro per lato;
al centro lo *shammash* sopraelevato rispetto gli altri.
Nell'iterazione del gesto necessaria per applicare
la copertura di chiodi l'artista rievoca la ripetizione
monologante e rituale della preghiera.

56 x 58 x 29 cm
Wood and nails
Falegnameria Artigiana, Alessandria

*The work consists of a wooden structure
covered in five thousand nails, standing
on a round base. The branches of the lamp
are arranged symmetrically, four on either
side. The shamash is at the centre and higher
than the others. In the repetition of the
gesture needed to cover the structure with
nails the artist evokes the repeated recital
of monologues and rituals of prayer.*

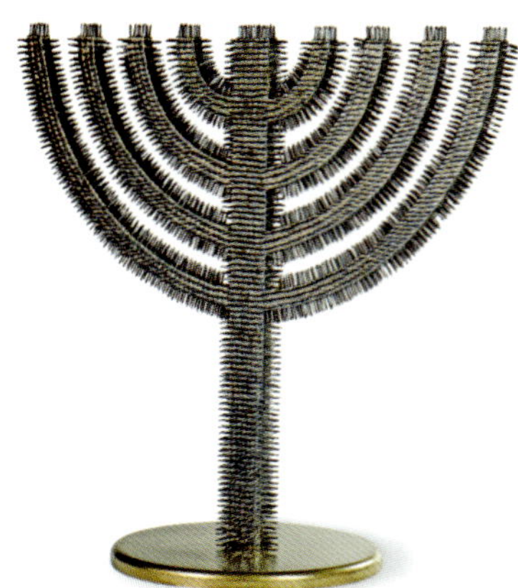

2009

PAUL RENNER

45 x 33 x 10 cm
Bronzo

L'opera, il cui titolo è *Chanukkaleuchter*, è stata realizzata tra il 2006 e il 2009. I bracci del lume sono costituiti da otto aringhe di bronzo su cui appoggiano le candele, mentre la base ha la forma di un grande osso di animale. L'artista muove dal concetto di *coincidentia oppositorum*: il pesce è cibo, ma è anche acqua, umidità, mettere il fuoco (la candela) sull'acqua vuol dire muoversi sul terreno del paradosso e cercare quindi di dare forma alla complessità dei simboli. L'osso è simbolo del sacrificio. Da intendere quindi come ultimo elemento del percorso cibo-acqua-fuoco-sacrificio, che introduce per di più un valore interreligioso e richiama nel significante il *calembour* e l'assonanza tra *kosher* e coscia.

45 x 33 x 10 cm
Bronze

The work, which is called Chanukkaleuchter, *was made between 2006 and 2009. Eight bronze herrings form the branches of the lamp and supports for the candles. The base has the shape of a bone of a large animal. The artist starts from the concept of* coincidentia oppositorum: *fish is food, but it is also water, moisture; placing fire (the candle) on water is a paradoxical notion that involves an understanding of the complexity of the symbols. The bone symbolises the sacrifice. It is thus the final link in the chain, food-water-fire-sacrifice, also introducing an inter-religious aspect and involves a pun on the words* kosher *and* coscia *(Italian word for thigh).*

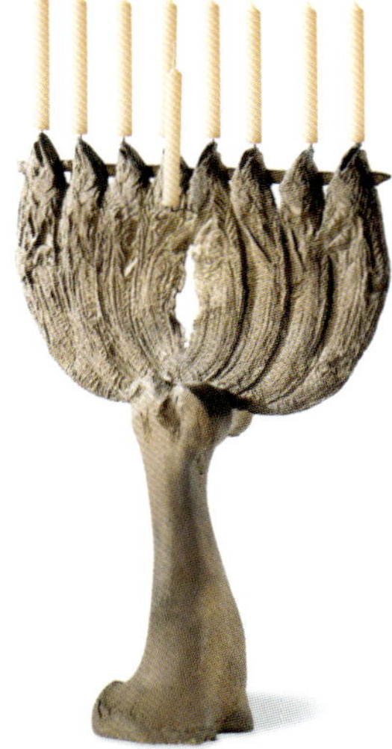

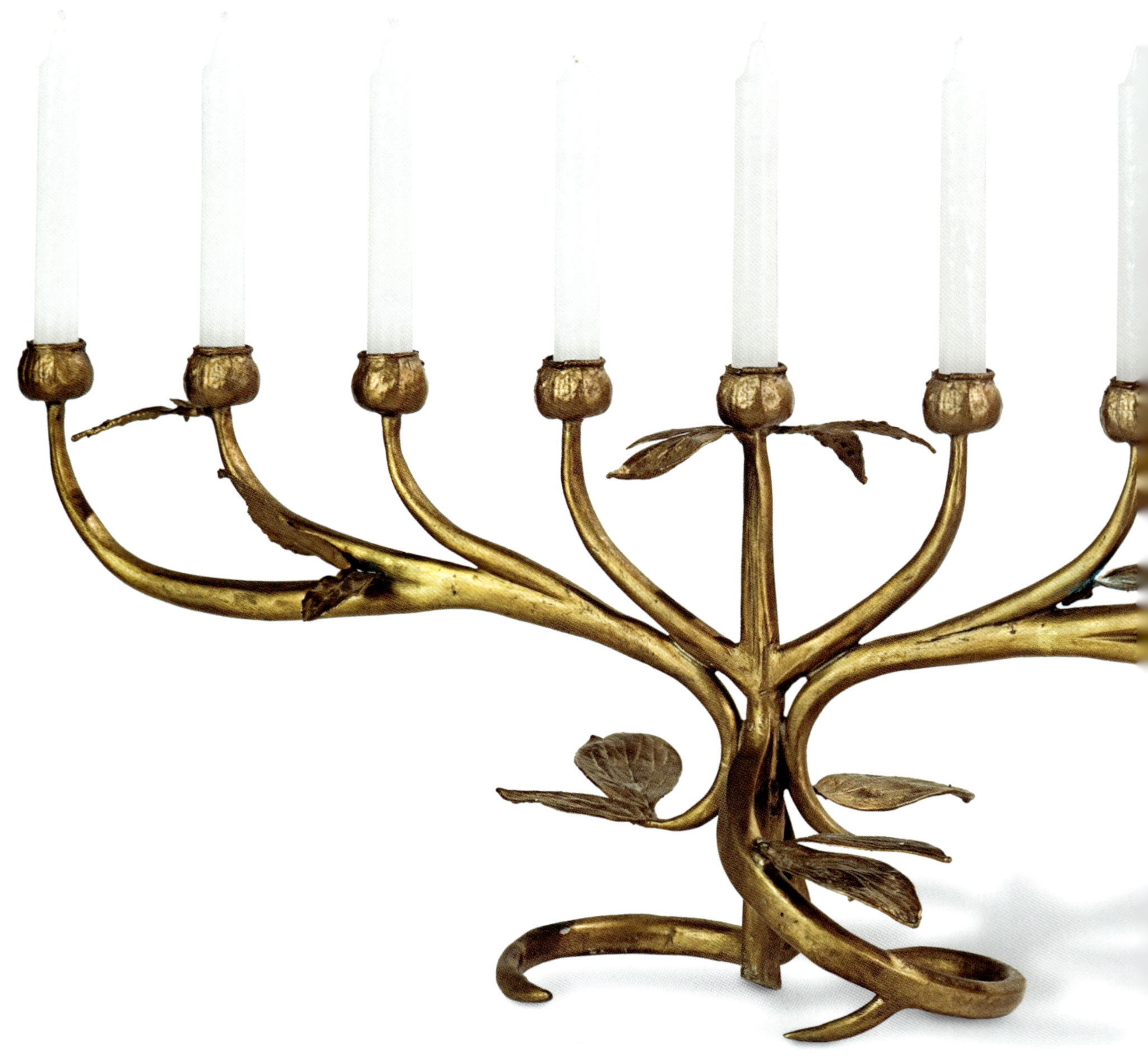

CLAUDE LALANNE | *2004*

DALL'IDEA AL PROGETTO
Gli artisti raccontano

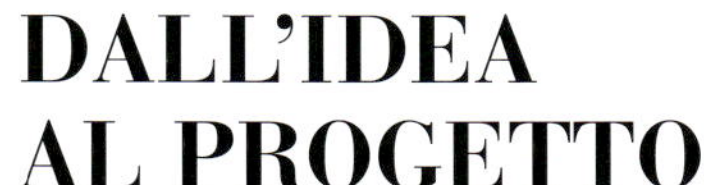

FROM THE CONCEPT TO THE PROJECT
The artists' stories

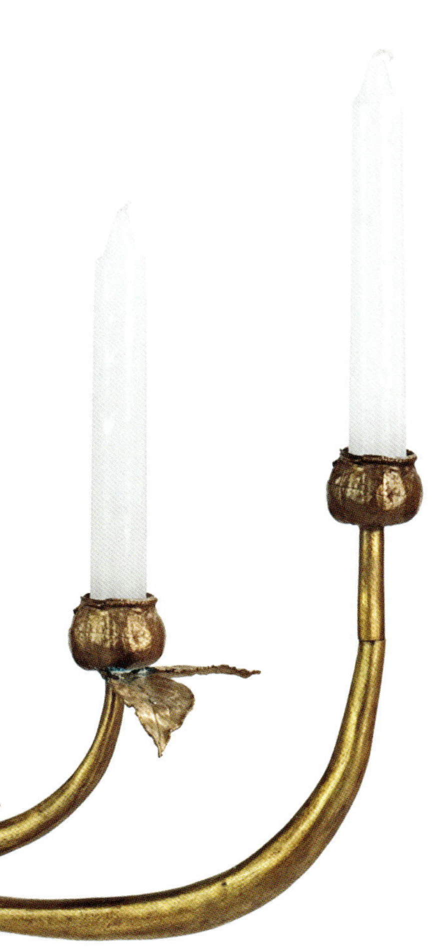

LUCIO DEL PEZZO

Il motivo che mi ha indotto
a fare una lampada per la festa
di *Chanukkah* (ho diversi amici
ebrei) è semplice: ho ammirato
la ragione della festa;
la celebrazione della luce,
motivo unico nelle religioni.
La luce, che scopre il colore,
il motivo dominante del mio
lavoro e questa febbrile
celebrazione della socialità.
Era stato Aldo Mondino,
mio amico, che mi aveva
chiesto di partecipare;
e lui stesso adottava parecchi
motivi religiosi nel suo lavoro.

*The reason I decided to make
a lamp for* Hanukkah *(I have
several Jewish friends) is quite
simple: I admired the motive
of the festival; the celebration
of light, a theme unique to
religion. Light, that brings out
the colour, the main feature
of my work, and this feverish
celebration of sociability.
It was my friend Aldo Mondino
who asked me to take part; his
works feature a lot of religious
elements.*

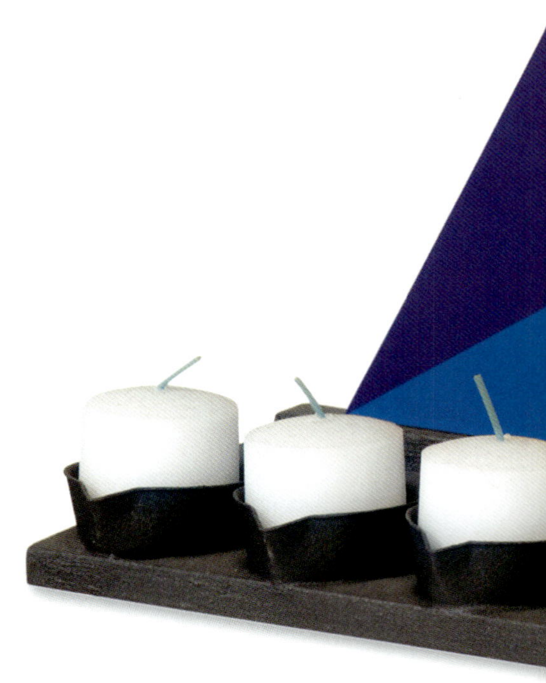

LUCIO DEL PEZZO | *1998*

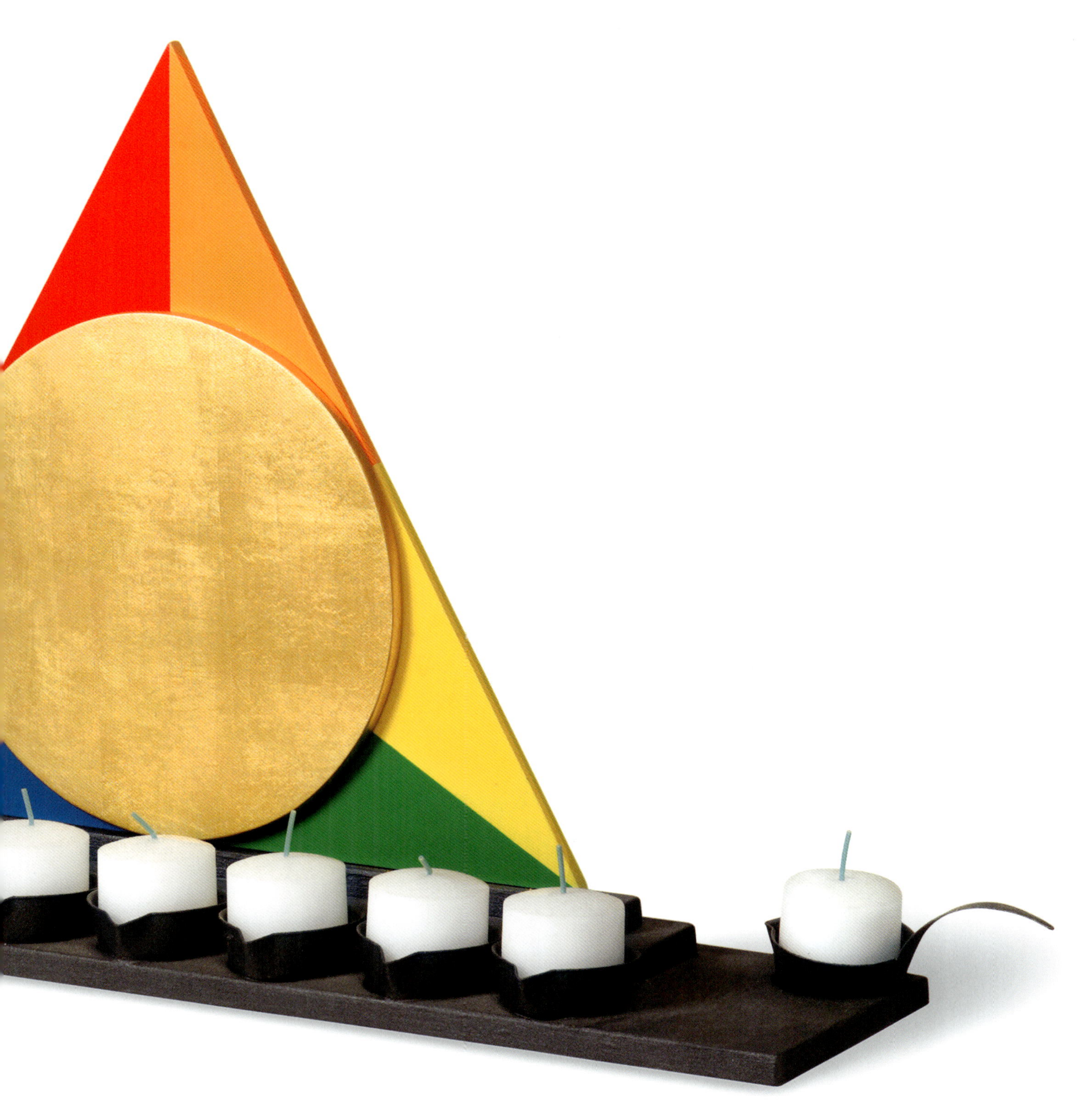

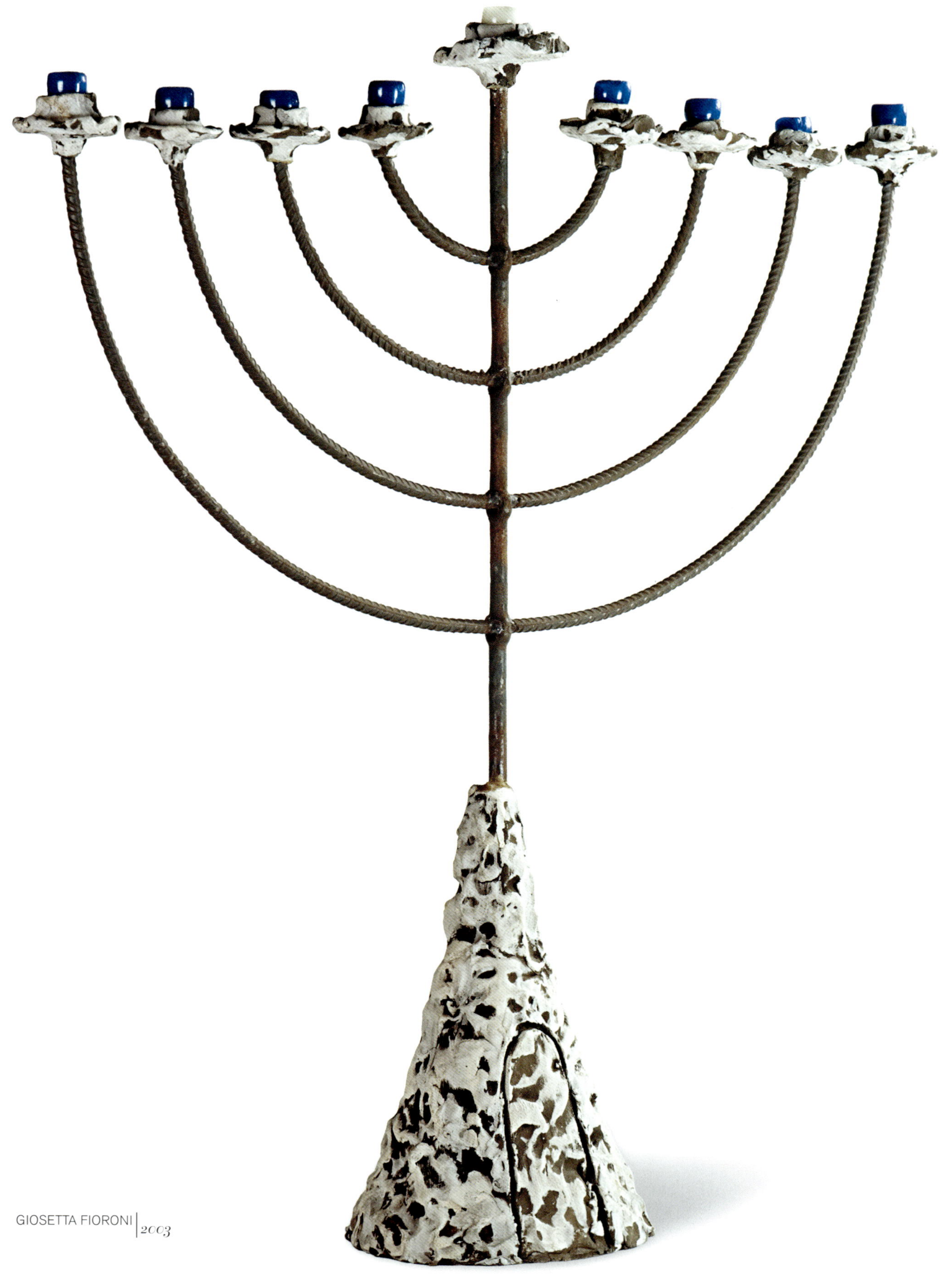

GIOSETTA FIORONI | 2003

GIOSETTA FIORONI

Il mondo ebraico è stato per me fonte di ispirazione quasi sempre di componente trascendentale e "fiabesca". Il mio artista leader è stato il grandissimo scrittore fantastico e intuitivo vissuto a New York: Isaac B. Singer che, morto ormai da molti anni, premio Nobel e grande affabulatore in *yiddish*, ha creato per i suoi lettori (tra cui io) un vero universo, fonte perenne di immagini bellissime e irripetibili che da sempre io ho "consultato" con emozione e vivo piacere! È attraverso di lui che io, in qualche modo, ho "partecipato" ai riti, agli eventi, alle festività religiose degli ebrei e insieme "costruito", per approssimazione, elementi vari legati a questo mondo.

Jewish culture has almost always been a source of inspiration for the transcendental and "imaginary" elements in my work. My artistic example was Isaac B. Singer, the talented writer who lived in New York and created a fantastic, insightful body of work. Winner of the Nobel Prize and a great Yiddish storyteller, Singer, who died a number of years ago, created a real universe for his readers (of whom I am one), a continuous source of beautiful and unrepeatable images that I have always "consulted" with feeling and extreme pleasure! Through him I feel I have somehow "taken part" in the Jewish rituals, events and religious festivals and with him I have "built" various elements that are in some way related to this culture.

ALÌ HASSOUN

Per realizzare la *chanukkiah* ho pensato semplicemente alla scritta in arabo: *Bismillahi al-Rahmani al-Rahimi* (Nel Nome di Allah il Misericordioso, il Compassionevole) che è il versetto che apre le *Sure* del *Corano*. Con questa frase il fedele musulmano inizia in forma di benedizione tutte le sue azioni quotidiane. Nel caso della *chanukkiah*, la scritta rievoca anche l'incontro di Mosè nel deserto con l'Essenza della Divinità: "Signore Signore, D-o Misericordioso e Compassionevole, lento all'ira e D-o di Bontà e di Verità". Ho realizzato la scritta come un albero che porta i lumi in ferro traforato a laser. I lumi salgono verso l'alto in una processione armonica per raggiungere simbolicamente un'ottava superiore. Non si tratta di una sovrapposizione delle due lingue sacre ma di un augurio simbolico di un'armonia tra i popoli che guarda alla bellezza cercando l'Essenza.

To make the hanukkiah *I simply thought of the Arab phrase:* Bismillahi al-Rahmani al-Rahimi *(in the name of Allah, most merciful, most gracious) the opening phrase of the chapters of the* Qur'an. *Muslims recite these words as a blessing before performing their everyday activities. On the* hanukkiah *the words also refer to Moses' encounter with G-d in the wilderness "The Lord, the Lord, a G-d merciful and gracious, slow to anger, and abounding in steadfast love and faithfulness". I designed the phrase in the form of a tree bearing the laser-cut iron candles. The lights rise in a harmonious sequence, symbolically reaching a higher octave. Far from being an attempt to superimpose the two holy languages, the work symbolises my desire for friendship among peoples, seeking beauty in the soul.*

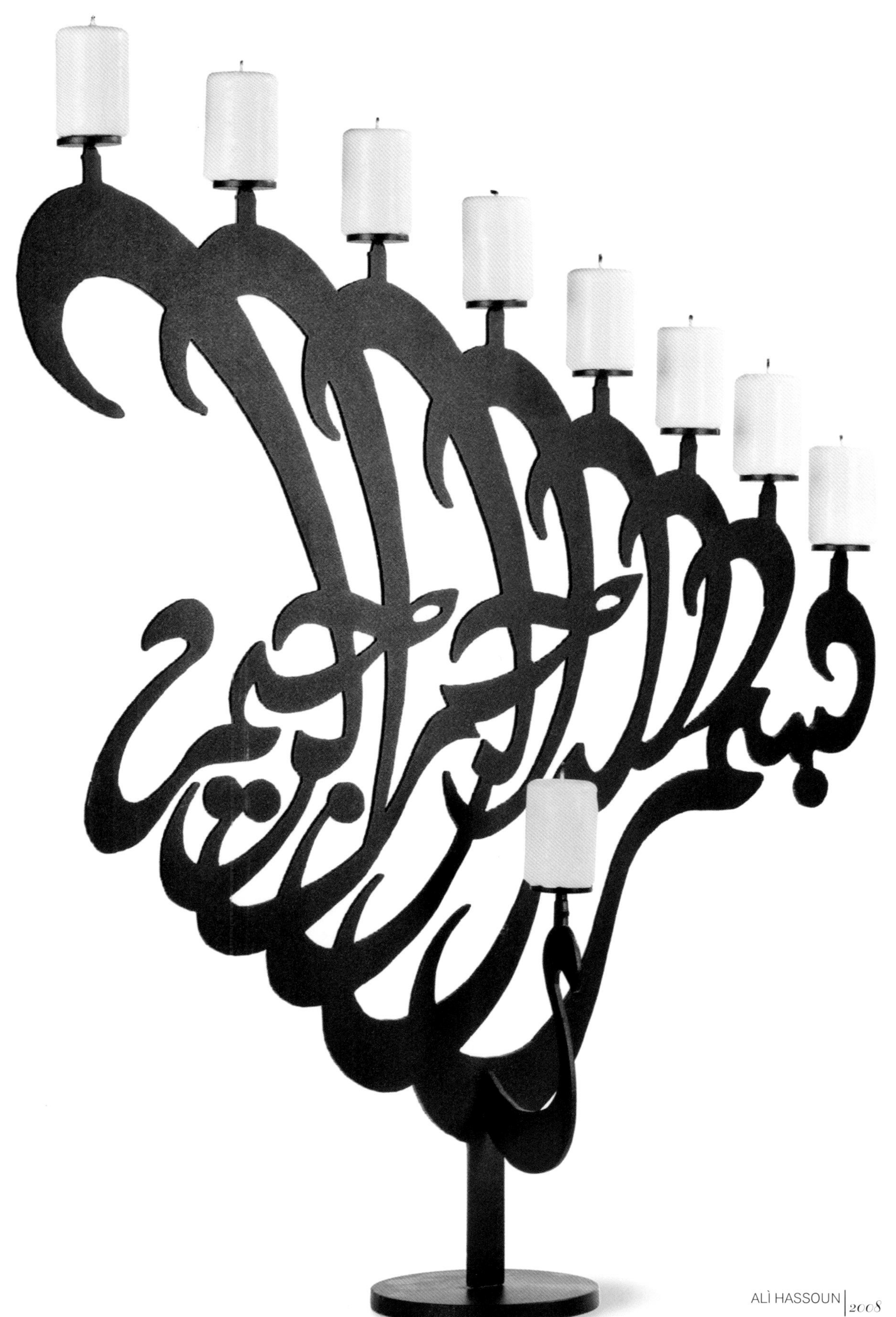

ALÌ HASSOUN | 2008

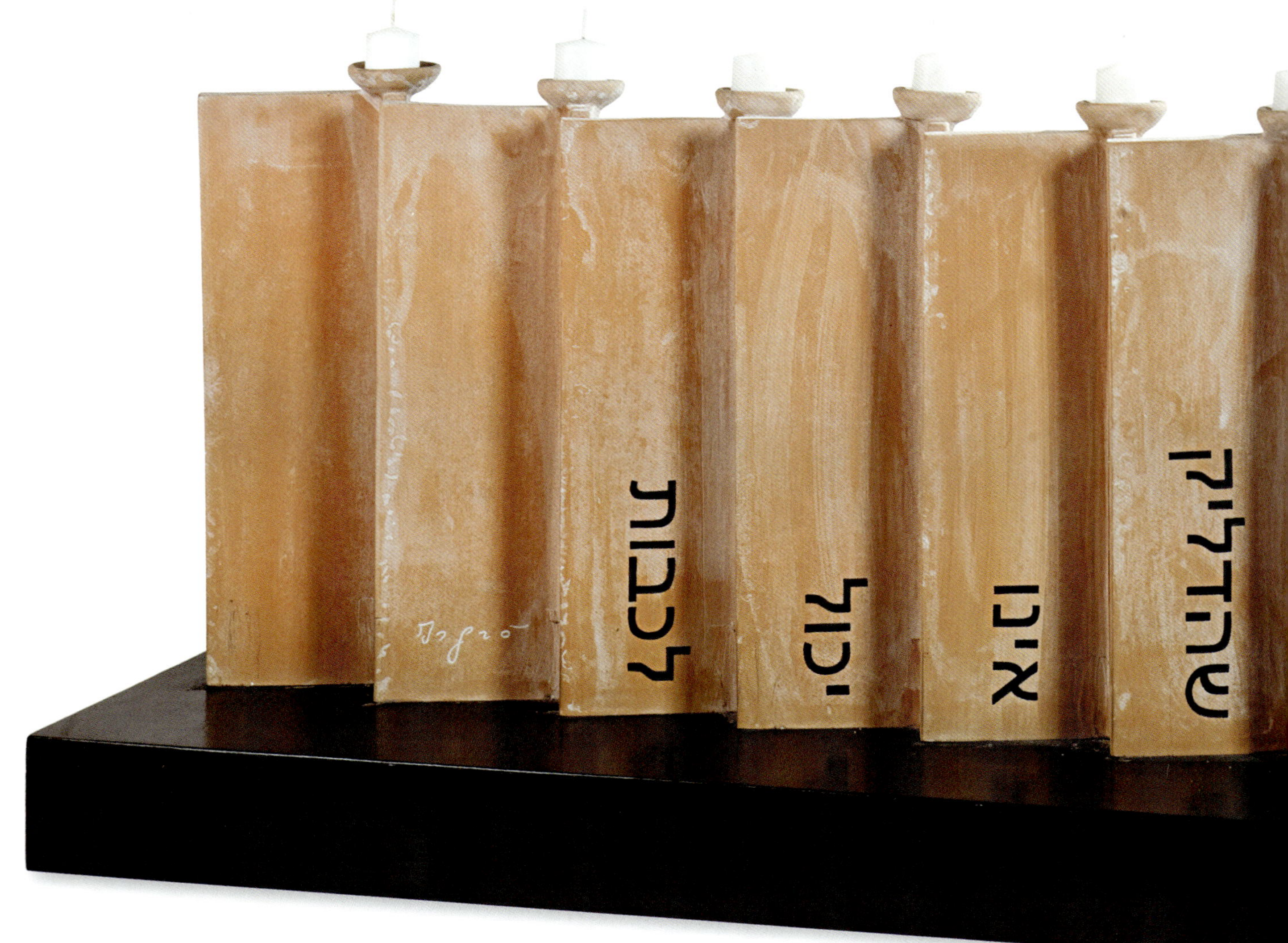

EMILIO ISGRÒ | 2002

EMILIO ISGRÒ

Se è vero che anche nel più rigido
dei monoteismi ogni uomo trova il suo D-o
come può e dove può, è certamente vero
che io questo D-o degli Ebrei, che sta poi
al fondamento di ogni nostro discorso religioso
e mentale, l'ho trovato attraverso la mia
esperienza di artista: poiché proprio dal verbo
procede il mio stesso lavoro come quella scintilla
divina dalla quale procede il mondo.

*If it is true that even in the strictest
of monotheistic religions every man finds his
own G-d however and wherever he can, it is
certainly true that I have found this G-d
of the Jews, who is also at the heart of all our
religious and mental discussions, through my
experience as an artist: because my work
springs from the word just as the world springs
from the Divine Spark.*

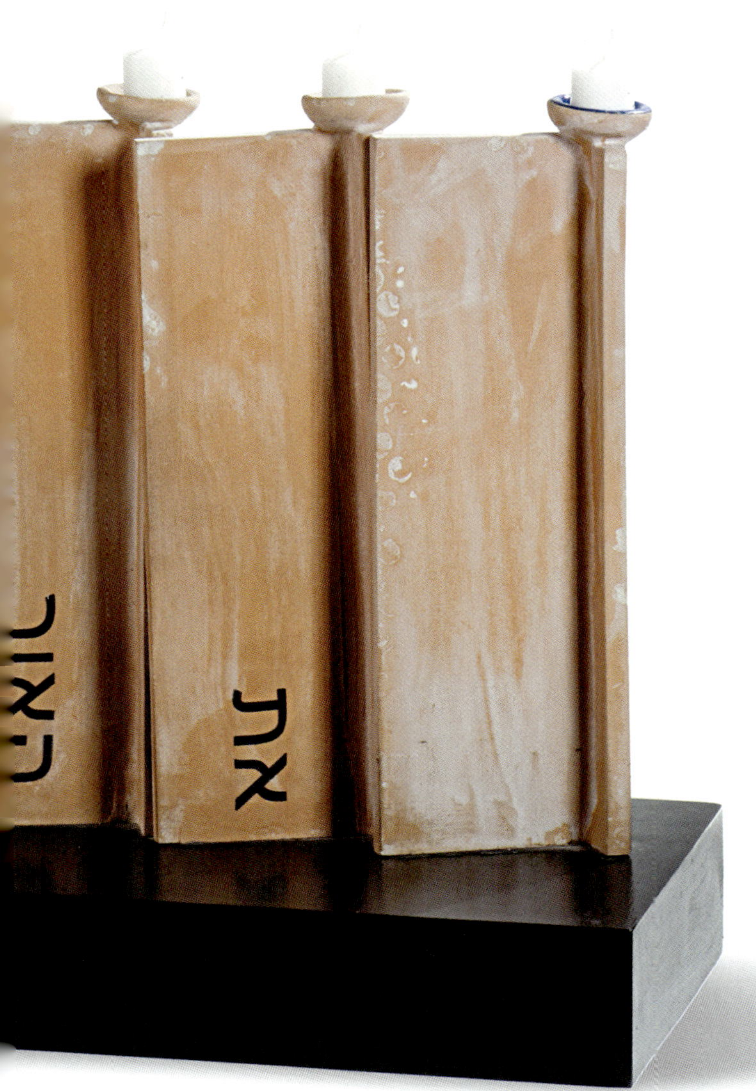

EMANUELE LUZZATI

"A Losanna, durante l'esilio, ho conosciuto anche il mondo degli ebrei orientali, fatto di profughi che, da profugo, ho continuato a sentire molto vicini."

"While exiled in Lausanne I also learnt about the world of the Jews from the East, refugees with whom, as a fellow refugee, I have always felt a close affinity."

È stato durante la guerra che mi sono avvicinato al mondo ebraico. Anche se la mia famiglia non era osservante, mia nonna voleva che alcune tradizioni fossero mantenute: le feste venivano celebrate in casa, mi ricordo in particolare i pranzi di *Pesach* (Pasqua) e di *Rosh ha-Shanah* (Capodanno). Quindi è un mondo in cui sento che affondano le mie radici. A Losanna, durante l'esilio, ho conosciuto anche il mondo degli ebrei orientali, fatto di profughi che, da profugo, ho continuato a sentire molto vicini. È con loro che, anche per non dimenticare, ho messo su un gruppo e ho allestito il primo spettacolo: *La recita di Salomone e della regina di Saba*, la mia prima prova come scenografo. Poi sono venute l'illustrazione e la ceramica, che dagli anni cinquanta agli anni settanta mi ha molto assorbito. Erano gli anni d'oro della rinascita della

I came closer to Judaism during the War. Although my family were not practicing Jews, my grandmother thought it important to keep certain traditions: we celebrated Jewish holidays at home and I remember the festive meals for Pesach *(Passover) and* Rosh HaShanah *(New Year). I therefore feel that I have my roots in this culture. While exiled in Lausanne I also learnt about the world of the Jews from the East, refugees with whom, as a fellow refugee, I have always felt a close affinity. With them I set up a theatre, dedicated to preserving the memories of our people, and we produced a show called* La recita di Salomone e della regina di Saba *(Solomon and the Queen of Sheba). That marked the start of my career as a stage designer. Then came illustrations and ceramics, which took up most of my time*

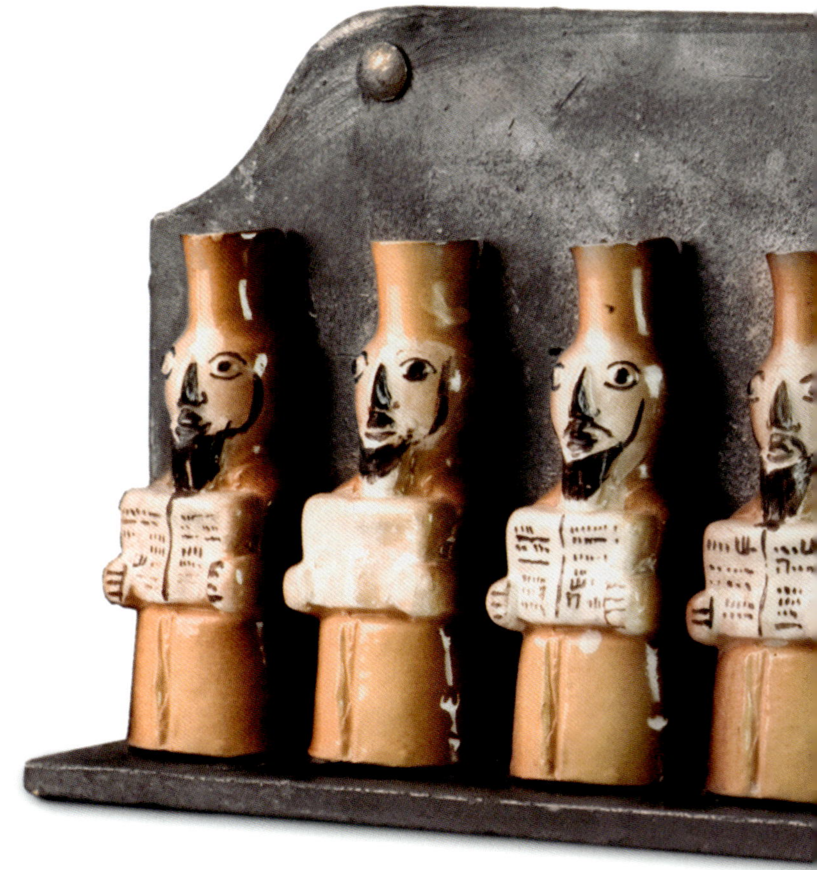

EMANUELE LUZZATI | *1993*

ceramica che aveva preso impulso a Vallauris
con Picasso e Chagall e ad Albisola con Fontana,
Sassu e altri ancora. Le *chanukkiot* che ho fatto
per Casale in realtà non possono essere
adoperate in quanto tali. Hanno sembianze
umane e quindi non sono utilizzabili
in un Tempio: sono degli oggetti di cui fruire solo
visivamente. L'ultima versione è più elaborata:
i rabbini sono dei vasi… o sono dei vasi che
diventano rabbini: conterranno le candele
o l'olio quasi a ricordare che in quanto maestri
sono contenitori del sapere, sono loro
a tramandare le tradizioni.

*between the 1950s and 1970s. Those were the
years of the rebirth of ceramics, driven by
Picasso and Chagall in Vallauris and by
Fontana, Sassu and others in Albisola. The
hanukkiot I have made for Casale are not
actually suitable to be used as such. The figures
are depicted as humans and could not therefore
be used in a Synagogue: they are objects to be
looked at and admired. The last lamp is the
most elaborate: the rabbis are pots… or the pots
are rabbis: they hold the candles or oil, almost
as a reminder that, as teachers, they are vessels
of knowledge and responsible for perpetuating
our traditions.*

**"Hanno sembianze
umane e quindi non
sono utilizzabili in un
Tempio: sono degli
oggetti di cui fruire solo
visivamente."**

***"The figures are
depicted as humans
and could not therefore
be used in a
Synagogue: they are
objects to be looked
at and admired."***

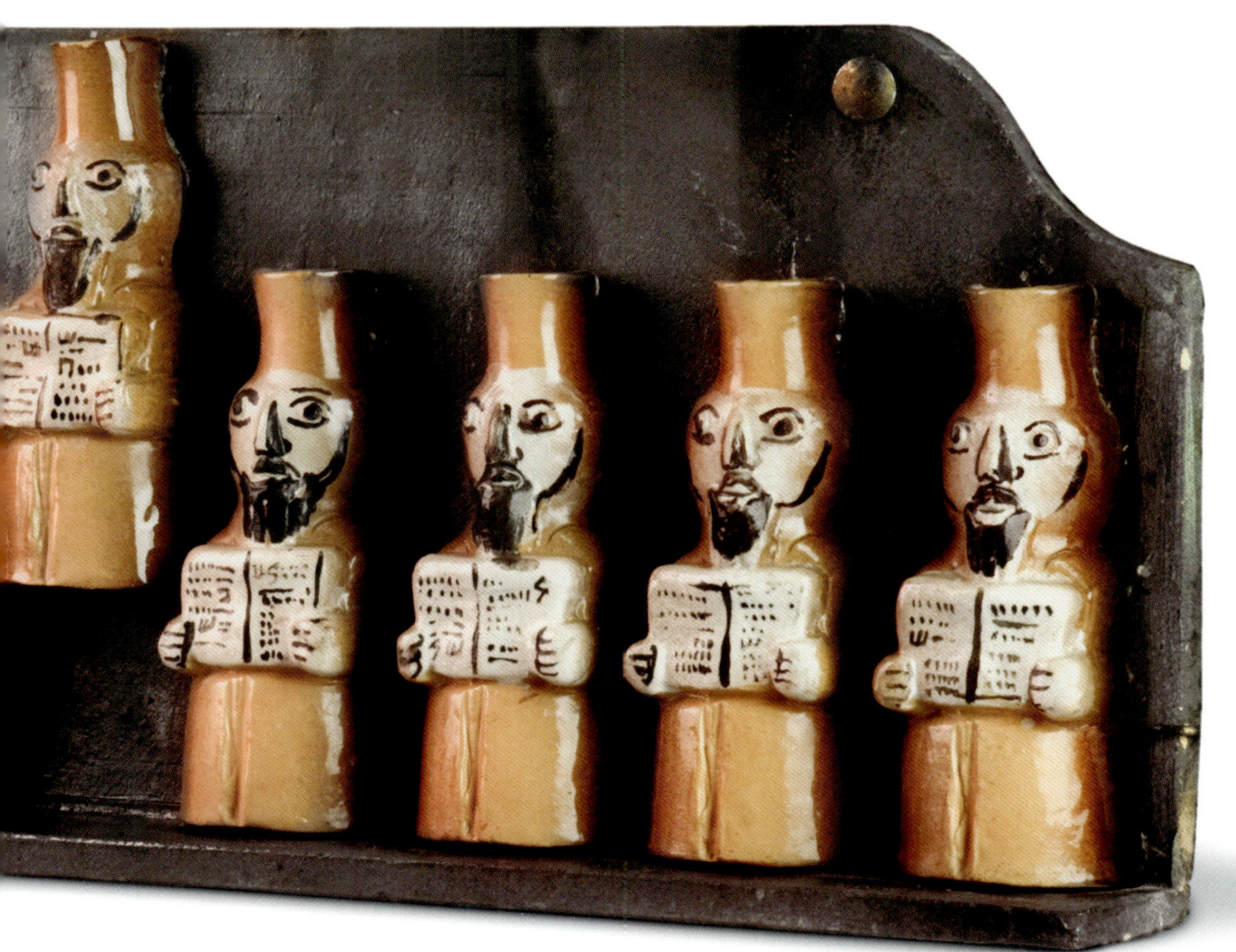

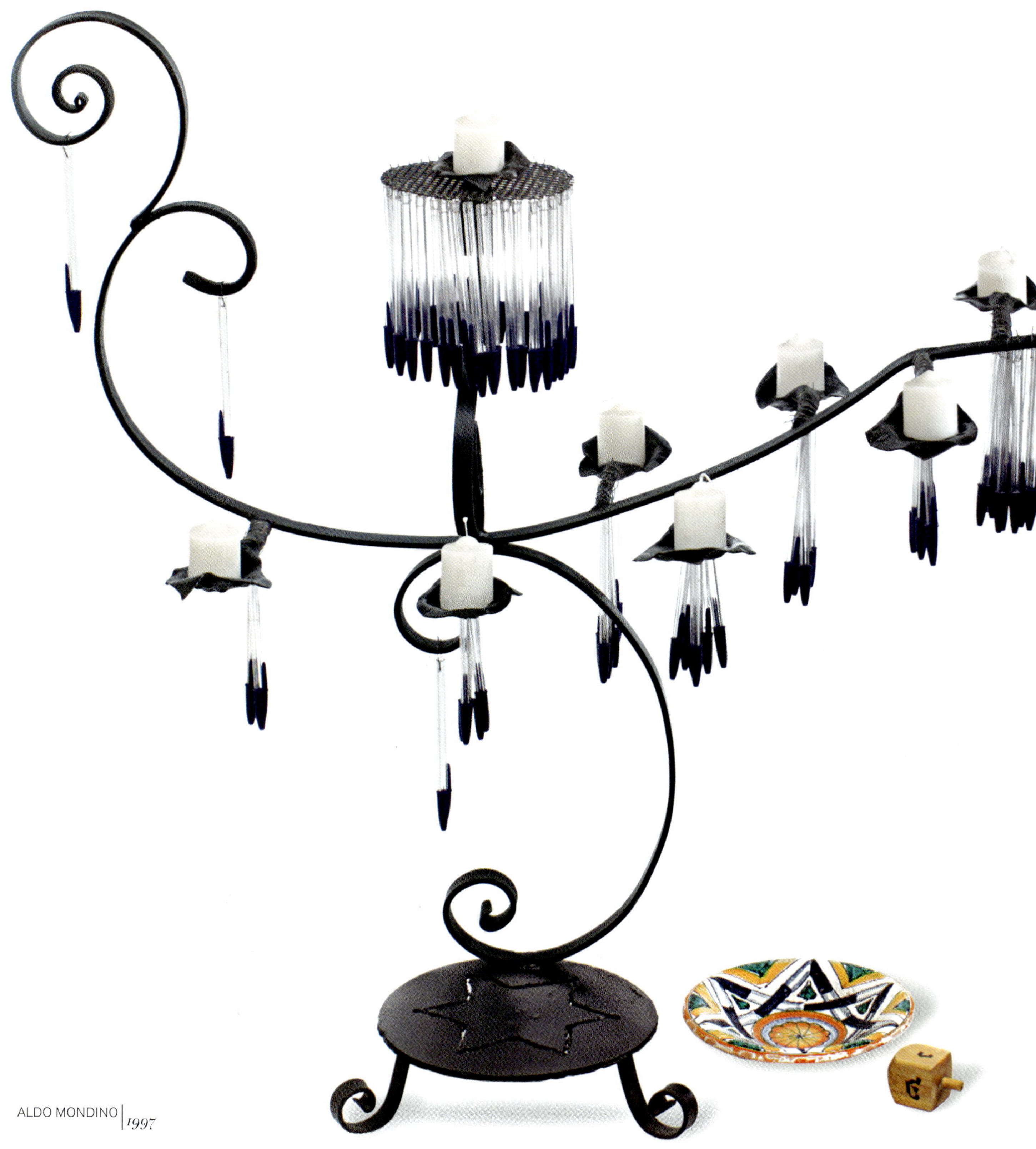

ALDO MONDINO | 1997

ALDO MONDINO

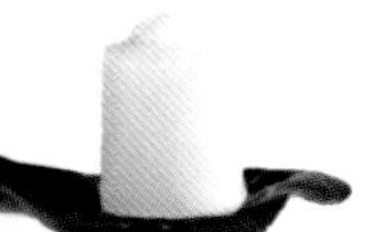

Il popolo ebraico è il popolo della parola,
non dell'immagine. La *Torah* inizia con la parola.
Le arti figurative vengono solitamente messe
da parte a causa di un'interpretazione, forse
forzata, del secondo comandamento.
Sono pochi i casi di pittori ebrei. Basti pensare
a Pissarro, Chagall e, in Italia, Modigliani.
Diverso è il caso dell'artigianato: abbiamo
mezuzot, menorot e *chanukkiot* degne
del nome del grande Cellini. La *menorah*
e la *chanukkiah*, attraverso la luce, esplicano
il rapporto che c'è tra l'uomo e D-o:
illuminano come il Divino.
È il Supremo che si cela. Sono miope, e quando
ho creato la mia *chanukkiah* volevo dare
l'impressione di una lampada liberty.
Se la guardate vi sembrerà un ramo con delle
foglie, tipico del periodo floreale, mentre
le bacchette delle Bic a cui ho tolto il refill
sembrano le bacchette di cristallo delle lampade
austriache del periodo Jugendstil.
Per questo l'ho chiamata *Jugend Stilo*.
Come sempre nel mio lavoro c'è il *ludus* verbale
e materiale, il sacro e il profano si fondono.
Ci sono diversi modi per l'uomo di avvicinarsi
al divino. Non possiamo dimenticare i quadri
dei rabbini mentre pregano e non dobbiamo
neanche limitarci a pensare che solo quelle
immagini siano 'preghiera'.
I dervisci, con la loro danza, pregano.
L'arte e la danza sono solo diversi modi di pregare.

*Jews are the people of the word, not of the
image. The Torah starts with the word.
Figurative art is generally avoided due to what
is perhaps a somewhat strict interpretation
of the second commandment. There are few
Jewish painters. Among them are Pissarro,
Chagall and, in Italy, Modigliani. Crafts are a
different matter: we have* mezuzot, menorot
and hanukkiot *that do credit to the name
of Cellini. The lights of the* menorah *and*
hanukkiah *explain the relationship between
man and G-d: they illuminate like the Divine.
The Supreme, though hidden, shares the light
of His presence. I am short-sighted and when I
created my* hanukkiah *I wanted to convey the
feeling of an Art Nouveau lamp. When you look
at it you see a branch with leaves, in the
typical floral style of that period. The empty
BIC ball point pens look like the glass bars
used in Austrian lamps during the Jugendstil
period. That is why I called the lamp* Jugend
Stilo. *As in all my works, I have played with
words and materials, blending the sacred and
the profane. There are different ways for man
to get close to the Divine. We cannot forget the
paintings of the Rabbis in prayer, nor should
we limit ourselves to thinking that those images
alone are "prayer".
Dervishes pray through their dances.
Art and dancing are simply different ways
of praying.*

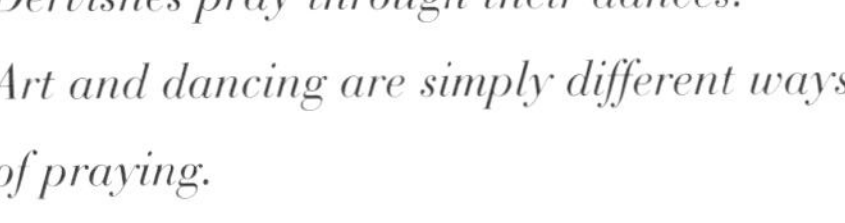

DAVIDE NIDO

Per testimoniare la mia solidarietà, ho contribuito, con orgoglio, ad arricchire il museo della Comunità Ebraica di Casale creando un quadro-scultura.
Per realizzare la mia opera ho pensato di "fondere" un particolare della tradizione ebraica con il mio materiale: le colle. Esse infatti si prestano particolarmente a tale scopo: fusione è la parola che denota il senso che volevo dare: comprensione tra diversità (di popoli, di religioni, di culture…) fermo restando le tradizioni di ciascuno e il reciproco rispetto.

I am proud to have had the opportunity to contribute to the growth of the Jewish Museum in Casale with my picture-sculpture.
In this work I have created a "fusion" between one element of Jewish tradition and my material: glue. Glue is the ideal medium for this purpose. Fusion is the word that conveys my meaning: understanding of differences (among peoples, religions, cultures…) while preserving individual traditions and mutual respect.

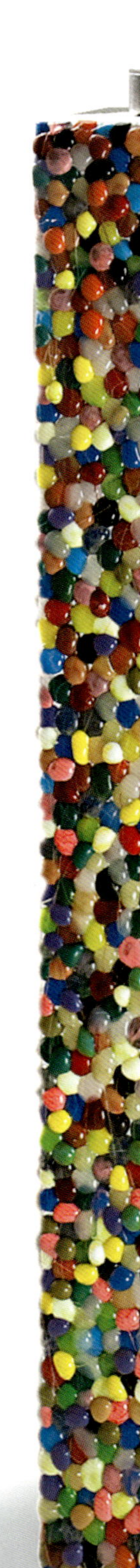

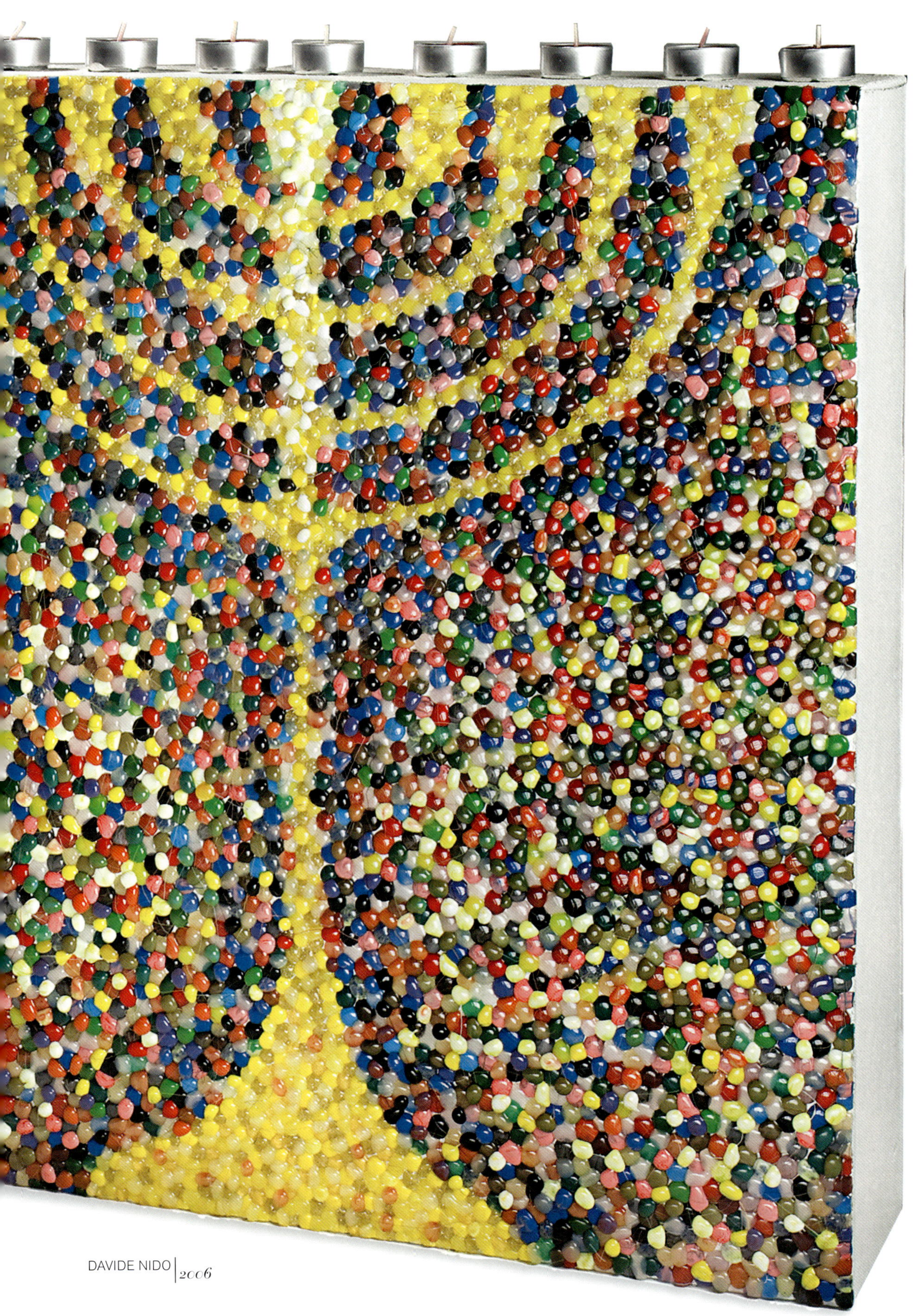

DAVIDE NIDO | 2006

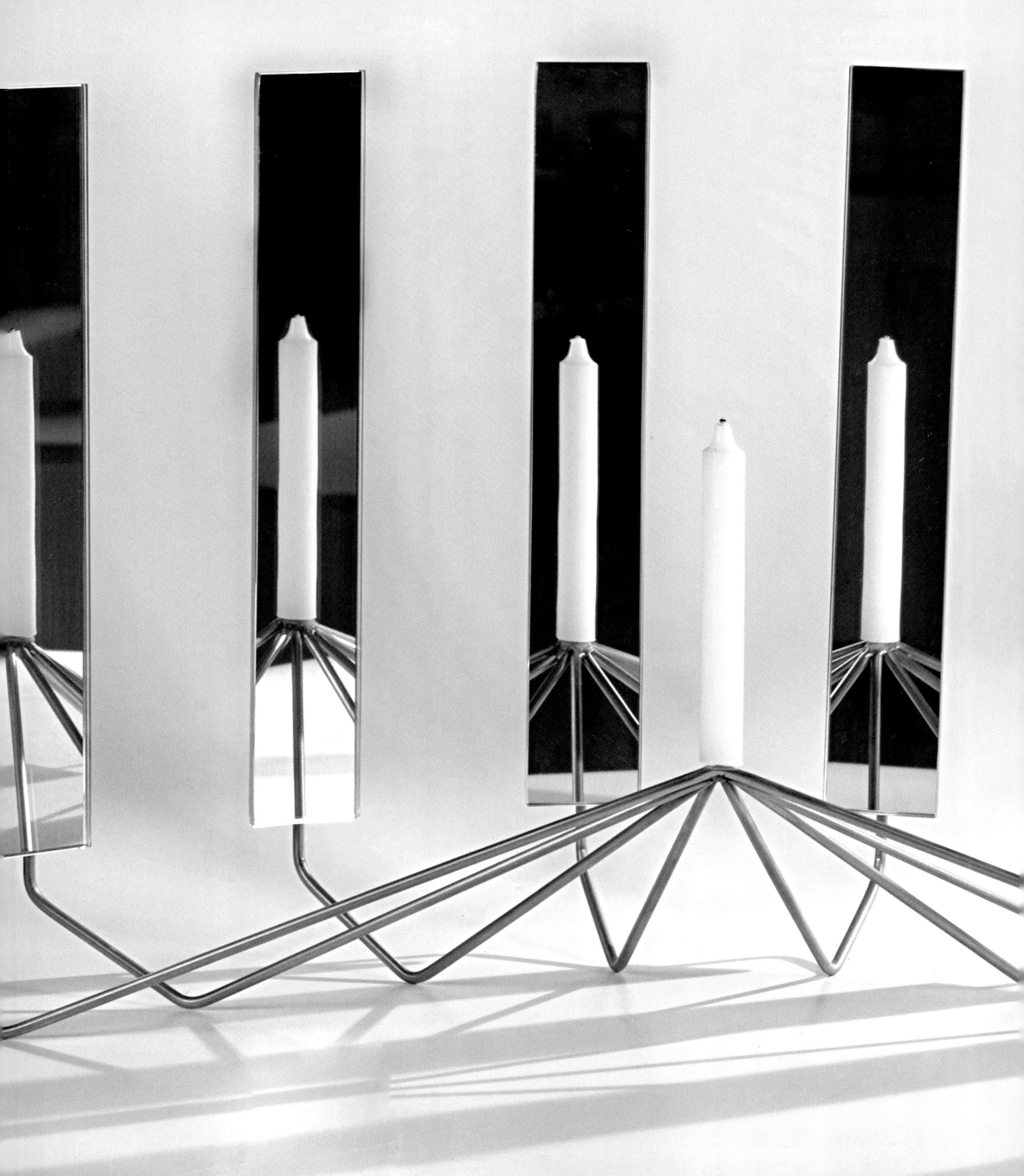

MARCO PORTA

Quando Elio Carmi, proponendomi di pensare alla realizzazione di una *chanukkiah*, mi spiegò
la storia della festa delle Luci fui particolarmente colpito, da una parte, dall'aspetto innaturale
e miracolistico dell'evento, dall'altra, da quello pecu iarmente simbolico. Mi chiesi se fosse più rilevante
il fatto che l'olio si moltiplicasse in quantità e diventasse soddisfacente al bisogno o piuttosto che
la fiamma si mantenesse sé stessa, una, l'originale, la primigenia, la pura e come tale si trasmettesse
e si tramandasse. Scelsi di rimarcare ed evidenziare questo secondo aspetto.
La fiammella di ogni giornata doveva essere il più possibile simile alla fiamma iniziale, non solamente
trarre origine da quella, ma "essere" quella. Non era un luogo della memoria bensì un luogo
dell'essenza. Nacque così l'idea di usare lo specchio; il posto della memoria tra gli specchi non
sussiste, non si può immaginare nulla privo di memoria quanto uno specchio.
La fiamma non era simile, era quella del primo giorno. Restava in ogni caso fondamentale il fatto che
occorresse quotidianamente iterare un gesto, rinnovare una presenza, un credo. Ogni giorno deve
nascere una nuova fiamma: l'antica fiamma. Ho disposto gli otto specchi su un ramo di paraboloide in
grado di venire ruotati, uno ogni giorno. La fiamma del primo giorno viene posta nel fuoco geometrico
del paraboloide e, grazie alle proprietà geometriche di questa figura, le sue immagini, riflesse dagli
specchi, si allineano sul piano visivo. Giorno dopo giorno, ruotando un nuovo specchio si crea
l'immagine di una nuova fiamma: la vecchia fiamma.

"La fiammella di ogni giornata doveva essere il più possibile simile alla fiamma iniziale, non solamente trarre origine da quella, ma 'essere' quella."

*When Elio Carmi asked me to create a hanukkiah and explained the history of the Festival of
Lights to me, I was struck by the unnatural and miraculous aspects of the event, and by its
symbolism too. I wondered what actually happened. Did the oil reproduce itself and last for as
long as it was needed, or was it the flame that was always the same, one, the original, the pure
oil, repeating its purity and perpetuating it? I chose to concentrate on the latter aspect.
Each day the flame had to be as similar as possible to the original light, not only originating from
it, but actually "being" it. Not a place of remembering but a place of essence. I thus had the idea
of using a mirror; there is no place for memory between the mirrors, it is impossible to imagine
anything as lacking in memory as a mirror.
The flame was not similar, it was the same flame as that of the first day. It was important to
repeat the same gesture every day, renew a presence, a belief. Each day a new flame, the old
flame, had to be kindled. I therefore arranged the eight mirrors on a paraboloid arm so that one
can be turned each day. The light of the first day is placed in the geometric focus of the
paraboloid and is reflected by the mirrors onto the line of vision of the viewer. Day after day, a
new mirror is turned to create the image of a new light: the old light.*

"Each day the flame had to be as similar as possible to the original light, not only originating from it, but actually 'being' it."

TOBIA RAVÀ

"Le due rane sono un ricordo della seconda piaga: le rane hanno per tradizione paura dell'acqua e del fuoco."

"The two frogs represent the second plague: frogs have an instinctive fear of water and fire."

"La forma doveva essere una Jugendstil *mem*, a ricordare il miracolo dell'ampolla d'olio trovata dai Maccabei dopo la distruzione del Tempio compiuta dagli Ellenisti. E anche il materiale era diverso: vetro."

"I envisaged a lamp in the shape of a Jugendstil mem, as a reminder of the miracle of the phial of oil the Maccabees found after the Temple had been destroyed by the Greeks. The material was different too: glass."

Ritorna anche nella mia *chanukkiah* – oltre al principio che nulla si crea e nulla si distrugge – il ricorso, che mi è abituale, a quello che Montale chiamava "correlativo oggettivo": estraniare l'oggetto dal suo significato implicito e trasformarlo, esprimendo concetti, idee e sensazioni attraverso simboli di natura oggettiva. Inizialmente doveva essere diversa. La forma doveva essere una *mem* Jugendstil, a ricordare il miracolo dell'ampolla d'olio trovata dai Maccabei dopo la distruzione del Tempio compiuta dagli Ellenisti. E anche il materiale era diverso: vetro. Ne avevamo parlato con Aldo Mondino e lui aveva insistito perché adoperassi il materiale che caratterizzava il mio essere veneziano. Poi svariati motivi mi hanno portato a modificare il progetto. È rimasta parte della lettera. L'ho decorata secondo il mio stile: il pensiero ebraico permea la mia personalità in cui le lettere ebraiche e il loro valore numerico interagiscono uniti da contenuti semantici. Le due rane sono un ricordo della seconda piaga: le rane hanno per tradizione paura dell'acqua e del fuoco. Ma quando, nel racconto dell'uscita dell'Egitto, sono state consce di essere state mandate da D-o non si sono fermate di fronte a nulla. Il ruolo delle rane è decontestualizzato, ma pur sempre significativo.

Based on the concept that nothing is created, nothing is destroyed, my hanukkiah also reflects a technique I have used in many of my works, which Montale referred to as "objective correlative": using recognisable objective symbols to detach objects from their original significance and transform them, expressing a variety of concepts, ideas and sensations in the process. I originally planned it differently. I envisaged a lamp in the shape of a Jugendstil mem, as a reminder of the miracle of the phial of oil the Maccabees found after the Temple had been destroyed by the Greeks. The material was different too: glass. I had discussed it with Aldo Mondino, and he wanted me to use glass, the material typical of Venice. Then for a number of reasons I decided to alter my project. I left part of the letter, which I decorated in my usual style: I am deeply sensitive to the complexity of the Hebrew language. In my mind Hebrew letters and their numerical values interact with their semantic implications. The two frogs represent the second plague: frogs have an instinctive fear of water and fire. But in the story of the exodus from Egypt, the frogs knew they had been sent by G-d and nothing could deter them. The role of the frogs is out of context, but still extremely significant.

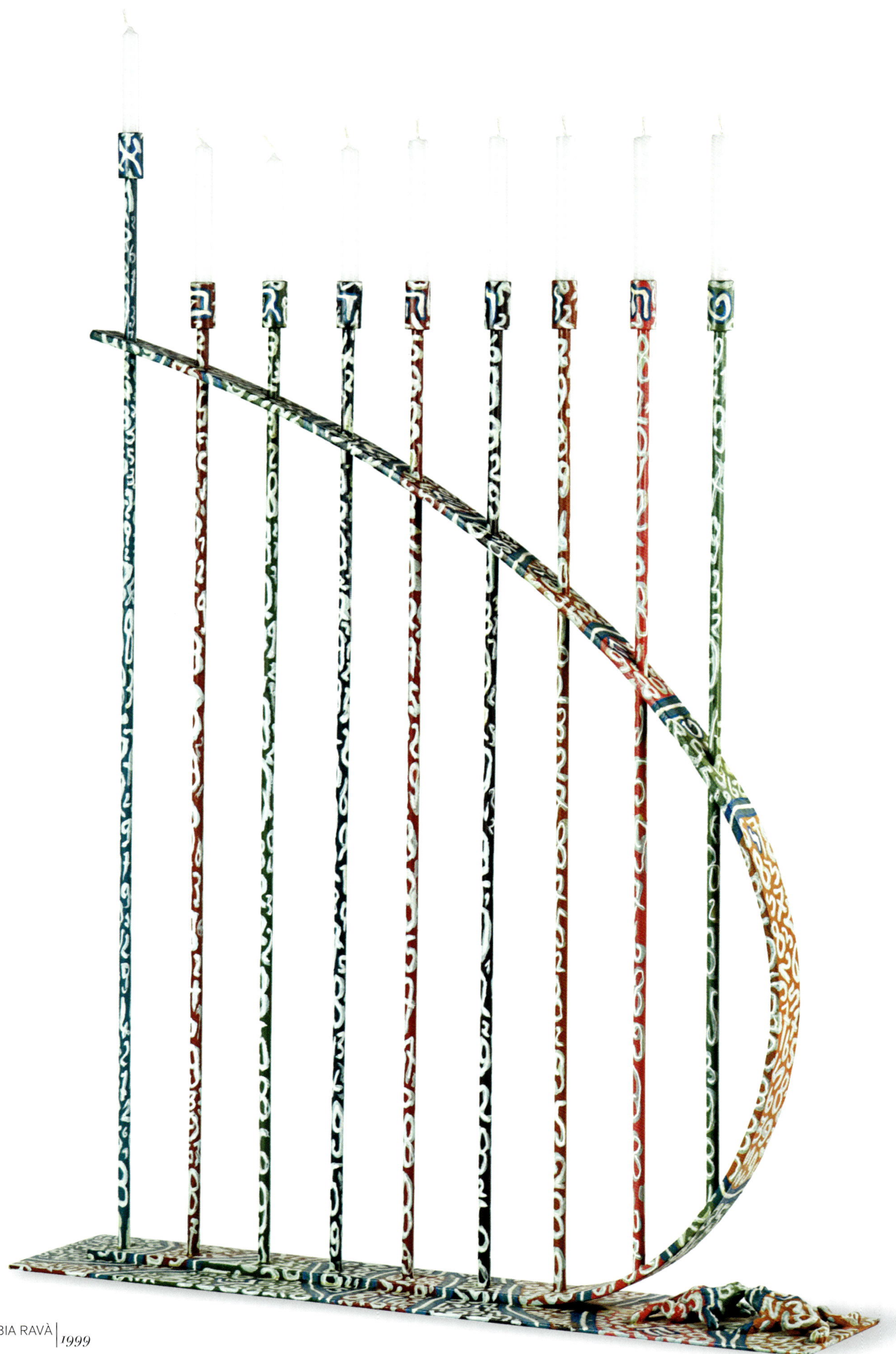

TOBIA RAVÀ | 1999

ANTONIO RECALCATI

Non sono praticante e mi sono avvicinato
all'ebraismo in modo molto "sottomesso".
Ho cominciato a pensare di lavorare alle
chanukkiot quando sono rimasto affascinato dal
gusto del pensiero. *Chanukkah* innanzi tutto
è una ricorrenza che celebra una vicenda gioiosa,
celebra la vita e la luce dopo secoli di sofferenza.
Mi affascina questa cultura millenaria, ammiro
il rapporto che lega indissolubilmente l'uomo
a D-o. Senza alcun intermediario.
Avete la caratteristica di tenere vivo qualsiasi
rapporto. Lo ritengo un bisogno tipico della
cultura. La cultura non sopravvive da sola.

Ha bisogno di una forza che l'aiuti a sopravvivere:
la vostra forza è la tradizione. Rimane un legame
che sembra essere trasmesso al momento
del concepimento. Un legame che raramente
vi permette di trasgredire le leggi mosaiche.
Tra le *chanukkiot* che ho realizzato quella che
preferisco è ovviamente la prima, del 1996.
È una fusione in bronzo. Non è assolutamente
importante il materiale, è quello che significa
il motivo per il quale io la preferisco. I diversi
bracci della *chanukkiah* sono creati da una
sovrapposizione di fogli: sono i biglietti piegati
che vengono inseriti nel Muro del Pianto.
Il motivo è quello di cui abbiamo già parlato
prima: il fascino del mondo e della cultura ebraica
mi ha avvicinato alle tradizioni.
È il mio modo per tenere vive le tradizioni.

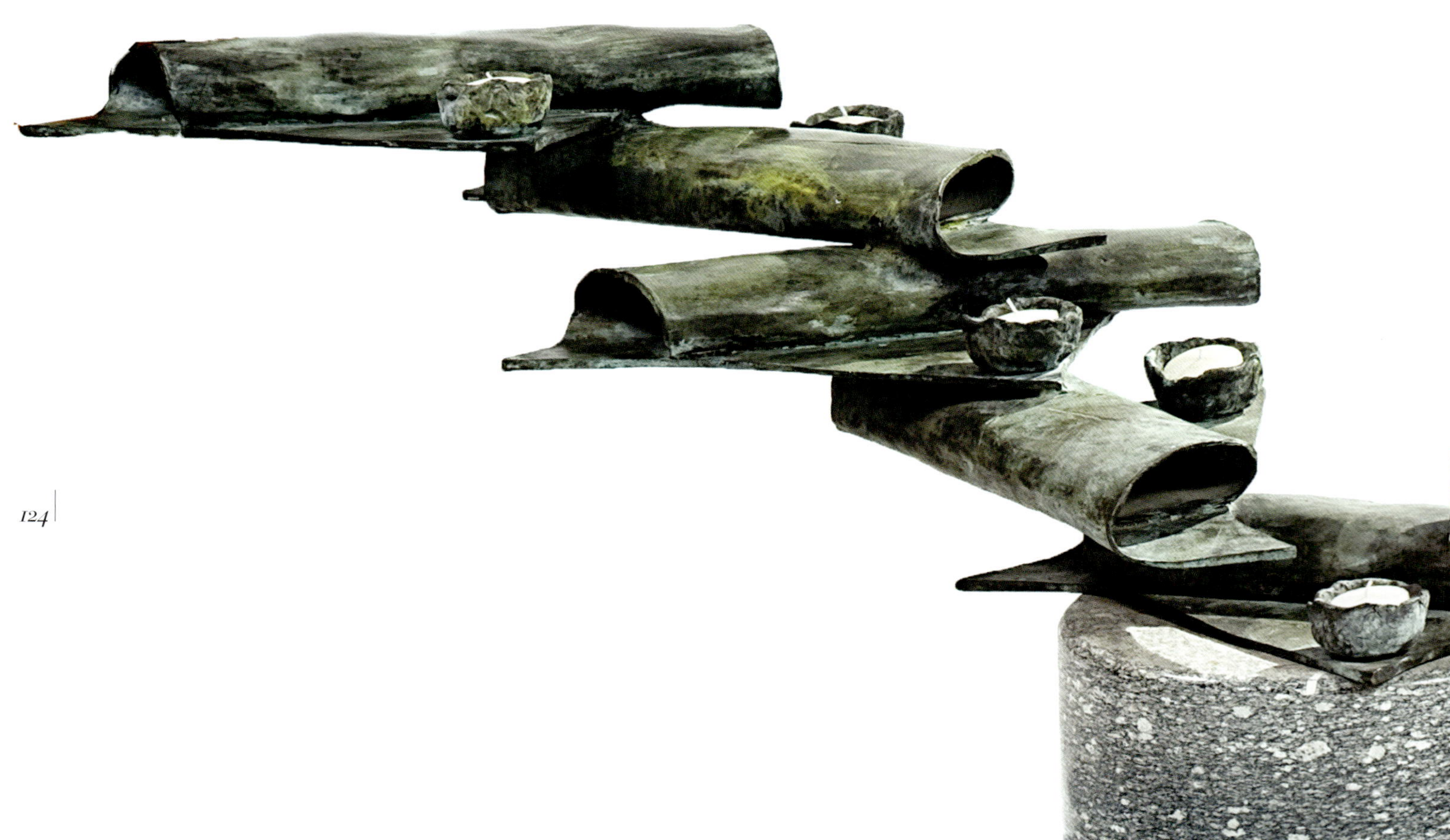

I do not practice my faith, and I approached Judaism in a very "subdued" way. I started to work on hanukkiot *when I became fascinated with the subtle implications of the holiday they represent. Hanukkah is a joyous event that celebrates life and light after centuries of suffering and darkness. The millennia of Jewish culture and history fascinate me, I admire the feelings that indissolubly link man to G-d, without intermediaries.*

You try to maintain every connection with your past. To me, this is imperative in order to keep a culture vibrant. Culture cannot live in a vacuum. It needs roots and strength. The roots and strength of Judaism are in its tradition.

It seems your linkage with the past is transmitted the moment you are conceived. A bond that never really allows you to disregard Mosaic Law.

Of all the hanukkiot *I have made, my favourite is the first, dated 1996. It is a bronze casting, but it is not the material that is important. It is my favourite because of what it signifies. The branches represent the folded notes that are placed in the cracks in the Western Wall in Jerusalem. As I said before, my fascination with the world and culture of Judaism gained me an insight into its tradition.*

This is my way of keeping the tradition alive.

"The millennia of Jewish culture and history fascinate me, I admire the feelings that indissolubly link man to G-d."

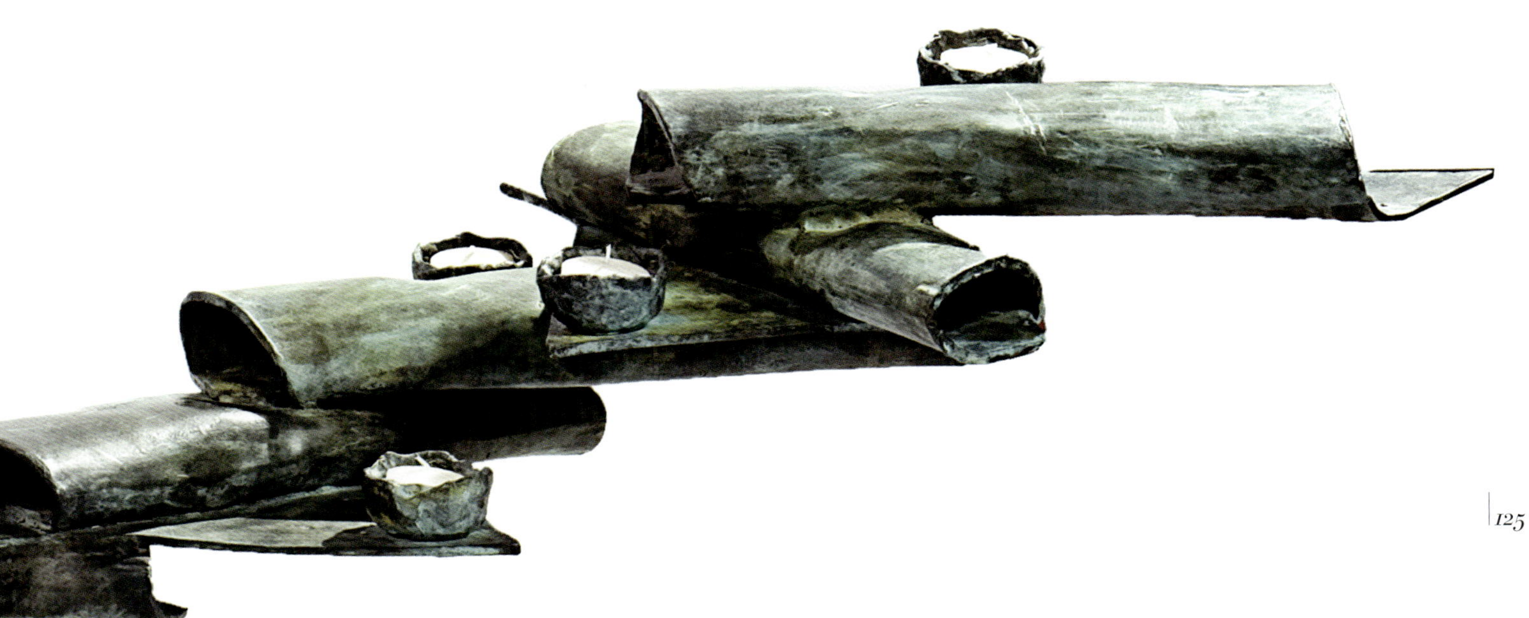

ANTONIO RECALCATI | *1997*

PAUL RENNER

Questa *chanukkiah* è il risultato di un lungo processo di creazione artistica che, come tutta la mia esperienza, intende l'arte come percezione sintetica, travalica i confini tra pittura, scultura, musica e letteratura fondendo l'arte visiva con l'arte culinaria. Ho pensato che tradizionalmente la lampada sta sulla tavola, è accesa mentre si mangia e quindi è in qualche modo collegata al cibo.
Il cibo, che coinvolge tutti i cinque sensi: la vista, l'udito, il tatto, l'olfatto e il gusto. Al tempo stesso ho approfondito l'astrazione del significato, passando dalla lampada-oggetto alla lampada fonte-di-luce che rimanda simbolicamente a una dimensione di spiritualità. Queste due riflessioni mi hanno colpito: sono stato colto da una sensazione indefinita, ma molto forte di *déjà vu*: avevo visto qualcosa, qualcosa che mi sembrava potesse rappresentare la chiave di volta per
il mio progetto cibo-luce-lampada. Per due anni ho cercato nella mia biblioteca, tra i miei quasi diecimila libri, ma senza successo. Solo molto tempo dopo sono riuscito a ricostruire quello che nella mia mente era indefinito: in un grande supermercato nel quartiere cinese di Parigi, ho trovato casualmente una confezione di otto aringhe secche. Immediatamente ho ricollegato: quella forma l'avevo vista per la prima volta nella mostra "Manger en Chine" all'Alimentarium, il museo dell'alimentazione della Fondazione Nestlé di Vevey, in Svizzera. A quel punto tutto è stato facile. I pesci sarebbero diventati i bracci del lume. Ma che rapporto c'è tra Cina, cibo e *chanukkiah*? La risposta sta nel concetto di *coincidentia oppositorum* che sempre mi affascina: il pesce è cibo, ma è anche acqua, umidità, mettere il fuoco (la candela) sull'acqua vuol dire muoversi sul terreno del paradosso e cercare quindi di dare forma alla complessità dei simboli. Nel 2006 ho presentato l'opera da Leo Koenig a New York, per la mostra "Hardcore diner". Ma era senza base. Quella base, che ho trovato solo l'anno scorso, è un osso della coscia di un animale. L'osso che è simbolo del sacrificio, e questo mi ha permesso di approfondire il percorso cibo-acqua-fuoco-sacrificio. Con in più un valore interreligioso. Senza contare il *calembour* e l'assonanza tra *kosher* e coscia. Solo per la mostra di Casale e per il Museo dei Lumi l'opera è stata completata.

This hanukkiah *is the result of a long process of artistic creation in which, as in all my works, art is a synthetic perception that crosses the boundaries between painting, sculpture, music and literature, blending visual art with culinary art. Traditionally the lamp is placed on the table and is lit at mealtimes. It is therefore somehow linked to food. Food involves all five senses: sight, hearing, touch, smell and taste. At the same time I analysed the abstract concept, abandoning the lamp as an object to consider the lamp as a source of light symbolising a spiritual dimension. These two considerations struck me: I was hit by an indefinable yet very strong sense of* déjà vu*: I had seen something, something I thought could be the key to my food-light-lamp project. For two years I searched through my library, which contains almost ten thousand books, but to no avail. It was only much later that I was eventually able to reconstruct that indefinable thing I had in mind: it was while I was in a big supermarket in the Chinese district of Paris, when my eyes fell upon a box of eight dried herrings. That was it! I had seen that shape for the first time at the* Manger en Chine *exhibition at the Alimentarium, the food museum of the Nestlé Foundation in Vevey, Switzerland. From then on it was simple. The fishes would be the branches of the lamp. But where was the link between China, food and* hanukkiah? *The answer lies in the concept of* coincidentia oppositorum *which has always fascinated me: fish is food, but it is also water, moisture; placing fire (the candle) on water is a paradoxical notion that involves an understanding of the complexity of the symbols. In 2006 I presented the work at the* Hardcore diner *exhibition at the Leo Koenig Gallery in New York. It did not have a base though. I only found that base last year — an animal's thigh bone. The bone symbolises sacrifice, and this allowed me to develop the idea of food-water-fire-sacrifice. It also adds an inter-religious aspect. Then there is the pun, the similarity in the sound of the words* kosher *and* coscia *(Italian word for thigh). The work was only completed for the exhibition in Casale and for the Museo dei Lumi.*

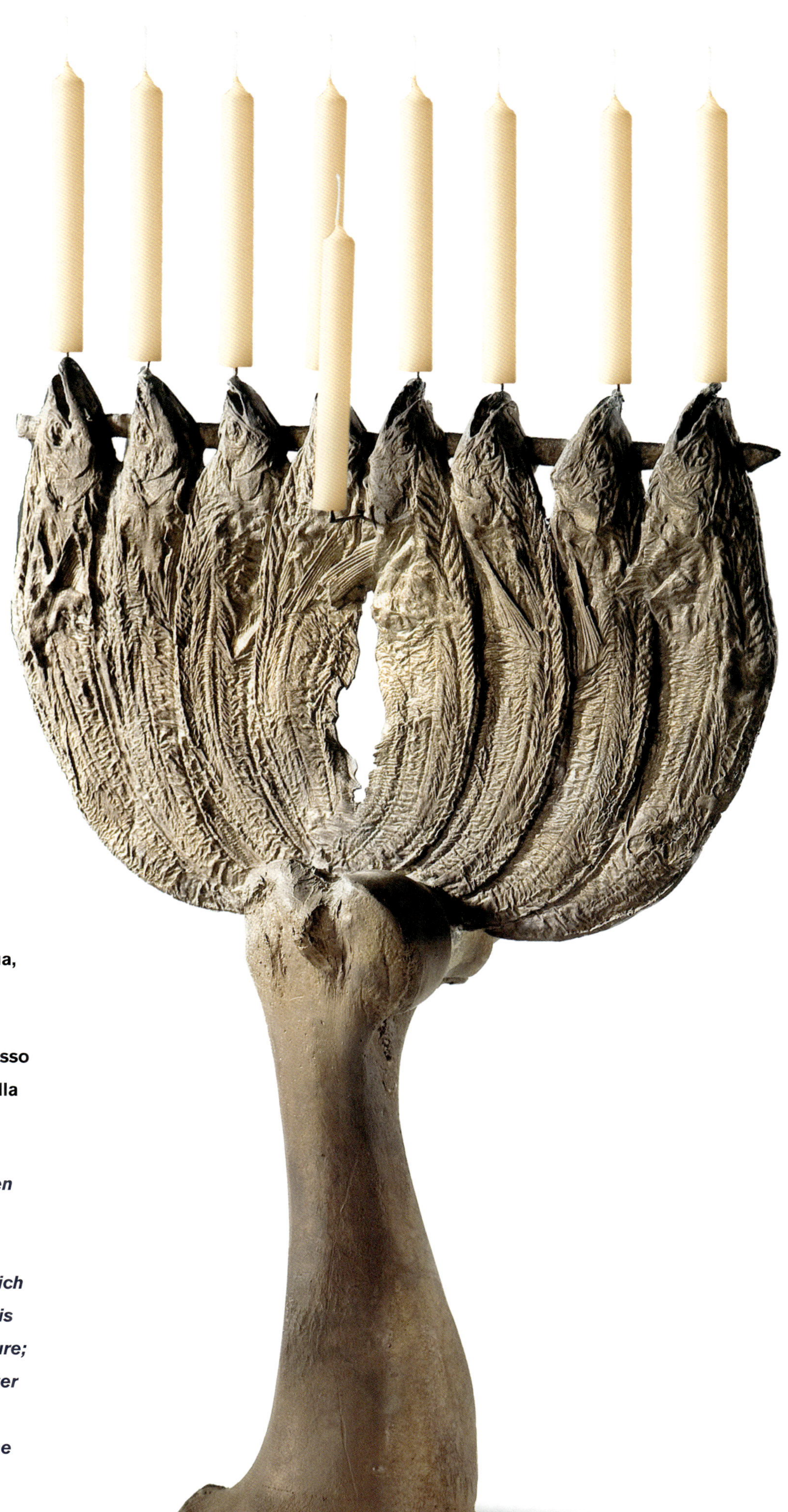

"Ma che rapporto c'è tra Cina,
cibo e *chanukkiah*?
La risposta sta nel concetto
 di *coincidentia oppositorum*
che sempre mi affascina:
il pesce è cibo, ma è anche acqua,
umidità, mettere il fuoco
(la candela) sull'acqua vuol dire
muoversi sul terreno del paradosso
e cercare quindi di dare forma alla
complessità dei simboli."

*"But where was the link between
China, food and* hanukkiah*?
The answer lies in the concept
of* coincidentia oppositorum *which
has always fascinated me: fish is
food, but it is also water, moisture;
placing fire (the candle) on water
is a paradoxical notion that
involves an understanding of the
complexity of the symbols."*

PAUL RENNER | *2009*

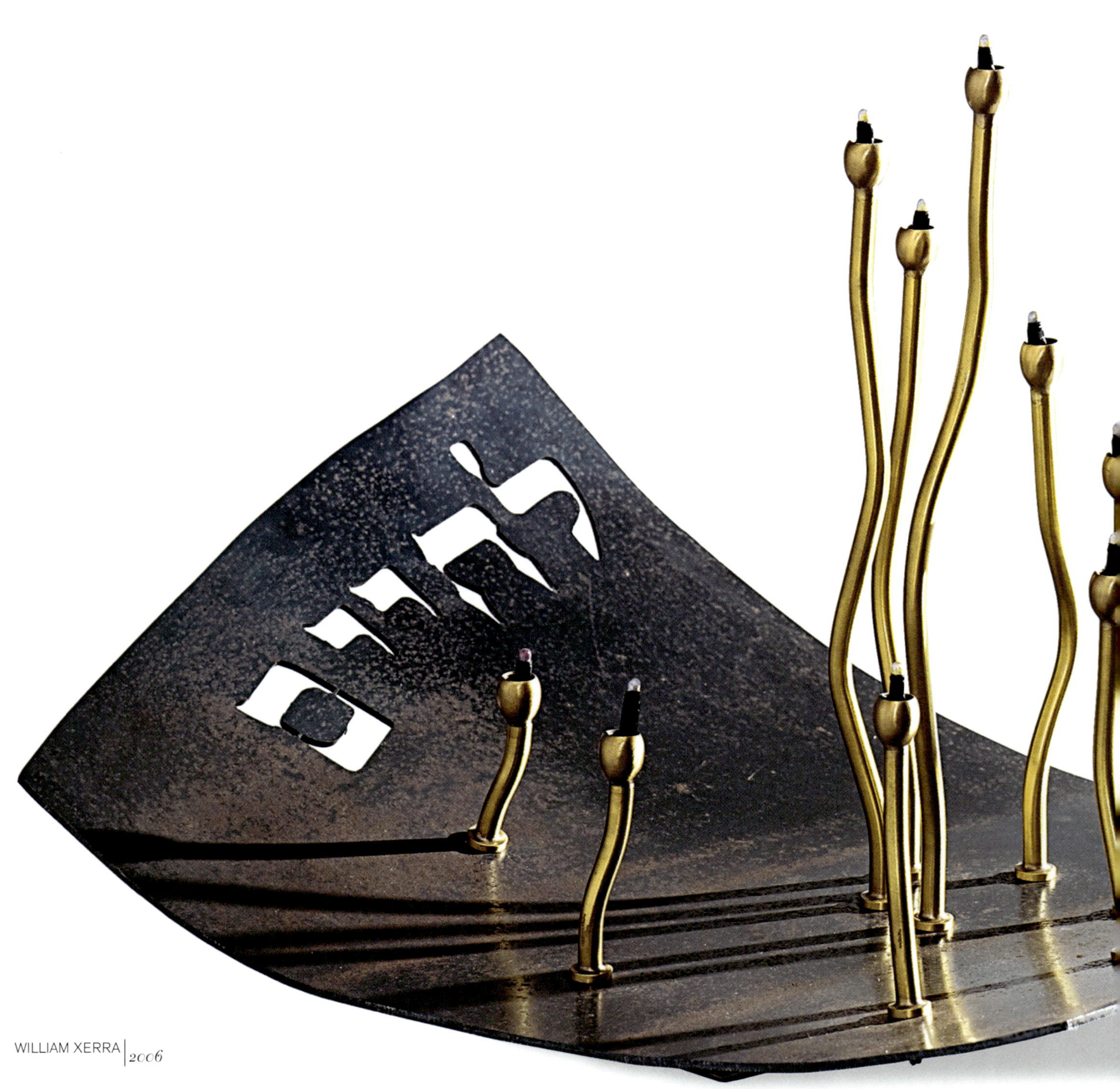

WILLIAM XERRA | *2006*

WILLIAM XERRA

Da tempo sostengo che "Le idee non hanno significato se non sono nutrite da un corpo". Così, come afferma Roberto Borghi, quando l'opera è nutrita da un corpo, cioè quando si impregna della misteriosa complessità dell'esistenza umana e tenta di esprimerla in una forma compiuta l'intuizione artistica, si smarca delle presunte "idee" delle quali è saturo il mondo della comunicazione, acquisendo così un significato. La lampada che ho progettato per il Museo dei Lumi è legata a un "corpo" di senso. "L'artigiano" ha lavorato e dialogato per la committenza in modo tale che i suoi sensi potessero rispondere con semplicità e chiarezza.

A long time ago I realised that "Ideas are meaningless unless nurtured by a body". So, as Roberto Borghi says, when a work is nourished by a body and impregnated with the mysterious complexity of human existence, which it attempts to express through the finished work, artistic insight can free itself of the presumed "ideas" that have saturated the world of communication, and acquire a meaning. The lamp I have designed for the Museo dei Lumi is linked to a "body" of meaning. The "craftsman" worked and communicated with the designer, so that his senses were able to respond simply and clearly.

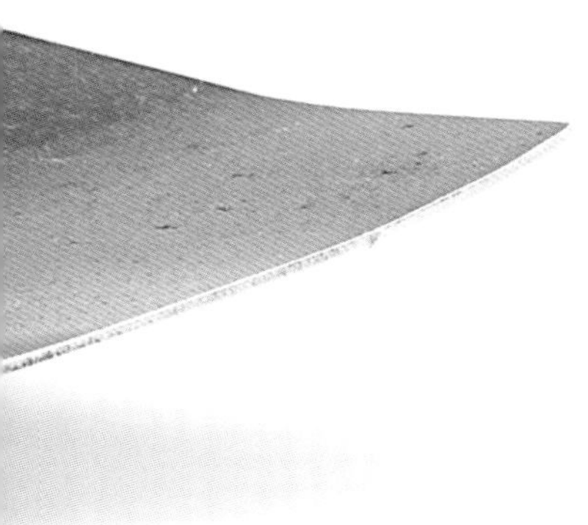

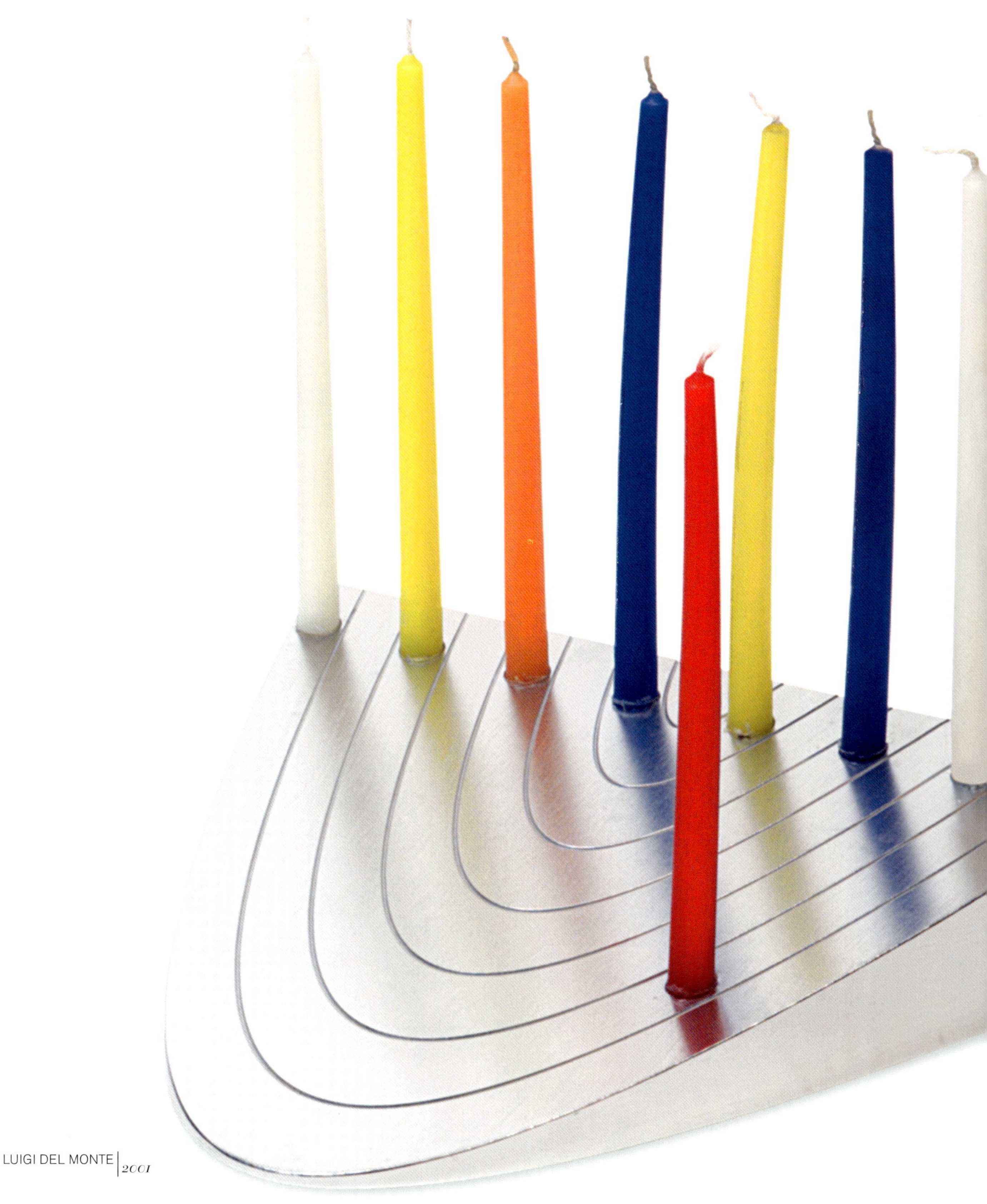

LUIGI DEL MONTE | 2001

PROFILI BIOGRAFICI

BIOGRAPHICAL PROFILES

Opera n. 83
CLARA ABRAMOVICI
Faltichen (Romania) 1940

Scultrice romena. Nel 1950 si è trasferita in Israele, dove ha compiuto studi di arte e scultura e nel 1987 in Italia, a Pietrasanta, dove ha completato la sua formazione specializzandosi in scultura. Ha lavorato all'Università di Tel Aviv dal 1988 al 1990. Ha esposto in molte mostre collettive e personali in Italia e all'estero.

Work No. 83
CLARA ABRAMOVICI
Faltichen (Romania) 1940

Romanian sculptor. Clara Abramovici moved to Israel in 1950, to study art and sculpture, and then to Pietrasanta in Italy in 1987, where she completed her studies and specialised in sculpture. She worked at Tel Aviv University from 1988 to 1990. She has held many group and solo exhibitions in Italy and abroad.

Opera n. 70
VALERIO ANCESCHI
Milano 1975

Scultore italiano. Predilige il ferro già in possesso di una sua connotazione, i frammenti metallici, individuati tra gli scarti dell'industria meccanica e sottratti alla catena del riciclo che inesorabilmente riconduce in fonderia tutto ciò che giace inutilizzato. Si è diplomato all'Accademia delle Belle Arti di Brera di Milano. Nel 1999 ha vinto il premio Lima per la giovane arte e il premio Salon I della Permanente di Milano. Ha frequentato il corso sul trattamento artistico dei metalli tenuto da Arnaldo Pomodoro ed Eliseo Mattiacci. Nel 2008 ha vinto il premio internazionale di scultura in ferro Ilva di Masone.

Work No. 70
VALERIO ANCESCHI
Milan 1975

Italian sculptor. Valerio Anceschi's medium of choice is iron that already has characteristics of its own, fragments of metal, waste produced by mechanical machining processes, taken from recycling plants that send all unused material back to the foundry.
Anceschi graduated from the Accademia delle Belle Arti di Brera in Milan. In 1999 he won the Lima prize for young art and the Salon I prize awarded by La Permanente in Milan. He attended the course on artistic processing of metals held by Arnaldo Pomodoro and Eliseo Mattiacci. In 2008 he won the Ilva di Masone international award for iron sculpture.

Opera n. 27
ANGELO RAFFAELE ANTELMI
Cuneo 1935

Giornalista e fotografo italiano. Alla ideazione e realizzazione di progetti editoriali, in cui unisce fotografie e testi, affianca l'attività di fotografo per case editrici specializzate in arte e architettura per la quale si avvale della tecnica orbicolare e di macchine a banco ottico. Collabora con grandi testate italiane e straniere di turismo, cultura, sport, fotografia e moda, tra cui "Linea d'ombra", "Panorama", "L'Espresso", "Bell'Italia", "Touring Club", "Dove", "Vogue", "Grazia", "Jazz", "Nautica", "Windsurf Italia", "Stance", "Fare vela", "Tutti fotografi", "Il Fotografo". Ha pubblicato *Murgia Territorio Divino*, catalogo della mostra realizzata per il decennale di Castel del Monte Patrimonio dell'Umanità, patrocinata dall'UNESCO.

Work No. 27
ANGELO RAFFAELE ANTELMI
Cuneo 1935

Italian journalist and photographer. Angelo Raffaele Antelmi designs and creates publishing projects that combine photographs and texts. He also works as a photographer for publishing houses specialised in art and architecture, using orbicular lighting technology and view cameras. He works with several major Italian and foreign magazines in the fields of tourism, culture, sport, photography and fashion, including Linea d'ombra, Panorama, L'Espresso, Bell'Italia, Touring Club, Dove, Vogue, Grazia, Jazz, Nautica, Windsurf Italia, Stance, Fare vela, Tutti fotografi and Il Fotografo. He published Murgia Territorio Divino, the catalogue for the exhibition to mark the tenth anniversary of Castel del Monte as a UNESCO World Heritage Site.

Opera n. 9
ARMAN
Nizza 1928 - New York 2005

Pittore e scultore francese. Armand Pierre Fernández, in arte Arman, apprende dal padre la pittura a olio e la fotografia. Dopo la laurea in filosofia e in matematica nel 1946 inizia gli studi presso l'École Nationale des Arts Décoratifs di Nizza, dove incontra artisti come Yves Klein e Claude Pascal. Completati gli studi nel 1949, si iscrive all'École du Louvre a Parigi, dove si concentra sullo studio dell'archeologia e dell'arte orientale. Negli anni 1959-1962 l'artista sviluppa il suo stile più riconoscibile, incentrato sui concetti di "accumulazione" e "poubelle". Le accumulazioni sono raccolte di comuni e identici oggetti disposti in contenitori di poliestere o plexiglas, mentre le "poubelles" sono agglomerati di rifiuti disseminati. Nel 1961 Arman fa il suo debutto negli Stati Uniti, il paese che diventerà la sua casa. Innamorato della scena di New York, prende residenza in città, subito dopo la sua mostra alla Cordier Ekstrom Gallery. A New York, prima presso il Chelsea Hotel, e poi presso il suo studio privato, inizia a lavorare su progetti sempre più ambiziosi, tra cui le espansioni delle accumulazioni e lo smembramento di strumenti musicali.

Work No. 9
ARMAN
Nice 1928 - New York 2005

French painter and sculptor. Arman (born Armand Pierre Fernández) learnt about oil painting and photography from his father. After obtaining a degree in philosophy and mathematics in 1946, he began studying at the École Nationale des Arts Décoratifs in Nice, where he met the artists Yves Klein and Claude Pascal. After completing his studies in 1949, he enrolled at the École du Louvre in Paris, where he concentrated on the study of archaeology and oriental art. Between 1959 and 1962 Arman developed his characteristic style, based on the concepts of "accumulation" and "poubelle". Accumulations were collections of common and identical objects which he arranged in polyester castings or within Plexiglas cases, while "poubelles" were collections of strewn refuse. In 1961 Arman made his debut in the USA, the country that was to become his home. Enamoured with the scene in New York, Arman took up residency in the city, just after his first exhibition at the Cordier Ekstrom Gallery. In New York, first at the Chelsea Hotel, and later at his private atelier, Arman began work on increasingly ambitious projects. These included varied expansions of the accumulations and dismemberment of musical instruments.

Opera n. 48
PAOLO BARATELLA
Bologna 1935

Pittore e scultore italiano. Inizia la sua attività espositiva nei primi anni sessanta a Milano, per proseguire in molte altre città italiane ed europee, quali Bonn, Parigi, Berlino, Barcellona, Basilea, Helsinki, Bruxelles, Mosca, oltre che a New York, San Francisco, Toronto e Montreal. Negli anni settanta lavora in stretto contatto con Giangiacomo Spadari, Fernando De Filippi e Umberto Mariani; nel 1973 espone al Palais des Beaux-Arts di Bruxelles e nel 1974 al Musée d'Art Moderne de la Ville de Paris, mentre nel 1976 gli viene assegnata dal senato di Berlino una borsa di studio che darà luogo a una serie di mostre in varie città tedesche. Ha esplorato molteplici possibilità di utilizzo della figurazione in cicli pittorici concepiti come sequenze narrative, per le quali trae spunto dalla contemporaneità attraverso un'indagine focalizzata sull'uomo tra storia e attualità. Mutuando richiami mitologici e filosofici, con ironia e passione civile ha rielaborato materiali fotografici e preesistenti iconografie. Vengono così realizzate serie di opere riunite sotto titoli unificanti quali: *Cronaca di un mal di testa* (1968), *Come se mi alzassi e prendessi coscienza* (1971), *Oh specchio delle mie brame!* (1985), *Nel fertile abisso del buco nero* (1986), *Zarathustra: il viaggio di ritorno* (1988), *Fuga dalla scuola di Atene* (1992), *Achille e la tartaruga* (1999), *Nemici* (2000-2003). Molte le personali dedicate alla sua opera: alla Fondazione Mudima di Milano e alla Galleria Civica d'Arte Moderna e Contemporanea di Ferrara nel 1995, a Palazzo Reale di Milano nel 1998, alla Galleria Soave e a Palazzo Guasco di Alessandria, a Ca' dei Carraresi a Treviso (2009). L'artista ha inoltre insegnato per dieci anni alla Accademia di Brera di Milano.

Opera n. 29
ENRICO BARGERO
Moncalvo (Asti) 1933

Scultore italiano. Lavora legno, bronzo, peltro, pietra e terracotta. Ha preso parte a numerose mostre regionali e nazionali, ottenendo importanti riconoscimenti.

Opera n. 12
ROBERTO BARNI
Monelle (Pistoia) 1939

Pittore e scultore italiano. Esponente negli anni ottanta dell'Anacronismo, ha in seguito trasformato la citazione in evocazione di atmosfere arcaiche, privilegiando negli anni recenti la scultura, caratterizzata da animali ed esili figure maschili che richiamano i modelli dell'arte primitiva ed etrusca, non figure caratterizzate, ma modelli anonimi, "confusi nella folla". Pittura e scultura vivono in un rapporto di confronto e scambio: la pittura prende volume, la scultura ruba alla pittura il suo cromatismo. Comincia a esporre nel 1960 e nel 1963 ottiene una borsa di studio dal comune di Firenze. Negli anni sessanta insieme a Umberto Buscioni, Gianni Ruffi e Adolfo Natalizi dà vita alla Scuola di Pistoia. Nel 1965 è invitato a "Revort I: Documenti di arte oggettiva in Europa", la mostra della giovane avanguardia europea, alla Galleria d'Arte Moderna di Palermo. La sua attività espositiva continua negli anni settanta con mostre personali presso gallerie quali Flori a Firenze, Van de Loo a Monaco, La Salita a Roma, Schema a Firenze, Trisorio a Napoli. Gli anni ottanta vedono sue personali al Festival dei due Mondi a Spoleto nel 1982, alla Biennale di Venezia nel 1984, alla Shape Gallery di New York nel 1985, al Queens Museum di New York, alla Galleria Maeght di Parigi. Nel 2001 inizia la collaborazione con Alessandro Bagnai e Alessandro Poggiali, con mostre personali a Siena e a Firenze. Dal 2002 ha esposto in mostre personali alla Kunstverein di Ludwigsburg, al Castello di Malcesine, alla Galleria Raab di Berlino, alla Galleria Serpa di Lisbona, al Teatro India a Roma.

Work No. 48
PAOLO BARATELLA
Bologna 1935

Italian painter and sculptor. The first time Paolo Baratella's works were shown was in the early 1960s in Milan, after which he held exhibitions in many other cities in Italy and the rest of Europe, including Bonn, Paris, Berlin, Barcelona, Basel, Helsinki, Brussels and Moscow, as well as in New York, San Francisco, Toronto and Montreal. In the 1970s he worked in close contact with Giangiacomo Spadari, Fernando De Filippi and Umberto Mariani; in 1973 his works were exhibited at the Palais des Beaux-Arts in Brussels and in 1974 at the Musée d'Art Moderne de la Ville de Paris. In 1976 the Senate of Berlin awarded him a grant that he used to stage a series of exhibitions in various German cities. He has experimented with different uses of figuration in pictorial cycles conceived as narrative sequences, starting from contemporaneousness and focussing his analyses on man in terms of history and current affairs. He draws on mythology and philosophy, with irony and civil passion, reprocessing photographic material and existing iconography. The result is a series of works brought together under unifying headings such as: Cronaca di un mal di testa (1968), Come se mi alzassi e prendessi coscienza (1971), Oh specchio delle mie brame! (1985), Nel fertile abisso del buco nero (1986), Zarathustra: il viaggio di ritorno (1988), Fuga dalla scuola di Atene (1992), Achille e la tartaruga (1999), Nemici (2000-2003). *He has had many solo exhibitions: at the Fondazione Mudima in Milan and at the Galleria Civica d'Arte Moderna e Contemporanea in Ferrara in 1995, at Palazzo Reale in Milan in 1998, at the Galleria Soave and Palazzo Guasco in Alessandria and at the Ca' dei Carraresi in Treviso (2009). He also taught at the Accademia di Brera in Milan for ten years.*

Work No. 29
ENRICO BARGERO
Moncalvo (Asti) 1933

Italian sculptor. Enrico Bargero sculpts wood, bronze, pewter, stone and terracotta. He has taken part in numerous regional and national exhibitions and won several prestigious awards.

Work No. 12
ROBERTO BARNI
Monelle (Pistoia) 1939

Italian painter and sculptor. In the 1980s Roberto Barni was a protagonist of the Anacronismo movement, later transforming citation into evocation of the atmospheres created by the Old Masters. In recent years his work has focused more on sculptures of animals and slender male figures in the style of those depicted in primitive and Etruscan artwork, not figures with features, but anonymous models, "mixed in with the crowd". Painting and sculpture live a relationship of confrontation and exchange: painting acquires volume, sculpture robs painting of its chromatics. Roberto Barni held his first exhibition in 1960. In 1963 he was awarded a grant by Florence City Council. In the 1960s he, along with Umberto Buscioni, Gianni Ruffi and Adolfo Natalizi, formed the School of Pistoia. In 1965 he was invited to Revort I: Documenti di arte oggettiva in Europa, the exhibition for the young European avant-garde held at the Galleria d'Arte Moderna in Palermo. He continued to exhibit his works throughout the 1970s, with solo exhibitions at galleries such as the Flori in Florence, the Van de Loo in Munich, La Salita in Rome, the Schema in Florence, the Trisorio in Naples. In the 1980s he had solo exhibitions at the Festival dei due Mondi in Spoleto in 1982, the Venice Biennale in 1984, the Shape Gallery in New York in 1985, the Queens Museum in New York and the Galerie Maeght in Paris. In 2001 he began working with Alessandro Bagnai and Alessandro Poggiali, holding solo exhibitions in Siena and Florence. Since 2002 he has exhibited his works in solo exhibitions at the Kunstverein in Ludwigsburg, at the Castello in Malcesine, at the Raab Gallery in Berlin, at the Serpa Gallery in Lisbon and at the Teatro India in Rome.

Opera n. 50
LUCIANO BOBBA
Casale Monferrato (Alessandria) 1957

Pittore e fotografo italiano. Dalla fine degli anni ottanta nella sua ricerca artistica sperimenta varie forme espressive dalla fotografia tradizionale a quella digitale, dalla videografia alla pittura. Dal 1989, dopo anni trascorsi negli Stati Uniti, torna in Italia, lavora per l'Editoriale Giorgio Mondadori (ora Cairo Communications), dove svolge l'attività di art director per la rivista "In viaggio".

Opera n. 42
RENATA BOERO
Genova 1936

Pittrice italiana. La formazione dell'artista avviene a Genova, in un ambito dominato dalla presenza di Emilio Scanavino. Dal 1964 al 1966 è attiva come restauratrice nella Quadreria di Palazzo Rosso a Genova. La prima mostra importante è presso la Galleria Martano di Torino, nel 1970. Attraverso una ricerca pittorica incentrata sui valori essenziali e costruttivi del colore, ha dato vita negli anni settanta ai *Cromogrammi* (basati sull'interferenza delle tracce di colore e di una griglia geometrica ottenuta mediante la piegatura della tela), evolutisi negli anni successivi nel recupero di forme organiche e curvilinee. I lavori della serie *Senza Titolo ovvero Architetture ed Enigmi* segnano un'ulteriore accelerazione nella strategia di costruzione dell'opera d'arte. Dal 1986 ha insegnato presso l'Accademia delle Belle Arti di Brera a Milano.

Opera n. 28
ARIELA BÖHM
Roma 1960

Scultrice italiana. Dopo la laurea in Scienze Biologiche, lavora per qualche anno come borsista con Rita Levi Montalcini a l'Istituto di Biologia Cellulare del CNR a Roma. Già negli anni del liceo aveva intrapreso un percorso artistico privilegiando come mezzo espressivo la ceramica. Studia in seguito tornitura, tecnica *raku*, decorazione, teoria degli smalti, vetrate artistiche, *glass fusing* e incisione. Frequenta il corso di scultura di Alfio Mongelli all'Accademia di Belle Arti di Roma. Frequenta la fonderia Anselmi, presso la quale realizza un monumento in bronzo. Il suo lavoro si trasforma, trovando nella ceramica *raku* il materiale elettivo. L'evoluzione della sua opera si dipana nell'uso combinato di materiali di diversa natura, in cui il dialogo fra gli elementi esprime il significato dell'opera stessa. L'incessante sperimentazione dei materiali la porta a utilizzare il silicone per il ciclo di opere sul moto ondoso e, nel 2004, a ideare, con il collega Rino Regoli, la tecnica delle "ombre di luce". L'uso di un materiale trasparente, deposto sulla superficie interna di una lastra di vetro, permette, concentrando la luce che lo attraversa, di proiettare sulla superficie sottostante un'ombra, paradossalmente più luminosa del fondo su cui è proiettata. Da qui la scelta dell'ossimoro "ombre di luce".

Opere nn. 51-111
GIOVANNI BONALDI
Serina (Bergamo) 1965

Artista italiano. Si diploma presso il Liceo Artistico di Bergamo nel 1983 e nel luglio del 1987 in pittura presso la Nuova Accademia delle Belle Arti di Milano sotto la guida di Lucio Del Pezzo e Umberto Mariani. Ha collaborato con Lucio Del Pezzo e con la poetessa Alda Merini nella realizzazione di libri d'artista. Da tempo va compiendo studi specifici sulla cultura ebraica.

Work No. 50
LUCIANO BOBBA
Casale Monferrato (Alessandria) 1957

Italian painter and photographer. Towards the end of the 1980s Luciano Bobba started to experiment with different forms of expression, ranging from conventional and digital photography to videography and painting. In 1989 he returned to Italy, after many years in the USA. He works for Giorgio Mondadori publishers (now Cairo Communications), as art director of the magazine In viaggio.

Work No. 42
RENATA BOERO
Genoa 1936

Italian painter. Renata Boero studied art in Genoa, in an environment dominated by the presence of Emilio Scanavino. Between 1964 and 1966 she worked as a restorer at the Palazzo Rosso picture gallery in Genoa. Her first major exhibition was at the Galleria Martano in Turin, in 1970. In the 1970s she concentrated on analysing the essential and constructional characteristics of colour, and developed her series of Cromogrammi *(based on the interference of lines of colour and a geometric grid obtained by creating folds in the canvas) which she subsequently developed in order to recreate organic and curved forms. Her works in the series* Senza Titolo ovvero Architetture ed Enigmi *marked a further acceleration in her strategies for constructing works of art. Boero has been a lecturer at the Accademia delle Belle Arti di Brera in Milan since 1986.*

Work No. 28
ARIELA BÖHM
Rome 1960

Italian sculptor. After receiving a degree in biology, Ariela Böhm was awarded a scholarship and worked at the CNR Institute of Cell Biology of Rome with Rita Levi Montalcini for some years. She had already embarked on artistic studies at secondary school, choosing ceramics as her preferred means of expression. She later studied turning, the raku *technique, decoration, theory of enamels, stained glass, glass fusing and engraving. She studied sculpture with Alfio Mongelli at the Accademia di Belle Arti in Rome. She attended the Anselmi foundry where she created a bronze monument. Her work changed, as ceramics treated using the* raku *technique became her materials of choice. She began to combine different kinds of materials in her work, allowing the dialogue between the elements to express its meaning. Her endless experimentation with materials led her to use silicon for a series of works on waves and, in 2004, she and her colleague Rino Regoli developed the "shadow of light" technique. By placing a transparent material on the inside surface of a glass slab, they were able to concentrate the light passing through it so that the shadow projected on the underlying surface was paradoxically brighter than the base onto which it was projected. This gave rise to the oxymoron "shadow of light".*

Works Nos. 51-111
GIOVANNI BONALDI
Serina (Bergamo) 1965

Italian artist. Giovanni Bonaldi attended secondary school specialising in art subjects in Bergamo and then studied painting at the Nuova Accademia delle Belle Arti in Milan with Lucio Del Pezzo and Umberto Mariani, graduating in July 1987. He has worked with Lucio Del Pezzo and with the poetess Alda Merini on the production of artist's books. He has been studying Jewish culture for some time.

Opera n. 92
GIOVANNI BONARDI
Villanova Monferrato (Alessandria) 1958

Pittore e scultore italiano. Inizia giovanissimo a dedicarsi alla pittura,
ricevendo i primi insegnamenti dal nonno paterno, abile intagliatore
e pittore dilettante. Si diploma al Liceo Artistico di Vercelli, in seguito
frequenta l'Accademia di Belle Arti di Brera a Milano. Fra le tecniche
che approfondisce ci sono l'affresco e la terracotta che patina
con delicate velature a tempera. Lavora nel campo del restauro.
Dai viaggi in Grecia e in America Latina gli derivano molti stimoli
creativi che emergono nelle sue opere, in cui il dinamismo unisce
la realtà al sogno e il vero soggetto è la luce.

Opera n. 69
CORRADO BONOMI
Novara 1956

Pittore e scultore italiano. Terminati gli studi artistici, si dedica alla
propria formazione fino al 1982, anno della sua prima esposizione.
Negli anni novanta ha inizio la sua esperienza di insegnamento
e dal 1995 collabora come operatore culturale con il Dipartimento
Educazione del Museo d'Arte Contemporanea del Castello di Rivoli.
Utilizza e riutilizza i materiali giocando in chiave ironica sulla natura
e sulla destinazione originaria degli stessi.

Opera n. 6
MARIE BRANDOLINI
Parigi 1960

Artista francese. Stabilitasi a Venezia, sviluppa l'interesse per il vetro,
lavorando con i soffiatori a Murano. Dà inizio alla sua produzione sotto
il nome di *Laguna B*. Nella sua prima serie di vetri – *i Gotti* – sono
fuse insieme murrine, canne, graniglie che producono in ciascun
bicchiere un'esplosione di colori. Queste opere, realizzate da una
nuova generazione di artisti soffiatori, si possono trovare a Palazzo
Grassi a Venezia, ma anche a Parigi, Londra, Tokio, New York, Milano.

Opera n. 93
DARIO BREVI
Limbiate (Monza) 1955

Artista italiano. Diplomato al Liceo Artistico di Brera, si è laureato
in Architettura al Politecnico di Milano. Molte le rassegne a lui
dedicate, tra le quali una vasta personale nel 1982 a Basilea
e mostre a Tokyo e a Barcellona. Ha fatto parte, negli anni ottanta,
del movimento artistico Nuovo Futurismo, formatosi presso
la Galleria Diagramma di Luciano Inga-Pin a Milano e teorizzato
dal critico Renato Barilli. Il materiale di elezione è il *medium density*,
utilizzato nell'industria del mobile, con il quale realizza opere
tridimensionali giocate con ironia tra pittura e scultura. Nel 1991
è uno dei 122 artisti internazionali selezionati per la mostra
"Anninovanta" alla Galleria d'Arte Moderna di Bologna. Nel 1995
viene scelto per realizzare uno speciale contenitore in latta per
il Ballantine's scotch whisky. Nel 2005 realizza un'opera
per la sede della Solvay-Pharma di Grugliasco e nel 2006
un multiplo dipinto per Swatch.

Opera n. 52
LUCIA CAPRIOGLIO
Casale Monferrato (Alessandria) 1948

Pittrice italiana. Si diploma al Liceo Artistico e successivamente
si specializza in pittura all'Accademia di Belle Arti di Brera a Milano
nel 1972. Ha frequentato a Venezia i corsi di incisione sperimentale,
di serigrafia e di fabbricazione della carta al Centro Internazionale
della Grafica e a Urbino il corso di xilografia. Insegna discipline
pittoriche al Liceo Artistico Cottini di Torino.

Work No. 92
GIOVANNI BONARDI
Villanova Monferrato (Alessandria) 1958

*Italian painter and sculptor. Giovanni Bonardi turned to painting at a
very early age, receiving his first lessons from his father's father, a
skilled engraver and amateur painter. He attended secondary school
specialising in art subjects in Vercelli and then the Accademia delle
Belle Arti di Brera in Milan. He uses the techniques of fresco painting
and applying delicate tempera lines to glaze terracotta. He works as a
restorer. His travels to Greece and Latin America have been a rich
source of creative stimuli that emerge from his works in which
dynamism combines reality with dreams, and light is the true subject.*

Work No. 69
CORRADO BONOMI
Novara 1956

*Italian painter and sculptor. After completing his artistic studies,
Corrado Bonomi continued to develop his skills until 1982, when he
exhibited his first works. He started teaching in the 1990s and has
collaborated with the Education Department of the Museo d'Arte
Contemporanea at the Castello di Rivoli as cultural officer since 1995.
He uses and re-uses materials, playing ironically on nature and on
their original destination.*

Work No. 6
MARIE BRANDOLINI
Paris 1960

*French artist. Marie Brandolini moved to Venice to develop her interest
in glass, working with Murano glass-blowers. Her early works were
produced under the name* Laguna B. *Her first series of glass objects
– i Gotti – feature a fusion of murrina glass, glass rods and powder,
creating an explosion of colours in each tumbler. These works, made by
a new generation of glass-blowers, are on show at Palazzo Grassi in
Venice, but also in Paris, London, Tokyo, New York and Milan.*

Work No. 93
DARIO BREVI
Limbiate (Monza) 1955

*Italian artist. After attending the Brera secondary school in Milan,
Dario Brevi obtained a degree in architecture from Milan Polytechnic.
He has taken part in many exhibitions, including a major solo
exhibition in 1982 in Basel and exhibitions in Tokyo and Barcelona.
In the 1980s he was part of the New Futurism movement whose theorist
was the critic Renato Barilli and which was founded at Luciano Inga-
Pin's Galleria Diagramma in Milan.
His material of choice is* medium density, *normally used in the furniture
industry, which he uses to create three-dimensional works ironically
exploring sculpture and painting.
In 1991 he was one of the 122 international artists selected for the*
Anninovanta *exhibition at the Galleria d'Arte Moderna in Bologna.
In 1995 he was chosen to create a special tin for Ballantine's scotch
whisky. In 2005 he produced a work for Solvay-Pharma in Grugliasco
and a hand-painted multiple for Swatch in 2006.*

Work No. 52
LUCIA CAPRIOGLIO
Casale Monferrato (Alessandria) 1948

*Italian painter. After attending secondary school specialising in art
subjects Lucia Caprioglio specialised in painting at the Accademia delle
Belle Arti di Brera in Milan in 1972. She attended courses in
experimental engraving, silk-screen printing and paper manufacturing
at the Centro Internazionale della Grafica in Venice and xylography in
Urbino. She teaches painting at the Cottini secondary school in Turin.*

Opera n. 106
BEATRICE CARACCIOLO
San Paolo del Brasile 1955

Artista italiana. Ha iniziato realizzando opere con fogli di zinco per poi passare a lavori di grafica che sembrano costruirsi per stratificazioni. Di quelle opere è stato scritto che "sono palesemente dei muri", degli strumenti di difesa con cui far fronte a un "mondo provvisorio". Ha esposto a Parigi nel 1996, poi a New York, Napoli, Barcellona, Milano e, nel 2010, all'Accademia di Francia di Villa Medici a Roma.

Opera n. 1
ELIO CARMI
Casale Monferrato (Alessandria) 1952

Graphic designer italiano. Designer di formazione, ha seguito corsi di visual e industrial design alla Scuola Politecnica di Design, diplomandosi in grafica presso l'Istituto Statale d'Arte di Monza. Ha partecipato a vari seminari su temi di ergonomia, semiologia, cromatologia. È socio ADI, BEDA e AIAP dal 1975. Oggi è direttore creativo della società da lui fondata con Alessandro Ubertis. Il primo progetto di grafica di comunicazione è del 1972; da allora ha raccolto esperienze progettuali nelle aree di graphic, industrial, exhibition e interior design. Gli interventi che conduce nella maggior parte dei casi rientrano nell'area di branding design. Si interessa inoltre di attività di promozione culturale per il territorio del Monferrato e in particolare delle attività culturali per la Comunità Ebraica di Casale Monferrato. Ha curato molte docenze per istituti scolastici e privati.

Opera n. 31
EUGENIO CARMI
Genova 1920

Pittore italiano. Studia a Torino sotto la guida di Felice Casorati. La lunga esperienza di grafico maturata negli anni cinquanta è stata fondamentale per la sua ricerca. È stato responsabile dell'immagine dell'Italsider dal 1958 al 1965. Ha partecipato alla Biennale di Venezia nel 1966. Nel 1967 presenta opere elettroniche alla mostra "Superlund" curata da Pierre Restany a Lund in Svezia. Negli anni settanta, durante i quali insegna all'Accademia di Macerata e all'Accademia di Ravenna, ha avviato una ricerca astratto-geometrica, impostata su una rigorosa struttura geometrica e su una attenta analisi percettiva dei valori cromatici nella quale prevale sempre l'instabilità. Ha illustrato tre favole di Umberto Eco. La più importante mostra antologica della sua opera è stata allestita dal Comune di Milano nel 1990, seguita dalla rassegna dedicatagli dalla città di Budapest nelle sale di Palazzo Reale nel 1992. Nel 1999, oltre a varie mostre, è invitato alla XIII Quadriennale d'Arte di Roma "Proiezioni 2000". Espone poi a Los Angeles e nel maggio 2000 a Roma, nei saloni della Camera dei Deputati. Nel 2004 esce presso Fabbri Editori il libro *Tre racconti*, riedizione in volume unico delle favole illustrate da Eugenio Carmi sui testi di Umberto Eco, e gli viene assegnato il Premio internazionale di pittura, scultura e arte elettronica Guglielmo Marconi. Ottiene nel 2007 il Premio Vela d'oro alla carriera.

Opera n. 91
ROBERTO CARPANI
Alessandria 1947

Architetto italiano. Ha svolto attività accademica presso la Facoltà di Architettura del Politecnico di Torino. Dal 1982 ha costituito una società di progettazione con gli architetti Giulio Masoni e Armanda Tasso. È autore tra l'altro di *Rappresentazione dell'ambiente urbano dal Theatrum Sabaudiae al Piano Napoleonico del 1802*, in AA.VV., *Radiografia di un territorio*, 1980.

Work No. 106
BEATRICE CARACCIOLO
São Paulo, Brazil 1955

Italian artist. Beatrice Caracciolo's first works were made from sheets of zinc. She went on to produce graphic works resembling layered constructions that have been described as "clearly walls", means of defence against a "provisional world". She exhibited in Paris in 1996, and then in New York, Naples, Barcelona, Milan and, in 2010, at the Accademia di Francia in Villa Medici in Rome.

Work No. 1
ELIO CARMI
Casale Monferrato (Alessandria) 1952

Italian graphic designer. Elio Carmi received a diploma in graphic design from the Istituto Statale d'Arte in Monza and studied visual and industrial design at the Scuola Politecnica di Design. He has taken part in various workshops on ergonomics, semiotics and chromatology. A member of the ADI, BEDA and AIAP since 1975, he is creative director of the company he founded with Alessandro Ubertis. In 1972 he completed his first graphic communication project and has worked on numerous graphic, industrial, exhibition and interior design projects. Most of his work is concerned with branding design. He is involved in cultural promotion projects for the Monferrato district, with a special focus on cultural events within the Casale Monferrato Jewish community. He has taught in educational institutions in both the state and the private sector.

Work No. 31
EUGENIO CARMI
Genoa 1920

Italian painter. Eugenio Carmi studied in Turin under Felice Casorati. His long experience as a graphic artist during the 1950s strongly influenced his artistic work. From 1958 until 1965 he was responsible for Italsider's corporate image. In 1966 he took part in the Venice Biennale. In 1967 he presented his electronic works at the Superlund exhibition curated by Pierre Restany in Lund, Sweden. In the 1970s, while teaching at the Academy of Fine Arts in Macerata and at the Academy of Fine Arts in Ravenna, he embarked on the study of abstract-geometric design, based on a precise geometrical structure and a careful analysis of the perception of colour, in which instability always prevails. He created illustrations for three of Umberto Eco's stories. The most important exhibition of a selection of his works was organised by Milan City Council in 1990. This was followed in 1992 by a review of his works at the Royal Palace in Budapest. In 1999 he was invited to take part in various exhibitions, including Proiezioni 2000 at the XIII Quadriennale d'Arte in Rome. His works were exhibited in Los Angeles and, in May 2000, at the Chamber of Deputies of the Italian Parliament in Rome. In 2004 Fabbri Editori published Tre racconti, a new edition of Umberto Eco's stories with illustrations by Eugenio Carmi in a single volume. That year he also won the Guglielmo Marconi international prize for painting, sculpture and electronic art. In 2007 he won the Vela d'Oro Career Achievement Award.

Work No. 91
ROBERTO CARPANI
Alessandria 1947

Italian architect. Roberto Carpani has lectured at the Faculty of Architecture of Turin Polytechnic. In 1982 he founded a design firm with two other architects, Giulio Masoni and Armanda Tasso. He is the author of a number of books, including Rappresentazione dell'ambiente urbano dal Theatrum Sabaudiae al Piano Napoleonico del 1802, in *Radiografia di un territorio by various authors, 1980.*

Opera n. 41
JESSICA R. CARROLL
Roma 1961

Pittrice e scultrice italo-statunitense. Dopo essersi dedicata
alla fotografia, compiendo viaggi di ricerca fotografica nei parchi
naturali di tutto il mondo, si è specializzata in acquaforte e fotografia
al Cleveland Institute of Art. Si dedica attualmente in prevalenza alla
scultura. Ha esposto in numerose mostre personali e collettive, tra
queste ultime si ricordano la Fondazione Materima di Casalbeltrame
(Novara) nel 2007 e la XIII Biennale Internazionale di Scultura
Carrara Premio Internazionale Giovane Scultura (2008).

Opera n. 38
ROBERT CARROLL
Painesville (Ohio) 1934

Artista statunitense. Dopo gli studi al Cleveland Institute of Art
si è laureato in belle arti alla Western Reserve University.
Ha frequentato i protagonisti della beat generation, da Allen
Ginsberg a Jack Kerouac, ed è divenuto amico di Willem De Kooning.
A Roma dagli anni sessanta dopo un periodo informale, ispirandosi
al realismo americano e alla tradizione romantica europea, realizza
opere pittoriche e grafiche incentrate sulla rappresentazione della
natura. Dopo aver esposto in Europa e negli Stati Uniti, a metà degli
anni ottanta si è dedicato alle *Multivisioni* – ciclopiche installazioni
multimediali in cui immagini e suoni si intrecciano in un sincronismo
assoluto – dedicate ai principali parchi naturali statunitensi ripetendo
l'esperienza anche in Italia a San Rossore, Caprarola, Massaciuccoli e
nella riserva naturale del lago di Vico.

Opera n. 68
GIORGIO CAVALLONE
Terruggia (Alessandria) 1946

Scultore italiano. Studia disegno ornamentale alla scuola
Leonardo Bistolfi di Casale Monferrato e restauro ligneo in un
corso di specializzazione. Svolge attività di restauro di antichità.

Opera n. 53
GIANNI CELLA
Pavia 1953

Artista italiano. La sua prima mostra è del 1983 alla Galleria
Il Diagramma di Milano col gruppo Plumcake; ha esposto
alla Biennale di Venezia, al museo di Groninger e al Mart
di Rovereto. Dopo esperienze collettive, dal 2000 è tornato
al lavoro individuale. Pesca nell'immaginario fantastico, adotta
il tratto del cartoon e si avvale di giocattoli e slogan pubblicitari,
percorre, in modo ora sarcastico ora divertente, una via di mezzo
tra nuovi media e *ready made.*

Opera n. 91
FRED CHARAP
New York 1940

Pittore e scultore statunitense. Comincia a prendere lezioni d'arte
quasi casualmente e nasce così la passione che lo porta
a San Francisco dove si iscrive all'Art Institute e dove lavora per
vent'anni. Nel 1984 compra una casa nella Maremma toscana, dove
si è trasferito stabilmente. Nel suo spirito s'intersecano fortemente
le grandi culture da cui proviene: quella ebraica, quella russa, quella
americana. I suoi quadri sono come finestre aperte sul mondo per
indagare all'interno della storia umana, la tela è la pelle che copre
l'anima dell'artista, diaframma verso gli eventi del mondo.

Work No. 41
JESSICA R. CARROLL
Rome 1961

*Italo-American painter and sculptor. Before specialising in etching and
photography at the Cleveland Institute of Art, Jessica R. Carroll worked
as a photographer, travelling to nature reserves around the world.
Nowadays she focuses on sculpture.
She has held numerous solo and group exhibitions, the latter including
an exhibition at the Fondazione Materima in Casalbeltrame (Novara)
in 2007 and the XIII Biennale Internazionale di Scultura in Carrara,
International Award for Young Sculpture (2008).*

Work No. 38
ROBERT CARROLL
Painesville (Ohio) 1934

*US artist. After studying at the Cleveland Institute of Art Robert Carroll
received a degree in fine arts from the Western Reserve University.
He mixed with prominent figures in the Beat Generation, including
Allen Ginsberg and Jack Kerouac, and became friends with Willem De
Kooning. He moved to Rome in the 1960s and, after an informal period,
produced paintings and graphical works focused on nature, influenced
by American realism and the traditional European romantic style.
He held exhibitions in Europe and the States and in the mid 1980s
began to concentrate on* Multivisions — *huge multimedia installations
that achieve absolute synchronisation between images and sounds
— dedicated to nature reserves and parks in the USA. He repeated the
experience in Italy, at San Rossore, Caprarola, Massaciuccoli and the
Lake Vico nature reserve.*

Work No. 68
GIORGIO CAVALLONE
Terruggia (Alessandria) 1946

*Italian sculptor. Giorgio Cavallone studied ornamental design at the
Leonardo Bistolfi school in Casale Monferrato and took an advanced
course in wood restoration. He restores antiques.*

Work No. 53
GIANNI CELLA
Pavia 1953

*Italian artist. Gianni Cella's first exhibition was with the Plumcake
group in 1983, at the Galleria Il Diagramma in Milan; he has had
exhibitions at the Venice Biennale, the Groninger Museum and
the Mart in Rovereto.
In 2000 he abandoned the group to work alone. He draws on fanciful
imagination, using a cartoon-like style, toys and advertising slogans,
tracing a path, at times sarcastically at others light-heartedly, between
new media and* ready-made *works.*

Work No. 91
FRED CHARAP
New York 1940

*US painter and sculptor. Fred Charap approached art almost by
chance and discovered a passion that took him to San Francisco where
he enrolled at the Art Institute and worked for twenty years. In 1984 he
moved to the Maremma region of Tuscany. Jewish, born in the USA but
of Russian origins: these three cultures have worked profoundly upon
his intellect and spirit. His paintings are like windows onto the world
through which to analyse human history from within, the canvas is the
skin covering the artist's soul, a diaphragm towards world events.*

Opera n. 67
ENRICO COLOMBOTTO ROSSO
Torino 1925

Pittore italiano. Dopo un esordio negli anni cinquanta con una figurazione fantastico-surrealista di carattere macabro e grottesco, impreziosita da elementi decorativi di matrice liberty, dagli anni novanta realizza grandi cicli monocromi. Nel 1948 incontra Mario Tazzoli con cui più tardi aprirà a Torino la Galleria Galatea, che tratterà artisti del calibro di Giacometti, Bacon, Balthus. Nel 1950 compie il suo primo viaggio a Parigi, dove incontra Leonor Fini, Stanislao Lepri, K.A. Jelerski, personaggi di primo piano nella scena internazionale. Poi Venna, Siviglia e gli Stati Uniti costituiscono per l'artista altri importanti punti di riferimento e di incontro. Nel frattempo espone nelle più importanti gallerie europee e negli Stati Uniti. Si cimenta altresì nel cinema e nel teatro disegnando scene e costumi, per esempio nel 1970 per l'opera teatrale *Le jeu du massacre* di Ionesco per il Teatro Stabile di Torino e per la *Danza di morte* di Strindberg. Nel 1991 lascia Torino per stabilirsi definitivamente a Camino (Alessandria). Negli ultimi anni ha pubblicato *Gattomanzia, Bestiario per adulti* e *Secret vices*. Sono stati attivati tre depositi museali a Conzano, a Camino, a Pontestura dove è conservata parte delle sue opere. Tra le mostre: nel 2000 una grande antologica presso la Sala Bolaffi a Torino; nel 2002 la partecipazione a "Surrealismo padano. Da De Chirico a Foppiani, 1915-1986"; nel 2003 l'antologica al Panorama Museum a Bad Frankenhausen in Germania.

Opera n. 33
FLAVIO COSTANTINI
Roma 1926

Pittore, grafico e illustratore italiano. Si è diplomato capitano di lungo corso e ha navigato per alcuni anni con la Marina Militare e mercantile in giro per il mondo. Ritornato in Italia nel 1995, si è dedicato alla grafica e in seguito alla pittura. Con Giorgio Soavi ha realizzato per l'Olivetti un'edizione illustrata del libro *Cuore* di Edmondo De Amicis; ha illustrato libri per Mondadori, per l'Italsider, per le edizioni Nuages. Ha realizzato scenografie teatrali con Emanuele Luzzati.

Opera n. 32
CARLA CROSIO
Vercelli 1955

Scultrice italiana. Attraverso molteplici materiali – marmo, ferro, neve, ghiaccio, legno, plastica, resina – conduce una personale indagine "genetica" sull'uomo, che ha scomposto e sezionato alla ricerca della sua vera identità. Nel 1978 consegue il diploma presso l'Accademia Albertina di Torino. Nel 1995 ha avuto l'incarico di Plastica Ornamentale presso l'Accademia di Belle Arti di Brera, attualmente è docente presso il Liceo Artistico di Vercelli. Suoi sono il *Monumento ai Caduti* a Lenta e la scultura in acciaio *Eden* a Villata, entrambe in provincia di Vercelli, come pure la fontana *Acqua* a Novara, le decorazioni della grande campana e le tre viti bronzee poste nell'anfiteatro della chiesa di San Pietro apostolo ad Aravecchia (Vercelli) e la scultura in pietra *Mutazione genetica*, conservata alla Galleria d'Arte Moderna di Horice nella Repubblica Ceca e quella in legno *Codice natura*, esposta al Museo d'Arte Contemporanea di Kemijarvi in Finlandia.

Opera n. 66
MARIA GRAZIA DAPUZZO
Genova 1954

Architetto italiano. A Casale Monferrato dal 1979, fonda nel 1990 con altri artisti casalesi l'Associazione Artistica ARCA. Seguono anni di intensa attività che sfociano in una serie di mostre tematiche. Nel 1994 amplia il suo campo di azione rivolgendosi al design nel settore dell'arredamento. È componente della Commissione Urbanistica e Territorio di Alessandria. Ha pubblicato nel 2003 *Casale Monferrato, l'antica città di Vardacate* e *Piovera e il suo territorio*.

Work No. 67
ENRICO COLOMBOTTO ROSSO
Turin 1925

Italian painter. Enrico Colombotto Rosso made his debut in the 1950s with a morbid, grotesque mixture of fantasy and surrealism, enriched with Art Nouveau-style decorative elements. In the 1990s he started producing large monochrome works.
In 1948 he met Mario Tazzoli with whom he later opened the Galleria Galatea in Turin, where artists such as Giacometti, Bacon and Balthus had exhibitions. In 1950 he went to Paris for the first time and met Leonor Fini, Stanislao Lepri and K.A. Jelenski, leading figures on the international scene. Other important points of reference for him were Vienna, Seville and the USA. He had shows at major galleries in Europe and the States. He approached the world of film-making and theatre, designing sets and costumes. His works in this field include Le jeu du massacre *by Ionesco for the Teatro Stabile in Turin and* The dance of death *by Strindberg in 1970. In 1992 he left Turin and settled in Camino (Alessandria). In recent years he has published* Gattomanzia, Bestiario per adulti *and* Secret vices. *Some of his works are held in store at three museums, in Conzano, Camino and Pontestura. Previous shows include a major collection at the Sala Bolaffi in Turin in 2000,* Surrealismo padano. Da De Chirico a Foppiani, 1915-1986 *in 2002 and an exhibition at the Panorama Museum in Bad Frankenhausen, Germany, in 2003.*

Work No. 33
FLAVIO COSTANTINI
Rome 1926

Italian painter, graphic artist and illustrator. Flavio Costantini served as a captain in the Italian Navy for several years. He retired to Italy in 1995 to begin a new career as a graphic artist and then painter. He worked with Giorgio Soavi on an illustrated version of the novel by Edmondo De Amicis, Cuore (Heart of a Boy) *for Olivetti; he has illustrated books for Mondadori, Italsider and Edizioni Nuages. He has designed theatre stage sets with Emanuele Luzzati.*

Work No. 32
CARLA CROSIO
Vercelli 1955

Italian sculptor. Carla Crosio uses different materials — marble, iron, snow, ice, wood, plastic, resin — to analyse human "genetics", dissecting and breaking man down in search of his true identity. She graduated from the Accademia Albertina in Turin in 1978. She taught Ornamental Modelling at the Accademia di Belle Arti di Brera in Milan in 1995 and currently teaches at a secondary school in Vercelli.
Her works include the Monumento ai Caduti (War memorial) *in Lenta and the* Eden *steel sculpture in Villata, both in the provincial region of Vercelli, the* Acqua *fountain in Novara, the decoration on the bell and three bronze vines in the amphitheatre of the church of San Pietro Apostolo in Aravecchia (Vercelli), the* Mutazione genetica *stone sculpture preserved at the Gallery of Modern Art in Horice in the Czech Republic and the* Codice natura *sculpture in wood, on show at the Kemijarvi Museum of Contemporary Art in Finland.*

Work No. 66
MARIA GRAZIA DAPUZZO
Genoa 1954

Italian architect. Maria Grazia Dapuzzo moved to Casale Monferrato in 1979 where, in 1990, she and a group of fellow citizens founded the ARCA Art Association. Several years of intense activity led to a number of thematic exhibitions. In 1994 she broadened her scope of activity to include furniture design. She is a member of the Alessandria Territorial and Town Planning Committee. In 2003 she published Casale Monferrato, l'antica città di Vardacate *and* Piovera e il suo territorio.

Opera n. 11
GUY DE ROUGEMONT
Parigi 1935

Pittore e scultore francese. Dopo aver seguito il corso di Marcel
Gromaire all'École Nationale Supérieure des Arts Décoratifs di Parigi,
trascorre due anni presso la Casa di Velázquez a Madrid. Nel 1965
partecipa alla Biennale di Parigi e l'anno successivo al Salon de Mai.
Dopo un viaggio negli Stati Uniti, approfondisce la ricerca
sull'integrazione di forme e colori per l'ambiente e sopprime il confine
tra scultura e pittura, che si verifica in molti siti in cui le sue opere
monumentali si trovano permanentemente: spazi pubblici, piazze,
strade, autostrade come il Musée d'Orsay e l'Hôpital Saint-Louis
di Parigi, la stazione RER di Marne-la-Vallée, l'Open Air Museum
di Hakone (Giappone), l'Hofgarten di Bonn, il parco metropolitano
di Quito in Ecuador e un murales di 300 metri di lunghezza a Nanterre.

Opere nn. 34-113
LUIGI DEL MONTE
Milano 1960

Artista e designer. Dopo aver svolto per molti anni attività di ingegnere
strutturista, inaugura una nuova carriera come progettista e designer,
reinterpretando in chiave contemporanea oggetti dell'arte liturgica
ebraica. Il suo primo pezzo, *The Arch,* una *chanukkiah* in argento, viene
tuttora prodotta in edizione limitata. Nel 1999 inizia la produzione
di pezzi in alluminio anodizzato, parte dei quali verrà inserita l'anno
successivo nel catalogo del Museum of Modern Art di New York.
Gran parte dei suoi oggetti è conservata presso importanti musei in tutto
il mondo, tra cui: Israel Museum di Gerusalemme, Spertus Museum
di Chicago, Skirball di Los Angeles, Museo Ebraico di Firenze.

Opera n. 16
LUCIO DEL PEZZO
Napoli 1933

Pittore, scultore e scenografo italiano. Dopo esperienze neodadaiste
e informali è approdato alla Nuova Figurazione. È autore
di pitture-oggetto in legno dipinto caratterizzate da geometrie
essenziali di richiamo metafisico. Dopo aver studiato agrimensura,
segue i corsi dell'Accademia di Belle Arti di Napoli dove, nel 1958,
fonda con Biasi, Di Bello, Fergola, Luca (Luigi Castellano) e Persico
il Gruppo '58 e la rivista "Documento sud". Nel 1959 lavora per
la cupola di Sant'Antonio a Stigliano. Tiene una personale alla Galleria
Schwarz di Milano e nel 1961 espone alla Knapik Gallery di New York
e ottiene il Carnegie International Award. Partecipa alla XIII Triennale
di Milano (1964) e realizza un bassorilievo in acciaio inossidabile per
un'architettura di Gio Ponti. Nel 1970 l'Università di Parma gli dedica
la prima antologica e comincia a realizzare progettazioni grafiche
speciali per l'Olivetti. Nel 1973 per il Centre Pompidou di Parigi
esegue *Il muro*, pittura che copre due lati del cantiere. Dopo la mostra
allo Studio Marconi di Milano nel 1984 è chiamato a tenere
la cattedra di ricerche sperimentali sulla pittura alla Nuova Accademia
di Belle Arti di Milano. Nel 1998 realizza una grande decorazione
per l'atelier di Gianfranco Ferré a Milano e una serie di sculture
per la metropolitana di Napoli. Nel 2000 prima antologica
al Mathildenhöhe Institut di Darmstadt. Nel 2005 è presente
alla mostra "Arte italiana 1950-1970. Capolavori dalla Collezione
Farnesina" alla Galleria nazionale d'arte moderna di New Delhi.
Nel 2006 è presente alle mostre "Premio Suzzara 2006. Il futuro
della tradizione" e "Rifiuti preziosi" a palazzo Strozzi di Firenze.

Opera n. 23
STEFANO DELLA PORTA
Roma 1957

Pittore italiano. Ha esposto a Roma alla Galleria Studio del Canova
nel 1983; alla Galleria La Margherita nel 1988; alla Galleria Il Patio
di Ravenna nel 1991; alla Galleria Marco Rossi di Lecce nel 1997
e alla Galleria Ostuni di Pietrasanta nel 2000.

Work No. 11
GUY DE ROUGEMONT
Paris 1935

*French painter and sculptor. Guy de Rougemont studied under Marcel
Gromaire at the École Nationale Supérieure des Arts Décoratifs in Paris
and then spent two years at the Casa de Velázquez in Madrid. He took
part in the Paris Biennale in 1965 and in the Salon de Mai in 1966.
After travelling to the States, he concentrated on integrating shapes
and colours with the environment, breaking down the boundaries
between sculpture and painting. This is a feature at many of the sites
of his permanent installations: public areas, squares, streets,
motorways. Examples are the Musée d'Orsay and the Hôpital Saint-
Louis in Paris, the RER station at Marne-la-Vallée, the Hakone Open Air
Museum (Japan), the Hofgarten in Bonn, the metropolitan park in
Quito, Ecuador and a 300 metre-long mural painting in Nanterre.*

Works Nos. 34-113
LUIGI DEL MONTE
Milan 1960

*Artist and designer. After spending several years as a structural
engineer, Luigi Del Monte embarked on a new career in design,
reinterpreting Jewish ceremonial objects in a contemporary style.
His first work, The Arch, a silver hanukkiah, is still available
in a limited edition. In 1999 he started producing anodised aluminium
items, some of which featured in the 2000 catalogue of the MoMA
in New York. Many of his works are in the world's most prestigious
museums: the Israel Museum in Jerusalem, the Spertus Museum
in Chicago, the Skirball Museum in Los Angeles, the Jewish Museum
in Florence.*

Work No. 16
LUCIO DEL PEZZO
Naples 1933

*Italian painter, sculptor and stage designer. After an informal, neo-
Dadaist period, Lucio Del Pezzo turned to the New Figuration style.
His paintings-objects in painted wood feature essential, metaphysical
geometries. He studied land surveying and then attended the Accademia
di Belle Arti in Naples. Here, in 1958, with Biasi, Di Bello, Fergola,
Luca (Luigi Castellano) and Persico, he founded the Gruppo '58 and the
review "Documento sud". In 1959 he worked on the dome of
Sant'Antonio church in Stigliano. He held a one man show at the
Galleria Schwarz in Milan. In 1961 he exhibited at the Knapik Gallery
in New York and received the Carnegie International Award. He took
part in the XIII Triennale in Milan (1964) and produced a stainless steel
bas-relief for an architectural project by Gio Ponti. In 1970 the
University of Parma held a first exhibition of his works and Olivetti
commissioned some special graphic design projects. In 1973 he painted
two sides of the Centre Pompidou construction site in Paris (Il muro). In
1984, after a show at the Studio Marconi in Milan, he was awarded the
chair of studies in experimental painting at the Nuova Accademia di
Belle Arti in Milan. In 1998 he produced a large-scale decoration for the
Gianfranco Ferré atelier in Milan and a series of sculptures for the
Naples underground railway. In 2000 the Mathildenhöhe Institut in
Darmstadt hosted a first collection of his works. In 2005 he exhibited in
Arte italiana 1950-1970. Capolavori dalla Collezione Farnesina at the
National Gallery of Modern Art in New Delhi. In 2006 he took part in
the Premio Suzzara 2006. Il futuro della tradizione and Rifiuti preziosi at
Palazzo Strozzi in Florence.*

Work No. 23
STEFANO DELLA PORTA
Rome 1957

*Italian painter. Stefano Della Porta has held exhibitions at the Galleria
Studio del Canova in Rome (1983); Galleria La Margherita (1988);
Galleria Il Patio in Ravenna (1991); Galleria Marco Rossi in Lecce
(1997) and at the Galleria Ostuni di Pietrasanta (2000).*

Opera n. 114
MARIO FALLINI
Alessandria 1947

Artista italiano. Interessato al rapporto parola e immagine, adatta tecniche e materiali ai suggerimenti che gli derivano da varie discipline (iconologia, mnemotecnica, critica warburghiana) traducendoli con procedimento analogico e metaforico in opere che il titolo integra in modo sostanziale. Dal 1989 dedica il suo impegno anche alla riscrittura attraverso calligrammi di opere come *Le Mille e una Notte*, esposta con la *Carta della Memoria* nel 2004 nella Biblioteca dell'Università di Pisa, manifestazione durante la quale presenta il video *Un Concettismo*, emblematico della sua visione dell'arte. Il legame con architettura e design è centrale nel suo percorso artistico. Si sta dedicando alla realizzazione a dimensioni reali del *Teatro della Memoria* sulla base del testo *L'Idea del Theatro* di Giulio Camillo (1550).

Opera n. 43
SILLA FERRADINI
Milano 1935

Scultore italiano. Dopo studi musicali ed esperienze in ambito poetico e narrativo, nel 1960 si avvicina alla scultura, che diventa il suo linguaggio d'elezione e la sua attività professionale. Espone in mostre personali e collettive in Italia e all'estero. Collabora nell'allestimento di scenografie teatrali e cinematografiche.

Opera n. 90
DAVIDE FERRO
Pavia 1963

Artista italiano. Si è diplomato presso l'Istituto d'arte Michelangelo di Pavia e presso l'Accademia di Belle Arti Europea dei Media di Milano. Ha esposto in molte città italiane.

Opera n. 46
GIOSETTA FIORONI
Roma 1932

Pittrice, scultrice e *performer* italiana. Nata in una famiglia di artisti (il padre era scultore, la madre dipingeva ed era una valente marionettista), si è formata con Toti Scialoja, ha esordito nel 1955 alla Quadriennale di Roma e già nel 1956 ha partecipato alla Biennale di Venezia. Si è avvicinata a metà degli anni sessanta alla Scuola di piazza del Popolo, realizzando opere di ambito pop, caratterizzate da cuori, quadrati e numeri come segni ricorrenti (stenogrammi) e da un uso privilegiato dell'argento, che è restata la sua cifra stilistica. Dopo aver sperimentato video e *performance* (*La Spia ottica*, 1968, che inaugura il Teatro delle Mostre alla Galleria La Tartaruga di Roma) nel corso degli anni settanta vive lunghi periodi in campagna, nel Trevigiano, insieme allo scrittore Goffredo Parise. Il suo interesse si concentra sulle leggende degli spiriti ci campagna, storie oniriche e visionarie, dalle quali nasce una serie di opere dedicate al mondo della fiaba e alla riscoperta dell'infanzia, tradotte in collage e assemblaggi polimaterici. Negli anni novanta recupera una figurazione ispirata alla pittura del rinascimento italiano. Nel 1969 realizza anche il primo *Teatrino*, "giocattolo per adulti" in legno dipinto: attraverso una lente si può guardare all'interno un assemblaggio di oggetti in miniatura. Negli anni ottanta ricordiamo il ciclo pittorico *Il vero*. Di quel periodo è la serie di pastelli e oli dedicati a Giandomenico Tiepolo. Innumerevoli le sue personali e collettive in Italia e all'estero. Oltre a proseguire nella pittura, alla quale si dedica tuttora costantemente, l'artista approda nel 1993 alla ceramica, che inizia a lavorare presso la bottega Gatti di Faenza e che la impegnerà sempre di più nella creazione di importanti cicli scultorei. Sin dall'inizio del suo lavoro ha avuto rapporti costanti con scrittori e poeti: Ceronetti, Arbasino, Zanzotto, Garboli e molti altri con i quali ha realizzato libri, edizioni di grafica e opere su carta.

Work No. 114
MARIO FALLINI
Alessandria 1947

Italian artist. Marco Fallini explores the relationship between words and images, using techniques and materials to respond to suggestions derived from other disciplines (iconology, mnemotechnics, Warburghian criticism), which he translates and incorporates through an analogical and metaphorical process. Since 1989 he has worked on the calligraphic inscription of masterpieces such as One Thousand and One Nights, *exhibited in the Library of the University of Pisa with the* Carta della Memoria *(2004), during which he presented the video* Un Concettismo, *emblematic of his vision of art.*
His links with architecture and design are a fundamental part of his creative process. Fallini is currently working on the full-scale reconstruction of the Theatre of Memory, *based on Giulio Camillo's text* L'Idea del Theatro *(1550).*

Work No. 43
SILLA FERRADINI
Milan 1935

Italian sculptor. Silla Ferradini studied music and explored poetry and fiction before embarking on a career as a professional sculptor, in 1960. He has held many one-man and group shows in Italy and abroad.
He is involved in the creation of theatre and film sets.

Work No. 90
DAVIDE FERRO
Pavia 1963

Italian artist. Davide Ferro studied at the Michelangelo Institute of Art in Pavia and at the European Academy of Fine Arts and Media Design in Milan. He has held exhibitions in many Italian cities.

Work No. 46
GIOSETTA FIORONI
Rome 1932

*Italian painter, sculptor and performer. Born into a family of artists (her father was a sculptor, her mother a painter and skilful puppeteer). Giosetta Fioroni studied under Toti Scialoja. She made her debut in 1955 at the Quadriennale in Rome and took part in the Venice Biennale in 1956. In the mid 1960s her work was influenced by the Scuola di Piazza del Popolo. She produced pop-style works featuring hearts, squares and numbers in the form of recurrent signs (shorthand symbols). She used silver in many of these works, a material that has continued to represent her signature style. After experimenting with video and performance (*La Spia ottica, 1968, *with which she inaugurated the Teatro delle Mostre at the Galleria La Tartaruga in Rome) she lived for much of the 1970s in the countryside near Treviso, with the writer Goffredo Parise. She was particularly interested in legends about the ghosts of the countryside, oneiric and visionary stories. The result was a series of collages and assembled works featuring the use of different materials dedicated to the world of fairytales and childhood. In the 1990s she returned to the figurative style influenced by the Italian Renaissance. In 1969 she produced her first* Teatrino, *"toy theatre for adults", made of painted wood: the miniature objects inside the theatre can be seen through a magnifying glass. In the 1980s Fioroni produced a series of pictorial works called* Il vero. *During that period she dedicated a series of paintings in pastels and oils to Giandomenico Tiepolo. She has held numerous solo and group exhibitions in Italy and abroad. In 1993, while continuing to paint, Fioroni attended the Gatti workshop in Faenza. She discovered the creative possibilities offered by ceramics and produced a number of important sculptures. She has worked with writers and poets such as Ceronetti, Arbasino, Zanzotto, Garboli, producing books, graphic art publications and printed works.*

Opera n. 89
SERGIO FLORIANI
Grantorto (Padova) 1948

Pittore e scultore italiano. Inizia la sua attività espositiva nel 1979.
Nel 1982 promuove insieme ad altri il Gruppo della Narciso Arte.
Nel 1984 viene prescelto dal critico Giorgio Di Genova
a rappresentare l'Italia alla Biennale di Venezia. Dal 1988 ha avviato
ricerche nell'ambito della videoarte, realizzando la videoscultura
Autoriflessione e progettando successivamente *Impronte* nel 1989
e il *Velo di Ptah* nel 1991. Ha vinto il primo Concorso Internazionale
di scultura Arona nel 1996. Ha realizzato nel 1999 la XIV stazione
della Via della Croce di Curino (Biella).

Work No. 89
SERGIO FLORIANI
Grantorto (Padua) 1948

*Italian painter and sculptor. Sergio Floriani held his first exhibition in
1979. In 1982 he and some other artists launched the Gruppo della
Narciso Arte. In 1984 the critic Giorgio Di Genova invited him to
represent Italy at the Venice Biennale.
In 1988 he turned his attention to videoart and produced the
videosculpture* Autoriflessione. *This was followed by* Impronte *in 1989
and* Velo di Ptah *in 1991. In 1996 he won the first Arona Arte
International Sculpture Competition. In 1999 he worked on the 14th
Station of the Cross in Curino (Biella).*

Opere nn. 44-45
CAMILLO FRANCIA
Casale Monferrato (Alessandria) 1955

Pittore italiano. Sin dall'infanzia si dedica al disegno e alla pittura.
Nel 1970 si sposta a Milano per occuparsi del restauro di dipinti.
Sperimenta l'uso della china in cui i soggetti sono soprattutto figure
femminili e lepidotteri. La continua ricerca lo spinge a trascorrere un
periodo a Parigi. Negli anni il suo segno si potenzia e diventa
materico: realizza commissioni di colori e materiali, li stratifica
ridefinendoli in strutture e costruzioni in cui spesso inserisce oggetti
ed elementi reali (piume, conchiglie). Nel 2003, a Milano, ottiene il
Premio Internazionale per l'Arte e la Cultura. Una sua antologica è
stata organizzata nel 2002 a Palazzo Guasco di Alessandria e, nel
2005, dalla Regione Piemonte al Piemonte Artistico Culturale a
Torino. Sue opere sono conservate alla Galleria Civica d'Arte Moderna
di Spoleto, nella collezione della Direzione Generale del Ministero per
i Beni e le Attività Culturali a Roma e nella Collezione d'Arte
Contemporanea della Provincia di Alessandria.

Works Nos. 44-45
CAMILLO FRANCIA
Casale Monferrato (Alessandria) 1955

*Italian painter. Camillo Francia began drawing and painting as a
child. In 1970 he moved to Milan to work as a painting restorer.
He experimented with Indian ink, mainly designing female figures
and lepidopterans. He spent some time in Paris to continue his
research. Over the years he developed a stronger, more material style:
mixing colours and materials, arranging them in layers, redefining
them in structures and constructions, frequently adding real objects
(feathers, shells).
In 2003 he won the Premio Internazionale per l'Arte e la Cultura in
Milan. An exhibition of his works was organised in 2002 at Palazzo
Guasco in Alessandria and in 2005 by the Piedmont Regional Council
at the Piemonte Artistico Culturale in Turin. His works are in collections
at the Galleria Civica d'Arte Moderna in Spoleto, the Headquarters of
the Ministry of Cultural Heritage and Activities in Rome and the
Collezione d'Arte Contemporanea of the Alessandria Provincial Council.*

Opera n. 65
TIZIANA FUSARI
Macerata 1951

Pittrice e fotografa italiana. Il suo mondo è fatto di un caleidoscopio
popolato di personaggi adulti e infantili, di immagini in cui i gesti
più quotidiani si rivelano a tratti pericolosi e inquietanti.
Sue mostre personali sono state organizzate alla Galleria Neon
e il Graffio di Bologna. Ha partecipato a mostre collettive
all'Associazione italo-francese di Bologna, al Museo d'Arte
Contemporanea all'aperto di Maglione e al Bac Art Studio di Venezia.

Work No. 65
TIZIANA FUSARI
Macerata 1951

*Italian painter and photographer. The world of Tiziana Fusari is
a kaleidoscope of adults and children, images in which everyday
actions at times appear dangerous and disturbing. She has had solo
exhibitions at the Neon and Graffio in Bologna. She has taken part in
group exhibitions organised by the Italo-French Cultural Association
in Bologna, the open-air Museo d'Arte Contemporanea in Maglione,
and the Bac Art Studio in Venice.*

Opera n. 94
JESSICA GABBAI
Genova 1957

Artista e designer italiana. Ha frequentato il Liceo Artistico a Torino
e si è quindi laureata in Architettura e Letteratura. Già a quattordici
anni collaborava con il Laboratorio di Guido Audero per la
realizzazione di monili-gioielli. Ha esposto in molte sedi, tra queste
Torino, Rapallo, Genova e Stoccolma.

Work No. 94
JESSICA GABBAI
Genoa 1957

*Italian artist and designer. After specialising in art at secondary school,
Jessica Gabbai obtained degrees in architecture and literature.
By the age of fourteen she had already started to work with Guido
Audero, producing trinkets and jewellery. She has exhibited her works
in Turin, Rapallo, Genoa and Stockholm.*

Opera n. 54
MAURIZIO GALIMBERTI
Como 1956

Fotografo italiano. Dopo anni di esperienza amatoriale con una
fotocamera Widelux per una ricerca *on the road*, pubblica i primi
articoli su riviste che parlano dei suoi lavori di sperimentazione,
eventi che lo convincono a compiere il salto decisivo dedicandosi
a tempo pieno all'arte fotografica. Privilegia la fotografia di ricerca
attraverso i concetti di ritmo e movimento, tipici di futuristi e cubisti,
usando stabilmente la Polaroid. Nella mostra itinerante del 2000
della serie *I maestri per Kodak Italia*, esprime un altro dei suoi
cardini di ricerca attraverso il frammento del vivere quotidiano
caricato di emozione e sentimento.

Work No. 54
MAURIZIO GALIMBERTI
Como 1956

*Italian photographer. After years of amateur photography using a
Widelux camera for an on-the-road shooting project, Maurizio
Galimberti published his first magazine articles about his experimental
works, before embarking on a full-time career as a professional
photographer. Using a Polaroid, he has developed a dimension
of research and discovery of rhythm and movement, inspired by the
Futurist and Cubist movements. In the touring exhibition for the series* I
maestri per Kodak Italia *in 2000 he expressed another aspect of his
research, capturing fragments of everyday life, charged with emotions
and feelings.*

Opera n. 108
MORENO GENTILI
Como 1960

Concept designer e scrittore. Ha coinvolto Al Gore, Steven Spielberg, e altri nel libro *On The Movie* per raccontare gli Autogrill nel mondo. Ha realizzato per Skira una collana dedicata al volto nuovo dell'industria italiana nel mondo. Ha partecipato alla Biennale di Venezia 2007, Fondazione Thetis, con il progetto di tutela delle foreste europee *Do Not Cross* realizzato con Illycaffè. Ha disegnato allestimento, marchio e libro del nuovo centro stile Fiat "Officina 83". Ha allestito la nuova sede del "Corriere della Sera" con l'installazione *Harmonia Mundi*, trecento grandi immagini sulla storia del'informazione del Novecento. Ha pubblicato *In linea d'aria*, 1998; *NYC, New York Revisited*, 2001; *Sguardo Nomade*, 2004; *Europe Terminal*, 2004; *Ideators: Disegnatori di idee*, 2007; *Do Not Cross*, 2007; *Suite Sarajevo*, 2008; *On The Movie: nel paesaggio di Autogrill*, 2008.

Opera n. 95
FRANCO GERVASIO
Torino 1952

Artista e regista italiano. Nel giugno 2008 è stata allestita a Istanbul la sua mostra personale "Lights in Landscape" con luci, dipinti e fotografie. La luce e la musica sono componenti fondamentali del suo lavoro. Come regista ha lavorato per importanti teatri italiani ed esteri.

Opera n. 82
LUIGI GIACHERO
Casale Monferrato (Alessandria) 1946

Scultore italiano. I suoi interessi vanno dall'elettronica all'astronomia. Realizza oggetti d'arte con ferro, legno e ottone.

Opera n. 52
EUGENIO GILI
Torino 1940

Architetto italiano. Dopo la laurea al Politecnico di Torino si occupa di design e si dedica alla pittura ad acquarello, che ha esposto in numerose mostre personali e collettive. Ha progettato architetture di interni per ambienti di lavoro e case di abitazione.

Opera n. 18
SALVATORE GRECO
Randazzo (Catania) 1913 - Messina 1993

Pittore e scultore italiano. Dopo un'infanzia difficile, inizia la sua attività artigianale a Messina nel dopoguerra sviluppando un'intensa produzione con materiali eterogenei, dalla cartapesta al peluche. Segue un impegno nella pittura a cui dedica gran parte del suo tempo. Numerose sue opere sono in collezioni pubbliche e private.

Opera n. 22
KIMBERLEY GUNDLE
Johannesburg (Sudafrica) 1963

Pittrice sudafricana. È autrice di ritratti di persone incontrate per strada che intervista e fotografa per ricavarne disegni e dipinti che si sono sempre più focalizzati su piedi e scarpe, intesi come elementi identificativi della personalità. Dopo aver completato i suoi studi alla Michaelis School of Art di Johannesburg, a Londra nel 1988 studia presso la Slade School of Fine Arts. Ha esposto con Art First a Londra nel 1996, 1999 e 2003. Ha allestito una mostra a Belfast (1991) e a Oxford (1994) e al Museo di Hong Kong. Ha partecipato a numerose rassegne collettive nel Regno Unito e in Sudafrica, nonché alla mostra itinerante "Shoe", curata da Kathy Fawcett.

Work No. 108
MORENO GENTILI
Como 1960

Concept designer and writer. Moreno Gentili worked with Al Gore, Steven Spielberg and others to produce On The Movie, *a book about motorway service stations in the world. He edited a series for Skira on Italy's new entrepreneurial culture in the world. At the 2007 Venice Biennale, Fondazione Thetis, he presented* Do Not Cross, *a project in collaboration with Illycaffè to protect European forests. He designed the interior decor, trademark and book of the new Fiat style centre, "Officina 83" and the* Harmonia Mundi *project for the new* Corriere della Sera *offices, 300 large images covering the history of twentieth-century media. His books include* In linea d'aria, *1998;* NYC, New York Revisited, *2001;* Sguardo Nomade, *2004;* Europe Terminal, *2004;* Ideators: Disegnatori di idee, *2007;* Do Not Cross, *2007;* Suite Sarajevo, *2008;* On The Movie: nel paesaggio di Autogrill, *2008.*

Work No. 95
FRANCO GERVASIO
Turin 1952

Italian artist and director. In June 2008 Franco Gervasio's exhibition, Lights in Landscape, *featuring lights, paintings and photographs, was held in Istanbul. Light and music are essential components of his work. He has directed several important theatrical productions in Italy and abroad.*

Work No. 82
LUIGI GIACHERO
Casale Monferrato (Alessandria) 1946

Italian sculptor. Luigi Giachero's interests range from electronics to astronomy. He creates works of art using iron, wood and brass.

Work No. 52
EUGENIO GILI
Turin 1940

Italian architect. After graduating from Turin Polytechnic, Eugenio Gili worked in the field of design, concentrating on watercolour painting. He has numerous one-man shows and group exhibitions to his name. He has produced interior architecture projects for offices and homes.

Work No. 18
SALVATORE GRECO
Randazzo (Catania) 1913 - Messina 1993

Italian painter and sculptor. Salvatore Greco had a difficult childhood. After the War he worked in Messina as a craftsman, producing objects made from a variety of materials, ranging from papier-mâché to felt. He later started to dedicate much of his time to painting. Many of his works are in public and private collections.

Work No. 22
KIMBERLEY GUNDLE
Johannesburg (South Africa) 1963

South African painter. Kimberly Gundle paints people she meets in the street. She interviews them, takes photographs, makes drawings and does paintings, focusing on their feet and shoes as portraying their personality. After completing her studies at the Michaelis School of Art in Johannesburg, she moved to London in 1988 to study at the Slade School of Fine Arts. She has exhibited with Art First in London in 1996, 1999 and 2003. She has had shows in Belfast (1991), Oxford (1994) and at the Hong Kong Museum and taken part in various group exhibitions in the UK and South Africa, including the touring exhibition, Shoe, *curated by Kathy Fawcett.*

Opera n. 81
RICCARDO GUSMAROLI
Verona 1963

Fotografo e artista italiano. La sua attività di fotografo d'architettura
e di *still-life* influenza la sua produzione artistica dal 1990, periodo
in cui comincia la collaborazione con la Galleria Toselli di Milano.
In alcuni suoi lavori l'immagine quasi scompare, ricoperta da mille
segni e sottili tratti colorati, per riapparire come forma plastica, quasi
scultorea. La libertà con cui spazia nella scelta dei materiali e delle
superfici che utilizza è sorprendente, ma non casuale: i francobolli,
le cartine di *TuttoCittà*, le carte geografiche e i vortici di barche bianco
su bianco che ripropongono viaggi immaginari con rotte impossibili,
sono il risultato di associazioni, sensazioni e collegamenti che
scaturiscono dai materiali stessi. Il ritmo e il tratto, comune a tutti
i suoi lavori, contribuiscono a ridisegnare e a ridefinire un nuovo
mondo dove l'arte torna a essere veicolo di comunicazione.

Opera n. 96
ALÌ HASSOUN
Sidone (Libano) 1964

Pittore italo-libanese. In Italia dal 1982, completa i suoi studi
all'Accademia di Belle Arti di Firenze e nel 1992 si laurea in
architettura. Trasferitosi a Milano, lavora sul tema del viaggio,
portatore di esperienze e visioni eterogenee. Al concetto di scontro
di civiltà, Hassoun contrappone l'idea di "umanità", qualità universale
che accomuna tutti i popoli, fondata su una spiritualità originaria
che precede le diversificazioni religiose e politiche.
Così l'artista si fa traduttore di culture diverse, ma confrontabili,
che convivono nello spazio perfettamente orchestrato delle sue tele
coloratissime. I personaggi dell'Islam o dell'Africa nelle sue
composizioni sono tutti catturati in un gioco di citazioni colte
e di rimandi indiretti tra figura e sfondo.
Ha disegnato il *Cencio* del Palio di Siena, 2010.

Opera n. 40
EMILIO ISGRÒ
Barcellona Pozzo di Gotto (Messina) 1937

Artista italiano. A Milano dal 1956, fin dagli esordi accompagna
la produzione artistica con l'attività di scrittore e poeta. Pubblica
in quell'anno la raccolta poetica *Fiere del Sud* per le Edizioni Arturo
Schwarz. Nel 1964 realizza le prime "cancellature" – enciclopedie
e libri completamente cancellati – con i quali contribuisce alla nascita
e agli sviluppi della poesia visiva e dell'arte concettuale. Nel 1966,
in occasione della mostra alla Galleria Il Traghetto di Venezia,
pubblica *Dichiarazione 1*, in cui precisa la sua personalissima
concezione di poesia come "arte generale del segno". Nel 1972
è invitato alla XXXVI Biennale d'Arte di Venezia, a cui parteciperà
anche nel 1978, nel 1986 e nel 1993. Nel 1977 riceve il primo
premio alla XIV Biennale d'Arte di San Paolo del Brasile. Nel 1979
alla Rotonda della Besana di Milano presenta *Chopin*, partitura per
quindici pianoforti. Nel triennio 1983-1985 dà l'avvio con la trilogia
L'Orestea di Gibellina ai grandi spettacoli della Valle del Belice.
Nell'Anno europeo della Musica (1985) il Teatro alla Scala
gli commissiona l'installazione multimediale *La veglia di Bach*,
allestita nella chiesa di San Carpoforo a Milano. Nel 1990 elabora
un nuovo testo teorico dal titolo *Teoria della cancellatura* per
la personale alla Galleria Fonte d'Abisso di Milano. Nel 1992
partecipa alla collettiva "The artist and the book in twentieth-century
Italy" organizzata dal MoMA di New York e nel 1994 a "I libri d'artista
italiani del Novecento" alla Collezione Peggy Guggenheim di Venezia.
Nel 1996 Mondadori stampa *Oratorio dei ladri*. Nel 1998 dona
al suo paese natale il gigantesco *Seme d'arancia*, simbolo di rinascita
sociale e economica dei paesi mediterranei. Nel 2001 gli viene
dedicata l'antologica "Emilio Isgrò 1964-2000" nel complesso
di Santa Maria dello Spasimo a Palermo. Nel 2002 espone
alla Galleria Civica di Arte Contemporanea di Trento e l'anno
seguente al MART di Rovereto. Nel 2008 il Centro per l'Arte
Contemporanea Luigi Pecci di Prato ospita l'importante retrospettiva
"Dichiaro di essere Emilio Isgrò" e Palazzo delle Stelline di Milano
allestisce una sua personale dal titolo "Fratelli d'Italia".

Work No. 81
RICCARDO GUSMAROLI
Verona 1963

*Italian photographer and artist. Riccardo Gusmaroli's experience in the
field of architecture and* still-life *photography has influenced his artistic
production since 1990, when he began to work with the Galleria Toselli
in Milan. In some of his works the image almost disappears, hidden
by a thousand coloured signs and subtle features, to re-emerge in the
form of a model, almost sculpturesque. He chooses his materials and
surface media with surprising freedom, but never at random: stamps,
A-Z street atlases, maps, swirls created by boats, white on white,
representing imaginary journeys following impossible routes, the result
of associations, feelings and links, generated by the materials
themselves. Rhythm and stroke feature in all of his works, redesigning
and redefining a new world where art is once again a vehicle
of communication.*

Work No. 96
ALÌ HASSOUN
Sidone (Lebanon) 1964

*Italo-Lebanese painter. Alì Hassoun moved to Italy in 1982 to continue his
studies at the Accademia di Belle Arti in Florence. In 1992 he graduated
from the city's university with a degree in architecture. He now lives and
works in Milan, where the main theme of his painting is travel, to which he
contributes different experiences and visions. As opposed to clashes
between different civilizations, Hassoun highlights the idea of "humanity":
a universal and spiritual trait that is common to all peoples and must
always come first, before any political or religious divisions. The artist
thus becomes a sort of translator between different but comparable
cultures that coexist in the perfectly balanced space of his colourful
paintings. Islamic and African characters are all caught in a game of
smart quotations and indirect exchanges between the main action and the
background. He designed the* Cencio *(banner) for the 2010 Palio in Siena.*

Work No. 40
EMILIO ISGRÒ
Barcellona Pozzo di Gotto (Messina) 1937

*Italian artist. Emilio Isgrò has always combined artistic production
with writing and poetry. He moved to Milan in 1956 and produced his
collection of poems* Fiere del Sud, *published by Arturo Schwarz.
In 1964 he produced his first "cancellature" — encyclopaedias and
books in which the entire contents were deleted — contributing to the
birth and development of Visual Poetry and Conceptual Art. In 1966,
during the exhibition at the Galleria Il Traghetto in Venice, he
published* Dichiarazione 1, *in which he stated his own personal
conception of poetry as "general art of signs". In 1972 he was invited to
the 36th Venice Biennale, in which he also took part in 1978, 1986 and
1993. In 1977 he won first prize at the 14th São Paulo Biennale in
Brazil. In 1979 he presented* Chopin, *an installation-score for 15
pianos, at the Rotonda della Besana in Milan. Between 1983 and 1985
he presented the trilogy* L'Orestea di Gibellina, *the first in a series of
important shows staged in the Valle del Belice. In 1985, the European
Year of Music, the Teatro alla Scala in Milan commissioned him to
produce the multimedia installation* La veglia di Bach *for San
Carpoforo church in Milan. In 1990 he presented a new theoretical text
called* Teoria della cancellatura *for his solo show at the Galleria Fonte
d'Abisso in Milan. In 1992 he took part in the group exhibition*
The artist and the book in twentieth-century Italy *organised by the
MoMA in New York and in 1994 in* I libri d'artista italiani del Novecento
*at the Peggy Guggenheim Collection in Venice. In 1996 Mondadori
published* Oratorio dei ladri. *In 1998 he donated the giant* Seme
d'arancia *to his birthtown to symbolise the social and economic rebirth
of Mediterranean countries. In 2001 the Santa Maria dello Spasimo
complex in Palermo presented a collection of his works in the* Emilio
Isgrò 1964-2000 *exhibition. In 2002 he had a show at the Galleria
Civica d'Arte Contemporanea in Trento and in 2003 at the MART in
Rovereto. In 2008 the Centro per l'Arte Contemporanea Luigi Pecci in
Prato hosted an important retrospective entitled* Dichiaro di essere
Emilio Isgrò *and a one-man show called* Fratelli d'Italia *was held at
Palazzo delle Stelline in Milan.*

Opera n. 10
GEORGES JEANCLOS
Parigi 1933-1997

Scultore e ceramista francese. Apprendista scultore all'età
di tredici anni, dopo gli studi presso l'École Nationale, vince il premio
Grand Prix di Roma nel 1959. Continua i suoi studi con Ealthus
a Villa Medici a Roma dal 1959 al 1964. In una carriera lunga
più di trent'anni, Jeanclos ha prodotto un corpo di lavori in ceramica
e in bronzo notevoli, ottenendo un grande riconoscimento soprattutto
in Francia dove le sue opere sono esposte a Parigi, Lille
e in Provenza. Il suo lavoro più tardo è potente e appassicnato:
i volti e le posture mostrano uno straordinario senso di tragica
esperienza umana, conservando intatta la bellezza offerta
dall'abile utilizzo del cotto grigio, suo materiale prediletto.

Opera n. 55
CLAUDE LALANNE
Parigi 1925

Scultrice e designer francese. Il padre le infonde l'amore per l'arte
curiosa e sperimentale che associa un elemento con un altro
producendo qualcosa di completamente nuovo. Termina gli studi di
pittura, scultura e architettura nel 1952 e subito incontra François
Xavier (Agen, 1927 - Parigi, 2008), con il quale forma una coppia
affiatata (Les Lalannes) dal 1956. Insieme adottano la tecnica della
"galvanoplastica", attraverso la quale i due artisti creano opere molto
innovative, privilegiando forme zoomorfe (rinoceronti, scimmie, asini,
pecore) che trasformano in elementi d'arredo e in monumenti urbani.

Opere nn. 88-112
RICCARDO LEVI
Torino 1937

Scultore italiano. È stato imprenditore metalmeccanico ma,
possedendo una notevole manualità, si è sempre divertito a lavorare
i metalli. Ha costruito molti oggetti della ritualità ebraica: numerose
chanukkiot, tra cui una grande attualmente in uso presso il *Talmud
Torah* di Torino, lampade a olio a sette e dieci bracci, candelabri,
mezuzot, candelabri perpetui per il conteggio dell'*Omer*.

Opera n. 37
VESNA LEVI BUJIC
Sarajevo 1946

Designer e pittrice bosniaca. Si laurea in architettura e poi si
specializza nel design di mobili; è membro dell'Associazione delle Arti
Applicate della Bosnia e ha vinto numerosi premi di design al Salone
del Mobile di Belgrado e del Collegium Artisticum di Sarajevo.
Dal 1991, anno in cui si è trasferita in Italia, si è dedicata
maggiormente alla pittura e al disegno.

Opera n. 15
GABRIELE LEVY
Buenos Aires 1958

Pittore italiano. Nel 1973, fonda a Torino, insieme a Davice Greco,
la filiale del movimento giovanile sionista-socialista Hashomer Hatzair.
Nel 1980 va a vivere in Israele, dove, dopo un'esperienza di vita
collettivistica nel kibbutz Bar Am, studia al Technion di Haifa
e si laurea in ingegneria gestionale. Torna in Italia nel 1989, dove
si occupa di formazione e consulenza nel campo della logistica
e dei sistemi informativi. Dalle sue opere traspare una visione
multietnica del mondo, portatrice di un messaggio di pace,
trasmessa attraverso l'impiego di materiali semplici come l'argilla,
il vetro o il gesso, accostati a componenti di computer o a collage,
reinterpretati e in continuo mutamento.

Work No. 10
GEORGES JEANCLOS
Paris 1933-1997

*French sculptor and ceramist. Georges Jeanclos apprenticed to a
sculptor at the age of thirteen. He attended the École Nationale and
won the Grand Prix de Rome in 1959. He continued his studies with
Balthus at the Villa Medici in Rome from 1959 to 1964. In a career
spanning over thirty years, Jeanclos produced a body of work in
ceramics and in bronze, gaining considerable recognition in France,
where his works can be seen in Paris, Lille and Provence. In his later
years his works were passionate and powerful: the faces and postures
of his figures show an extraordinary sense of tragic human experience,
yet retain a tender beauty by the deft use of the sculptor's chosen
medium, a grey terracotta.*

Work No. 55
CLAUDE LALANNE
Paris 1925

*French sculptor, designer. Claude Lalanne inherited her father's love of
inquisitive, experimental art, the art of associating different elements to
produce something completely new. She completed her studies in
painting, sculpture and architecture in 1952 and immediately
afterwards met François Xavier (Agen 1927 - Paris 2008), with whom
she worked side by side (Les Lalannes) from 1956 onwards.
They employed "electroplating" techniques to create highly innovative
furniture and sculptures, many featuring zoomorphic forms
(rhinoceroses, monkeys, mules, sheep).*

Works Nos. 88-112
RICCARDO LEVI
Turin 1937

*Italian sculptor. An engineer by profession, Riccardo Levi is also an
extremely gifted craftsman and has always enjoyed working with metal.
He has produced many Jewish ritual objects: numerous* hanukkiot,
including the large lamp currently in use at the Talmud Torah *in Turin,
oil lamps with seven and ten branches,* mezuzot, *perpetual candelabras
for the counting of the Omer.*

Work No. 37
VESNA LEVI BUJIC
Sarajevo 1946

*Bosnian designer and painter. Vesna Levi Bujic graduated in
architecture and specialised in furniture design. She is a member
of the Association of Applied Arts of Bosnia and has won numerous
design prizes at the Belgrade Furniture Fair and at the Collegium
Artisticum in Sarajevo. She has lived and worked in Italy since 1991,
concentrating mainly on painting and design.*

Work No. 15
GABRIELE LEVY
Buenos Aires 1958

*Italian painter. In 1973, with Davide Greco, he founded the Turin
branch of the Socialist-Zionist Youth Movement, Hashomer Hatzair.
He moved to Israel in 1980 and lived in Kibbutz Bar Am before
studying at the Technion in Haifa and graduating in industrial
engineering and management. He returned to Italy in 1989, where
he is a consultant and training specialist in the fields of logistics and
information systems. His works reveal a multi-ethnic vision of the world
and convey a message of peace, through his use of simple materials
such as clay, glass or plaster, alongside computer components or
collages, which are re-interpreted and continuously mutating.*

Opera n. 35
MARCO LODOLA
Dorno (Pavia) 1955

Artista italiano. Frequenta l'Accademia di Belle Arti di Firenze e di Milano e conclude gli studi discutendo una tesi sui *fauves* e su Matisse. Agli inizi degli anni ottanta fonda con un gruppo di artisti il movimento del Nuovo Futurismo, di cui il critico Renato Barilli è stato principale teorico. Realizza sagome stilizzate di plexiglas dipinte con smalti accesi che, illuminate dal neon, emergono dall'oscurità come visioni magiche, dando l'illusione di una consistenza tridimensionale. È attivo anche nel campo della grafica pubblicitaria. Nel 1994 è stato invitato a esporre dal governo della Repubblica cinese nei locali degli ex archivi della città imperiale di Pechino. Nel 1996 ha iniziato a lavorare negli Stati Uniti a Boca Raton, Miami e New York. Nel 2001 è stato incaricato di curare l'immagine del Carnevale di Venezia. Nel 2005 ha realizzato il manifesto per le Olimpiadi invernali di Torino. Nel 2006 una sua scultura luminosa è stata collocata all'aeroporto internazionale di Città del Messico. Nel 2008 ha realizzato un'installazione per la facciata dell'Ariston e del Casinò in occasione del 58° Festival di Sanremo.

Opera n. 64
SYLVIA LOEW
San Paolo del Brasile 1949

Scultrice brasiliana. Frequenta la Scuola Superiore di Disegno industriale a Monaco di Baviera e corsi di arte presso il Museu de Arte Moderna de São Paulo, iniziando la sua carriera come artista plastica. Frequenta lo studio del ceramista Mestre Lelè e si dedica alla tecnica giapponese *raku*. Ha partecipato a numerose esposizioni collettive a São Paulo. Nel 1990 si trasferisce a Genova insieme alla famiglia. Oltre alle opere in ceramica, predilige la lavorazione del marmo; dallo scultore Lorenzo Garaventa ha imparato le tecniche di lavorazione del gesso, del marmo e della fusione in cera.

Opere nn. 2-30
EMANUELE LUZZATI
Genova 1921-2007

Pittore, animatore, illustratore e scenografo italiano. La sua opera più conosciuta è il medio metraggio *Il flauto magico*. Fra i suoi principali lavori per il cinema figurano anche i titoli di testa dei celebri film di Mario Monicelli *L'armata Brancaleone* e *Brancaleone alle crociate*. Si è diplomato all'École des Beaux-Arts di Losanna (dove si era trasferito in seguito alla promulgazione delle leggi razziali in Italia), esordendo nel mondo dell'animazione nel 1960 con il cortometraggio *I paladini di Francia*, in collaborazione con Giulio Gianini. Ha realizzato bozzetti e scenografie per i più importanti teatri italiani e stranieri. Da ricordare le sue collaborazioni con il London Festival Ballet, con il Glyndebourne Festival, con la Chicago Opera House e con la Staatsoper di Vienna. Si è occupato di illustrazione per l'infanzia, producendo anche opere di cui è autore del testo letterario (*Tarantella di Pulcinella*, *I tre fratelli*) e illustrando le *Fiabe italiane* di Italo Calvino, nonché numerosi testi e filastrocche di Gianni Rodari. Con il regista Tonino Conte è stato autore di numerosi spettacoli teatrali dedicati all'infanzia. Luzzati è stato inoltre l'autore del logo del Palio di Asti, per il quale ha disegnato i drappi offerti alla Collegiata di San Secondo e al vincitore della corsa, negli anni 1983 e 2005. Nel corso della sua lunga carriera Luzzati si è interessato anche al simbolismo dei Tarocchi. All'inizio degli anni novanta ha ideato la scenografia per una serie di concerti di Fabrizio De Andrè usando le gigantografie di Tarocchi piemontesi. Nel 2001 ha dipinto ex novo per le Edizioni d'Arte Lo Scarabeo di Torino i *Tarocchi bambini*. Nel porto antico di Genova è aperto dal 2001 un museo a lui dedicato.

Work No. 35
MARCO LODOLA
Dorno (Pavia) 1955

Italian artist. Marco Lodola attended the Academy of Fine Arts in Florence and Milan, completing his studies with a dissertation on Fauvism and Matisse. In the early 1980s he and a group of artists founded the New Futurism movement, whose most important theorist was the critic Renato Barilli. Lodola creates stylised shapes using Plexiglas painted in bright enamels. Illuminated by neon lights, they emerge from the dark like magical visions, creating the illusion of a three-dimensional image. He also designs promotional graphics. In 1994 he was invited by the Chinese Government to hold an exhibition in the former Archives of the Imperial City of Beijing. In 1996 he began a series of exhibitions in the USA, showing his work in Boca Raton, Miami and New York. In 2001 he was chosen to create the official image of the Venice Carnival. In 2005 he created the poster for the Winter Olympics in Turin. In 2006 one of his luminous sculptures was set up in Mexico City's International Airport. In 2008 he produced an installation for the façade of the Ariston and Casino on the occasion of the 58th Festival of Sanremo.

Work No. 64
SYLVIA LOEW
São Paulo, Brazil 1949

Brazilian sculptor. Sylvia Loew studied industrial design in Munich and attended art lessons at the São Paulo Museum of Modern Art before embarking on a career as a three-dimensional artist. She attended ceramics courses with Mestre Lelè and specialised in the Japanese raku *technique. She has taken part in numerous group exhibitions in São Paulo. In 1990 she moved to Genoa with her family. Alongside her ceramic objects Loew has produced a number of sculptures in marble. She has worked with the Italian sculptor Lorenzo Garaventa, learning advanced techniques of plaster, marble and wax fusion.*

Works Nos. 2-30
EMANUELE LUZZATI
Genoa 1921-2007

Italian painter, animator, illustrator and stage designer. Emanuele Luzzati's best-known work is the intermediate-length version of Il flauto magico. *His most important works for the cinema include the opening sequences of* L'armata Brancaleone *and* Brancaleone alle crociate, *films by Italian director Mario Monicelli. Luzzati studied and obtained a diploma from the École des Beaux-Arts in Lausanne (where he lived at the time when racial laws were being enforced in Italy). In 1960 he produced his first animated cartoon,* I paladini di Francia, *in collaboration with Giulio Gianini. He designed sketches and productions for leading theatres in Italy and abroad. He received commissions from, among others, the London Festival Ballet, the Glyndebourne Festival, Chicago Opera House and the Vienna Staatsoper. He illustrated children's books, including Italo Calvino's* Fiabe italiane *and numerous texts and rhymes by Gianni Rodari, also producing some works of which he himself wrote the texts (*Tarantella di Pulcinella, I tre fratelli*). He worked with director Tonino Conte on numerous children's theatrical productions. Luzzati created the logo for the Palio di Asti and designed the banners given to the Collegiata di San Secondo and to the winner of the race, in 1983 and 2005. During his long career Luzzati also took an interest in the symbolism of tarot playing cards. In the early 1990s he designed the stage for a series of concerts by Fabrizio De Andrè using giant posters of Piedmontese tarot cards. In 2001 he painted the new* Tarocchi bambini *(Children tarot deck) for the Turin art publisher Lo Scarabeo. A museum dedicated to Emanuele Luzzati opened in 2001, in the Old Port of Genoa.*

147

Opera n. 97
DANTE MAFFEI
Bologna 1962

Scultore italiano. Diplomato all'Accademia di Belle Arti di Bologna, è docente di discipline pittoriche. Ha realizzato numerose mostre in Italia e all'estero. Lo stile di Maffei è decisamente aniconico e si esprime con l'installazione parietale e tridimensionale in cui la materia non è più quella classica della pietra o del marmo, ma la lamiera zincata incisa a bulino e a laser con cui l'artista interviene per istoriare la superficie. Allestisce solidi volumetrici di dimensione e forma variabili su cui si inseriscono tubi luminosi, schermi al plasma e, soprattutto, la scrittura.

Opera n. 26
VINCENT MAILLARD
Parigi 1957

Scultore italiano di origine francese. Trasferitosi in Italia, dal 1977 a oggi tiene numerose mostre personali in gallerie e spazi pubblici in Italia e in Francia. Dà vita, con le sue terrecotte patinate, a un universo leggero, magico e misterioso. I suoi omini sono atteggiati di volta in volta in posizioni diverse l'una dall'altra, eppure tutti sono uniti a formare l'identità di un'unica umanità, di cui indovinare le sfumature dei pensieri, del carattere, degli umori. Lavori come *Big bang*, *La gradinata*, *Il tempo che passa* sono microracconti del vivere, storie piene di ironia e poesia, specchio del nostro vivere insieme come uomini di questo mondo e degli ostacoli che creiamo fra noi.

Opera n. 80
LUIGI MAINOLFI
Rotondi (Avellino) 1948

Scultore italiano. È uno dei rappresentanti della contemporanea scultura postconcettuale, impostasi al principio degli anni ottanta a livello internazionale. Scolpisce in materiali naturali (terracotta, gesso, legno, pietra lavica) e fusioni in bronzo in cui rappresenta i sedimenti arcaici della cultura contemporanea. Il suo curriculum espositivo è fittissimo: già nel 1980 partecipa a Documenta 7 di Kassel; è stato quindi presente alla XL, alla XLII e alla XLIV Biennale Internazionale d'Arte di Venezia (l'ultima volta con una sala personale), nonché alla XI e XII Quadriennale d'Arte Nazionale di Roma. Sue importanti mostre personali si sono tenute a Rimini (1992); presso l'Istituto Italiano di Cultura di Parigi (1995) e, nello stesso anno, un'antologica organizzata dalla Galleria Civica d'Arte Moderna e Contemporanea di Torino presso la Società Promotrice delle Belle Arti. Nel 2001 l'artista è scelto a rappresentare l'Italia per uno scambio con il Giappone. Approda al Museo d'Arte Contemporanea di Sapporo dove realizza *Mainolfi swims in the water of Hokkaido* e *Colonne di Sapporo*. Ha esposto presso l'Istituto Italiano di Cultura di Colonia e la Städtische Galerie di Ravensburg nel 2007 e alla Galleria Di Meo a Parigi nel 2008.

Opera n. 79
SILVIO MANZOTTI
Limbiate (Monza) 1943

Pittore italiano. Compie gli studi presso il Liceo Artistico e l'Accademia di Brera. Inizia con esperienze di artigianato, passa poi alla pittura e collabora con progetti in studi di architettura. Insegna quindi progettazione grafica e storia dell'arte in un Liceo Artistico Sperimentale. Dal 1963 al 1975 dipinge soggetti figurativi e surreali. Nel decennio successivo realizza progetti, modelli tridimensionali e sculture in vari materiali. Dal 1987 approfondisce la tecnica acrilica e l'acquerello su grandi dimensioni. In quegli anni si intensifica l'attività espositiva. A Milano la mostra più importante si tiene all'Umanitaria nel 1996 con l'associazione AICH. Nel 1998 espone sulla piazza di Moncalvo un paesaggio notturno di 60 metri quadri.

Work No. 97
DANTE MAFFEI
Bologna 1962

Italian sculptor. Dante Maffei graduated from the Accademia di Belle Arti in Bologna and teaches pictorial studies. He has held numerous exhibitions in Italy and abroad.
Maffei has developed a decidedly aniconic style. He does away with stone and marble, using galvanised steel plate to create wall-mounted and three-dimensional installations and using engraving and laser-cutting techniques to decorate the surfaces. He builds volumetric solids of different shapes and sizes, to which he applies luminous tubes, plasma screens and, above all, writings.

Work No. 26
VINCENT MAILLARD
Paris 1957

Italian sculptor of French origin. Vincent Maillard moved to Italy in 1977. He has held numerous one man shows in galleries and public spaces in Italy and France. Maillard uses his glazed terracotta sculptures to create a light, magic and mysterious universe. His little men are always presented in different positions, but unite to form the identity of a single humankind, challenging us to guess the shades of their thoughts, personalities and moods. Works such as Big Bang, La gradinata and Il tempo che passa are tiny stories of life, full of irony and poetry, a mirror on the way we live together as people of this world and the obstacles we create between us.

Work No. 80
LUIGI MAINOLFI
Rotondi (Avellino) 1948

Italian sculptor. Luigi Mainolfi is a leading figure in contemporary post-conceptual sculpture, a style that developed at the beginning of the 1980s. He creates sculptures using natural materials (terracotta, plaster, wood, lava) and bronze castings to represent the archaic sediments of contemporary culture. He has numerous exhibitions to his credit: Documenta 7 in Kassel in 1980; the 40th, 42nd and 44th editions of the Venice International Art Biennale (with a solo section at the last), and the 11th and 12th editions of the Quadriennale in Rome. He has held major solo exhibitions in Rimini (1992) and at the Italian Cultural Institute in Paris (1995). Also in 1995, the Galleria Civica d'Arte Moderna e Contemporanea in Turin organised an exhibition of his works, hosted by the Società Promotrice delle Belle Arti. In 2001 Mainolfi was invited to represent Italian art in Japan. He presented Mainolfi swims in the water of Hokkaido and Colonne di Sapporo at the Museum of Contemporary Art in Sapporo. Recently he has held exhibitions at the Istituto Italiano di Cultura in Cologne and at the Städtische Galerie in Ravensburg (2007) and at the Galerie Di Meo in Paris (2008).

Work No. 79
SILVIO MANZOTTI
Limbiate (Monza) 1943

Italian painter. Silvio Manzotti studied art at secondary school and the Accademia di Belle Arti di Brera. He started out as a craftsman and then began painting and working on architectural design projects. He taught graphic design and history of art at an experimental secondary school. Between 1963 and 1975 he painted figurative, surreal subjects. Over the next decade he worked on projects, three-dimensional models and sculptures using various materials. In 1987 he started to experiment with acrylics and watercolours for large-scale works. Over the years he has held an increasing number of exhibitions. His most important in Milan was in 1996, hosted by the Società Umanitaria and organised by the AICH. In 1998 he set up a 60 sq.m. night-time landscape installation in Moncalvo's town square.

Opera n. 36
UMBERTO MARIANI
Milano 1936

Pittore italiano. Formatosi all'Accademia di Brera di Milano
con Achille Funi, dopo un esordio in ambito figurativo influenzato
da Constant Permeke (collaborazione alla *Pala di San Giuseppe*
per la Basilica di San Pietro in Vaticano), arricchito negli anni settanta
da simbologie pop e istanze politico-ideologiche, ha optato, anche per
gli stimoli visivi di ripetuti viaggi, per una ricerca incentrata sulle forme
con opere polimateriche culminate nei panneggi con sagome
sovrapposte di lettere e numeri in lamiera (serie *Alfabeto afono*;
Teorema; *Specchi*; *Ferri*; *Taghelmoust*) e nelle grandi installazioni
ambientali (*Grande sipario*, 1997, Tortolì, piazza Racugno). A cavallo
fra gli anni sessanta e settanta espone a Parigi, in occasione
del Salon de la Jeune Peinture, poi nella Dum Umeni di Brno, presso
il Museo di Tampere, infine al Palais des Beaux-Arts di Bruxelles.

Opera n. 98
DANIELE MILANESI
Milano 1965

Scultore italiano. Diplomato in scultura all'Accademia di Brera,
si specializza alla Betzael Art Design Accademy di Gerusalemme.
Collabora con la Libera Università delle Arti di Bologna e con
l'Istituto Europeo di Design di Milano.

Opera n. 7
ALDO MONDINO
Torino 1938-2005

Pittore e scultore italiano. Coniugando incessantemente
sperimentazione e recupero dei temi tradizionali della pittura,
ha sempre mostrato interesse per materiali non convenzionali
(zucchero, caffè in chicchi, "cioccolatini" in gesso) scelti anche per il
valore simbolico, nonché un gusto paradossale per l'assonanza
linguistica e i giochi di parole. Nel 1959 si trasferisce a Parigi dove
segue i corsi nella scuola di incisione di William Hayter. Frequenta
inoltre l'École du Louvre e un corso di mosaico con Gino Severini.
A Parigi ha contatti con importanti artisti: Tancredi Parmeggiani, Alain
Jouffroy, Errò, Jean-Jacques Lebel. È grazie a Tancredi che riesce a
esporre per la prima volta in uno spazio, la Galerie Bellechasse, nel
1960 con quadri di evidente influenza surrealista. Nel 1961 rientra in
Italia ed espone da Sperone, nel 1964. L'anno successivo espone alla
Galleria Stein di Torino quadri con palloncini, *Le cadute*, bilance dove il
colore sembra scivolare sul quadro. Nel 1966 presenta presso la
Galleria Marconi di Milano. Lavora a Parigi dal 1973 al 1980; questo
impegno si concretizza in occasione della Biennale di Venezia del
1976, dove presenta un lavoro su Arnold Schönberg. Tra il 1984 e il
1985, da Franz Paludetto realizza due mostre. Si avvicina alle
suggestioni orientali da artista occidentale. Il momento successivo è
legato al viaggio vero e proprio, in un Oriente che comincia dal
Marocco e prosegue in Palestina. Si innamora della preghiera esaltata
nelle danze dei dervisci. Da Sperone a New York presenta nel 1990
una serie che ritrae trentasei sultani vissuti tra il 1200 e il 1920. Nel
1993, alla Biennale di Venezia propone i grandi quadri dei dervisci
danzanti. Nasce l'amore per la Spagna con la serie dei tori e dei toreri.
Sul tema della Turchia entro il 2002 è pronta una nuova serie di lavori,
eseguiti su linoleum trovati in Cappadocia, col titolo *Fumare come
i Turchi*. Nel gennaio 2003 espone a Torino, alla Galleria Art & Crafts.
Nello stesso anno la Galleria Carlina di Torino presenta per la prima
volta le sue sculture in vetro realizzate a Murano.

Work No. 36
UMBERTO MARIANI
Milan 1936

*Italian painter. Umberto Mariani studied at the Accademia di Belle Arti
di Brera in Milan under Achille Funi. He began with figurative artwork,
influenced by Constant Permeke (collaboration with* Pala di San
Giuseppe *for St. Peter's Basilica in the Vatican), enriching his style in
the 1970s with pop symbols and political and ideological elements.
Drawing on visual stimuli from his frequent travels, he started to
concentrate on forms, using a plurality of materials. This culminated
in draperies with relief letters and sheet metal numbers (*Alfabeto afono;
Teorema; Specchi; Ferri; Taghelmoust*) and large environmental
installations (*Grande sipario, 1997, Tortolì, Piazza Racugno). In the
1960s and 1970s he had exhibitions in Paris, at the Salon de la Jeune
Peinture, then at the Dum Umeni in Brno, at the Museum of Tampere
and finally at the Palais des Beaux-Arts in Brussels.*

Work No. 98
DANIELE MILANESI
Milan 1965

*Italian painter. Daniele Milanesi graduated in sculpture from the
Accademia di Brera and specialised at the Betzael Art Design Academy
in Jerusalem. He collaborates with the Libera Università delle Arti in
Bologna and the Istituto Europeo di Design in Milan.*

Work No. 7
ALDO MONDINO
Turin 1938-2005

*Italian painter and sculptor. Aldo Mondino endlessly experimented with
and drew from traditional themes of painting and was interested in
non-conventional materials (sugar, coffee beans, plaster "chocolates")
which he chose as much for their symbolic value as for his paradoxical
quest for linguistic similarities and puns. In 1959 he moved to Paris and
attended William Hayter's atelier. He attended the École du Louvre and
studied mosaics with Gino Severini. He met some important artists in
Paris: Tancredi Parmeggiani, Alain Jouffroy, Errò and Jean-Jacques
Lebel. It was through Tancredi that he was able to hold his first
exhibition in 1960, at the Galerie Bellechasse, of works with a clear
surrealist influence. In 1961 he returned to Italy and in 1964 he
exhibited his works at the Galleria Sperone. In 1964 the Galleria Stein
in Turin hosted an exhibition of his works, paintings of balloons,* Le
cadute, *scales where the colour appears to slide off the picture. In 1966
he had an exhibition at the Galleria Marconi in Milan. He worked in
Paris from 1973 until 1980; he exhibited a work on Arnold Schönberg
at the Venice Biennale in 1976. He had two exhibitions at the Franz
Paludetto Gallery in 1984 and 1985. He then began to focus on
oriental themes seen through the eyes of the Western artist. His next
period reflected an actual journey eastwards, starting in Morocco and
then to Palestine. He fell in love with the way Dervishes pray through
dance. In 1990 he presented a series depicting thirty-six sultans who
lived between 1200 and 1920 in an exhibition at the Sperone Gallery
in New York. In 1993 at the Venice Biennale he exhibited a series of
large paintings of dancing Dervishes. A series of bulls and bull-fighters
reflected his love of Spain. By 2002 he had completed a new series of
works on Turkey; paintings on linoleum found in Cappadocia, entitled*
Fumare come i Turchi. *In January 2003 he held a show at the Galleria
Art & Crafts in Turin. That same year he presented his glass sculptures,
created in Murano, for the first time at the Galleria Carlina in Turin.*

Opera n. 78
GIANCARLO MONTEBELLO
Milano 1941

Artista italiano. Frequenta la Scuola d'Arte del Castello di Milano.
Nel 1958 ha i primi approcci con l'arredamento; nel 1967 avvia
con Teresa Pomodoro un laboratorio di metallurgia preziosa al servizio
degli artisti. Successivamente diventa editore di gioielli d'artista
e organizza mostre in Europa e nelle Americhe, attività che interrompe
nel 1978 per presentare i propri gioielli. Negli anni 1993-1994
si dedica allo studio di oggetti d'uso in altre tradizioni culturali,
riservando un'attenzione particolare a quelli in terracotta. Alla metà
degli anni novanta completa il ciclo, iniziato nel 1983, degli
Ornamenti per Bradamante che, realizzati in maglia d'acciaio inox
e materiali preziosi, esprimono chiaramente l'idea del "gioiello da
indossare" come un abito, combinabile e variabile. Nel frattempo
è invitato con il lavoro della GEM Montebello alle esposizioni "The
Italian Metamorphosis", curata da Germano Celant per il Guggenheim
Museum di New York (1993-1994) e a "New Times, New Thinking:
Jewellery in Europe and America", curata da Ralph Turner tenutasi
alla Craft Council Gallery di Londra (1995-1996).

Opera n. 63
RENATO MORGANTI
Milano 1971

Designer italiano. Ha compiuto gli studi di musica al Conservatorio
Giuseppe Verdi di Milano; di design e architettura al Politecnico di
Milano e di scultura con laurea e master alla Hochschule der Künste
di Berlino. Il suo lavoro è incentrato sull'idea di alterare la percezione
della realtà attraverso segni minimi e possibilmente "neutrali".
È co-fondatore dei laboratori interdisciplinari 6K-sixta (installazioni
spaziali per azioni causali) e Usurp Berlin.

Opera n. 77
PAOLO MORONI

Designer italiano. Trascorre l'adolescenza tra l'Europa,
i Balcani e il Medio Oriente in un ambiente familiare cosmopolita
e completa gli studi in Inghilterra. Le sue esperienze includono
l'insegnamento, la traduzione di libri, il teatro e il giornalismo per
consolidarsi nella direzione vendite in una multinazionale.
Nel 1984 fonda a Milano con William Sawaya la Sawaya & Moroni
che opera nel campo del design d'avanguardia e per la quale coordina
le attività di management e di comunicazione.

Opera n. 56
UGO NESPOLO
Mosso Santa Maria (Biella) 1941

Artista italiano. Interessato a una ricerca neodadaista incentrata sul
rapporto tra arte e gioco, ha realizzato opere pittoriche e oggettuali
caratterizzate da una scomposizione e ricomposizione di ambienti
e forme, molto colorate e tratte liberamente dalla realtà. Gli esordi
risalgono agli anni sessanta, alla pop art. Negli anni settanta
sperimenta tecniche a ricamo, a intarsio e materiali inconsueti:
alabastro, ebano, madreperla, avorio, porcellana, argento. Nasce
L'albero dei cappelli, poi prodotto in serie come elemento d'arredo.
Nel 1974 vince il premio Bolaffi. Negli anni ottanta strade, vetrine e
venditori di hamburger di New York diventano i protagonisti dei suoi
quadri. Si accumulano intanto le esperienze nell'arte applicata.
Nel 1990 collabora alla campagna pubblicitaria per Campari e crea
le scenografie e i costumi per *Don Chisciotte* di Paisiello al Teatro
dell'Opera di Roma; Milano gli dedica un'antologica a Palazzo Reale
ed è presente alla Biennale Internazionale della Ceramica e
dell'Antiquariato di Faenza. Al 1995 e 1996 risalgono le antologiche
al Palazzo della Permanente di Milano e alla Promotrice delle Belle
Arti di Torino. Nel 1996 assume la direzione artistica della Richard-
Ginori e collabora con la vetreria d'arte Barovier & Toso di Murano.

Work No. 78
GIANCARLO MONTEBELLO
Milan 1941

*Italian artist. Giancarlo Montebello attended the Scuola d'Arte at the
Castello Sforzesco in Milan. In 1958 his initial interest was for interior
decoration: with Teresa Pomodoro he opened a goldsmith's workshop
in 1967, working exclusively for artists. He produced editions of artists'
jewels, organising exhibitions in Europe and the Americas. In 1978
Montebello ceased this production and began to present works of his
own. In 1993-1994 he concentrated on studying objects used in other
cultures, particularly those made of terracotta. In the 1990s he
completed his cycle, begun in 1983, of* Ornamenti per Bradamante: *
versatile, garment-like jewels in stainless steel mesh and various
precious materials.
The jewels produced by GEM Montebello were included in the
exhibition* The Italian Metamorphosis, *curated by Germano Celant
for the Guggenheim Museum in New York (1993-1994), and again
in the exhibition* New Times, New Thinking: Jewellery in Europe
and America, *curated by Ralph Turner for the Craft Council Gallery
in London (1995-1996).*

Work No. 63
RENATO MORGANTI
Milan 1971

*Italian designer. Renato Morganti studied music at the Conservatorio
Giuseppe Verdi in Milan, design and architecture at Milan Polytechnic
and graduated from the Hochschule der Künste in Berlin with a degree
and masters degree in sculpture. His work focuses on the idea of
altering the perception of reality using minimum, possibly "neutral"
signs. He is a co-founder of the interdisciplinary workshops 6K-sixta
(spatial installations for causal actions) and Usurp Berlin.*

Work No. 77
PAOLO MORONI

*Italian designer. Paolo Moroni grew up in a cosmopolitan family,
spending his teenage years living in Europe, the Balkans and the
Middle East. He completed his studies in England.
Having worked as a teacher, translating books, in the theatre, as a
journalist and then as sales manager for a multi-national company, in
1984 he and William Sawaya founded Sawaya & Moroni, an avant-
garde design company of which Paolo Moroni is strategy and
communications manager.*

Work No. 56
UGO NESPOLO
Mosso Santa Maria (Biella) 1941

*Italian artist. Interested in the Neo-Dada style and the relationship
between art and playfulness, Ugo Nespolo breaks down and then
rebuilds environments and shapes to create highly coloured pictorial
works and objects drawn freely from reality. His career dates back to
the 1960s, the era of Pop Art. In the 1970s he experimented with
techniques such as embroidery and inlay and with unusual materials
including alabaster, ebony, mother-of-pearl, ivory, porcelain and silver.
He created* L'albero dei capelli, *reproduced later as a piece of furniture.
In 1974 he won the Bolaffi prize. In the 1980s he made the streets,
shop-windows and hamburger cooks of New York the protagonists
of his pictures. He also ventured into the field of applied art.
In 1990 he worked on the Campari advertising campaign and designed
the sets and costumes for Paisiello's* Don Chisciotte *at the Teatro
dell'Opera in Rome; his works were exhibited at the Palazzo Reale in
Milan and he took part in the Biennale Internazionale della Ceramica e
dell'Antiquariato in Faenza. In 1995 and 1996 the Palazzo della
Permanente in Milan and the Promotrice delle Belle Arti in Turin
hosted exhibitions of his selected works. In 1996 he was appointed art
director of Richard-Ginori. He works with the artistic glass company
based in Murano, Barovier & Toso.*

Opera n. 76
DAVIDE NIDO
Senago (Milano) 1966

Artista italiano. Dopo il diploma all'Istituto statale d'Arte di Monza, nel 1986 si è iscritto alla Facoltà di Architettura che ha però abbandonato l'anno seguente per seguire la sua autentica vocazione artistica; nel 1987 Aldo Mondino lo invita a diventare suo assistente. Si iscrive quindi all'Accademia di Brera, al corso di pittura di Luciano Fabro, dove incontra Federico Guida e Dany Vescovi, da allora amici inseparabili. Nel 1992 partecipa al Premio internazionale d'arte contemporanea a Serre di Rapolano (Siena), dove vince il primo premio. È l'anno della svolta artistica e ottiene numerosi riconoscimenti per le sue opere caratterizzate da un forte cromatismo e da un rigore grafico compositivo. Da quel momento gli eventi si sono susseguiti velocemente e lo hanno portato a esporre in molti spazi pubblici. Nel 2009 partecipa alla mostra "Collaudi" nel padiglione Italia della Biennale di Venezia.

Opera n. 73
PAOLO NOVELLI
Casale Monferrato (Alessandria) 1956

Artista italiano. Dopo aver conseguito il diploma di maturità artistica, si è laureato in architettura al Politecnico di Torino. Da allora svolge la professione di insegnante d'arte nelle scuole medie. Ha iniziato a esporre giovanissimo in mostre collettive e personali. Nel corso del tempo ha sviluppato uno stile caratterizzato da un acceso cromatismo e da una figurazione fantastico-simbolica. Le sue opere sono state utilizzate per la decorazione di alcune navi della Costa Crociere. Collabora con il Museo Luzzati di Genova.

Opera n. 87
MASSIMO ORSI
Alessandria 1962

Artista italiano. Nel 1987 soggiorna a Roma, dove entra in contatto con la realtà artistica della città, collaborando con diverse gallerie. Sperimenta più linguaggi, dalla fotografia, alla grafica alla scultura, per incentrare la propria ricerca sulla riproposizione segnica e semantica del simbolo "O.K." che, semplificato in cifra iconografica, traspone su più supporti e ripropone come cifra e firma densa di significati: non risulta una adesione statica al linguaggio gergale e corrente, bensì cifra riluttante e reiterabile di un mondo rappresentabile. Esso diventa un modo di rapportarsi, rappresentarsi e inscriversi in una tempesta di immagini. Nel 2009 dà vita a una nuova serie di lavori che mostrano un rinnovato impegno sul sociale e sono incentrati su un duplice uso – iconografico e semantico – della parola. Ha esposto in Italia (Roma, Torino, Pozzuoli, Milano, Brescia, Spoleto, Valdagno, Chianti, Savona, Pesaro, Bologna, Prato, Fano, Trevi, Caserta, Avellino, Vicenza) e all'estero (Parigi, New York, Los Angeles, Montréal, Londra).

Work No. 76
DAVIDE NIDO
Senago (Milan) 1966

Italian artist. After receiving his diploma from the Istituto Statale d'Arte in Monza, Davide Nido enrolled at the Faculty of Architecture in 1986 but left the following year to pursue his true artistic calling. Aldo Mondino invited him to become his assistant. He enrolled on Luciano Fabro's painting course at the Accademia di Belle Arti di Brera, where he met Federico Guida and Dany Vescovi, with whom he established a close friendship.
In 1992 he took part in the Premio internazionale d'arte contemporanea in Serre di Rapolano (Siena), winning first prize. That year marked the turning point in his career and he obtained numerous awards for his works, which feature strong colours and rigorous compositional graphics. From then on things moved quickly and he exhibited his works in many public spaces. In 2009 he took part in the Collaudi exhibition in the Italian Pavilion of the Venice Biennale.

Work No. 73
PAOLO NOVELLI
Casale Monferrato (Alessandria) 1956

Italian artist. Paolo Novelli attended secondary school specialising in art subjects and graduated from Turin Polytechnic in architecture. He is an art teacher at middle school. He started exhibiting his works at a very early age, in group and solo exhibitions. Over the years he has developed his own distinctive style that features the use of bright colours and fanciful-symbolic imagery. His works have been used to decorate some Costa Crociere ships.
He collaborates with the Luzzati Museum in Genoa.

Work No. 87
MASSIMO ORSI
Alessandria 1962

Italian artist. In 1987, while staying in Rome, Massimo Orsi began to collaborate with some of the city's art galleries. He experimented with different forms of art, including photography, graphic design and sculpture, concentrating on an analysis of the sign and semantic coding of the letters "OK". Treating them as iconographic illustrations, he transfers them onto different media to create shapes and forms thick with meaning: not simply jargon or modern-day language, but a reluctant, repeatable sign representing aspects of the world, a means of relating, representing ourselves and becoming part of a tempest of images. In 2009 he produced a series of works reflecting his renewed commitment to social issues and focus on a twofold use – iconographic and semantic – of the word. He has had shows in Italy (Rome, Turin, Pozzuoli, Milan, Brescia, Spoleto, Valdagno, Chianti, Savona, Pesaro, Bologna, Prato, Fano, Trevi, Caserta, Avellino, Vicenza) and abroad (Paris, New York, Los Angeles, Montréal, London).

Opera n. 21
MIMMO PALADINO
Paduli (Benevento) 1948

Artista italiano. Vero nome Domenico. È tra i principali esponenti della Transavanguardia, il movimento fondato da Achille Bonito Oliva nel 1980. Tiene la sua prima personale a Caserta, nel 1969. Nel 1978 è a New York dove allestisce importanti personali alla Marian Goodman Gallery e alla Annina Nosei Gallery. Nel 1980 partecipa alla sua prima Biennale di Venezia, invitato da Achille Bonito Oliva nella sezione *Aperto 80*, insieme con Sandro Chia, Francesco Clemente, Enzo Cucchi e Nicola De Maria. Nel 1980 viene selezionato dal Catalogo Nazionale Bolaffi. Nel 1985 la Lenbachhaus di Monaco di Baviera organizza la sua prima mostra retrospettiva in uno spazio pubblico. Nel 1988 è invitato con una sala personale alla Biennale di Venezia. Nel 1991 partecipa a una grande mostra a Praga per l'inaugurazione del Castello Reale, appena ristrutturato. Nel 1992 realizza l'*Hortus Conclusus* a Benevento. Nel 1994 è il primo artista contemporaneo italiano a tenere una mostra in Cina, alla Galleria Nazionale delle Belle Arti di Pechino. Nel 1995 Napoli gli dedica una grande rassegna in tre spazi pubblici: Scuderie di Palazzo Reale, Villa Pignatelli Cortes e Piazza del Plebiscito dove realizza la sua memorabile *Montagna di Sale*. Nel 1999 la Royal Academy di Londra lo insignisce del titolo di Membro Onorario. Nel 2006 ha ideato e realizzato il film *Quijote*, a cui hanno partecipato tra gli altri Beppe Servillo, Lucio Dalla, Alessandro Bergonzoni, Enzo Cucchi. Il 28 giugno 2008, nell'ambito dell'iniziativa *Porta di Lampedusa - Porta d'Europa* promossa da Armani e Alternativa Giovani, è stato inaugurato sull'isola di Lampedusa un monumento realizzato dall'artista dedicato alla memoria dei migranti deceduti in mare.

Opera n. 25
URANO PALMA
Varese 1936

Pittore e grafico italiano. Si stabilisce a Milano, dove ha la possibilità di conoscere artisti come Lucio Fontana e di dedicarsi completamente alla ricerca artistica. Nel 1962 allestisce la sua prima personale alla Galleria Il Cavallino di Venezia. Ha realizzato mostre in Germania, Francia, Spagna, Stati Uniti e Corea, dove viene scelto per rappresentare l'Italia alle Olimpiadi di Seoul con un'opera in ghisa, attualmente conservata presso il Museo di arte contemporanea della capitale coreana. Il suo approccio con la pittura e le arti visive proviene da varie esperienze nel settore della grafica pubblicitaria.

Opera n. 62
PIERGIORGIO PANELLI
Casale Monferrato (Alessandria) 1961

Artista italiano. Consegue la specializzazione in Storia dell'Arte Contemporanea all'Università di Torino. È attivo dal 1977. Opera e lavora nel Monferrato. Dal 1995 è ideatore e curatore di *Arteinfiera* a Casale Monferrato e dal 2003 del Museo delle opere del pittore Enrico Colombotto Rosso.

Opera n. 61
CARLO PASINI
Pavia 1972

Artista italiano. Dopo essersi diplomato al Liceo Artistico Raffaello Sanzio di Pavia, si iscrive al Politecnico di Milano, dove si laurea in architettura con Fredi Drugman e Corrado Levi. Nel 2000 inizia l'attività artistica presso il laboratorio di Aldo Mondino, dove svolge il ruolo di stretto collaboratore fino alla scomparsa del maestro. Utilizza acrilici, smalti e puntine da disegno. Queste ultime rappresentano infiniti tasselli che, a seconda della maggiore o minore vicinanza l'uno dall'altra, sviluppano tracciati imprevedibili lungo la superficie.

Work No. 21
MIMMO PALADINO
Paduli (Benevento) 1948

Italian artist. Mimmo (Domenico) Paladino is an important figure in the Transavantgarde movement, founded by Achille Bonito Oliva in 1980. He held his first solo exhibition in Caserta, in 1969. In 1978 he travelled to New York and had important solo shows at the Marian Goodman Gallery and at the Annina Nosei Gallery. In 1980 he took part in his first Venice Biennale, where he was invited by Achille Bonito Oliva to the Aperto 80 section, along with Sandro Chia, Francesco Clemente, Enzo Cucchi and Nicola De Maria. In 1980 he was mentioned in the Bolaffi National Catalogue of Art. The first retrospective of his work, exhibited in a public space, was held in Munich at the Lenbachhaus in 1985. In 1988 he was invited to the Venice Biennale, with a solo show. In 1991 he took part in a major exhibition in Prague to celebrate the opening of the newly-renovated Royal Castle. In 1992 he completed the Hortus Conclusus installation in Benevento. In 1994 he was the first Italian contemporary artist to hold an exhibition in China, at the National Gallery of Fine Arts in Beijing. In 1995 Naples dedicated a large exhibition to his works at three different sites: the Royal Stables, Villa Pignatelli Cortes and Piazza del Plebiscito, where he erected his famous Montagna di Sale. In 1999 the Royal Academy of London awarded him the title of Honorary Member. In 2006 he designed and directed the film Quijote, in which Beppe Servillo, Lucio Dalla, Alessandro Bergonzoni and Enzo Cucchi also took part. On 28 June 2008, as part of the Porta di Lampedusa - Porta d'Europa project sponsored by Armani and Alternativa Giovani, a monument by Mimmo Paladino was inaugurated on the island of Lampedusa in memory of the migrants who have perished at sea.

Work No. 25
URANO PALMA
Varese 1936

Italian painter and graphic designer. Urano Palma settled in Milan, where he met artists such as Lucio Fontana and dedicated himself fully to his artistic studies. In 1962 he had his first solo exhibition at the Galleria Il Cavallino in Venice. He has exhibited in Germany, France, Spain, the USA and Korea, where he was chosen to represent Italy at the Olympic Games in Seoul. For that occasion he created a cast iron work, currently on show at the Museum of Contemporary Art in Seoul. His approach to painting and the visual arts is influenced by his background in the field of advertising graphics.

Work No. 62
PIERGIORGIO PANELLI
Casale Monferrato (Alessandria) 1961

Italian artist. Piergiorgio Panelli specialised in the history of contemporary art at the University of Turin. He has been painting since 1977. He has been designer and curator of the Arteinfiera event in Casale Monferrato since 1995 and of the Museum of the works by painter Enrico Colombotto Rosso since 2003.

Work No. 61
CARLO PASINI
Pavia 1972

Italian artist. Carlo Pasini attended the Liceo Artistico Raffaello Sanzio in Pavia and graduated from Milan Polytechnic with a degree in architecture, which he studied with Fredi Drugman and Corrado Levi. He started his career as an artist in 2000, when he joined the workshop of Aldo Mondino with whom he worked in close collaboration up until Mondino's death. He uses acrylics, enamels and drawing pins. The latter represent an infinity of plugs that, depending on how closely or far apart they are placed, form unpredictable designs along the surface.

Opera n. 17
MARCO PORTA
Casale Monferrato (Alessandria) 1956

Pittore e scultore italiano. Laureatosi in Matematica all'Università
di Torino discutendo la tesi *Percorsi labirintici e costruzione
di cammini*, inizia la sua attività artistica nel 1990. Tra il 1990
e il 1993 realizza soprattutto oli, tele dalle complesse scansioni
geometriche che rimandano al costruttivismo e a una dimensione
aritmetica di suddivisione dello spazio. Nelle sculture usa materiali
diversi: dal metallo, alla resina, dal cemento al cristallo che spesso
accosta. Al centro della sua riflessione artistica si trova l'uomo che
esprime il senso della mutevolezza del proprio percorso. L'artista
racconta sé stesso e il proprio continuo cambiamento di identità e
consapevolezza. Lo stesso Porta parla di "inidentità": l'uomo è scolpito
in "situazioni esistenziali" e posto di fronte a se stesso viene raccontato
nella sua dimensione emotiva. I titoli sottolineano la temporalità del
momento: sono istanti, sentimenti, parole, domande e soprattutto
silenzi. L'acqua, altro elemento ricorrente, è evocativa della purezza, ma
anche del passaggio e della labilità del tempo. L'attività espositiva di
Marco Porta ha inizio nel 1992 con la personale alla Galleria Rino
Costa di Casale Monferrato, cui fanno seguito varie mostre in Italia
(Torino, Milano, Biella, Pavia, Cuneo, Parma, Genova) e internazionali
(2003 al Museu da Agua di Lisbona, 2004 al Musée de l'Eau di Pont
en Royans, 2007 alla Galleria Barbara Mahler di Lugano).

Opera n. 99
EFREM RAIMONDI
Legnano (Milano) 1958

Fotografo italiano. I suoi primi lavori hanno per oggetto l'Irpinia
dei terremotati e i portatori di handicap. Vince la borsa di studio
ASSAP, la più importante associazione italiana di agenzie
internazionali di pubblicità. Con il marchio Steel vince l'Award
per la migliore campagna del settore in Svizzera. Collabora
con importanti riviste italiane ed europee.

Opera n. 86
MAX RAMEZZANA
Casale Monferrato (Alessandria) 1966

Artista italiano. Lavora come scenografo dal 1988 al 1991 firmando
scenografie per televisioni e agenzie. Collabora con la RAI e come
illustratore con il settimanale casalese "Il Monferrato". Caratteristica
dei suoi lavori sono i "cassetti" o "scatole" realizzate a collage con cui
si esprime interpretando sogni, racconti, nostalgie, amori e passioni.

Opera n. 100
GIAN LUCA RANNO
Rivoli (Torino) 1973

Designer italiano. Vive tra Camino Monferrato, Torino e Lisbona, ed è
attivo anche in Gran Bretagna, Bosnia, Irlanda, Francia, Spagna,
Portogallo e Oman. Ha vinto numerosi concorsi tra cui il concorso
internazionale "The Heights of Design".

Work No. 17
MARCO PORTA
Casale Monferrato (Alessandria) 1956

*Italian painter and sculptor. Marco Porta graduated in mathematics
from the University of Turin with a dissertation on Labyrinthine ways
and construction of paths. He started working as an artist in 1990.
Between 1990 and 1993 he mainly produced oil paintings, canvases
covered in complex geometrical patterns seemingly reflecting a
constructivist approach and an arithmetic division of space.
Porta uses a variety of materials for his sculptures: metal, resin, cement
and crystal, often combining them. His artistic reflection is centred
upon a man expressing the changing paths of his life.
The artist tells his story and his continuously changing identity and
awareness. Porta himself talks about "non-identity": man is sculpted
in "existential situations" and placed before himself to reveal his
emotional dimension. The titles of Porta's works underline the
temporality of the moment: instants, feelings, words, questions and,
above all, silences. Water, his other recurrent theme, evokes purity, but
also the passing and transience of time. Marco Porta had his first solo
exhibition in 1992 at the Galleria Rino Costa in Casale Monferrato.
This was followed by various exhibitions in Italy (Turin, Milan, Biella,
Pavia, Cuneo, Parma, Genoa) and abroad (2003 at the Museu da
Agua in Lisbon, 2004 at the Musée de l'Eau in Pont en Royans, 2007
at the Barbara Mahler Gallery in Lugano).*

Work No. 99
EFREM RAIMONDI
Legnano (Milan) 1958

*Italian photographer. Efrem Raimondi's first works were dedicated
to the victims of the earthquake in Irpinia and disabled people. He was
awarded a grant by the ASSAP, the most important Italian association
of international advertising agencies. His Steel campaign won the best
advertising campaign award in Switzerland. He works in collaboration
with leading Italian and European magazines.*

Work No. 86
MAX RAMEZZANA
Casale Monferrato (Alessandria) 1966

*Italian artist. From 1988 to 1991 Max Ramezzana worked as a set
designer for television and agencies. He has collaborated with the RAI
and as illustrator of the Casale Monferrato weekly magazine
"Il Monferrato". He uses "drawers" or "boxes" and collages to interpret
dreams, stories, memories, love and passions.*

Work No. 100
GIAN LUCA RANNO
Rivoli (Turin) 1973

*Italian designer. Gian Luca Ranno lives in Camino Monferrato, Turin
and Lisbon and also works in the UK, Bosnia, Ireland, France, Spain,
Portugal and Oman. He has won numerous competitions, including the
international contest "The Heights of Design".*

Opera n. 24
TOBIA RAVÀ
Padova 1959

Pittore e semiologo italiano. Ha frequentato la Scuola Internazionale di Grafica di Venezia e Urbino. Si è laureato in Semiologia delle arti all'Università di Bologna, allievo di Umberto Eco, Renato Barilli, Omar Calabrese e Flavio Caroli. Dipinge dal 1971 ed espone dal 1977 in mostre personali e collettive in Italia, Belgio, Croazia, Francia, Germania, Spagna, Brasile, Argentina, Giappone e Stati Uniti. È presente in collezioni private e pubbliche, in Europa, Stati Uniti, America Latina e in Estremo Oriente. Nel 1983 è tra i fondatori del gruppo bolognese AlcArte, attivo all'Università di Bologna (DAMS), con l'intento di coniugare il fare arte all'epistemologia. Dal 1988 si occupa di iconografia ebraica e ha svolto con Gadi Luzzatto Voghera e Paolo Navarro Dina un lavoro di ricerca e schedatura nell'ambito dell'epigrafia ebraica nel Veneto, Friuli Venezia Giulia e Trentino Alto Adige. Nel 1933 è il promotore del gruppo Triplani, che, partendo dalla semiologia biplanare di Greimas e Calabrese, prende il nome dall'ipotesi di un terzo livello di lettura simbolica, accanto a quelli del significato e del significante. Nel 1988 è tra i soci fondatori di Concerto d'Arte Contemporanea, associazione culturale che si propone di riunire artisti con le stesse affinità per riqualificare l'uomo ponendolo in sintonia con l'ambiente e rendere l'arte contemporanea conscia dei suoi rapporti con la storia dell'arte, anche interagendo con l'ambiente. Nel 1999 avvia un ciclo di conferenze, invitato da università e istituti superiori d'arte, sulla sua attività nel contesto della cultura ebraica, della logica matematica e dell'arte contemporanea.

Opere nn. 3-4-5-8-101
ANTONIO RECALCATI
Bresso (Milano) 1938

Pittore, scultore, ceramista italiano. La sua prima personale risale al 1957 alla Galleria Totti di Milano, dove presenta opere di forte gestualità informale. È a Londra nel 1959. Nel 1960 si afferma nel panorama internazionale della pittura neofigurativa con il ciclo delle *Impronte*.
Vive una fruttuosa stagione parigina realizzando una famosa serie di dipinti in omaggio a Picasso alla metà degli anni sessanta. Lavora con la Galleria Fante di Spade di Roma e con Smith di Bruxelles. Espone alla Odyssia di New York. Si trasferisce negli Stati Uniti mantenendo i contatti con la Mitteleuropa. A New York negli anni ottanta realizza cicli di grandi tele dedicate al paesaggio urbano e ai giocatori sui campi di basket, con una tecnica che richiama l'inquadratura fotografica. Espone nel 1982 alla Yves Arman Gallery di New York, nel 1986 da Didier Imbert a Parigi. Presenta in Italia i dipinti americani nelle personali "Recalcati dall'impronta all'immagine" a Palazzo Reale di Milano e a Palazzo Braschi di Roma, con testi di Vittorio Sgarbi (1987). Nel 1990 lavora ad Albisola realizzando una serie di vasi e piatti che rinnovano la tradizione della terracotta italiana. Dal 1991 lavora a grandi sculture in marmi policromi e torna successivamente alla pittura. L'attività tra il 1957 e il 1994 in pittura, ceramica e scultura è esemplificata dalla mostra a Palazzo Sertoli di Sondrio nel 1994.

Opera n. 75
LIVIA REDINO
Saluggia (Vercelli) 1959

Pittrice e ceramista italiana. Ha approfondito le tecniche di acquarello, olio, acrilico. L'incontro con la ceramica avviene nel laboratorio Terra e Fuoco di Ottiglio Monferrato, dove impara a plasmare l'argilla e la maiolica.

Work No. 24
TOBIA RAVÀ
Padua 1959

Italian painter and semiologist. Tobia Ravà attended the Scuola Internazionale di Grafica of Venice and Urbino. He graduated in semiology of the arts at the University of Bologna, under Umberto Eco, Renato Barilli, Omar Calabrese and Flavio Caroli. He began painting in 1971 and has had solo and group exhibitions in Italy, Belgium, Croatia, France, Germany, Spain, Brazil, Argentina, Japan and the USA since 1977. His works are in private and public collections in Europe, the USA, Latin America and the Far East. In 1983 he co-founded the Bologna group AlcArte, at Bologna University (DAMS), with the intent of conjugating producing art with epistemology. In 1988, he began concentrating on Jewish iconography, and worked with Gadi Luzzatto Voghera and Paolo Navarro Dina to research and catalogue Jewish epigraphy in the Veneto, Friuli Venezia Giulia and Trentino Alto Adige regions of Northern Italy. In 1993 he promoted the Triplani (Three Planes) group, which derived its name from the idea that there is a third symbolic level of reading besides those of the signifier and the signified, stemming from double-paned semiology of Greimas and Galabrese. In 1988 Ravà was a founding member of Concerto d'Arte Contemporanea, a cultural association bringing together artists with similar ideas on creating a harmony between man and the environment and making contemporary art aware of its relationship with the history of art, also by interacting with the environment. Since 1999 he has lectured at universities and art academies, speaking about his work in connection with Jewish culture, mathematical logic and contemporary art.

Works Nos. 3-4-5-8-101
ANTONIO RECALCATI
Bresso (Milan) 1938

Italian painter, sculptor and ceramist. Antonio Recalcati's first solo exhibition was at the Galleria Totti in Milan, in 1957, with a set of works that were strongly influenced by the informal movement. He held another exhibition in London in 1959. In 1960 he gained international acclaim as a neo-figurative artist with his collection of Impronte.
He worked in Paris, where he produced a famous series of paintings as a tribute to Picasso in the 1960s. He worked with the Galleria Fante di Spade in Rome and Smith in Brussels. He exhibited his works at the Odyssia in New York. He moved to the States while maintaining close ties with Central European countries. During the 1980s in New York he produced several series of large canvases dedicated to urban landscapes and basketball players, using a special technique to produce photograph-like images. In 1982 he had an exhibition at the Yves Arman Gallery in New York, and in 1986 at the Galerie Didier Imbert in Paris. In Italy the solo exhibition Recalcati dall'impronta all'immagine *featuring his American paintings was held at the Palazzo Reale in Milan and Palazzo Braschi in Rome, accompanied by texts by Vittorio Sgarbi (1987). In 1990 he worked in Albisola on a series of traditional Italian terracotta pots and plates. In 1991 he started work on large polychrome marble sculptures before turning once more to painting. In 1994 an exhibition of his paintings, ceramics and sculptures from 1957 to 1994 was held at Palazzo Sertoli in Sondrio.*

Work No. 75
LIVIA REDINO
Saluggia (Vercelli) 1959

Italian painter and ceramist. Livia Redino furthered her studies in the use of watercolours, oils and acrylics. She started working with ceramics at the Terra e Fuoco workshop in Ottiglio Monferrato, where she learnt how to model clay and majolica.

Opera n. 85
RAPHAEL REIZEL
Milano 1952

Artista italiana. Dopo aver frequentato il Liceo Artistico e l'Accademia di Brera, diplomandosi in scultura, ha vissuto all'estero per lungo tempo. Ha il suo laboratorio a Comabbio, sul lago di Monate. Lavora anche a Murano, dove realizza grandi sculture in vetro. Nel 2002 ha avuto dalla Provincia di Varese l'incarico per l'esecuzione di tre sculture per il Premio Provincia di Varese-Badia di San Gemolo. Una selezione di sue sculture è collocata in permanenza nel Parco di Gio Pomodoro sul lago Maggiore. Suoi lavori sono presso collezioni private in Europa e America. Sue opere sulla *Shoah* sono nell'Archivio del Museo Yad Vashem di Gerusalemme.

Opera n. 115
PAUL RENNER
Bludenz (Austria) 1957

Artista austriaco. Vive tra il Bregenzerwald (Austria) e il Piemonte. Attivo dalla fine degli anni settanta, è stato assistente di Arnulf Reiner e di Hermann Nitsch. L'arte di Paul Renner si basa sull'idea del *Gesamtkunstwerk* (arte totale), in particolare si interessa all'arte come percezione sintetica. I suoi progetti espositivi culminano in serate teatrali nelle quali si fonde l'arte visiva con l'arte culinaria. Per esse disegna anche edifici (*Theatrum Anatomicum*), inscena festival (*Vakanz*) e organizza club di viaggio: *The Hell Fire Touring & Dining Club* fondato nel 2000 con Medlar Lucan e Durian Gray, un sodalizio che si prefigge di documentare un viaggio in Europa alla ricerca di luoghi magici e misteriosi.

Opera n. 109
TAMARA REPETTO
Genova 1973

Artista e designer italiana. Racconta la propria esperienza interiore attraverso l'arte. L'insonnia di cui soffre diventa materia di elaborazione artistica, tanto che esprime, con ironia, il racconto oggettuale delle proprie nevrosi e idiosincrasie concretizzandole in installazioni costituite dalle scatole di farmaci e sonniferi utilizzati, come un diario estremo dell'esistenza, in una confessione che attraverso la scultura, con capsule e pasticche, fa di sé. Il letto, i farmaci, il cuscino sono identificati come luogo esistenziale, l'angoscia notturna dell'insonnia è trasposta con ironica e lucida introspezione. Altro materiale creativo è il sapone, col quale copre superfici rivisitate in senso artistico o identificativo a ribadire un valore anche narrativo del fare artistico. Autrice di disegni, ha un'idea autobiografica e intimistica del racconto che diventa esperienza e vissuto. Ha studiato all'Istituto d'Arte Ottolenghi di Acqui Terme e alla Scuola d'Arte Messaggio Grafica di Milano. Designer di complementi d'arredo, espone il suo lavoro d'artista dal 1995. Nel 2006 ha allestito una mostra personale alla Galleria Il Traghetto di Venezia, con la quale ha partecipato a MiArt. Con Studio Legale di Caserta ha esposto ad Artissima 2006.

Opera n. 102
STEFANIA RICCI
Ivrea (Torino) 1974

Artista italiana. Si è diplomata all'Accademia Albertina di Belle Arti di Torino. Collabora con la Galleria Gas di Torino e Not Fair di Milano. Ogni suo lavoro parte in camera oscura ed è il risultato di un'impronta che la luce dell'ingranditore lascia sulla carta fotosensibile ottenendo un'immagine-oggetto unica.

Work No. 85
RAPHAEL REIZEL
Milan 1952

Italian artist. After studying art at secondary school and completing her studies as a sculptress at the Brera Academy, Raphael Reizel spent many years abroad. Her workshop is in Comabbio, on Lake Monate. She also works in Murano, where she produces large glass sculptures. In 2002 the Varese Provincial Council commissioned Reizel to create three sculptures for the Provincia di Varese-Badia di San Gemolo Award. A selection of her sculptures are part of the permanent exhibition in the Gio Pomodoro Park on Lake Maggiore. Her works are in private collections in Europe and America. Reizel's Holocaust works are in the Archives of the Yad Vashem Museum in Jerusalem.

Work No. 115
PAUL RENNER
Bludenz (Austria) 1957

Austrian artist. Paul Renner lives in Bregenzerwald, Austria and Piedmont, Italy. He began painting at the end of the 1970s and was assistant to Arnulf Reiner and Hermann Nitsch.
His art is based on the idea of Gesamtkunstwerk (total art) and he is particularly interested in art as an artificial perception. His exhibition projects culminate in the staging of theatrical soirées that blend visual art with culinary art. For these he designs buildings (Theatrum Anatomicum), stages festivals (Vakanz) and organises travel clubs: The Hell Fire Touring & Dining Club founded in 2000 with Medlar Lucan and Durian Gray, was set up to document a journey through Europe in search of magical, mysterious places.

Work No. 109
TAMARA REPETTO
Genoa 1973

Italian artist and designer. Tamara Repetto expresses her own interior experience through her art. Her own sleepless nights are the subject of her works and she ironically portrays her own neuroses and idiosyncrasies in installations that include packets of medicines and sleeping tablets, like an intense personal diary, a self-explanatory confession revealed through her sculptures, with their capsules and pills. Repetto identifies the bed, the drugs, the pillow as an existential place, transposing her fretful insomnia with irony and lucid introspection. She also uses soap in her works, artistically or characteristically covering the surfaces and underlining what is also a narrative aspect of producing art. As an author of designs, she uses an autobiographical and intimist approach to tell her story. Tamara Repetto attended the Istituto d'Arte Ottolenghi in Acqui Terme and studied art and graphic communication in Milan. She designs furnishing accessories and has been exhibiting her artwork since 1995. In 2006 she held a solo exhibition at the Galleria Il Traghetto in Venice, with which she took part in MiArt. She has held an exhibition at the Studio Legale in Caserta and took part in Artissima 2006.

Work No. 102
STEFANIA RICCI
Ivrea (Turin) 1974

Italian artist. Stefania Ricci graduated from the Accademia Albertina di Belle Arti in Turin. She collaborates with the Galleria Gas in Turin and Not Fair in Milan. All of her works originate in the dark room, from a mark that the light of the enlarger leaves on the film to obtain a unique image-object.

Opera n. 19
ARMANDO RIVA
San Floriano (Milano) 1947

Pittore, scultore, fotografo e cineasta italiano. Espone nel 1971 alla
Galleria Fondazione Europa di Milano e alla Galleria Rialto
di Venezia; nel 1974 alla Galleria La Leonessa di Brescia; nel 1975
al Centro d'Arte Internazionale di Milano e al Palazzo delle Prigioni
ancora a Venezia. Nel 1993 espone a Rodengo Saiano alla abbazia
Olivetana; l'anno seguente al Literaturage di Mönchengladbach, dove
è stato ospitato anche nel 1995; nel 1997 e nel 1999 ha presentato
le sue opere all'Albereta di Gualtiero Marchesi. *Cavallo vincente*, sua
imponente opera in bronzo raffigurante un cavallo in corsa, è stata
collocata all'ippodromo di San Siro a Milano. Dall'inizio del suo lavoro
ha utilizzato molteplici linguaggi espressivi. Dagli anni settanta
propone ambienti-installazioni in acciaio inox.

Opera n. 72
PIERO ROGGERO
Ottiglio (Alessandria) 1953

Ceramista italiano. Maturate alcune esperienze formative
in Toscana, apre un laboratorio di ceramica a Ottiglio. Espone
in varie città del Piemonte e anche all'estero. Collabora con altri
artisti nella produzione di opere in ceramica e nel 2001 ottiene
dalla Regione il riconoscimento di "eccellenza artigiana".
Dal 2005 è presidente dell'Associazione Culturale Terra e Fuoco.

Opera n. 103
ORNELLA ROSSI
Varzi (Pavia) 1957

Pittrice italiana. Ha frequentato i corsi di pittura e disegno presso
la Fondazione Roncalli di Vigevano e ha perfezionato le sue tecniche
presso lo studio dei maestri Giuseppe Turconi, Davide Avogadro
e Nello Villani. Nel 2007 molte sue opere sono state cantate
poeticamente dall'artista e filosofo Jean Servato.

Opera n. 60
TERESA LUCIA ROSSI
Casale Monferrato (Alessandria) 1935

Architetto italiano. Si è laureata al Politecnico di Torino, dedicandosi
poi alla libera professione ma collaborando per molti anni con l'ateneo
torinese. È specializzata nel recupero dei beni architettonici.
Ha curato il restauro del borgo di Cellamonte Monferrato.

Opera n. 104
GIOVANNI SABATINI
Vittorito (L'Aquila) 1947

Artista italiano. Ha frequentato l'Accademia di Belle Arti di Brera.
Dal 1972 sono numerose le sue mostre in Italia e all'estero, personali
e collettive. Per le sue opere ha fatto uso di tecniche svariate:
dall'acquarello all'acrilico, dalla fotografia al video, al computer.
È docente all'Accademia di Belle Arti di Brera.

Opere nn. 105-110
JOSEPH SASSON
Tripoli (Libia) 1936

Artista libico di origini ebraiche. Ha iniziato il suo lavoro artistico
trascrivendo i testi sacri in ebraico per le Sinagoghe di Tripoli.
Ha proseguito realizzando in legno gli oggetti rituali ebraici.
Dal legno è passato poi all'alluminio.

Work No. 19
ARMANDO RIVA
San Floriano (Milan) 1947

*Italian painter, sculptor, photographer and cinematographer. Armando
Riva's works were presented in 1971 at the Galleria Fondazione Europa
in Milan and the Galleria Rialto in Venice; in 1974 at the Galleria La
Leonessa in Brescia; in 1975 at the Centro d'Arte Internazionale in
Milan and Palazzo delle Prigioni in Venice. In 1993 he held an
exhibition in the cloister of the Olivetana abbey in Rodengo Saiano.
The Literaturage in Mönchengladbach hosted exhibitions of his works
in 1994 and 1995; in 1997 and 1999 he held shows at Gualtiero
Marchesi's Albereta. Cavallo vincente, his magnificent bronze sculpture
of a galloping horse, is at the San Siro racecourse in Milan. He has used
many different means of expression during his artistic career. In the
1970s he started to produce stainless steel sets-installations.*

Work No. 72
PIERO ROGGERO
Ottiglio (Alessandria) 1953

*Italian ceramist. After training in Tuscany, Piero Roggero opened a
ceramics workshop in Ottiglio. He has held numerous exhibitions in
Piedmont, Italy, and abroad. He collaborates with other artists
to produce ceramic works and in 2001 received the Piedmont
"eccellenza artigiana" (excellence in craftsmanship) award. He has
been chairman of the Terra e Fuoco cultural association since 2005.*

Work No. 103
ORNELLA ROSSI
Varzi (Pavia) 1957

*Italian painter. Ornella Rossi attended courses on painting and
drawing at the Fondazione Roncalli in Vigevano and furthered her
studies at the workshop of Giuseppe Turconi, Davide Avogadro and
Nello Villani. In 2007 many of her works were poetically sung by artist
and philosopher Jean Servato.*

Work No. 60
TERESA LUCIA ROSSI
Casale Monferrato (Alessandria) 1935

*Italian architect, graduated from Turin Polytechnic to become a self-
employed architect while also collaborating for many years with the
Polytechnic. She specialises in the restoration of architectural heritage.
Rossi coordinated the restoration of the village of Cellamonte Monf.to.*

Work No. 104
GIOVANNI SABATINI
Vittorito (L'Aquila) 1947

*Italian artist. Giovanni Sabatini attended the Accademia di Belle Arti
di Brera. He has held numerous solo and group exhibitions in Italy and
abroad since 1972. He uses a mixture of techniques: watercolours,
acrylics, photography, videos, computer. He is a teacher at the
Accademia di Belle Arti di Brera.*

Works Nos. 105-110
JOSEPH SASSON
Tripoli (Libya) 1936

*Libyan artist of Jewish origin. Joseph Sasson's first work as an artist
consisted of transcribing religious Hebrew texts for the Synagogues in
Tripoli. He then started to produce Jewish ritual objects made of wood,
later turning to aluminium.*

Opera n. 59
DANIEL SCHREIBER
Milano 1974

Designer italiano. Dopo aver frequentato le scuole ebraiche
si laurea nel 1998 in disegno industriale al Politecnico di Milano.
Dal 1997 al 2000 collabora con lo Studio Orlandi di Architettura
e Design, dal 1999 al 2002 lavora nel settore del car-design
realizzando progetti per note aziende del settore. Dal 2002 insegna
Cad tridimensionale al corso di laurea in disegno industriale
del Politecnico di Milano. Progetta inoltre componenti d'arredo
e oggettistica ebraica.

Opera n. 84
MARCO SILOMBRIA
Savona 1936

Artista italiano. Ha studiato a Genova con Emilio Scanavino
e negli anni settanta si è trasferito a Torino dove ha iniziato a operare
nel campo della pubblicità. Ha esposto nelle principali città italiane
e ad Amsterdam e Berlino. Attraverso tecniche differenti, pittura,
scultura, disegno, fotografia e ceramica, si è sempre rapportato
in senso critico con l'arte, nell'eccezione più ampia del termine,
spesso secondo una vena provocatoriamente pop.

Opera n. 57
BRUNO SIMON
Vienna 1913 - Brunner (Svizzera) 1999

Scultore austriaco di origini ebraiche. Dopo aver conosciuto
la tragedia delle persecuzioni naziste, fuggì in Inghilterra; la famiglia
perì in campo di concentramento. In Inghilterra non ebbe vita facile
a motivo della sua origine tedesca, e dovette in seguito sopportare
l'internamento in un campo di prigionia in Australia. Approdò poi
a Bergamo, dove trascorse il resto della sua vita. Tecnicamente si
formò in Italia, alla scuola dei marmisti di Carrara, con forti influenze
esercitate da scultori come l'austriaco Wotruba.

Opera n. 107
GIOVANNI STEFANUTTO
Alessandria 1943

Grafico e artista italiano. Completa gli studi di grafica a Torino.
È impegnato da tempo in una ricerca sul segno che viene declinato
in opere pittoriche e scultoree.

Opera n. 74
DANIÈLE SULEWIC
Parigi 1950

Costumista e scenografa francese. Ha studiato all'Accademia
di Belle Arti di Gerusalemme e nel 1973 si è trasferita in Italia.
Ha realizzato numerosi interventi in ambito teatrale e con Emanuele
Luzzati ha dato vita ai *Parokheth* (tenda per l'Armadio sacro) per
le sinagoghe di Gerusalemme, di Casale Monferrato e di Genova.
Ha coordinato progetti di attività creativa in ambito sociale e dal 1995
collabora con il Teatro di Roma come costumista e scenografa.
Numerose sono le sue mostre personali in Italia e all'estero.

Work No. 59
DANIEL SCHREIBER
Milan 1974

*Italian designer. Daniel Schreiber attended Jewish school and Milan
Polytechnic, obtaining a degree in industrial design in 1998.
He worked for architecture and design firm Studio Orlandi from 1997
until 2000. He worked in the car design sector from 1999 until 2002,
designing projects for major car manufacturers.
He has been a lecturer at Milan Polytechnic since 2002, teaching 3D
CAD for the industrial design degree course. He also designs items of
furniture and Judaica.*

Work No. 84
MARCO SILOMBRIA
Savona 1936

*Italian artist. Marco Silombria studied in Genoa under Emilio
Scanavino. He moved to Turin in the 1970s and began to work in
advertising. He has had shows in the most important Italian cities,
Amsterdam and Berlin. He uses a variety of techniques, including
painting, sculpture, drawing, photography and ceramics, attesting a
critical approach to art, in its broadest sense, often bearing a
provocative hint of the pop era.*

Work No. 57
BRUNO SIMON
Vienna 1913 - Brunner (Switzerland) 1999

*Austrian sculptor of Jewish origin. After suffering the consequences of
Nazi persecution, Bruno Simon fled to England, while the rest of his
family died in concentration camps. Life was not easy in England, due
to his German origins, and he was interned in a prison camp in
Australia. He eventually settled in Bergamo, Italy.
He received his technical training in Italy, at the marble sculpting
school in Carrara, and was strongly influenced by sculptors such as the
Austrian Wotruba.*

Work No. 107
GIOVANNI STEFANUTTO
Alessandria 1943

*Italian graphic designer and artist. Giovanni Stefanutto completed his
graphic design studies in Turin. For many years he has been
researching the use of signs in paintings and sculptures.*

Work No. 74
DANIÈLE SULEWIC
Paris 1950

*French costume and stage designer. Danièle Sulewic studied at the
Academy of Fine Arts in Jerusalem and moved to Italy in 1973.
Her curriculum boasts numerous theatrical projects and a
collaboration with Emanuele Luzzati to create the Parokheth (curtain
for the Holy Ark) for the Synagogues in Jerusalem, Casale Monferrato
and Genoa. She has coordinated creative social projects and has been a
costume and stage designer at the Theatre in Rome since 1995.
Sulewic has held numerous solo exhibitions in Italy and abroad.*

Opera n. 47
GIOVANNI TAMBURELLI
Torino 1952

Artista e poeta italiano. Ha compiuto studi grafici all'Istituto Paravia di Torino. Decisiva per gli sviluppi del suo percorso l'amicizia con Maurizio Corgnati. La sua scultura, che si serve del ferro come di un materiale duttile ed estremamente significante, è sempre stata accompagnata dalla poesia. Con coerenza a questa doppia vocazione, la bibliografia critica di Tamburelli si è sviluppata con una forte connotazione interdisciplinare: tra gli autori dei testi nei cataloghi delle sue mostre si ricordano gli scrittori Nico Orengo, Sebastiano Vassalli e Frédérick Tristan (premio Goncourt), tra i critici che hanno scritto di lui si segnalano in ambito letterario Giorgio Calcagno, Fabrizio Dentice, Giampaolo Dossena e Lodovico Terzi, e in quello artistico Martina Corgnati, Marisa Vescovo e Guido Curto. Ha pubblicato vari libri d'artista con Weiner Vaccari, Victor Kastelic, Gareth Fisher e Aldo Mondino.

Opera n. 39
ADAM TIHANY
Transilvania 1948

Architetto e designer rumeno. Cresciuto in Israele, si trasferisce in Italia, dove frequenta al Politecnico di Milano la Scuola di Architettura e di Pianificazione Territoriale. Nel 1978 apre uno studio a New York. Lavora con Ettore Sottsass su due documentari di design e di architettura. Oggi la Tihany Design è una boutique di design aziendale che si è distinta per l'approccio d'avanguardia nella progettazione di ospitalità. Tihany ha concepito interni per molti hotel e ristoranti di lusso di celebri chef. Il suo primo grande progetto, Hangar, club privato di aviazione a Scottsdale in Arizona, è del 2003. La monografia *Tihany Design* è stata pubblicata da Monacelli Press nel 1999.

Opera n. 13
ROLAND TOPOR
Parigi 1938-1997

Pittore, scultore, fotografo, scenografo, scrittore francese di origine polacca. Figlio del pittore e scultore Abraham Topor, trascorre i suoi primi anni nella capitale francese per poi trasferirsi in Savoia dove la sua famiglia si nasconde per sfuggire all'occupazione nazista. Studia all'École Nationale Supérieure des Beaux-Arts di Parigi e dal 1961 al 1965, collabora al mensile satirico "Hara-Kiri", dove si fa notare per lo humor nero e il cinismo dei suoi lavori. È tra i fondatori, nel 1962, del celebre movimento surrealista Panico. Nella sua opera, frutto di una vita indipendente da committenze continuative e da conformismi di ogni tipo, sempre a contatto umano e artistico con personaggi del mondo dell'arte e della cultura internazionale, emergono richiami ad alcuni movimenti artistici del Novecento: Dada, Cobra, Fluxus, pittura gestuale, body art, pop prt, nonché la conoscenza della grande illustrazione didascalica dell'Ottocento, il tutto avvolto da umorismo nero e da amore per la libertà. Numerosi musei internazionali hanno ospitato mostre a lui dedicate: lo Stedelijk Museum di Amsterdam nel 1975, il Centre Pompidou di Parigi nel 1976, Palazzo Reale di Milano nel 1986, l'Institut Français di Napoli nel 1995, ultima mostra vivente l'artista.

Opera n. 49
ROSARIO TORNATORE
Acireale (Catania) 1938

Pittore italiano. Studia all'Istituto d'Arte di Catania, diplomandosi all'Accademia di Belle Arti di Roma. La prima mostra alla Galleria Il Cerchio di Roma è presentata da Virgilio Guzzi. Dal 1965 al 1969 vive a Parigi, dove frequenta l'École Nationale Supérieure des Beaux-Arts e l'Atelier sperimentale di Friedlander e Goetz. Insegna quindi discipline pittoriche al Liceo Artistico di Catania. Negli anni ottanta lavora come scenografo per la RAI, facendo in seguito ritorno a Parigi, dove esporrà i suoi dipinti recenti. Nel 2001 si stabilisce in Monferrato. Nel 2003 pubblica il volume *Cosmocromie*.

Work No. 47
GIOVANNI TAMBURELLI
Turin 1952

Italian artist and poet. Giovanni Tamburelli studied graphic design at the Istituto Paravia in Turin. His work has been strongly influenced by his friendship with Maurizio Corgnati. His sculptures are made of iron, used as a malleable and extremely significant material, and are always accompanied by poetry. In keeping with the twofold nature of his work, the critical bibliographies on his work are also extremely interdisciplinary: his exhibition catalogues feature articles by writers such as Nico Orengo, Sebastiano Vassalli and Frédérick Tristan (Goncourt Prize). He has been the subject of articles by literary critics such as Giorgio Calcagno, Fabrizio Dentice, Giampaolo Dossena and Lodovico Terzi, and art critics including Martina Corgnati, Marisa Vescovo and Guido Curto. Tamburelli has published a number of artists' books with Weiner Vaccari, Victor Kastelic, Gareth Fisher and Aldo Mondino.

Work No. 39
ADAM TIHANY
Transylvania 1948

*Romanian architect and designer. Having grown up in Israel, Adam Tihany moved to Italy and attended the School of Architecture and Territorial Planning at Milan Polytechnic.
In 1978 he opened a studio in New York. He worked with Ettore Sottsass on two design and architecture documentaries. Today, Tihany Design is a boutique design firm distinguished for its cutting-edge approach to hospitality design. Tihany has conceived interiors for many luxury restaurants of celebrated chefs and boutique hotels. Hangar was his first major commission, in 2003, for a private flying club in Scottsdale, Arizona. His monograph* Tihany Design *was published by Monacelli Press in 1999.*

Work No. 13
ROLAND TOPOR
Paris 1938-1997

French painter, sculptor, photographer, stage designer and writer of Polish origin. Son of painter and sculptor Abraham Topor, Roland spent his childhood in Paris before fleeing to the Savoy region to escape Nazi occupation. He studied at the École Nationale Supérieure des Beaux-Arts in Paris. He contributed to the satirical monthly magazine Hara-Kiri from 1961 to 1965, where his black humour and cynicism were much appreciated. In 1962 he was a founding member of the famous surrealist Panic movement. Topor was not conditioned by permanent commissions or the need to conform to any particular style and was always in contact with people on the international art and culture scene. This is reflected in aspects of his work influenced by various twentieth-century art movements: Dada, Cobra, Fluxus, action painting, body art, Pop Art, as well as his knowledge of the great nineteenth-century didactic illustrations: all wrapped in black humour and love of freedom. Numerous international museums have hosted his exhibitions: the Stedelijk Museum in Amsterdam in 1975, the Centre Pompidou in Paris in 1976, Palazzo Reale in Milan in 1986, the Institut Français in Naples in 1995, the last exhibition of his lifetime.

Work No. 49
ROSARIO TORNATORE
Acireale (Catania) 1938

Italian painter. Rosario Tornatore studied at the Istituto d'Arte in Catania and graduated from the Accademia di Belle Arti in Rome. The Galleria Il Cerchio in Rome hosted his first exhibition, presented by Virgilio Guzzi. He lived in Paris from 1965 to 1969 and attended the École Nationale Supérieure des Beaux-Arts and the experimental atelier of Friedlander and Goetz. He taught pictorial studies at art secondary school in Catania. In the 1980s he worked as a set designer for the RAI before returning to Paris to show his latest paintings. He settled in the Monferrato district of Northern Italy in 2001. In 2003 he published Cosmocromie.

Opera n. 58
SILVIO VIGLIATURO
Acri (Cosenza) 1949

Artista italiano del vetro. A Chieri dal 1962 apprende da Luigi
Bertagna, allievo di Giacomo Grosso, le basi del disegno.
Nel 1989 espone alla Galleria San Vidal di Venezia, dopo aver dato
vita a una vetreria artistica in cui realizza le vetrate per il Duomo
di Chieri. Nel 1994 la Galleria MontMartre di Parma presenta
le sue sculture in vetrofusione nella mostra "Giocoluci in vetro".
Negli anni recenti matura una complessa tecnica di soffiatura
all'interno della fusione.
Dalla fine degli anni novanta le sculture in vetroresina diventano
monumentali (*Dualismo infinito*, 1999; *Il folle*, 1999).

Opera n. 20
JOHANAN VITTA
Gerusalemme 1941

Pittore israeliano. Dall'età di dodici anni vive in Italia, a Firenze.
Nel 1982 partecipa all'Art Expo di New York e nello stesso anno
alla Fiera d'Arte di Basilea. I suoi lavori sono esposti in prestigiose
gallerie d'arte e musei.

Opera n. 14
SILVIO WOLF
Milano 1952

Artista italiano. Ha studiato filosofia e psicologia in Italia e fotografia e
arti visive a Londra, dove ha conseguito lo Higher Diploma in
Advanced Photography presso il London College of Printing.
Dal 1977 al 1987 utilizza il mezzo fotografico esplorando gli statuti,
il linguaggio e la bidimensionalità dell'immagine. Il suo lavoro
si orienta quindi in direzioni diverse da quelle tradizionali, tese
a privilegiare il valore testimoniale e narrativo dell'immagine
fotografica. In quegli anni realizza polittici e opere di grande formato.
Tra le mostre di quel periodo sono da segnalare "Aktuell '83" a
Monaco di Baviera e "Documenta VIII" nel 1987 a Kassel. Alla fine
degli anni ottanta introduce l'uso di nuovi linguaggi: il video, le
proiezioni fisse, la luce e il suono, individualmente o associati tra loro.
Realizza installazioni temporanee e permanenti in gallerie, musei e
spazi pubblici in Belgio, Canada, Corea, Francia, Germania, Gran
Bretagna, Italia, Lussemburgo, Spagna, Svizzera e Stati Uniti. È
docente di fotografia all'Istituto Europeo di Design di Milano e Visiting
Professor alla School of Visual Arts di New York.

Opera n. 71
WILLIAM XERRA
Firenze 1937

Artista italiano. Negli anni sessanta esordisce con una serie di lavori
informali, opera poi tra il fumetto e l'arte meccanica lambendo
i territori della pop art. Nel 1967 approda alla poesia visiva grazie
alla frequentazione di poeti e intellettuali del Gruppo '63. Da allora
tutta la sua opera si muove tra il segno poetico e il segno pittorico,
anche quando negli anni settanta, tra happening, performance
e video, concepisce una serie di opere strettamente concettuali.
Motivo conduttore della sua opera sarà poi il frammento, in grado
di significare i percorsi e le memorie dell'esperienza quotidiana.
Il telaio interinale adottato dal 1975 evidenzia i limiti provvisori entro
i quali è realizzata l'opera e il *Vive* del 1972 accompagnerà, a fasi
alterne, tutta l'opera dell'artista. Nel 1978 partecipa, con una
installazione e un video, alla mostra "Venerezia" allestita a Palazzo
Grassi, nel 1988 è invitato a Seul dal Museo Internazionale d'Arte
per la manifestazione "Olympiad of art"; è presente alla XLV Biennale
di Venezia e alla Biennale di Chicago, al Museum of Architecture
and Design. Alla fine degli anni novanta nascono i lavori *Io mento*,
che ha presentato alla Fondazione Mudima a Milano attraverso
un manifesto letto in video da Pierre Restany. Il manifesto è stato
poi discusso nel settembre 2002 a Piacenza in un importante
convegno nazionale.

Work No. 58
SILVIO VIGLIATURO
Acri (Cosenza) 1949

*Italian glass artist. Silvio Vigliaturo moved to Chieri in 1962 and
studied the rudiments of design with Luigi Bertagna, a pupil
of Giacomo Grosso. In 1989 he had an exhibition at the Galleria
San Vidal in Venice, after setting up his artistic glassworks and
producing the stained glass for the cathedral in Chieri. In 1994
the Galleria MontMartre in Parma hosted his glass fusion sculptures
at the exhibition* Giocoluci in vetro. *Vigliaturo later developed
a complex glass blowing and fusion technique. Towards the end
of the 1990s he developed an interest for monumental fibreglass
sculptures (*Dualismo infinito, *1999;* Il folle, *1999).*

Work No. 20
JOHANAN VITTA
Jerusalem 1941

*Israeli painter. Johanan Vitta has lived in Florence, Italy, since he was
twelve. In 1982 he took part in the Art Expo in New York and in the
Basel Art Fair. His works are on show in prestigious art galleries and
museums around the world.*

Work No. 14
SILVIO WOLF
Milan 1952

*Italian artist. Silvio Wolf studied philosophy and psychology in Italy
and photography and visual arts in London, where he obtained a
higher diploma in advanced photography from the London College of
Printing. From 1977 until 1987 he used photography to explore the
laws, language and two-dimensional nature of the image. His work
moved in directions different from those of tradition, which favoured the
documentary and narrative value of the photographic image.
In this period he made polyptychs and large-format works that have
been shown at exhibitions in Italy and abroad, including* Aktuell '83 *in
Munich and* Documenta VIII, *in 1987, in Kassel. In the late 1980s he
gradually started to introduce new languages: video, still projections,
light and sound, individually or in combinations. He has mounted
temporary and permanent installations in galleries, museums and
public places in Belgium, Canada, Korea, France, Germany, the UK,
Italy, Luxembourg, Spain, Switzerland and the USA. He teaches
photography at the Istituto Europeo di Design in Milan and is Visiting
Professor at the School of Visual Arts in New York.*

Work No. 71
WILLIAM XERRA
Florence 1937

*Italian artist. In the 1960s William Xerra produced a series of informal
works before turning to comic strips, mechanical art and investigating
Pop Art. In 1967 he approached visual poetry as he started to frequent
poets and intellectuals who were members of the Gruppo '63 movement.
Since then his works have been poised between poetry and painting,
even in the 1970s when, busy with happenings, performances
and videos, he conceived a number of strictly conceptual works.
The recurrent theme in Xerra's work is the fragment, reflecting the paths
and memories of everyday experiences.
The provisional frame adopted since 1975 represents the limits within
which the works are created and the "Vive" series he produced in 1972
alternately accompanied all of his works. In 1978 Xerra took part
in the* Venerezia *exhibition at Palazzo Grassi, with an installation and
a video, in 1988 he was invited to Seoul by the International Museum
of Art for the* Olympiad of art; *he took part in the 45th Venice Biennale
and the Chicago Biennale, at the Museum of Architecture and Design.
At the end of the 1990s he produced the* Io mento *works, which
he presented at the Fondazione Mudima in Milan with a manifesto
and a video voiceover by Pierre Restany. The manifesto was discussed
in September 2002 in Piacenza during a major national congress.*

GLOSSARIO

GLOSSARY

'ALIYAH Letteralmente "salita". Con questo termine si intende l'immigrazione ebraica in Israele.

'AMIDAH Insieme di benedizioni istituito in ricordo dei sacrifici offerti al *Bet Hamikdash* di Gerusalemme. Si chiama *'Amidah* (da *'omèd* = stare in piedi), perché si recita appunto stando in piedi e rivolti verso Gerusalemme; è composta da diciotto benedizioni. Dopo l'esilio babilonese, ne è stata aggiunta una diciannovesima. Le prime tre e le ultime tre sono di lode al Signore, le altre di ringraziamento e richiesta. Di Sabato e nelle feste, le tredici benedizioni centrali vengono sostituite da un'unica benedizione, celebrante il giorno festivo.

ARÓN HA-KODESH "Armadio sacro". È l'armadio posto sulla parete orientale della Sinagoga, volta verso Gerusalemme. Vi sono custoditi i rotoli della *Torah*, rivestiti dei loro ornamenti.

ASHKENAZITI Ebrei provenienti, direttamente o indirettamente, dalla Germania o dall'est europeo, caratterizzati da un'autonoma tradizione culturale, spesso dall'uso della lingua *yiddish* e da una particolare pronuncia dell'ebraico.

BAR-MITZWAH "Figlio del precetto". L'osservanza delle leggi ebraiche diventa obbligatoria per il maschio che ha raggiunto la maggiore età a tredici anni. Da questo momento in poi egli conterà nel *minian*, il quorum degli uomini adulti, necessario per la recitazione pubblica delle preghiere. Con lo stesso nome si designa la cerimonia solenne con la quale il giovane viene chiamato per la prima volta alla lettura della *Torah*. Il suo equivalente femminile è *bat-mitzwah*. Questa cerimonia si celebra a dodici anni e ha acquistato una certa solennità solo nelle ultime generazioni.

BERACKHAH "Benedizione". Accompagna e sottolinea molte azioni della vita quotidiana. Esistono benedizioni specifiche per i diversi cibi che si mangiano, per le azioni che si compiono o da pronunciarsi in circostanze particolari.

BESSAMIM "Profumi". Spezie profumate adoperate durante la cerimonia che distingue il Sabato o i giorni festivi dai giorni feriali (*Havdalah*).

BET HAKENESET "Sinagoga". Luogo di riunione, studio e preghiera. Vi si conservano i rotoli manoscritti della *Torah*, nell'*Arón ha-Kodesh*.

BET HAMIKDASH Il Santuario che si trovava a Gerusalemme, centro spirituale del popolo ebraico. Fatto erigere dal re Salomone (circa nel 1000 a.E.V.) venne distrutto una prima volta dai Babilonesi nel 586 a.E.V., poi ricostruito e quindi nuovamente distrutto dai Romani nel 70 E.V.

CHALLAH È il pane del Sabato e delle feste, viene coperto con una tovaglietta prima di recitare la benedizione. Due pani, a forma di treccia, sono presenti a ogni pasto festivo per ricordare la doppia porzione di manna che cadeva il venerdì e alla vigilia delle feste.

CHANUKKAH Festa di *Chanukkah* (festa delle Luci), in memoria della riconsacrazione dell'altare profanato del Tempio di Gerusalemme dopo la vittoria dei Maccabei su Antioco IV di Siria nel 164 a.E.V. Nel Tempio fu trovata una sola ampolla di olio puro recante il sigillo del Sommo Sacerdote; secondo la tradizione, per la preparazione di olio puro (è considerato olio puro quello raccolto dalle prime gocce della spremitura delle olive) occorrevano otto giorni. In quella occasione l'olio del Tempio, sufficiente per un solo giorno, miracolosamente durò tutti gli otto giorni necessari per ottenere il nuovo olio purificato. Nell'anno solare la festa si celebra tra la fine di novembre e la fine di dicembre, dura otto giorni durante i quali si accendono progressivamente le otto luci della lampada (*chanukkiah*). Uno dei precetti relativi alla festa è quello di "rendere pubblico il miracolo", per questo si usa accendere i lumi al crepuscolo, collocandoli su una finestra che si affaccia sulla strada. Negli ultimi anni nelle grandi piazze si issa una grande lampada i cui lumi vengono accesi pubblicamente.

'ALIYAH *Literally "going up". This term is used to indicate the immigration of Jews to Israel.*

'AMIDAH *The set of blessings, established in remembrance of the sacrifices which were offered in the* Bet Hamikdash *in Jerusalem. The prayer is called* 'Amidah *(from* 'omèd *= to stand) because it is recited while standing and facing Jerusalem. It originally consisted of eighteen blessings, but a nineteenth was added after the Babylonian exile. The first three and last three are blessings praising the Lord, the others are requests or expressions of gratitude. On Saturdays and holidays, the thirteen central blessings are replaced with a single blessing celebrating the festivity.*

ARON HAKODESH *"Holy Ark". The Ark is generally placed on the eastern side of the Synagogue, that is on the side towards Jerusalem. It contains the* Torah *scrolls, with their ornamental dressings.*

ASHKENAZIM *Jews directly or indirectly of German or East European descent. They have developed their own cultural tradition, often speak* Yiddish *and have their own pronunciation of Hebrew.*

BAR-MITZVAH *"Son of the commandment". Upon reaching the age of thirteen, boys are required to keep the laws that all Jewish men must fulfil. From then on they are counted in the* minyan, *the quorum of adult men necessary for public prayer. This term is also used to indicate the ritual celebration in which for the first time the boy is called up for the public reading of the* Torah. *The female equivalent is* bat-mitzvah. *This ceremony is held when a girl turns twelve years of age and has only become a ritual celebration in recent generations.*

BERAKHAH *"Blessing". It accompanies and underlines many daily actions. There are specific blessings for different types of food, for the various activities that are performed or that are to be said on certain occasions.*

BESAMIM *"Fragrances". Fragrant spices used during the ritual separating Shabbat or other holidays from the rest of the week (Havdalah).*

BET HAKENESET *"Synagogue". House of gathering, prayer and study. The handwritten Torah scrolls are kept in the Synagogue, in the Aron HaKodesh.*

BET HAMIKDASH *The Temple in Jerusalem that was the centre of ancient Jewish worship. It was built by King Salomon (c. 1000 BCE), destroyed a first time by the Babylonians in 586 BCE, then rebuilt and destroyed once again in 70 CE by the Romans.*

CHALLAH *The bread eaten on the Shabbat and holidays; it is covered with a cloth before the blessing is recited. Two braided loaves are served at each festive meal, to commemorate the double portion of manna that fell on Friday or the day before the holiday.*

CHAROSET *This is the name of a thick, sweet preserve served at the Passover Seder to symbolise the mortar the Jewish slaves used to build the Pharaohs' monuments in Egypt.*

DIASPORA *Any place in the world outside of Israel in which Jewish people scattered after the destruction of the Temple, when they were forced into exile.*

GEMARA *Literally "completion" of the text of the Mishnah. The term is often used as a synonym for Talmud.*

HAGGADAH *"Telling". The anthology of biblical and post-biblical passages, poetry, psalms and prayer rituals recited at Seder, the Passover ceremony that takes place in a joyous family atmosphere and centres around the traditional evening meal. The text includes comments, translations and artistic illustrations.*

HALAKHAH *The word is derived from the Hebrew root that means "to go" or "to walk". It is the collective body of Jewish law, based on traditional Jewish texts.*

HALLEL *A collection of psalms, composed by King David, which are recited on Jewish holidays to express special praise to G-d.*

CHANUKKIAH Lampada con otto bracci più lo *shammash*, il servitore, che non deve essere uguale agli altri ma in posizione più alta o più bassa e comunque fuori allineamento.

CHAROSET È il nome di una sorta di marmellata dolce e compatta che appartiene alla simbologia del *Seder*, la cena pasquale, in quanto rappresenta la malta adoperata dagli ebrei, schiavi in Egitto, per costruire gli edifici dei Faraoni.

CHASSIDIM Sono chiamati così gli aderenti al movimento detto, appunto, chassidismo, un movimento di massa, sorto nell'Europa orientale nella metà del XVIII secolo, che tradusse in forme popolari la mistica della *Kabbalah*. Ha prodotto una ricchissima letteratura che però in Italia non è ancora completamente conosciuta ed apprezzata.

DIASPORA Tutte le zone del mondo fuori da Israele, in cui si dispersero gli Ebrei dopo la distruzione del Tempio e l'esilio forzato a cui furono costretti.

GHEMARAH Letteralmente significa "completamento" del testo della *Mishnah*. Spesso viene usata come sinonimo di *Talmud*.

HAGGADAH "Narrazione". Si chiama così il testo antologico, composto di brani di letteratura biblica e post-biblica, composizioni poetiche, salmi e rituali di preghiera, che si legge durante il *Seder*, la cerimonia pasquale che si svolge in una gioiosa atmosfera familiare e che è centrata sulla cena tradizionale. Il testo viene stampato con commenti, traduzioni e illustrazioni artistiche.

HALACHAH Deriva dalla radice ebraica che significa "procedere", "andare", ed è la normativa ebraica. Si deduce dai testi della tradizione ebraica.

HALLEL Gruppo di salmi, composti dal re David, usati nella preghiera ebraica in occasione di feste come lode speciale a D-o.

HAVDALAH "Distinzione, separazione". Si chiama così la breve cerimonia con la quale, allo spuntare delle stelle, si indica il termine del Sabato e delle festività.

ISRAELE Altro nome del patriarca Giacobbe, da cui derivano il nome del popolo ebraico e, più recentemente, dello Stato ebraico, nonché il termine "israelita" per ebreo.

KABBALAH "Tradizione ricevuta". Designa un insieme di dottrine mistiche e teosofiche, basate su audaci interpretazioni di alcuni capitoli della Bibbia, che sarebbero state tramandate dai tempi più antichi, e hanno avuto particolare sviluppo in epoca medievale, a partire dalla Francia meridionale e dalla Spagna. L'approccio alla filosofia mistica della *Kabbalah* richiede un'adeguata preparazione ed è quindi appannaggio di pochi studiosi.

KADDISH È un'esaltazione di D-o e un'implorazione per la redenzione del popolo ebraico. Si presenta in forme varie: viene recitato dall'officiante in Sinagoga in momenti prestabiliti della preghiera, ma anche da persone in lutto o da coloro che celebrano un anniversario funebre. La recitazione richiede la presenza minima di dieci uomini adulti (*minian*).

KASHER "Idoneo". Il termine si riferisce a tutto ciò che corrisponde alle norme di vita ebraica come stabilite dalla tradizione. In particolare si riferisce alla preparazione degli alimenti e delle bevande per i quali vigono norme molto rigorose. È nota anche la pronuncia ashkenazita, *kosher*.

KETUBAH Contratto matrimoniale scritto in lingua aramaica con caratteri ebraici che viene consegnato dallo sposo alla sposa il giorno del matrimonio e in seguito custodito dalla famiglia della moglie. La *ketubah*, spesso riccamente decorata, stabilisce la responsabilità del marito e garantisce alla moglie il mantenimento grazie ai beni del marito in caso di morte di quest'ultimo, o un compenso pecuniario in caso di divorzio.

KIBBUTZ Villaggio rurale a conduzione collettivistica. I primi *kibbutzim* (pl. di *kibbutz*) furono fondati in Israele nel 1909.

HANUKKAH *The Festival of Lights, which commemorates the rededication of the altar in the Temple in Jerusalem after the victory of the Maccabees over Antiochus IV of Syria, in 164 BCE. In the Temple there was only one small bottle of pure oil bearing the seal of the High Priest; according to tradition, it took eight days to prepare the pure oil (obtained from the first drops that emerged from the pressed olives). There was only enough oil for the lamp to burn for one day; yet miraculously it burned for the eight days needed to prepare the new purified oil. The festival is celebrated between the end of November and the end of December; it lasts eight days during which the eight lights of the ritual lamp (hanukkiah) are lit, one more each day. One of the main requirements of the festival is to "publicise the miracle", and for this reason the lights are kindled at nightfall and placed in a window overlooking the street. In recent years people have started to organise public lightings of large hanukkiot, which are set up in town squares.*

HANUKKIAH *The candelabrum with eight branches plus the shamash, the servant light, which must never be the same as the others, but always placed higher or lower, or in an otherwise misaligned position.*

HASIDIM *Jews who follow Hasidism, a religious movement founded in Eastern Europe in the mid eighteenth century, which spread the mystical ideas of the Kabbalah to the masses. Although Hasidism produced a considerable body of literature, this is not yet recognised and appreciated to the full in Italy.*

HAVDALAH *"Distinction, separation". This is the name of the brief ceremony, held at nightfall, that marks the end of the Shabbat and other holidays.*

ISRAEL *Another name for Jacob, the Patriarch, from which the name of the Jewish people and, more recently, of the State of Israel derive, as does the term "Israelite", meaning Jew.*

KABBALAH *"Tradition received". This name refers to a set of mystical and theosophical teachings, based on audacious interpretations of some chapters in the Bible, that have been passed down through history. Kabbalah flourished in the Middle Ages, especially in Southern France and Spain. An understanding of the mystical philosophy of the Kabbalah requires a certain amount of training and is thus a privilege that few scholars enjoy.*

KADDISH *A prayer offering praise to G-d and pleading for the deliverance of the Jewish people. There are several forms of Kaddish: it is recited by the leader in the Synagogue at fixed times during the prayer service, but also by mourners or on the anniversary of someone's death. At least ten adult men (minyan) are required to recite this prayer.*

KASHER *"Suitable". This term refers to all that which conforms to the traditional laws governing the Jewish way of life. In particular it refers to the strict set of rules regarding the preparation of food and beverages. The Ashkenazi pronunciation, kosher, is also widely used.*

KETUBAH *Marriage contract written in Aramaic using Hebrew letters given by the groom to the bride on their wedding day, which is then given to the wife's family for safekeeping. The ketubah, which is often richly decorated, outlines the husband's obligations and guarantees support for the wife in case of her husband's death, or payment in the event of divorce.*

KIBBUTZ *A collectively-managed village. The first kibbutzim (plural of kibbutz) were founded in Israel in 1909.*

KIDDUSH *Blessing recited over a glass of wine at family meals to sanctify the Shabbat and holidays. It is usually recited before the meal, or at the Synagogue, towards the end of evening and morning services.*

KIPPAH *Small round skullcap traditionally worn by Jews as a sign of respect in the presence of G-d. Jews always pray with their heads covered for this reason.*

KIDDUSH Rito di consacrazione del Sabato e della festa, che si recita su un calice di vino in ambito familiare, generalmente prima dell'inizio dei pasti, oppure in Sinagoga, verso il termine delle funzioni serali e mattutine.

KIPPAH Piccolo copricapo rotondo che gli ebrei usano portare per non presentarsi mai a testa nuda al cospetto del Signore, in segno di rispetto. Per questo motivo gli ebrei pregano solo a capo coperto.

KIPPUR "Espiazione". Giornata solenne di digiuno e di preghiera, al termine dei dieci giorni penitenziali autunnali, iniziati con la ricorrenza di Capodanno, per l'espiazione dei peccati individuali e collettivi. È vietato mangiare o bere qualsiasi cibo o bevanda dalla sera al tramonto fino allo spuntare delle stelle del giorno successivo.

MAGHEN DAVID "Scudo di Davide". Si chiama così la stella a sei punte che è diventata il simbolo dell'ebraismo e dello Stato d'Israele.

MATZAH "Azzima". Pane schiacciato non lievitato e senza sale che viene consumato dagli ebrei durante i giorni di *Pesach*, quando sono vietati tutti i cibi lievitati.

MEIL "Manto". Il manto con il quale si avvolge il rotolo della *Torah*. Nella tradizione sefardita, e soprattutto nordafricana, si usa al suo posto un grande astuccio in legno, detto *tik*.

MENORAH Lampada a sette bracci di antichissima tradizione. Già descritta nella *Torah*, appartiene agli arredi del Santuario come si vede dal rilievo dell'Arco di Tito in Roma. Oggi è un puro oggetto simbolico che fa parte dello stemma dello Stato d'Israele.

MEZUZAH Astuccio contenente una pergamena, preparata da uno scriba, sulla quale sono scritti due paragrafi dello *Shemah* (Deuteronomio 6, 4-9; 11, 13-21), una delle principali preghiere dell'ebraismo.
La *mezuzah* viene fissata sullo stipite destro della porta di entrata della casa, lievemente in diagonale, la parte superiore rivolta verso l'interno, per consacrare la casa e indicare che è sotto la protezione di D-o. La *mezuzah* è l'adempimento letterale del comandamento di scrivere le parole di D-o sugli "stipiti delle porte delle vostre case" (Deuteronomio 6, 9). Non è un portafortuna.

MIDRASH Letteratura rabbinica di tipo omiletico e esegetico.

MILAH, O BRIT MILAH "Circoncisione" o "Patto della Circoncisione". È obbligatorio per ogni ebreo circoncidere i propri figli maschi all'ottavo giorno dalla nascita. Si tratta di un adempimento di tale importanza che può essere eseguito persino di Sabato (giorno festivo soggetto a norme particolari, di cui numerose limitanti). Il circoncisore è chiamato *mohel*.

MISHNAH Opera in sei libri compilata per iscritto in Palestina nella metà del II secolo E.V. e che comprende le norme essenziali della tradizione orale per quanto riguarda il diritto civile, penale, matrimoniale, le regole del culto sinagogale e del Santuario e così via. È scritta quasi totalmente in ebraico.

MITZWAH Norma comandata. Le *mitzwot* (pl. di *mitzwah*) sono i 613 precetti che gli ebrei sono tenuti ad osservare.

OMER Antica misura di cereali. Il termine si riferisce alla quantità di orzo del prodotto novello che, falciato il 16 del mese di *Nissan* (che corrisponde al mese solare di aprile) e offerto al Santuario, permette di far uso del raccolto. Da questo momento si conteggiano sette settimane che conducono alla festa di *Shavuot*.

PARASHAH Brano settimanale di lettura della *Torah*.

PAROKHETH Tenda ornamentale generalmente realizzata in tessuto pregiato posta davanti all'*Arón ha-Kodesh*.

PESACH Pasqua ebraica. Una delle tre feste di pellegrinaggio che ricorre in primavera, in ricordo dell'uscita degli ebrei dall'Egitto e della liberazione dalla schiavitù. Per tale festa, che dura sette giorni (otto giorni per gli ebrei della diaspora) è prescritto di astenersi dal possesso e dal cibo di qualsiasi sostanza lievitata. Il pane comune viene sostituito dal pane azzimo.

KIPPUR *"Atonement". A holy day of fasting and prayer for the forgiveness of individual and collective sins. It falls in autumn and marks the end of the ten-day period of repentance that began at New Year. Jews are not allowed to eat or drink anything from sundown until the first stars appear in the sky the following day.*

MAGHEN DAVID *"Shield of David". This is the name of the six-pointed star that has become the symbol of Judaism and of the State of Israel.*

MATZOT *"Azzimah". Flat unleavened, salt-free bread eaten by Jews during the Passover holiday, when they are not allowed to eat leavened products.*

MEIL *"Mantle". The cover that is wrapped around the Torah. Sephardic Jews, especially in North Africa, traditionally use a large wooden case, called* tik, *instead.*

MENORAH *The traditional seven-branched candelabrum. Mentioned in the Torah, it was used in the ancient Temple in Jerusalem, as depicted in the relief on the Arch of Titus in Rome. Nowadays it is a purely symbolic object that is part of the emblem of the State of Israel.*

MEZUZAH *A case containing a parchment, prepared by a scribe, bearing two paragraphs from the Shemah (Deuteronomy 6, 4-9; 11, 13-21), one of the main Jewish prayers. The* mezuzah *is affixed on the right side of the doorway to the home. It is arranged slightly diagonally with the top leaning inwards, to bless the home and show that it is protected by G-d. The* mezuzah *is the literal fulfilment of the commandment to inscribe the words of G-d on the "doorposts of your house" (Deuteronomy 6, 9). It is not a good-luck charm.*

MIDRASH *Homiletic and exegetic texts in Rabbinical literature.*

MILAH, OR BRIT MILAH *"Circumcision" or "Covenant of Circumcision". According to Jewish law every male must be circumcised when he is eight days old. This ritual is considered so important it can even be performed on the* Shabbat *(a holiday subject to special rules, many of which are restrictive). The person who performs the circumcision is called the* mohel.

MISHNAH *A work consisting of six books compiled in writing in Palestine in the middle of the second century CE. It contains the basic laws of the oral tradition concerning various areas of Jewish life: civil law, criminal law, marriage relations, rules governing Synagogue rituals and the Temple, etc. It is written almost entirely in Hebrew.*

MITZVAH *Commandment. The* mitzvot *(plural of* mitzvah*) are the 613 commandments that Jews are required to observe.*

OMER *An ancient unit of measure for grain. The term refers to the measure of grain of the new barley harvest that was cut on the 16th of* Nissan *(which corresponds to the month of April) and offered to the Temple, after which the harvested grain could be used. From that time it is seven weeks until the festival of* Shavuot.

PARASHAH *Weekly Torah reading.*

PAROKHETH *The ornamental curtain, usually made of a rich material, placed in front of the* Aron HaKodesh.

PESACH *Jewish Passover. One of the three pilgrim festivals that falls in spring and commemorates the Exodus of the Jews from Egypt and their liberation from bondage. The festival lasts seven days (eight days for Diaspora Jews) during which time Jews must not keep or eat any leavened products. Unleavened bread (*matzah*) is eaten instead of normal bread.*

PURIM *"Lots". The festival of* Purim *commemorates the time when the Jewish people living in Persia were saved from persecution thanks to the intervention of Queen Esther. It is a joyous occasion, on which Jews exchange gifts, give charity to the poor and dress up in costumes. The Book of Esther is read at the Synagogue.*

PURIM "Sorti". È il nome di una festa stabilita in ricordo di una minacciata persecuzione degli Ebrei sotto l'impero persiano, poi sventata grazie al provvido intervento della regina Ester. È una ricorrenza gioiosa nella quale è prescritto di scambiarsi regali, di fare offerte ai poveri, e si usa mascherarsi. In Sinagoga viene letto il rotolo di Ester.

ROSH HA-SHANAH "Capodanno ebraico". Si festeggia in autunno, all'inizio del mese di *Tishrì*.

SEDER "Ordine". Si riferisce all'ordine dei riti e della cena per la sera pasquale, nella quale si succedono narrazioni e commenti sull'uscita degli ebrei dall'Egitto e sui valori della liberazione, corredati con benedizioni, preghiere, salmi e canti speciali.

SEFARDITI "Spagnoli". Ebrei provenienti dalla penisola iberica dalla quale furono cacciati dall'Inquisizione dopo il 1492. Presentano tradizioni culturali proprie e conservano l'uso dell'antico castigliano, che chiamano "ladino" o "ispaniolit".

SÈFER TORAH "Libro della Legge". Si denomina così il rotolo di pergamena, contenente i primi cinque libri della Bibbia, o Pentateuco (*Torah*). Deve essere scritto a mano da uno scriba ebreo, maschio e adulto, su pergamena tratta da un animale *kasher*, usando un inchiostro speciale applicato con una penna d'oca seguendo le regole ortografiche dei masoreti. Viene conservato nell'*Arón ha-Kodesh*, avvolto nel *meil*, il manto che nella tradizione sefardita può essere sostituito da un astuccio di legno (*tik*), è sormontato dalla corona (*atarah* o *kéter*) che simboleggia la regalità della legge divina e dai pinnacoli (*rimmonim*).
Durante la lettura del *Sèfer Torah* le mani non devono mai giungere a contatto con la pergamena, per tenere il segno si usa lo *yad*, un puntatore la cui parte terminale è a forma di manina chiusa a pugno con l'indice proteso.

SHABBAT Letteralmente "smettere". Secondo la tradizione ebraica, il Sabato – *Shabbat* – possiede una profonda connessione con la creazione del mondo, dopo la quale D-o, giunto al settimo giorno, decise di fermarsi, e per questo motivo, anche gli ebrei, durante questa giornata, si astengono da ogni attività produttiva.

SHADDAY Letteralmente "Onnipotente"; è un nome divino, non un attributo, con il quale viene chiamato D-o in alcuni passi biblici. L'oggetto è un ornamento che può essere collocato accanto al letto, in auto o sulla gondola o ovunque, per ricordare D-o.
Spesso è internamente cavo per accogliere una piccola pergamena con versetti biblici.

SHAVUOT "Settimane". Una delle tre feste di pellegrinaggio che ricorre cinquanta giorni ("Pentecoste") dopo il primo giorno della Pasqua ebraica. Celebra il dono divino della *Torah*, la promulgazione dei dieci Comandamenti, ed è la festa del raccolto dei cereali.

SHEMAH "Ascolta". È la più conosciuta preghiera ebraica che comincia con le parole "Ascolta Israele, il Signore è il nostro D-o, il Signore è uno solo". Recitata al mattino, alla sera e prima di coricarsi questa preghiera si compone di tre passi della *Torah*.

SHOFAR Antico strumento di corno di montone svuotato, in ricordo del montone che fu sacrificato da Abramo al posto del figlio Isacco. Per il suono dello *shofar* ci sono tre suoni di base: *tekiah*, una nota lunga ferma (richiamo diretto); *shevarim*, tre note tremolanti (tre richiami a singhiozzo) e *teruah*, una serie di note a tromba (nove o più suoni a singhiozzo). Viene suonato con cento sonate nella liturgia di *Rosh ha-Shanah*, con sonate in numero inferiore, al termine del digiuno di espiazione di *Kippur* ed in momenti in cui si richiede al popolo ebraico un particolare raccoglimento. In Israele viene utilizzato anche per avvenimenti solenni della vita civile.

ROSH HASHANAH *"Jewish New Year"*. *It is celebrated in autumn, at the beginning of the Jewish month of* Tishri.

SEDER *"Order". The name refers to the order of the rituals and of the meal on the evening of Passover, during which Jews tell stories and comment on the Exodus from Egypt and the values of freedom, recite blessings, prayers, psalms and sing special songs.*

SEFER TORAH *"Book of the Law". This is the name of the parchment scroll that contains the first five books of the Bible, or Pentateuch* (Torah). *It must be hand-written by an adult male Jewish scribe, on parchment produced from the hide of a kosher animal, using a special ink and quill pen and following the established Mesoretic rules. It is kept in the* Aron HaKodesh, *wrapped in the* meil, *the mantle that, according to the Sephardic tradition, could be replaced by a wooden case* (tik). *It is adorned with the crown* (atarah or keter) *to symbolise the sovereignty of the divine law and finials* (rimmonim). *During the reading of the* Sefer Torah *the hands must never come into contact with the parchment. A* yad *is used to follow the text. This is a pointer with a narrowed end in the shape of a closed hand with the index finger extended.*

SEPHARDI *"Spaniards". Jews who originate from the Iberian peninsula from where they were expelled after 1492 during the Inquisition. They have their own cultural traditions and continue to use the old Judeo-Spanish language which they call "Ladino" or "Spaniolit".*

SHABBAT *Literally "ceasing from work". According to Jewish tradition,* Shabbat *has a clear connection with the creation of the universe. On the seventh day G-d rested from the work of creation and for this reason Jews also refrain from any productive activity on this day.*

SHADDAY *Literally "almighty". It is a divine name, not an attribute, by which G-d is called in some passages in the Bible. The object is an ornament that may be placed at the bedside, in the car, on a gondola or anywhere else, as a reminder of G-d. It is frequently hollow so that it can house a small parchment with verses from the Bible.*

SHAVUOT *"Weeks". One of the three pilgrim festivals that falls fifty days ("Pentecost") after the first day of the Jewish Passover. It celebrates the giving of the* Torah, *the receiving of the ten Commandments and the grain harvest.*

SHEMAH *"Hear". This is the centrepiece of Jewish prayer. It starts with the words "Hear, O Israel, The Lord is our G-d. The Lord is one". This prayer consists of three passages from the Torah. It is recited in the morning, in the evening and before going to bed at night.*

SHOFAR *An ancient instrument made from a hollowed-out ram's horn, to commemorate the ram that Abraham sacrificed instead of his son Isaac. There are three basic sounds or blasts of the* shofar: tekiah, *one long straight blast;* shevarim, *three broken wailing sounds, and* teruah, *nine or more quick blasts in short succession. The* shofar *is sounded a total of one hundred times during* Rosh HaShanah *prayer services. It is also blown, though with fewer sounds, to mark the end of* Kippur *and to remind Jews of their commitment to G-d. In Israel it is also used for other solemn civic celebrations.*

SUKKOT Durante la festa di *Sukkot* (festa delle Capanne) gli ebrei trasferiscono la loro abitazione dalla propria casa in una *sukkah* (plurale *sukkot*), una capanna improvvisata col soffitto fatto di rami o di una vegetazione tanto sottile da lasciar intravedere il cielo. La gente mangia nella *sukkah*, e gli ebrei più ortodossi vi dormono. La *sukkah* ricorda la capanna in cui il popolo ebraico trovò rifugio mentre vagava nel deserto durante l'Esodo. D-o li protese dagli elementi e ricordando ciò gli ebrei prendono consapevolezza che non sono i mattoni o la malta della casa ad offrire protezione, ma D-o stesso. Sebbene l'Esodo abbia avuto luogo in primavera, la festa di *Sukkot* è celebrata in autunno, poiché è naturale che in primavera la gente lasci le case per dimore più fresche e quindi andrebbe perduto il senso di abitare nelle capanne. L'autunno è inoltre la fine della stagione del raccolto quando i granai sono pieni. Spostarsi in un'abitazione più semplice serve anche a rammentare la povertà a chi vive nella ricchezza.

TALLIT "Scialle". Nella pronuncia ebraico-italiana si dice *talled*, di forma quadrata o rettangolare ai cui angoli sono apposte quattro frange (*tzitzit*), viene indossato dagli uomini nella preghiera mattutina e in particolari occasioni solenni. È solitamente di lana, di seta o di cotone, con strisce azzurre, nere o viola per ricordare il filo azzurro che era parte, un tempo, delle frange. La tradizione di indossare il *tallit* risale al comando biblico: "Che si facciano delle frange agli angoli delle loro vesti... che si possano ricordare tutti i precetti del Signore ed eseguirli". È costume dei più osservanti indossare sotto ai vestiti una piccola veste chiamata *tallit katan* (letteralmente piccolo *tallit*). I defunti vengono sepolti avvolti nel loro *tallit*, a cui vengono tagliate le frange di un lato.

TALMUD Imponente opera rabbinica, che comprende la *Mishnah* e la *Ghemarah*. Redatto nel primo Medioevo, è costituito da due redazioni, una babilonese e l'altra palestinese (o di Gerusalemme). Nei suoi contenuti, si alternano, mescolate tra loro, le parti normative e quelle di carattere omiletico. È materia di profondo studio nelle scuole superiori rabbiniche. Quale oggetto di irragionevole odio da parte dei suoi detrattori, fu più volte condannato al rogo.

TEFILLIN "Filatteri". Sono due astucci di cuoio che gli uomini legano con apposite cinghiette, pure di cuoio, l'uno sulla fronte e l'altro sul braccio sinistro durante la preghiera del mattino dei giorni feriali. In entrambe le scatolette sono contenute piccole pergamene su cui sono scritti alcuni versetti della *Torah* che ne prescrivono l'impiego.

TEVAH "Pulpito". Tribuna da cui si legge la *Torah*. La *tevah* (anche chiamata *bimah*), e l'*Arón ha-Kodesh* sono i principali elementi costitutivi della Sinagoga.

TORAH "Insegnamento, Legge". Si designa specificamente con questo nome il Pentateuco, costituito dai primi cinque libri della Bibbia. La tradizione ha definito questi libri come *Torah* scritta, per distinguerla dalla *Torah* orale, che comprende le tradizioni e i commenti applicativi dei Maestri. Con il tempo anche la *Torah* orale è stata posta per iscritto, dando luogo al testo della *Mishnah*. I cinque libri che compongono il Pentateuco sono *Bereshit* (Genesi), *Shemot* (Esodo), *Vaykrà* (Levitico), *Bamidbar* (Numeri), *Devarim* (Deuteronomio).

SUKKOT *During Sukkot (festival of Tabernacles) Jews move from their houses into a sukkah (plural sukkot), a temporary hut or booth with a flimsy roof of branches or leaves, through which those inside can see the sky. People eat in the sukkah, and more orthodox Jews also sleep there. The sukkah is a reminder of the fragile huts in which the Jewish people dwelt while wandering in the desert during the Exodus. G-d protected them against the elements and this reminds Jews that it is not the bricks or mortar of their houses that provide protection, but G-d himself. Although the Exodus took place in spring, Sukkot is celebrated in autumn, because it would be natural for people to leave their houses in spring, to seek cooler dwelling places and thus the meaning of the huts would be lost. Autumn is also the end of the harvest season, and the granaries are full. Moving to a simpler dwelling place is also a reminder for wealthy people of how the poor live.*

TALLIT *"Shawl". In Italian-Hebrew this name is pronounced 'talled'. A square or rectangular shawl with four fringes (tzitzit) attached to its four corners, worn by men during morning prayers and on certain holidays. The tallit is usually made of wool, silk or cotton, with blue, black or purple stripes as a reminder of the cord of blue that was once part of the fringes. The tradition of wearing the tallit is to fulfil a Biblical commandment: "They shall make for themselves fringes on the corners of their garments... to remember all the commandments of the Lord, so as to do them". Orthodox Jews also wear a small undergarment called a tallit katan (literally a small tallit). When a person dies the body is wrapped in a tallit, on which one of the fringes is cut off. The corpse is buried in the tallit.*

TALMUD *A rich compendium of rabbinical works, formed by the Mishnah and the Gemara. Compiled in the early Middle Ages, it consists of two versions, the Babylonian Talmud and the Palestinian (or Jerusalem) Talmud. The contents are an alternating mixture of Jewish law and homiletic interpretations. Rabbinical training includes an in-depth study of the Talmud. Regarded with irrational hatred by detractors of the work, it has been repeatedly condemned to be burnt.*

TEFILLIN *"Phylacteries". Two leather boxes with leather straps. Men bind one of these boxes to their forehead and the other to their left arm during morning prayer on weekdays. Both boxes contain small parchments inscribed with verses from the Torah bearing the precept.*

TEVAH *"Pulpit". The platform from which the Torah is read. The Tevah (which is also called the Bimah), and the Aron HaKodesh are the main structural elements of the Synagogue.*

TORAH *"Teaching, Law". This term specifically refers to the Pentateuch, which consists of the first five books of the Bible. These books are traditionally referred to as the written Torah, to distinguish them from the oral Torah, which consists of the traditions and words of the Masters. The oral Torah was also eventually committed to writing, giving rise to the text of the Mishnah. The five books that make up the Pentateuch are: Bereshit (Genesis), Shemot (Exodus), Vayikra (Leviticus), Bamidbar (Numbers), Devarim (Deuteronomy).*

INAUGURAZIONE
INAUGURATION

C'è qualcosa da inaugurare; perché è *Chanukkah* che è la traduzione di "Inaugurazione" e perché ci sono le luci, quelle nuove degli amici artisti – amici prima ancora che artisti – e quelle di sempre.
C'è la festa, collettiva, aperta, estesa a tutti quelli che la vogliono vivere; che siano diversi di fede e confessione poco importa, l'importante è che siano autenticamente amici. Le porte del Tempio, dei musei, dei cortili si aprono e si illuminano. La voglia è di condividere la speranza e la gioia che i Lumi amplificano con gentilezza e armonia. Lumi che non sbraitano né urlano, ma si mettono pubblicamente e orgogliosamente in mostra. Non vogliono apparire, semplicemente sono. Qui i bambini la fanno da protagonisti, perché loro sono il domani e loro sono ciò che noi siamo stati. Alcune immagini lo testimoniano con le luci, le ombre, le figure che si compongono. Sono scatti rubati, messi in coda al libro, perché è in questo luogo che il Museo dei Lumi vive la sua storia; di chi con poco ha voluto fare tutto ciò che poteva, comunque, ancora, caparbiamente. E sono scatti che aprono punti di vista insoliti, non visti, per consentire alla fotografia di esercitare la funzione non di testimone, ma di spaesamento e di apertura a nuove letture; inaugurano e quindi aprono altre visioni.

We have something to inaugurate, because Hanukkah *means "Inauguration" and because of the lights, the new lights by our artist friends — but above all friends — and the lights of always.*
It's a party, a party to be shared, open to everyone who wants to join in; whatever their faith or religion may be, the only thing that matters is that they are truly friends. The doors of the Synagogue, museums and courtyards are open and brightly lit. The hope and joy, gently and harmoniously amplified by the Lamps, are there for all to enjoy. Lights that make no noise or commotion but stand publicly and proudly on show. They are not there to show off, simply to exist. Here the children are the protagonists, because they are our future and they are what we have been. This is reflected in some of the images with the lights, the shadows, the shapes they form. They are snapshots, added at the end of the book, because it is this place that represents the story of the Museum of Lights: so much from so little, no matter, again, determinedly. Views from different, fresh perspectives. Pictures that, rather than testifying, are disorientating and offer opportunities for new interpretations; inaugurating and thus opening new visions.

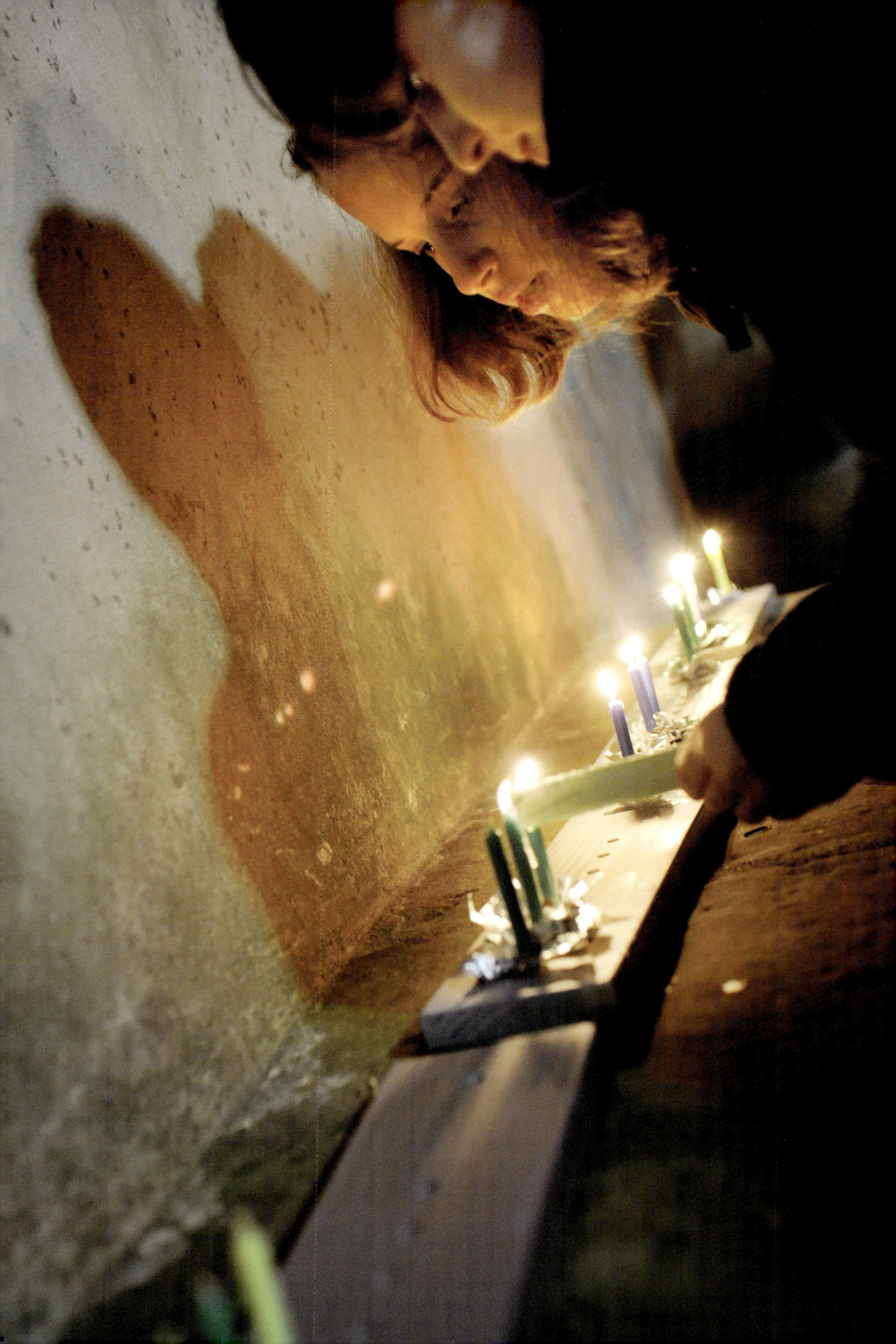

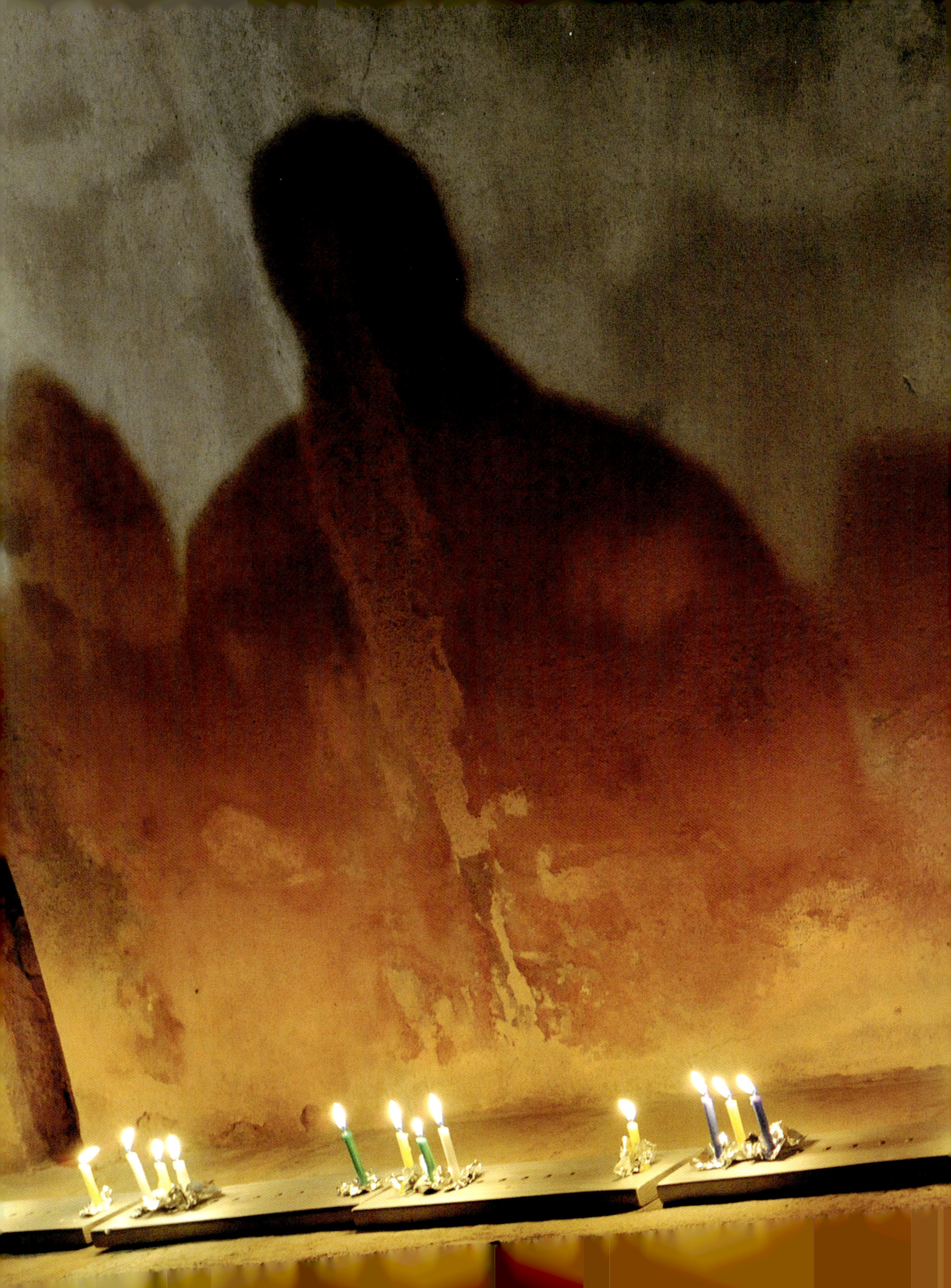

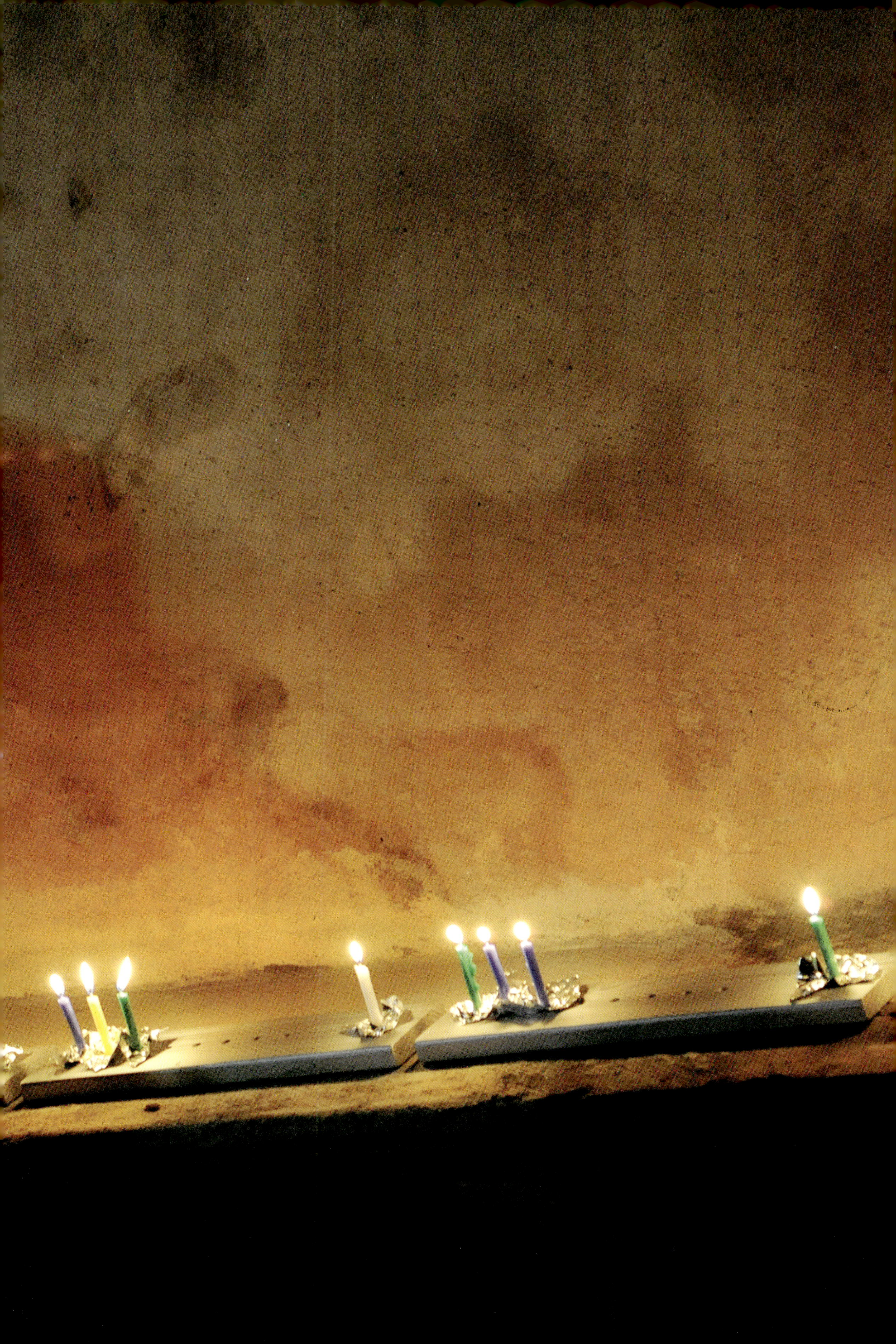

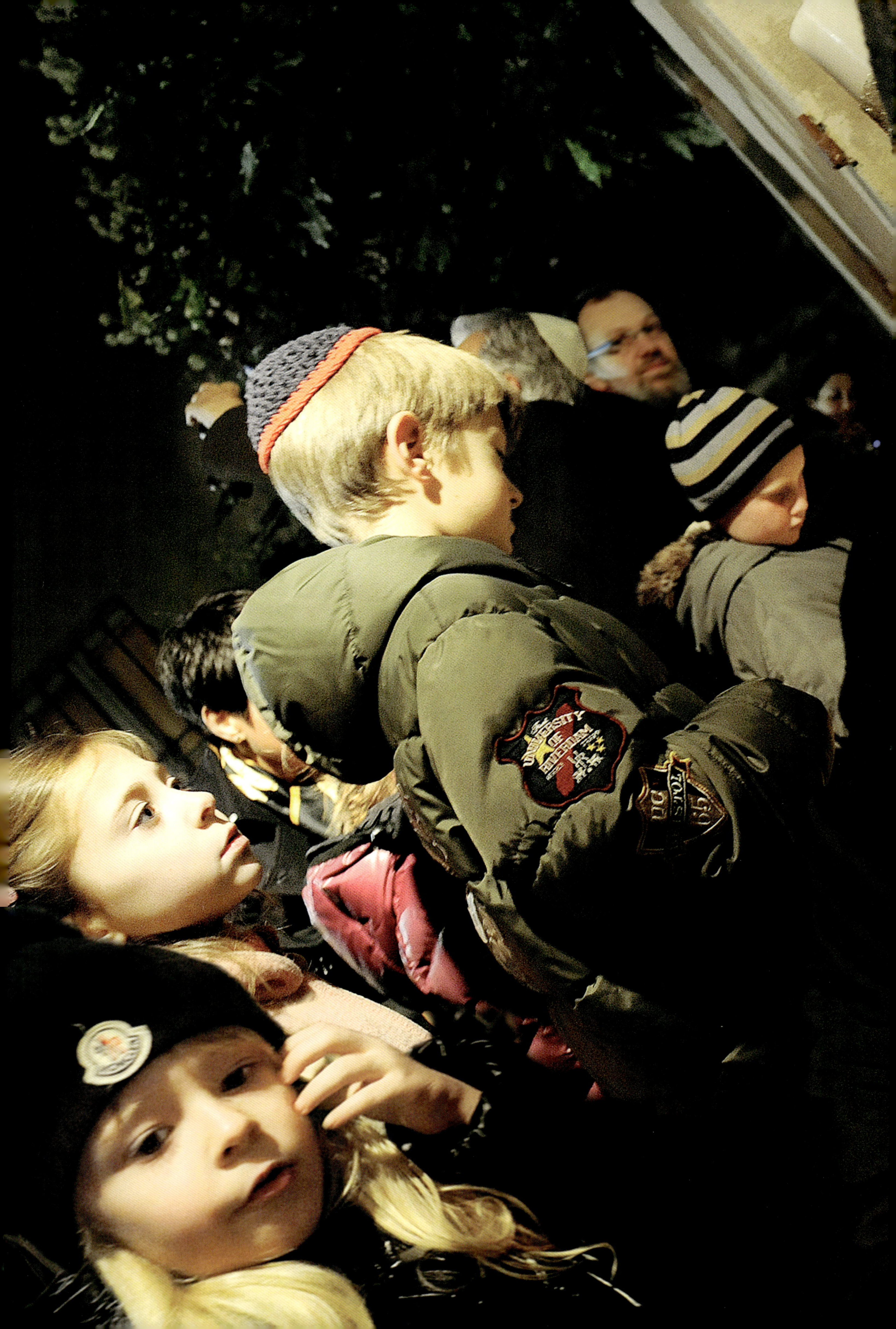

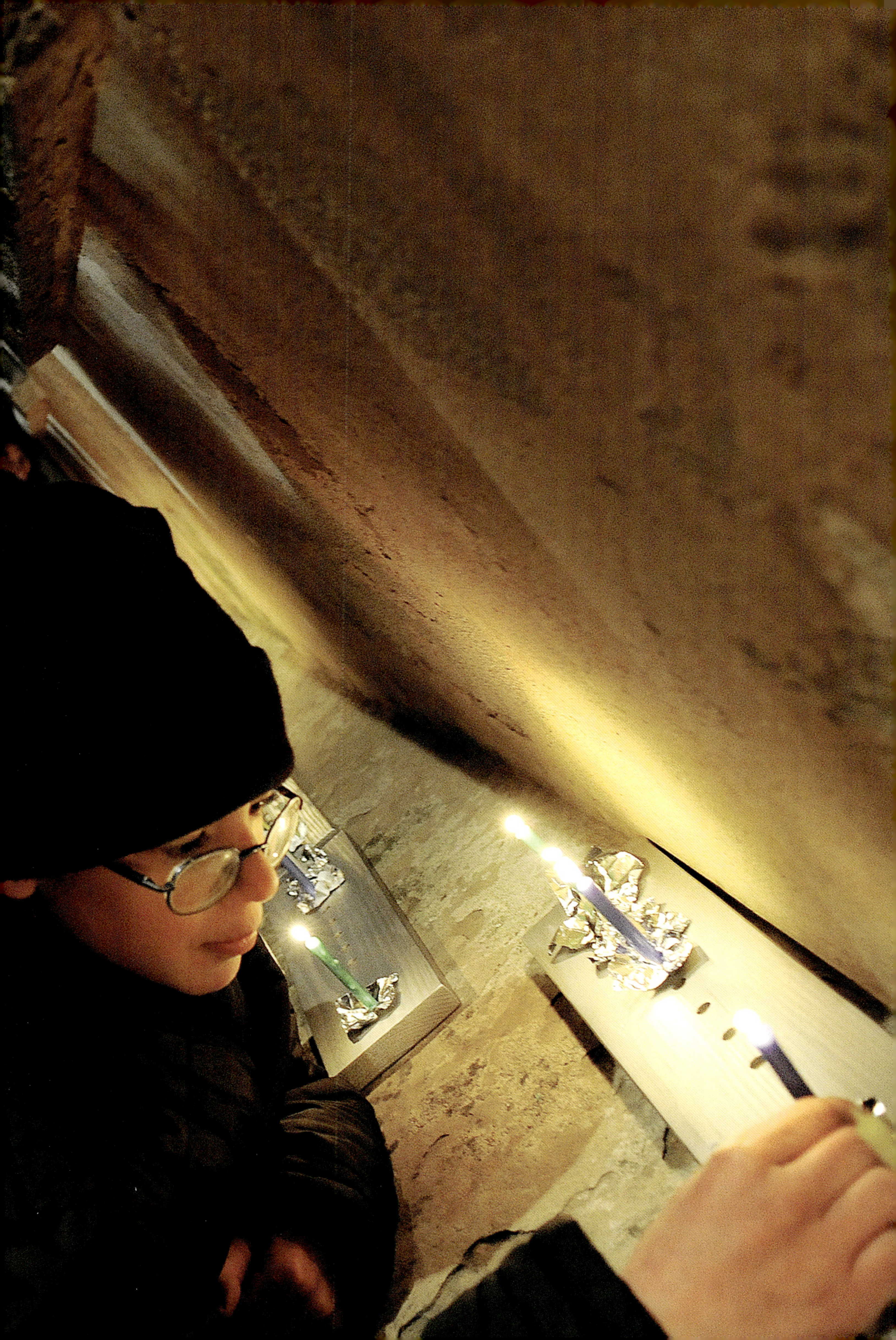

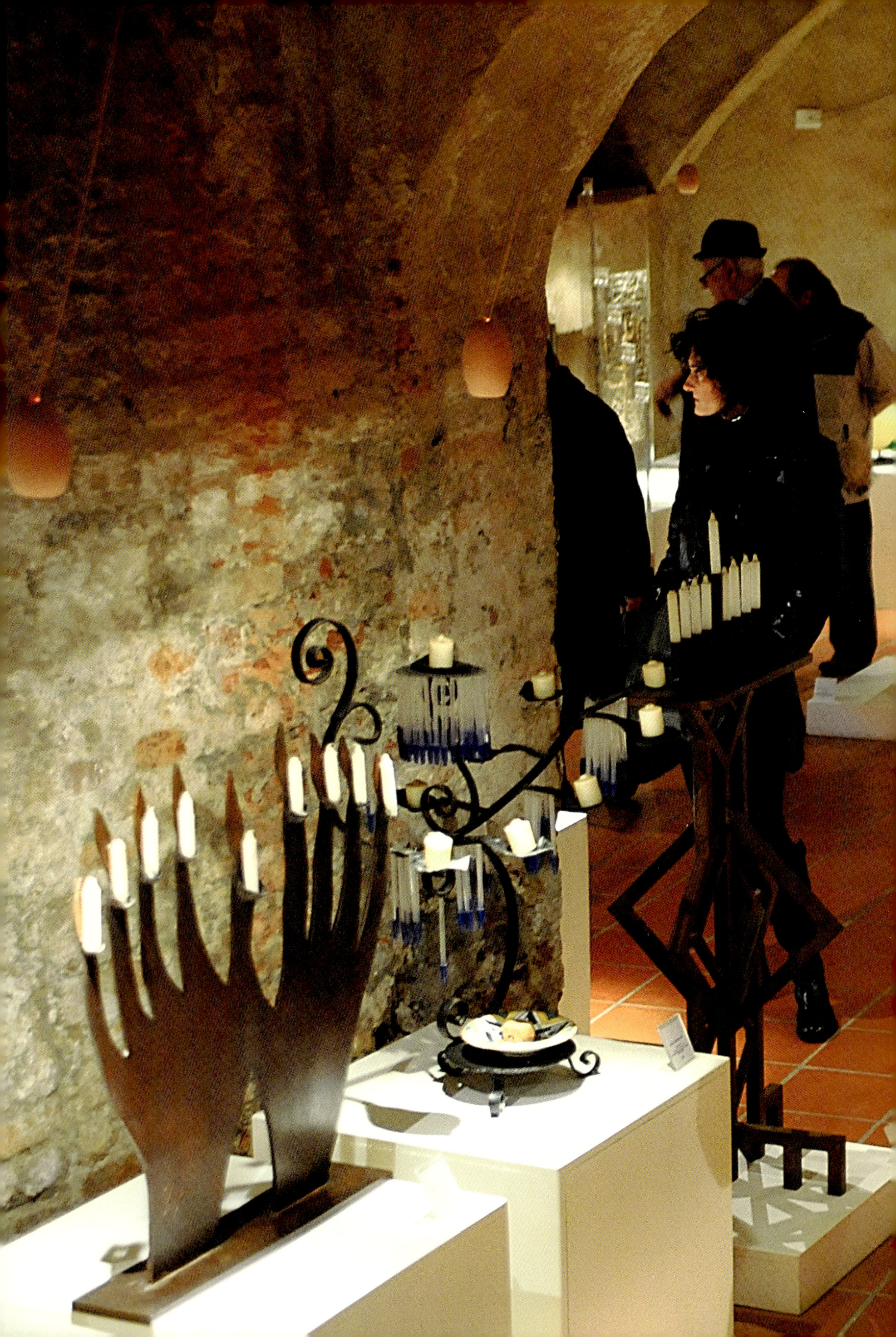

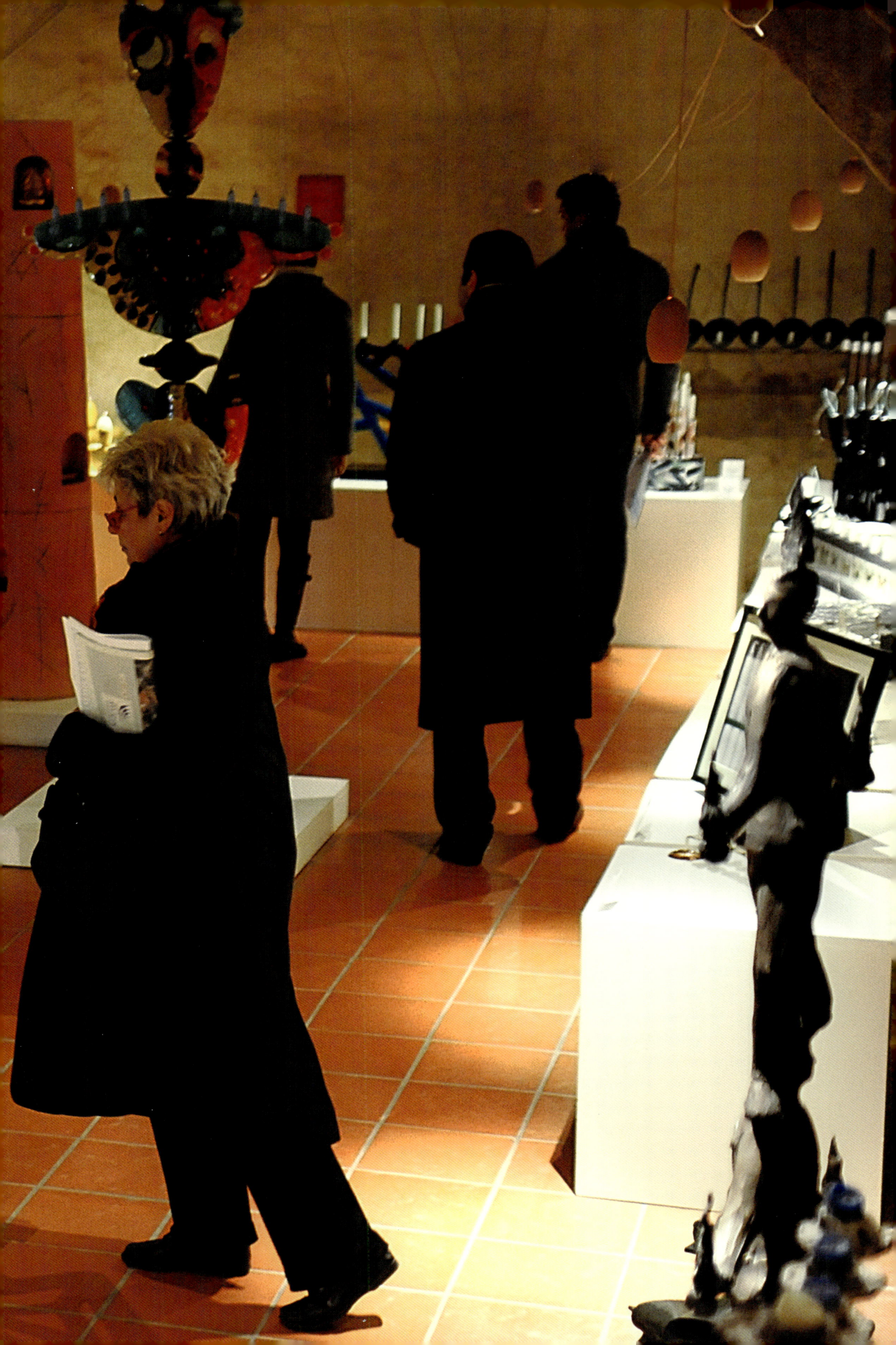

Benedetto sii Tu, Signore D-o
nostro, Re dell'Universo, che ci
hai santificato con i tuoi precetti
e ci hai comandato di accendere
le luci di Chanukkah.

*Blessed are You, Lord our G-d,
King of the Universe, Who has
sanctified us with Your
commandments, and has
commanded us to light the
Hanukkah lamps.*

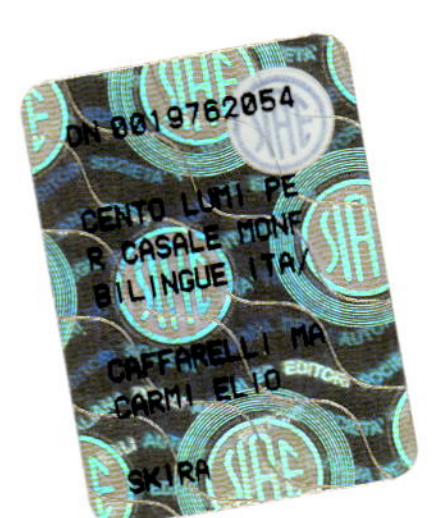
DN 0019762054
CENTO LUMI PE
R CASALE MONF
BILINGUE ITA/
CAFFARELLI MA
CARMI ELIO EDITORE
SKIRA